호주 선교사와
배돈기념병원

진주복음병원 개원 25주년 기념도서
호주 선교사와 배돈기념병원

2021년 7월 21일 초판 1쇄 발행

편저자 | 양명득
펴낸이 | 김영호
펴낸곳 | 도서출판 동연
주　소 | 서울시 마포구 월드컵로 163-3
전　화 | (02)335-2630
전　송 | (02)335-2640
이메일 | yh4321@gmail.com
블로그 | https://blog.naver.com/dong-yeon-press

Korean Publication
Title: The Australian Missionaries at Paton Memorial Hospital in Korea
Author & Translator: Myong Duk Yang

ISBN 978-89-6447-676-5 03200

The Australian Missionaries
at Paton Memorial Hospital in Korea

호주 선교사와
배돈기념병원

양명득 편저

동연

한국 진주에 배돈기념병원을 설립하고 헌신한
호주 빅토리아여선교연합회
호주인 의사, 간호사, 원목
그리고
한국인 의사, 간호사, 직원 모두에게
이 책을 헌정합니다.

This Book is dedicated to
Presbyterian Women's Missionary Union of Victoria, Australia
Australian Doctors, Nurses, Chaplains
and
Korean Doctors, Nurses, Staff
For Their Christlike Life and Dedicated Service
at Margaret Whitecross Paton Memorial Hospital, Jinju, Korea

사진으로 보는

배돈기념병원

✚ 배돈기념병원 (크로니클, 1914년 2월, 3)

✚ 배돈병원 직원들 – 휴 커를, 김 간호사, 프란시스 클라크, 박덕례 간호사, 찰스 맥라렌, 정성도 약제사 (크로니클, 1915년 3월, 4)

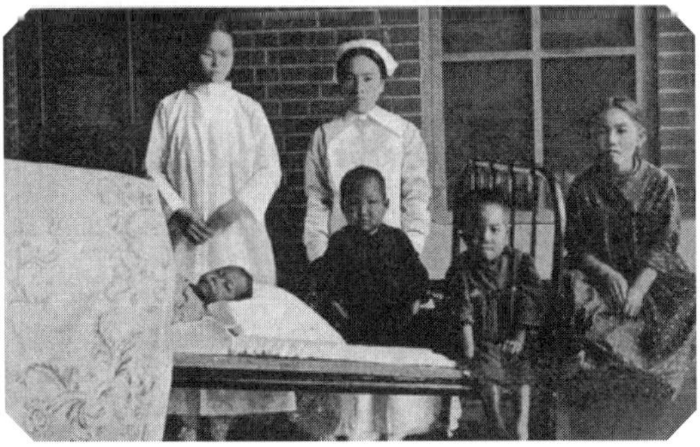

✚ 배돈병원 – 박덕례 간호사와 김 간호사
(크로니클, 1915년 3월, 14)

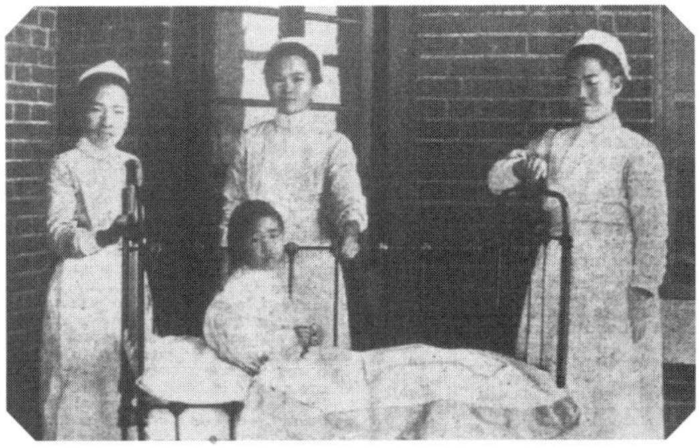

✚ 호주 어린이선교회에서 후원하는 어린이 병상과 간호사들
1916년 (크로니클, 1916년 3월 1일, 4)

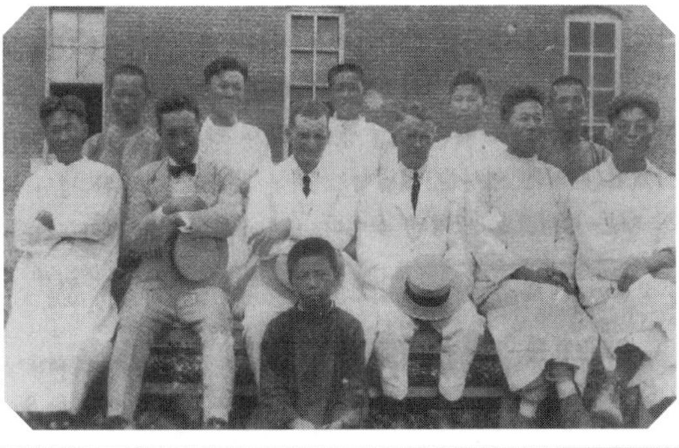

✚ 배돈병원 직원들 – 맥라렌과 알렌 1920년대 초
(진주교회 역사관 자료)

✚ 배돈병원 – 찰스 맥라렌, 진 데이비스, 거트루드 네피어 1920년대 초
(진주교회 역사관 자료)

✚ 배돈병원 직원들 – 테일러, 박용락, 데이비스, 네피어, 딕슨 1927년
(크로니클, 1927년 5월 2일, 16)

✚ 네피어, 한국인 의사, 데이비스 – 가구는 로날드 여사 기증 1928년
(크로니클, 1928년 9월 1일, 15)

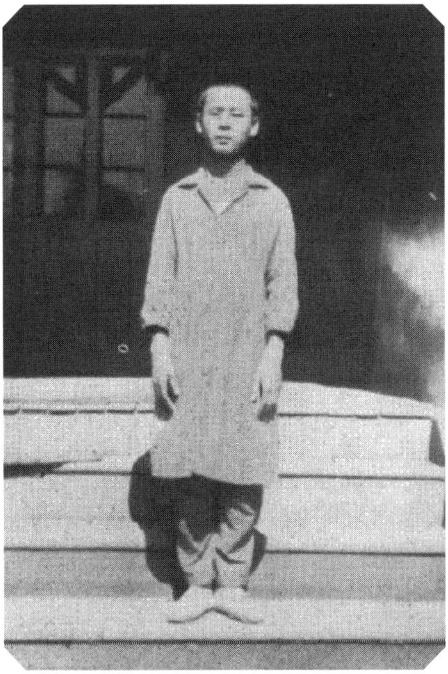

✚ 배돈병원 심부름 소년 1928년
(스타스 인 더 이스트, 1929년, 42)

✚ 최 박사, 테일러(위) 네피어, 조수연 간호사, 함 간호사, 데이비스(아래) 1930년 졸업식
(크로니클, 1930년 9월 1일, 6)

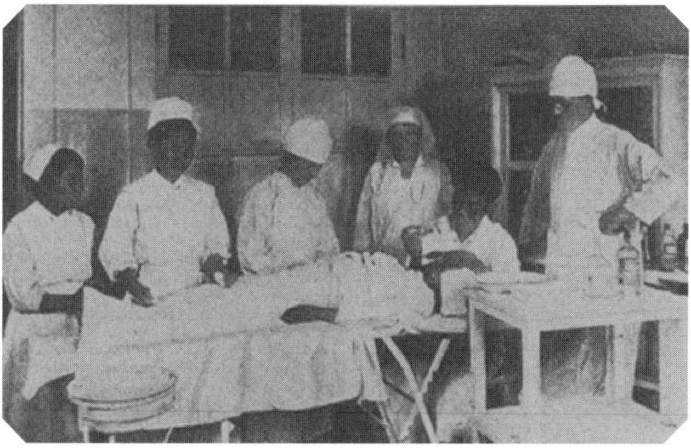

✚ 배돈병원 수술실 1931년 (크로니클, 1931년 4월 1일, 16)

✚ 배돈기념병원 (크로니클 1932년 11월 1일, 16)

✚ 윌리엄 테일러, 박문수, 거트루드 네피어, 이주섭 1933년
(진주교회 역사관 자료)

✚ 이주섭, 김준기, 에드거, 데이비스, 전도부인들 1937년 (진주교회 역사관 자료)

晋州培敎病院職員會春期遠遊会. 1937.4.3.

✚ 배돈병원 직원회 1937년 – 우편에서 2번째 정성도, 3번째 강문서, 7번째 이주섭, 9번째 조수연, 10번째 김만수, 11번째 박덕례, 맨왼쪽 진 데이비스 (진주교회 80년사)

✚ 배돈병원 직원들 – 아랫줄 좌편부터 김만수, 이주섭, 김준기, 데이비스, 에드거
1930년대 중후반 (진주교회 80년사)

✚ 호주 멜버른의 홍옥순과 이영복 1938년
(호주와 한국 120년의 역사, 2009년, 24)

✚ 호주대표단과 배돈병원 직원들 1938년 (진주교회 역사관 자료)

✚ 맥라렌, 데이비스, 에드거 1939~1941년 (진주교회 역사관 자료)

✚ 데이비스와 배돈병원 직원들 1939년 (크로니클, 1940년 1월 1일, 8)

✚ 배돈기념병원 (크로니클, 1940년 6월 1일, 4)

축 하 의 글

신경림

(대한간호협회 회장)

구한말 의료기관과 학교를 세워 한국의 근대화에 기여하셨던 호주 선교사들의 발자취를 모은 『호주 선교사와 배돈기념병원』 발간을 진심으로 축하드립니다.

호주 멜버른 빅토리아 장로교회 청년연합회 후원으로 한국에 파송된 휴 커를(Hugh Currell)을 비롯한 호주 선교사들은 안정된 생활을 포기하고 환자들의 치료에 힘썼습니다.

진주지방 최초의 병원인 배돈기념병원(The Paton Memorial Hospital)이 설립된 1913년 이후에는 환자의 진료뿐만 아니라 의사와 간호사 양성에도 나섰습니다.

당시 간호사는 전문 직업 교육을 받은 신여성이었으며, 여성 교육의 선두주자였다는 점에서 볼 때 봉건 시대에서 근대로 넘어오는 시기에 배돈기념병원은 간호사 양성을 통해 여성 스스로가 자신의 소명을 발견하고 사회로 나서도록 디딤돌 역할을 했습니다.

특히 호주 선교사들은 한국 간호의 거목이신 홍옥순 선생님과 이영복 선생님을 호주로 2년간 초청하여 연수 기회를 제공하는 등 한국 간호 발전에도 큰 기여를 한 것을 잘 알고 있습니다.

대한간호협회 초대 회장과 6~7대 회장을 지내신 홍옥순 선생님과 8~9대 회장을 역임하신 이영복 선생님은 한국 간호의 수준을 높이고 간호 발전을 위해 평생을 헌신하신 분들입니다.

과거의 역사를 기초로 오늘이 존재하고 오늘이 내일의 역사로 이어진다는 평범한 진리를 놓고 볼 때, 한국의 근대화와 간호 발전에 큰 족적을 남기신 호주 선교사들의 발자취를 되돌아봄과 『호주 선교사와 배돈기념병원』의 발간은 간호의 역사뿐 아니라 당시 한국의 의료 상태, 근대화의 모습 등을 짚어볼 수 있는 귀중한 자료가 될 것입니다.

한국 간호 역사에 소중한 자료가 더해진 것을 기쁘게 생각하며, 다시 한번 책의 발간을 진심으로 축하드립니다.

축 하 의 글

유병희
(진주복음병원장)

"예수께서 모든 도시와 마을에 두루 다니사 그들의 회당에서 가르치시며 천국 복음을 전파하시며 모든 병과 모든 약한 것을 고치시니라"(마 9:35).

호주 의료 선교사 커를과 그의 동료들의 삶의 궤적을 살펴보면서 예수님의 사역을 따르려고 온몸으로 힘쓴 분들이 한 세기 전 경상남도 진주 땅에 존재했다는 사실이 참으로 감격스럽고 자랑스럽습니다. 한편으론 그 열매가 풍성히 맺지 못함에 안타까움도 있습니다.

그들의 사역의 한 부분이었던 배돈기념병원에 대한 이야기를 진주 지역 원로 목사님으로부터 전해 들으면서 국내 다른 지역의 유수한 기독교 병원들처럼 지금까지 초기의 계획대로 선교 병원으로 유지되어 왔다면 서부 경남의 복음의 지평이 어떻게 되었을까 상상만 해도 가슴이 벅찹니다.

그저 옛날이야기로만 듣다가 최근 배돈기념병원에 대한 서적들을 접하게 되면서 좀 더 자세히 알아보고 싶었는데 이번에 호주 선교사들의 사역에 정통하시고, 관련된 책을 여러 권 집필하신 양명득 선교사님을 통하여 많은 자료와 새로운 내용을 알 수 있게 되어 감사하게 생각합니다.

그 당시 이곳의 땅을 밟으면서 거리에서 병원에서 소그룹 모임을 통하여 힘써 하나님 나라의 복음을 전파했던 분들의 삶을 돌아보며, 오늘 우리는 어떻게 살아야 할지 고민해 보는 계기가 되었으면 좋겠습니다. 아울러 진주복음병원이 부족하나마 선교사님들의 뜻을 이어 복음 전파의 사명을 감당하는 병원으로 쓰임 받기를 바라는 마음 간절합니다.

책을 펴내며

정극진
(진주복음병원 이사장)

올해로 25주년을 맞이하는 진주복음병원은 '진주와 서부 경남의 의료 선교와 세계 복음화'를 위해 세워진 병원입니다.

진주복음병원이 지나온 모든 시간, 걸어왔던 모든 순간순간이 하나님의 은혜였습니다. 매년 더 나은 병원이 되고자 노력하며 최선으로 살아왔지만, 항상 부족하고 모자람을 느끼며 주님의 은혜를 간구합니다.

지나온 25년을 바탕으로 하나님의 마음에 더 합하고, 앞으로 더 발전하는 진주복음병원이 되려면 어떻게 하여야 합니까?

간절히 기도하며 답을 구하고 있던 차에 진주교회 조헌국 장로님께서 방문하셨습니다. 그는 『호주 선교사 커를과 그의 동료들』, 『첫 호주인 선교사 헨리 데이비스와 그의 조카들』이라는 제목의 책을 들고 오셔서 진주 최초의 근대 의료기관인 배돈기념병원에 대한 말씀을 해 주셨습니다.

진주 지역의 첫 선교사이자 의료 선교사인 휴 커를 선교사님이 1905년에 교회와 병원, 학교를 세워 선교 활동을 하셨습니다.

처음 시작은 진료소 수준의 시약소였는데 그는 좀 더 좋은 근대식 병원으로 만들기 원하여 1908년 호주 휴가 때 선교 지원을 요청했고, 호주 빅토리아장로교회의 총무 프랭크 페이튼 목사님의 지원을 받아 진주에 배돈기념병원을 세웠습니다.

병원 이름을 페이튼 목사님의 어머니 이름을 따서 '마가레트 화이트 크로스 페이튼 기념병원'(Margaret Whitecross Paton Memorial Hospital)이라 명명했는데, 페이튼의 한자(漢字)식 이름이 배돈이라고 합니다.

전도와 선교를 목적으로 세워진 배돈기념병원의 정신을 현재 진주복음병원이 이어받아 중국, 라오스, 모로코, 나이지리아, 베트남, 말라위, 인도네시아, 아이티, 태국, 키르기스스탄, 북한 등 세계 11곳 이상의 선교지 선교사님들을 물질과 기도로 후원하고 있습니다. 인도, 네팔, 러시아, 우즈베키스탄, 체첸, 우간다, 말레이시아에도 많은 복음의 씨앗이 뿌려져 있습니다.

진주 지역뿐만 아니라 경상도 전역과 전라도 여러 지역의 환자들을 치료하고 살리는 데 쓰임 받았던 배돈기념병원의 정신을 살려서, 진주와 서부 경남과 세계 의료 선교에 더 힘쓰는 진주복음병원이 되도록 다짐하며, 본 도서를 발행하게 됨을 감사합니다.

호주에서 출발하여 수십일 거친 바다를 항해한 후 한국에 도착하여 부산을 거쳐 진주 땅을 처음 밟은 선교의 영으로 충만했던 청년의 열정이 이 책을 읽는 우리 모두에게 전해지기를 소망합니다.

편 저 자 의 글

양명득
(호주 선교동역자)

호주 빅토리아장로교회와 빅토리아여선교연합회는 1905년부터 경상남도 진주에서 휴 커를 의료 선교사 부부를 통하여 서양식 의료 활동을 시작했다. 그러던 중 1913년 배돈기념병원을 설립했고, 1942년 호주 선교사들이 모두 강제 출국당할 때까지 많은 사람에게 의술을 베풀며, 의료 인재를 배출했다.

당시 한국은 일제의 통치 아래에 있었고, 일제는 도시마다 관립 병원을 세우며 자신들의 영향력을 확장하고 있던 때였다. 뿐만 아니라 선교 병원 일부 직원들의 독립운동 가담으로 일제는 선교사들이 운영하는 사립 병원들을 감시하며, 병원에도 의무적으로 신사를 세워 절하도록 했다.

배돈기념병원의 상황도 크게 다르지 않았다. 호주선교회가 진주에서 운영하던 광림학교나 시원여학교 교원들과 학생들이 만세운동에 가담하여 체포되거나 감시를 받았고, 또한 호주 선교사들은 신사참배 반대 입장을 두 차례나 공표하여 일본 당국의 미움을 사고 있는 상황이었다. 또한 1940년에는 배돈기념병원 환자들의 많은 이름이 일본식으로 바뀌어, 병원 의료 카드 관리에 큰 혼란을 초래했다. 그리고 일제는 호주 선교사들의 영향을 차단하기 위하여 한국인이 원장을 맡도록 압박했고, 선교사들을 추방하는 단계를 밟고 있었다.

이 긴박했던 시기에 배돈기념병원에서 헌신한 호주 의사와 간호사에 관한 글이 본 도서에 실렸다. 또한 이들이 당시 기록하여 호주로 보냈던 보고서와 편지들도 번역되어 한국 사회에 처음으로 공개된다.

특히 당시 병원에서 진행되고 있던 간호사 훈련반은 4년 과정이었다. 첫 졸업생은 박덕례였고, 2회는 홍경애로 1924년 1월에 졸업하였다. 학생들은 매년 이론과 실습 시험을 보았고, 최종적으로 부산에서 일본 정부의 시험을 통과하여야 했다. 그러면 그들은 정식 자격증을 받아 간호사로서의 활동을 할 수 있었다.

본 도서를 통하여 한국 근대의 서양식 병원과 의술의 영향, 한국인 의사와 간호사 양성 그리고 호주교회의 한국 선교와 호주 선교사들의 신앙과 실천 등이 좀 더 깊이 연구되었으면 하는 바람이다. 동 병원에서 일했지만 본 도서에 실리지 않은 호주 선교사들도 있다. 병원 원목으로 일했던 프랭크 볼란드(한국명: 부오란), 존 데이비스(헨리 데이비스의 동생), 제임스 스터키(한국명: 서덕기) 등이 그들이다. 또한 호주인은 아니지만, 호주 선교사와 함께 일한 순교자 이현속도 서기 겸 전도사로 함께 일했다. 이들에 관한 연구와 기록은 또 하나의 남은 과제이다.

2023년은 배돈기념병원이 설립된 110주년 되는 해이다. 이제 배돈기념병원의 겉모습은 사진으로만 볼 수 있으나, 그 정신과 유산은 우리 시대의 병원과 교회에서도 다양한 방법으로 계속되기를 희망한다.

차 례

1장

휴 커를

Dr. Hugh Currell (1871~1943)

I. 호주 선교사 휴 커를

1902년 1월 초, 빅토리아장로교 총회 해외선교위원회 임원회가 빅토리아주 발라렛에서 열렸다. 여러 의제 중에 휴 커를(한국명: 거열휴) 박사를 한국으로 파송하는 안건이 있었다. 그다음 날 그들의 결정 내용이 한 신문에 등장했다.

> 의사인 휴 커를 씨는 어제 발라렛에서 열린 해외선교위원회 임원회에서 한국의 의료 선교사로 임명되었다. 그는 3월 중순에 멜버른에서 안수를 받을 것이며, 4월 중에 선교지로 떠날 것이다(더 아르거스, 1902년 1월 7일, 5).

3월 18일 그의 안수식과 파송 예배가 멜버른 총회 회관에서 열렸고, 그다음 달 초 자신의 아내 루시 에델과 함께 호주를 떠나 한국 부산으로 향했다.

북 아일랜드인

휴 커를은 1871년 북아이랜드 안트림에서 태어났다. 그는 그곳에서 중등학교를 다녔고, 1892년 벨파스트에 있는 아일랜드 왕립대학교 퀸즈 칼리지에 입학했다. 또한 더블린의 트리니티 칼리지를 우등으로 졸업하기도 했다. 그는 의료 선교에 깊은 관심이 있었기에 의과대학에 진학했다. 그렇게 의료 선교사의 길을 시작했다.

이상규는 커를이 기독교 선교에 관심을 갖게 된 이유를 '더 메신저'를 인용하며 두 가지를 꼽고 있다. 하나는 그의 누나를 통하여 한국에서 일하던 매카이 선교사의 사역을 알았기 때문이고, 또 하나는 아일랜드에서 진행되고 있던 희생자원 선교운동으로 인함이었다는 것이다. 그는 이 모임에서 선교헌신자로 서명하고 자신의 생을 의료 선교사로 바치는 것이 최상의 길이라고 확인했다(이상규, 35).

커를은 남동생 제임스와 함께 1899년 호주 빅토리아로 이주했다. 그는 벤디고 근처 키아브람 그리고 후에는 루더글렌과 켄싱톤에서 병원을 발전시켰다. 그는 당시 호주를 방문하는 한국 선교사 아담슨을 만났고, 그를 통하여 부산에서 일할 의료 선교사를 구하고 있다는 사실을 알게 되었다. 그는 자신의 사업 성공 정점에서 모든 것을 포기하고, 장로교 총회에서 안수를 받아 개척적인 한국의 첫 의료 선교사로 파송된 것이다. 당시 그의 나이 31살이었다.

부산에서의 의료 활동

커를 부부는 1902년 5월 19일 부산에 도착했다. 그들은 일단 초량의 아담슨의 사택에 거주하며 부산 생활을 시작했다. 그가 혼자였을 때 책정된 봉급은 연 200파운드였으나, 결혼하고 나서 그의 봉급은 280파운드가 되었다. 아담슨은 기다렸던 의료 선교사가 한국에 파송된 것에 대하여 다음과 같이 언급하고 있다.

> 그의 파송은 말로 표현할 수 있는 그 이상의 의미가 있다. 한국의 기독교인들은 이것을 자신들을 위한 하나님의 사랑의 하나의 예로 여긴다(장로교친교연합회, '14회 연례보고서', 1902~1903, 3).

그만큼 부산에 있던 호주 선교사들에게 '의사 선교사' 동료는 큰 힘이 되는 소중한 존재였고 그곳의 한국인들에게도 큰 축복이었던 것이다. 커를은 곧 시약소이자 간이 치료소를 설치하고 의료 활동을 시작했다. 마침 부산진일신여학교의 작은 방 한 칸을 빌려 사용할 수 있었다. 그는 이 당시 매일 평균 20여 명의 환자를 치료하거나 약을 주었다고 한다. 다음은 커를의 보고서 중 일부이다.

> 질병의 종류는 농양으로부터 나병까지 그리고 화상과 척추 곡률까지 다양하다. 외과와 내과의 경우가 거의 동률이다. 눈병도 흔하다. 여기에서 외과 치료는 매우 인기가 많은데, 수술의 경우는 많지 않다. 수술 설비가 아직 제대로 갖추어져 있지 않기 때문이다. 20번 정도의 수술이 있었는데, 몇 번의 절단 수술과 종양 절개 그리고 다섯 번의 죽은 뼈를 제거하는 수술이었다(더 메신저, 1902년 12월 12일, 889).

커를은 그해 말 총회 해외선교위원회에 사택과 병원 건립을 요청했다. 위원회는 동정적이었으나 그 목적으로 조성된 기금이 없었다.

> 그럼에도 불구하고 커를은 부산과 동래의 여러 지역을 보러 다녔고, 1903년 말에는 구 부산에 있는 땅을 매입하도록 강력하게 촉구했다. 그는 결국 선교부를 대신하여 땅을 사도록 권한을 받았으며, 해외선교위원회는 건축을 위한 기금 모금을 위하여 호주 국내의 교회에 호소하기로 동의했다(커와 앤더슨, 126).

동시에 커를은 1902년 말 당시 부산을 위협하고 있던 콜레라로 인하여 동분서주했다. 소독약과 약품을 나누어주며, 오전에는 부산진에서 오후에는 초량에서 아침부터 밤늦게까지 주사를 놓으며 환자들을 치료했다.

한 가지 흥미로운 사실은 당시 부산진교회에는 엥겔 목사가 목회하고 있었는데, 심취명이 장로의 직분을 받음에 따라 첫 당회 모임이 1904

년 5월 27일에 열렸다. 당시의 당회 기록을 보면 커를도 당회원으로 참여하고 있는데, 그의 한국 이름인 '거렬 의원 장로'로 기록되어 있다.

커를은 엥겔과 함께 부산 인근의 지역들을 순회하기도 했고, 다니면서 치료를 하거나 약을 주기도 했다. 처음에는 무료로 약을 주거나 치료를 했지만, 효과적인 사역을 위하여 최소한의 치료비를 받았다. 그러나 그마저도 낼 형편이 안 되는 사람들에게는 무료로 치료하여 주었다.

진주로 간 이유

부산의 땅 매입은 잘 성사되고 있지 않았다. 또한 미북장로교선교부가 1903년 부산에 전킨병원을 설립했고, 일본인 의사가 운영하는 공립병원도 있었다. 커를은 이럴 바에야 '인류애적인 방면에서 이곳의 이방인들에게 복음을 전하기 위한 목적'으로 새 지역에 병원을 세우는 게 더 큰 결실을 가져오겠다고 생각했다. 커를은 여기에 관하여 '1905~1906 보고서'에 다음과 같이 쓰고 있다.

> 부산이 주요 항구이기는 하나 우리 선교를 위한 최상의 중심지는 아니었다. 특히 의료 선교를 생각하면, 다른 지역이 우리에게 더 큰 기회를 제공할 수 있다고 생각했다. 그래서 다른 도시에 우리의 병원을 개원하는 방안이 제안되었다(크로니클, 1907년 2월 1일, 9).

그러나 그 다른 지역이 어디인지는 불분명했다. 마산이 먼저 물망에 올랐다. 항구이기에 외국 상인들에게 열려 있었고, 인구도 많았다. 그러나 그는 마산이 의료 사역을 위한 최상의 지역인지 확신이 없었고, 그곳으로 떠날 결정도 못 하고 있었다.

이 당시 호주선교회는 부산의 미국 선교사들과 경상지역을 나누어 선교하기로 합의하고 시행하기 시작했다. 미국인들은 중심과 북쪽을 맡기로 했는데 모두 15개 지역이었고, 호주인들은 동쪽의 4개 지역과 남서쪽의 12개 지역을 맡았다. 이 지역 분할은 일이 겹치는 것을 방지하는 좋은 방법이었지만, 호주선교회에 주어진 두 개의 큰 지역은 생소한 곳이었다. 호주 선교사들은 모두 동쪽의 작은 지역에만 모여 있었기 때문이다.

진주선교부가 세워지다

커를은 그 두 개의 생소한 곳 중, 진주에 관심을 가지기 시작했다. 다음은 당시 그가 보고서에 언급한 내용이다.

> 그 결과 진주라는 곳이 우리 품에 안겼다. 진주는 큰 도시였고, 경상도의 수도였다. 이곳은 우리의 서쪽 지방 정중앙에 위치하고 있었다. 이곳의 12 지역 모두 우리가 복음화해야 하는 책임을 맡은 것이다. 이곳에는 선교사도 없었고, 선교 의사도 없었고, 병원도 없었다. 병원은 80마일 떨어진 부산에 있었다. 우리는 이곳의 부름에 저항할 수 없었던 것이다(앞의 책, 9).

호주 선교사 공의회는 진주에 두 번째 선교부를 설립하기로 했고, 호주 총회 해외선교위원회에 제안했다. 그리고 1905년 8월 말, 호주로부터 진주선교부 설립에 동의한다는 반가운 소식이 왔다. 며칠 후에 또 다른 기쁜 소식이 있었다. 빅토리아여선교연합회에서 페이튼 여사를 기념하기 위한 병원을 진주에 세우기로 했다는 것이다. 병원 이름은 '마가렛 화이트크로스 페이튼 기념병원'으로 하기로 했다는 상세한 소식이었다.

당시 아들레이드의 한 매체도 빅토리아장로교회가 한국 진주에 병원을 세우기로 했다는 소식을 발 빠르게 전하고 있다.

> 빅토리아장로교회는 한국의 큰 지역을 책임 맡았고, 최근에 진주로 오라는 깊은 호소가 있었다. 그곳에는 750,000명의 사람이 아직 전도되거나 돌봄을 받고 있지 못하다. 한 명의 의료 선교사가 그 어두운 지역으로 갈 준비를 하고 있고, 우리의 일치된 호소는 그곳에 우리의 동역자를 기억하는 '마가렛 화이트크로스 페이튼 병원'을 세우자는 것이다. 모금 목표액은 3,000파운드이다(더 익스프레스, 1905년 7월 31일, 1).

커를은 이미 1905년 6월에 진주를 방문했었다. 그는 그 지역과 읍내를 둘러보았다. 7, 8월에는 부산과 마산포를 오가며 의료 사역과 조선말 공부를 했다. 그리고 마침내 9월에 가서 새 지역인 진주에서 일을 시작하기로 확정한 것이다.

> 먼저 우리는 선교관과 병원을 세울 부지를 취득할 목적으로 진주를 방문하고 이사를 위하여 짐을 꾸리고 준비했다. 9월 말에 가서야 우리의 짐과 동산을 보냈는데, 느린 한국 배에 실어 강으로 나르게 했다. 부지 매입을 위해서 우리는 한 번 더 진주를 방문했고, 우리의 짐이 도착하는 것도 점검했다. 그리고 다시 부산으로 돌아왔다. 그리고 10월 20일 우리는 모두 안전하게 진주로 이주했다. 진주선교부가 시작된 것이다(앞의 책, 10).

커를은 마침내 아내와 두 딸 그리고 부산진의 박성애 가족과 함께 1905년 10월 20일 밤에 지친 상태로 진주에 도착했다. 당시 부산진교회 당회록에는 다음과 같이 기록되어 있다.

> 박성애와 그 모친 박주련과 그 아내 박순복, 3인이 진주로 이사하고 거기서

거열 목사 아래 새 교회를 설시할 터이니 이별지 내어주기로 작정하다(부산진교회 당회록, 1905년 10월 14일).*

초창기 사역

커를 일행은 9월 초에 진주에 와서 매입했던 초가 한옥에 거주했다. 이것이 진주선교부와 진주교회의 시작이었고 의료 사역, 즉 배돈병원의 시발이었다. 커를은 오래된 도시인 진주가 만만한 곳이 아니라는 사실을 알고 있었다. 다음은 커를의 기록이다.

이곳은 이교도 지역이고, 미신의 땅이었고, 한국의 문화 습관과 함께 외국인과 외국 영향에 대한 강한 의심과 혐오가 깔려 있는 곳이다. 하나님의 성전을 세우고, 그의 나라의 복음의 씨를 뿌리기 전에 헤쳐나가야 할 것들이었다(크로니클, 1907년 2월 1일, 10).

커를은 진주에 도착한 첫 주일, 자신과 박성애의 가족이 예배를 드렸는데 호기심에 이끌린 두 명의 외부인이 참석했다고 한다.

1905년 진주읍 옥봉리교회가 성립하다. 이에 앞서 선교사 거열휴와 조사 박성애가 전도하야 진주군 북문 내에 초가삼간을 예배 처소로 정하고 모여 예배하니라(조선예수교장로회 사기 상권, 1928년, 129).**

그리고 그해 말, 그 집의 공간이 사람들로 꽉 차서 바깥에서 예배를

* 박주련과 박순복의 본명은 양주련과 김순복임 _ 편저자 주

** 옥봉리교회의 첫 명칭은 진주야소교회이며, 옥봉리로 옮기면서 명칭을 변경함 _ 편저자 주

드릴 수밖에 없는 시설이었다. 주일 아침 예배에 46명의 남성과 소년들이 참석했고, 매주 화요일 저녁에는 여성들을 위한 모임이 별도로 있었는데, 초창기부터 평균 62명의 여성과 소녀들이 참석했다고 한다.

동시에 커를은 계속 환자들을 보고 있었다.

> 매일 오후에는 임시 진료소에서 환자들을 치료하고 있다. 처음에는 사람들이 우리를 의심의 눈으로 보았고, 우리에게 다가오기를 부끄러워했다. 그러나 몇 개월이 지남에 따라 진료하기가 나아졌고, 좀 더 널리 알려지기 시작했다. 지금은 서양 의료에 관한 믿음이 조금씩 증가되고 있다(크로니클, 1907년 2월 1일, 10).

커를에게는 당시 한 가지 아쉬운 점이 있었다. 진주를 실제로 순회할 시간이 없다는 것이었다. 그는 순회 전도가 선교지의 가장 중요한 일일 수 있다고 생각하고 있었지만, 남자 선교사 한 명으로는 역부족이었다. 전도와 의료 사역 그리고 집을 관리하는 일로 인하여 진주를 비우는 것은 불가능했다. 커를은 그리스도를 모르는 수천 명의 영혼을 위하여 순회 전도 할 두 명의 남성 선교사를 호주에 긴급하게 요청했다.

당시 진주에 한국인 전도 부인으로는 윤마르다, 윤복이 그리고 김수은이 있었다. 윤마르다는 영국과 해외성서공회에서 그리고 윤복이와 김수은은 빅토리아여선교연합회에서 봉급을 지원하고 있었다(크로니클, 1915년 3월 1일, 15). 동시에 커를은 자신의 사택 방 하나를 기독교 책방으로 사용하면서 전도를 했다.

> 장날에 우리 대문 앞은 외국인을 보기 위하여 모여든 사람으로 붐빈다. 그리고 이들 대부분은 자신들을 사랑하여 목숨까지 내어 준 하나님의 아들 예수에 관하여 듣게 된다. 최근에는 집의 한 방을 책방으로 운영하기 시작했는

바, 장날에는 보통 80-150권의 복음서와 사도행전이 팔리고 있다. 각 책의 가격은 매우 싸다(더 메신저, 1906년 6월 15일, 330).

한편 커를의 아내 에델은 자신의 집 정원에서 여학생들을 가르치기 시작했다. 이어서 남학생들도 가르치기 시작했는데, 후에 시원여학교와 광림남학교로 발전하게 된다. 그녀 또한 진주에 거주한 첫 서양 여성임과 동시에 서양식 교육을 시작한 개척자였다. 이렇게 진주선교부에서는 전도, 의료, 교육의 3대 선교 사역이 발전하기 시작했다.

배돈기념병원의 시작

1908년 5월의 '마가렛 화이트크로스 페이튼 기념 기금' 보고서에 우리는 한국 진주에 세울 병원 기금이 1,019파운드 3실링 1펜스가 있다고 보고했다. 우리의 대부분 회원이 알고 있듯이 병원 건물 건축은 아직 시작되지 못하고 있다(크로니클, 1909년 5월 1일, 13).

'마가렛 화이트크로스 페이튼 기금' 명예 회계인 매튜의 보고서에 따르면 1908년 중반, 배돈병원을 위한 기금 천여 파운드가 있었고, 그러나 아직 병원 건축이 시작되고 있지 않음을 볼 수 있다. 사실 빅토리아 여선교연합회는 1906년 진주에 병원 건립을 승인하면서 당시 825파운드를 기부했고, 그동안 계속 모금을 해 온 것이었다. 처음에 커를은 수술실이 없는 '적당한 크기의 병원'을 생각하고 있었지만, 그래도 최소한의 병원 설비가 필요했다.

1907년에 들어와 커를은 선교부와 병원 건립을 위한 부지를 매입했다. 다음은 후에 에디스 커가 쓴 글의 일부이다.

1907년 12월 커를 박사는 병원설립 안선에 대한 초안을 호주로 보냈고, 또 다른 부지를 32엔에 매입했다는 보고를 했다. 6개월 후 그는 또 다른 밭을 25엔에 사들였고, 방이 3개 달린 집은 시약소로 운영하기 위하여 개조하였다. 그의 정책은 시장에 땅이 나오는 대로 매입하여 그가 그의 선교지를 위하여 충분하다고 여겨질 때까지 편리할 때 되파는 것이었다. 그는 이러한 방법으로 진주에서 가장 훌륭한 선교부 거점을 마련할 수 있었다(커와 앤더슨, 127).

마침 커를은 1909년에 일 년을 앞당겨 호주에서 휴가를 보내면서 여러 곳을 다니며 병원 건립을 홍보했다. 그는 연합회 회원들을 직접 만나 설명할 기회를 가졌고, 그의 진솔한 호소는 뜨거운 관심을 불러일으켰다. 또한 한국에 선교사가 더 필요하다는 그의 요청에도 회원들이 공감했다.

당시 그는 한국 선교에 매우 낙관적이었고, 한 모임에서 다음과 같이 전망했다.

현장에 있는 선교사들은 생각하기를 충분한 인력이 지금 파송되어 온다면, 20년에서 25년 사이에 해외선교사는 더 이상 필요 없을 것이라고 했다. 한국교회에 그 땅을 온전히 맡길 수 있을 것이라고 했다(크로니클, 1909년 6월 1일, 3).

동시에 커를은 호주의 한 건축가가 작성한 병원 건축 설계안을 총회의 해외선교위원회에 제출하여 승인을 요청했다. 후에 이 안은 2층 규모의 병원으로 재설계되었고, 총예산은 1,841파운드로 상승되었다. 그리고 마침내 해외선교위원회는 건축 시공을 승인했다.

또 다른 좋은 소식이 있었다. 일꾼이 더 필요하다는 커를의 호소에

1910년 첫 수간호사 클라크가 진주로 파송된 것이다. 그리고 그다음 해에는 맥라렌 박사 부부가 진주에 합류했다. 이제 병원이 속히 완공될 일만 남게 되었다.

병원 건물 화재

그러나 병원 건축은 계속 지연되고 있었다. 1910년 말, 호주대표단이 진주를 방문할 때 병원 건물의 기초는 팠지만, 그 이상 진전되지 않고 있었다. 커를은 일을 대하는 문화가 다른 한국인과 일본인 노동자들을 감독해야 했고, 또 그들을 재촉하는 것도 소용없는 일이라는 것을 깨닫고 있었다.

1911년 봄에는 건축이 시작되었지만, 여전히 방해 요소와 어려움이 있었다. 장마도 건축을 중단하게 했다. 목재와 시멘트 등을 배로 날라야 했는데, 운송 수단도 성가신 문제였다. 전체적으로 첫 시공자가 불만족의 큰 이유가 되었다.

우여곡절 끝에 1912년 초가 되자 병원이 거의 완공되어 가고 있었다. 호주와 한국에서 완공을 고대하는 모든 사람은 기대에 차 있었다. 그러나 청천벽력 같은 소식이 전해졌다. 거의 완공된 병원 건물에 화재가 난 것이다. 이 비극적인 소식은 호주의 한 유력 일간지에 '선교 병원이 파괴되다'라는 제목으로 다음과 같이 전해졌다.

> 장로교회 사무실에 한국 진주에서 전보가 날아들었는바, 그 내용은 다음과 같다. 페이튼 여사를 기념하기 위하여 세워진 병원이 화재로 인하여 심각하게 파손되었다. 다행히 병원 건물은 완공된 상태는 아니었지만, 피해가 500파운드에 달하여 선교회에 타격이다. 휴 커를 박사와 맥라렌 박사가 진주의 선교 병원을 책임 맡고 있다(「더 헤럴드」, 1912년 3월 4일, 3).

커들이나 맥라렌은 화재에 대한 구체적인 정황을 전하고 있지는 않지만, 당시 진주에 있었던 마가렛 데이비스가 다음과 같이 전하고 있다.

> 2월 21일 수요일 밤은 어둡고 습한 밤이었다. 비가 왔기 때문에 주중 기도회는 취소되었고, 교회당 안에는 2월 성경반에 참석하기 위하여 시골에서 올라 온 남성들이 몇 명 있었다. 그리고 갑자기 '불이야'하고 그들이 외치는 소리를 들었다. 남성 선교사들은 5분도 안 되어 현장으로 달려왔다. 그러나 그때는 벌써 건물 전체에 불꽃이 보이고 있었고, 맹렬하게 타오르는 모습을 속수무책으로 지켜볼 수밖에 없었다.
> 병원 근처의 새 우물에서 물을 길어 뿌렸고, 비도 도움이 되어 불길이 더 옮기는 것을 막을 수 있었다. 그 결과 동편의 건물과 마당에 쌓아 놓은 바닥재는 구할 수 있었다. 만약 이날 밤에 비도 안 오고 바람이 불었다면 학교 건물도 불에 탔을 것이다. 그리고 초가지붕의 이웃집들도 화마를 피할 수 없었을 것이다(크로니클, 1912년 5월 1일, 4).

오백 파운드의 손실이라면 전체 공사비용의 3분의 1에 가까운 액수였다. 뿐만 아니라 그토록 기다렸던 병원 개원이 무산되거나, 또다시 무기한 연기될 수밖에 없었다.

그러나 여기서 커를은 놀라운 기록을 남기고 있다. 빅토리아여선교연합회가 좌절하지 않고 더욱더 가열하게 모금 활동에 들어갔다는 것이다.

이 화재는 호주 회원들의 마음을 움직였고, 짧은 시간에 그 손실을 메울 수 있을 만큼 재정을 더 모금했다. 그러나 병원 건축을 위하여 쓴 600파운드의 빚은 여전히 남아 있었다. 연합회는 그 빚을 매달 갚아 나가기 위하여 모금 활동은 물론 바자회 개최와 수공예품 판매 등을 했다. 빅토리아여선교연합회는 당시 한국 진주에서뿐 아니라 뉴 헤브리데스 포트빌라에도 페이튼 병원을 설립했다. 아시아의 한국과 남태평양의 뉴 헤브리데스의 배돈병원 완공은 그 뒤에 호주 빅토리아 여성 교인들의 기도와 눈물 어린 후원이 있었기에 가능했던 것이다.

배돈병원이 완공되다

마침내 1913년 11월 4일 진주 배돈기념병원이 공식 개원되었다. 진주 최초의 서양식 근대병원이 설립된 것이다. 병원에는 존과 마가렛 화이트크로스 페이튼 부부의 사진이 걸렸고, 그 중간에는 호주에서 가져온 벽시계가 있었다. 그리고 마가렛 페이튼 여사의 조카인 데이비드 라이얼(한국명: 라대궐, 진주선교사, 1909~1914)이 참석한 가운데 병원이 개원되었다.

앤드류 아담슨 목사가 기도하였고, 노블 맥켄지가 성경 봉독을 하였다. 라이얼이 병원 취지를 설명했으며, 경남도지사의 축사 그리고 겔슨 엥겔의 답사가 있었다. 휴 커를이 경과보고를 하였으며, 페이튼 여사를 대신하여 라이얼이 병원 개문식을 하였다(김정수, 1930. 조헌국, 2015, 재인용).

> 개원식이 있던 화요일은 주로 남성들의 날이었다. 순서를 맡은 사람들과 높은 관원들은 현관에 앉았고, 현관은 여성 외래 환자 병동 입구에 있다. 우리 여성들은 행사가 진행되는 것을 가까운 병동의 창문을 통하여 보았다. 그리고 행사의 첫 부분이 마치자 우리는 빨리 칸막이 뒤로 돌아갔다. 남성들은 한 번에 80명씩 병동으로 들어왔으며, 세심한 준비와 함께 구경꾼들도 질서 있게 구경하므로 모든 것이 걸림 없이 진행되었다(크로니클, 1914년 2월 2일, 6).

아쉽게도 이날의 개원식에는 호주선교회의 많은 선교사가 늦게 도착하거나 참석을 하지 못했는데, 맥라렌, 왓슨, 라이트는 늦게 도착했고, 통영의 무어, 왓슨 부인, 테일러 등은 참석을 못 했다.

그다음 날은 여성과 어린이들을 중심으로 행사가 진행되었고, 여성들은 병원과 이날 개원한 기숙사도 둘러보았다. 이번에는 여성들이 칸막이에서 나와 차와 케이크를 함께 먹으며 마음껏 즐겼다.

한 가지 흥미로운 사실은 당시 개원식을 맞이하여 병원 깃발을 특별히 제작했다는 것이다.

> 진주 병원의 개원식을 위하여 깃발이 디자인되었고 만들어졌다. 빨간 바탕에 하얀색의 십자가가 있고, 깃발의 구석 네 곳에는 한자어로 '배돈기념'이라고 쓰였다(앞의 책, 8).

병원 개원 당시 병원의 직원은 호주인 의사 2명(커를과 맥라렌), 한국인 의사 한 명, 호주인 수간호사(클라크), 한국인 간호사 3명, 약제사 1명, 병원 전도사 1명, 병동 관리인 2명이었다.

한 가지 아쉬운 것은 당시의 한국인 의사 이름이 불분명하다는 것이다. 초기 배돈병원의 한국인 의료인의 역할도 매우 중요했을 진데, 그들의 이름이 자세히 기록되어 있지 않다. 필자가 찾은 한 한국인 의사의 이름은 박용준이다. 그의 자선 진찰에 관한 기사가 1920년대 초 한 신문에 소개된 것이다. 박 의사가 개원 당시의 한국인 의사였는지는 모르나 배돈병원 초기에 활동했던 의사임에는 분명하다.

> 진주 배돈병원에서 다년 의사의 직에 재하던 박용준 씨는 금번에 해당 병원을 사임한 후, 당지대안동전진양의원적 강주식가에서 의원을 신설하고, 일반 환자를 친절 정녕히 취급한다는데 특히 매 토요일에는 무료진찰을 하며 당분간은 개업을 피로키 위하여 약가도 실비만 수한다고(진주)(동아일보,

1923년 12월 29일).

다행히 한국인 간호사들의 이름은 다른 곳에 기록되어 있다. 그들은 이평안, 김채봉, 박덕례였다. 특히 초기 호주 간호사들의 편지에 이름 없이 성만 언급되는 '박 간호사'라는 여성이 종종 등장하는데, 그가 바로 1889년생 박덕례일 가능성이 높다. 만약 그녀가 그 인물이라 한다면 그녀는 젊은 과부였고, 배돈병원에서 간호사 훈련을 받아 후에 첫 수료증을 받은 매우 소중한 일꾼이었다.* 이 당시 '크로니클' 선교지는 병원 직원 사진 한 장을 게재하고 있는바, 이들의 얼굴도 포함되어 있다(크로니클, 1915년 3월 1일, 15).

마지막 3년

커를의 주요 임무는 의료 선교였지만, 그는 앞에서 언급한 대로 순회 전도, 교회 개척, 학교 설립 등 많은 일을 했다. 그는 진주를 포함하여 사천, 삼가, 고성까지 관할했다. 진주읍교회를 포함하여 적지 않은 교회를 설립했고 여타 교회는 그가 전도한 사람들이 설립했다. 조헌국은 그가 설립하거나 설립에 관계한 교회를 다음과 같이 기술하고 있다.

> 1908년에는 진주군 금산면에서 전도하여 송백리교회를 설립했고, 또 같은 해 … 창촌교회(지금의 반성교회)를 설립했다. 1909년에는 … 초가 3칸을 사서 예배를 드리면서 승내동교회(지금의 지수교회)가 설립되었다. 같은 해 진주군 명석면 … 남성동교회를 설립했다. 1910년에는 진주군 대평면 … 신풍리교회를 세우고, 같은 해 진주군 대평면 … 대평교회를 세웠다. 또

---

* 최근의 연구에 따르면 박덕례는 부산에서 진주로 간 박성애 조사의 자부임.

신주군 금곡면 … 송곡교회를 설립했다.

하동 지방에도 커를 선교사가 전도하여 1908년에 하동읍교회, 1909년에 하동군 입석리교회와 횡천면 여의리교회(지금의 횡천교회)가 설립되었다. 사천지방에서는 1908년에 삼천포에 동금리교회(지금의 삼천포교회), 1909년 남해군 창선면 상신교회(지금의 창선교회)를 … 설립했고, 같은 해 남해군 평산교회와 북변교회(지금의 남해읍교회)도 설립되었다(조헌국, 65-66).

또한 그는 한국에서 보낸 마지막 3년 동안 매년 3개월씩 세브란스의 학교에서 강의했다. 교수 과목은 산과와 안과였고, 그 외에 이비인후과 관련 질병에 관한 것이었다. 당시 세브란스에서는 각 나라 선교회가 파송한 선교사들이 강의했는데 커를과 맥라렌도 이에 동참하고 있었던 것이다.

영원한 챔피언

1915년 말, 커를 가족은 호주로 휴가를 떠났다. 사실상 영구 귀국이었다. 그의 부인 에델의 건강이 좋지 않았고, 부산에서 태어난 두 딸과 진주에서 태어난 아들의 교육 문제도 있었다. 44세의 젊은 그는 한국에서 할 일이 많았지만, 호주 빅토리아에 정착하기로 한 것이다.

커를이 당시 진주를 떠날 때 어떤 모습이었는지 그 자신은 기록하고 있지 않지만, 동료 스콜스는 다음과 같이 적고 있다.

커를 박사와 그의 가족은 아내의 건강 문제로 일찍 휴가를 가게 되었다. 우리는 이들 모두를 그리워할 것이다. 그리고 특히 나이 든 한국인들은 진주에 처음 와 주님을 소개하여 자신들의 삶을 변화시킨 커를을 절대로 못 잊을 것이다. 그의 딸 에델과 애니가 호주의 학교에 입학하여 한국에 돌아오지 않을 것이라는 소식에 그들은 더욱 슬퍼했다. 아들을 포함한 그들에게 작별을 고하기란 쉽지 않았을 것이다. 어릴 때부터 자라는 것을 보아 온 그들에게 이 아이들은 절대로 잊히지 않을 것이다(크로니클, 1915년 12월 1일, 3).

커를은 멜버른에 도착하여 먼저 휴가를 보냈고, 그곳 시내의 켄싱톤에 주택을 구입했다. 그리고 개인 병원을 개업하여 일하기 시작했다. 그는 그곳에서 평생을, 후에 의사인 사위에게 병원을 인계하여 줄 때까지 일했다. 동시에 빅토리아장로교 총회 해외선교위원회에서 오랫동안 봉사했다.

여기서 한 가지 언급되어야 할 사건이 1929년에 있었다. 뜻밖에도 부산의 자갈치교회가 호주 교회에 소개되고 있다. 자갈치교회에는 박성애 목사가 시무하고 있었는데, 그는 커를과 함께 진주선교부를 개척하고 후에 목사 안수를 받은 동역자였다. 그의 아내는 부산 일신여학교 출신의 박순복으로 진주 여학교 교사를 하기도 했다. 그런데 박 목사가 자갈치교회가 성장하자 교회당을 신축하는데, 그 교회당을 '휴 커를 기념교회'로 명명한다는 내용이었다.

박 씨 부부는 그들(커를 부부)의 아들이 하늘나라로 갔다는 소식을 듣고, 그 아들이 태어난 땅에 그를 기념하여 교회를 명명하겠다고 했다. 그들 부부는 교인들에게 그 안을 제안했고, 커를 부부에게 편지를 썼다. 커를 부부도 그 생각을 좋게 여겼다. 커를 부부와 친척 그리고 아들의 친구들은 그를 기억하며 적지 않은 돈을 교회당 신축에 헌금했다(크로니클, 1929년 11월 1일, 5).

박 목사는 그 돈으로 150평의 교회당 부지를 매입하여 건평 50평 되는 교회당을 지었다. 그 교회가 현재의 항서교회이다.

커를의 이름은 수년 후에 또 한 번 등장한다. 1937년 송순 손옥순(혹은 홍옥순)과 이영복 간호사가 연수를 위하여 호주를 방문했을 때 총회 회관에서 열린 환영회에서 격려사를 한 것이다.

> 이 두 명의 간호사는 앞으로 놀라운 일을 할 것이다. 이들은 이미 한국에서 간호사 과정을 다 마치었는데, 이곳의 병원과 간호 방법 그리고 치료에 대한 새로운 시각을 보기를 원하고 있다. 이들에게 우리 간호사들도 배울 것이 있다고 나는 생각한다. 한국에서는 의사와 간호사가 육체의 치료를 영의 치료와 병행하고 있기 때문이다. 그리고 그들이 보이는 믿음의 본보기로 많은 사람을 기독교 신앙으로 이끌고 있다(「더 아르거스」, 1937년 9월 1일, 20).

오랜 세월이 흘렀지만, 그는 여전히 한국교회와 의료 발전에 깊은 애정을 품고 있음을 알 수 있다.

에필로그

한동안 커를의 소식은 전해지지 않았다. 그러던 1943년 3월 10일, 멜버른의 한 신문에 커를의 부고 기사가 떴다.

> 한국의 신실한 선교사이자 선교 활동의 견실한 친구인 휴 커를 박사가 3월 10일 마세돈에서 사망했다.
> 3월 10일 수요일 갑자기 커를 박사가 사망하므로 교회는 헌신적인 회원을 잃었고, 교회의 해외 선교는 진정한 선교사 정신을 가진 일꾼을 잃었다(더 마세돈, 1943년 3월 10일).

그리고 곧 크로니클 선교지에 그의 추모사가 실렸다. 그 추모사를 쓴 필자의 이름은 없지만 커를을 잘 아는 사람이었을 것이다. 다음이 그 일부이다.

> 휴 커를 박사는 한국의 첫 선교사는 아니다. 그럼에도 그는 진정한 의미에서 개척자라 할 수 있다. 그의 한 가지 목적은 많은 사람에게 다가가 가능한 최대한으로 그들을 돕는 것이었다. 진주에서 커를 박사는 위대한 선교 사역을 했다(크로니클, 1943년 4월 1일, 9).

무명의 필자는 커를이 '한국과 한국인들에게 영원한 챔피언'이었다며 글을 맺고 있다.

〈참고 도서〉

김정수, 『진쥬면옥봉리예수교쟝로회연혁사』, 진주, 1930.

「더 아르거스」, 멜버른, 1902년 1월 7일, 1937년 9월 1일.

「더 메신저」, 멜버른, 1902년 12월 12일, 1906년 6월 15일.

「동아일보」, 서울, 1923년 12월 29일.

「부산진교회 당회록」, 부산, 1905년 10월 15일.

빅토리아여선교연합회, 「크로니클」, 멜버른, 1907-1943.

이상규/양명득, 『호주선교사 열전 – 진주와 통영』, 동연, 2019.

조헌국, 『진주에 뿌려진 복음』, 디자인모토, 2015.

조헌국, 『호주선교사 커를과 그의 동료들』, 한국문화사, 2019.

커와 앤더슨, 양명득 역, 『호주장로교 한국선교역사 1889-1941』, 동연, 2017.

II. 휴 커를의 보고서*

1. 한국에서의 의료 활동 보고서**

지금까지의 의료 활동은 대부분 초보 단계였고, 본격적인 활동을 위한 기초를 놓는 일이었다. 우리 선교회와 관련되어 이곳에 의료 선교사의 필요성은 의심할 나위가 없다. 많은 사람이 의사의 부임을 초조하게 기다려 왔다. 나는 진찰 가방을 풀기도 전에 치료를 받으려는 사람들에게 둘러싸였다.

내가 도착한 둘째 날부터 정규적인 의료 활동이 시작되었고, 지금까지 계속되고 있다. 내가 아플 때만 환자들을 보지 못하고 있다.

하루에 얼마간을 (조선어) 공부를 위하여 떼어 놓는 것이 좋겠다고 느꼈다. 그래서 오후 2시 이전까지는 환자를 보지 않기로 정했다. 그렇지 않으면 나는 내내 환자들만 보아야 하기 때문이다. 이 규칙은 특별한 경우를 제외하고는 지금까지 잘 지켜지고 있는 편이다.

시간을 절약하기 위하여 또 다른 규칙을 정했는데, 모든 환자는 치료를 위하여 시약소로 와야 한다는 것이다. 작은 학교의 교실이 시약소로 사용되고 있는데, 이 환경은 학교와 시약소 둘 다에게 방해가 되고 있다. 7월에 또 다른 작은 학교 건물이 230엔(약 23파운드)의 비용으로 세워졌는데, 나는 여전히 예전 학교 교실에서 일을 보고 있다.

환자들은 하루 평균 20명 정도이고, 어떤 날은 30명이 넘거나 또 어떤 날은 10명이 안 되기도 한다. 이것은 질병이 유행할 때나 날씨에 따라 좌우되는데, 한국인들은 추운 날씨와 비가 오는 습기 찬 날씨를 싫어

---

* 본 장의 "1. 한국에서의 의료 활동 보고서"와 "2. 진주선교부 설립"은 이상규 교수께서 제공한 「더 메신저」에 수록된 원문을 번역한 것이다.

** 「더 메신저」, 1902년 12월 12일, 889. 1902년 10월, 부산.

한다.

질병의 종류는 농양부터 나병까지 그리고 화상과 척추 곡률까지 다양하다. 외과와 내과의 경우가 거의 동률이다. 눈병도 흔하다. 여기에서 외과 치료는 매우 인기가 많은데, 수술의 경우는 많지 않다. 수술 설비가 아직 제대로 갖추어져 있지 않기 때문이다. 20번 정도의 수술이 있었는데, 몇 번의 절단 수술과 종양 절개 그리고 다섯 번의 죽은 뼈를 제거하는 수술이었다.

내과 치료는 소화불량, 설사, 가려움증, 습진이 가장 흔하며, 어린이들에게는 홍역과 백일해가 만연해 있다. 편도염과 이질은 어른과 어린이 모두에게 발병하고 있다. 9월 초에는 일본에서 들어 온 콜레라가 발병했으며, 이제야 조금 진정되고 있는 단계이다. 정도가 매우 심한 악성 콜레라였고, 우리의 마을 초량은 크게 피해를 입었다. 이곳 8천 명의 인구 중에 300명이 사망했고, 이것을 포함하여 28,000명에서 30,000의 인구가 있는 구 부산인 구관과 양산 지역에서 700명이 사망했다.

나는 일본 영사관의 도움을 통하여 1,800명에게 주사할 수 있는 항콜레라 약품을 무료로 공급받았고, 일주일 동안은 아침부터 저녁까지 주사를 놓았다. 사람들은 주사를 맞으려고 아침에는 부산에 모였고, 오후에는 초량에 모였다.

처음부터 나는 환자들의 독립심을 장려하기 위하여 적은 비용의 약값을 받았다. 비용은 다양했는데, 현금 25-60(1다임에서 2다임 1/4), 어떤 경우에는 현금 100(4다임)을 내도록 했다. 그러나 많은 환자는 이것조차 낼 수 없는 가난한 사람들이었다. 그들에게는 물론 돈을 내게 하지는 않는다. 이렇게 받은 수입이 5월 27일부터 9월 30일까지 26엔 38센이었다. 그리고 이 기간 외국인들이 낸 치료비용은 31엔이었으니, 총 57엔 38센을 벌었다. 5파운드 19실링 6다임이다.

이 수입으로 나는 약과 필요한 물품을 구입했는데 그것은 이곳에서 구입할 수 있는 병과 돼지와 소의 지방 등이다. 현재 26엔과 35센이 남아있다. 수입과 지출에 관한 자세한 보고는 매년 하도록 하겠다. 이 지역 관세 소장 오스본 씨가 시약소 기금을 위하여 매달 10엔을 후원하겠다고 한 기쁜 소식을 전한다.

현재의 시약소는 좁고 여러모로 불편하다. 그러나 새 장소가 생기기 전까지 그대로 일해야 한다. 언젠가 3~4명이 입원할 수 있고, 수술실이 있는 작은 병원을 세우게 되기를 고대한다. 지금은 작은 방 하나에서 수실('수술'의 방언)이나 다른 모든 치료를 하고 있고, 또 다른 작은 방 하나는 여성들의 대기실로 사용하고 있다. 남성들은 밖이나 시약소 바닥에 앉아 기다린다.

이곳에서의 사역은 흥미롭고 격려가 되며, 조력자 송 씨와 정 씨를 통하여 복음이 선포되고 있는데, 사실은 대화를 통하여 전하여지고 있다. 전도지를 나누어주고 있으며, 복음서와 책 등은 항상 구입을 하도록 하고 있다. 많은 사람이 먼 곳으로부터 오는데, 어떤 이는 300리(100마일) 밖에서 오고 있어, 진리를 퍼뜨리는 데 좋은 기회가 되고 있다.

나는 과거의 축복과 용기에 대하여 하나님께 감사드리며, 장차 그분이 우리를 통하여 하실 일을 큰 희망을 가지고 기다린다.

2. 진주선교부 설립*

마침내 진주선교부가 설립됨을 마음에 가득한 감사와 함께 보고를 드린다. 여름과 겨울에 몇 번의 방문을 통하여 진주 땅을 살펴보았고, 우리 선교부를 세울 가장 좋은 곳을 찾아보았다. 그리고 그 부지를 구매하려고 준비했다. 우리는 우리의 목적을 위한 가장 적합한 곳을 얻을

---

* 「더 메신저」, 1906년 6월, 330.

수 있었다. 시내 북쪽의 땅으로 남쪽으로 완만한 언덕이 있는 곳이다.

언덕 아래 거주할 수 있는 공간과 그 바로 아래 병원을 세울 자리도 있다. 또 우리의 선교 인원이 증가하면 양편에 있는 땅을 구매하여 집을 지을 수 있을 것이다.

9월 27일, 우리의 가구들을 부산에서 배로 옮겼으며, 그때부터 10월 18일까지 아담슨 부부와 함께한 며칠을 제외하고, 멘지스와 브라운에게 신세를 졌다. 우리의 긴 시간 방문으로 불편했을 이 여성들에게 감사한다. 10월 초에 나는 부지 구입을 위하여 진주에 갔다. 우리는 먼저 마산포까지 기차를 탔고, 그 후 마산포에서 진주까지는 가마를 탔는데, 많은 일이 있었다. 그리고 10월 20일, 우리는 춥고 피곤한 상태로 진주에 도착할 수 있었다.

그 이후의 보고는 몇 개의 항목에 따라 쓰도록 하겠다.

집-건축

우리가 진주에 도착했을 때 기초공사가 시작되고 있었고, 그 이후 천천히 건축이 진행되고 있다. 지금 12월 31일, 아래층의 벽돌 공사가 반쯤 진행되었다. 집이 1월 15일까지 완공되어야 하는데, 불가능해 보인다.

목회 활동

목회 활동에 가장 많은 시간을 할애하고 있다. 처음부터 고무적이고 미래가 밝아 보인다. 사람들은 복음의 내용에 많은 관심을 보이고 있으며, 점차로 증가하고 있다. 몇 명의 청년과 중년 남성이 주일 예배와 수요 모임에 참석하고 있다. 그리고 이들 중 몇 명은 정말 회심의 경험을 했다.

우리는 마태복음을 시작했고, 밤마다 7~8명의 청년이 참석하고 있었다. 한 남성은 우리가 도착하고 며칠 안 되어 복음에 관심을 갖고 우리를 찾아왔다. 그는 전에 매서인에게 산 쪽 복음 하나를 들고 왔는데, 더 배우기를 원한다고 했다. 그 이후, 그는 이곳을 매번 방문하여 진정으로 배우려 하고 있다. 나는 그가 장차 매서인이 되기를 희망한다. 또 다른 24살의 매우 총명하고 지적인 청년은 서울에서 복음을 들었다는데 주일 예배에 참석하고 있고, 진정한 회심자의 모습을 보이고 있다.

이 외에 다른 몇 명도 새 신앙의 추종자로 자신의 입장을 조용하지만, 확고히 하고 있다. 한국인의 입장에서는 부자이고 사람들에게 영향력을 가지고 있는 한 청년은 자신이 기독교인임을 선언했다.

주일에 우리는 세 번의 예배를 드리고, 평균 20명의 남성과 7명의 여성이 참석하고 있다. 나는 나중에 오후 예배를 주일학교로 바꿀 생각을 하고 있다.

우리의 노방 전도와 쪽 복음 판매는 적지 않은 이목을 끌고 있다. 한국인들의 집이 모여 있는 읍내의 큰길은 이 사역을 하기에 적당한 곳이다.

장날에 대문 앞은 외국인을 보기 위하여 모여든 사람으로 붐빈다. 이들 대부분은 자신들을 사랑하여 목숨까지 내어 준 하나님의 아들 예수에 관하여 듣게 된다. 최근에는 집의 한 방을 책방으로 운영하기 시작했는바, 장날에는 보통 80-150권의 복음서와 사도행전이 팔리고 있다. 각 책의 가격은 매우 싸다.

성서공회는 매서인의 봉급을 제공하고 있는데 아직 적당한 사람을 찾지 못했다. 한국인 조력자를 충분히 찾을 수 없다는 것이 우리에게 큰 어려움 중의 하나이다. 나의 예전 언어 선생인 부산진교회의 박 조사[*]는 세례 문답자로 나와 함께 이곳에 왔는데, 능력 있고 신실한 사람

* 박성애 _ 편저자 주

이다. 그의 아내 순복이는 부산 고아원 학생 중 한 명이었는데, 여성들을 위한 사역을 하는 커를 부인을 잘 돕고 있다.

여성 사역

여성 사역도 진행되고 있다. 주일 예배 시, 그들을 위하여 공간을 분리하고 있다. 또한 화요일 저녁에는 여성들을 위한 특별 모임이 있는데, 이 모임에 여성들이 제일 많이 참석하고 있다. 14피트×7피트의 작은 방에 60명 정도의 여성들이 모이고 있고, 이들을 통하여 한국인들이 표현하는 대로 '구경하러' 오는 여성들도 있다. 정기적으로 오는 많은 여성은 남아서 기도하기도 한다.

이 사역은 우리가 아직 '전도부인'이 없기에 한계가 있다. 그러나 커를 부인은 할 수 있는 만큼 여성들의 집도 방문하고, 모임에 초청도 하고, 모임을 주관하기도 한다. 우리는 전도부인을 곧 구할 수 있기를 희망하며, 그녀가 전적으로 여성들의 집을 심방하며 성경을 판매할 수 있기를 바란다.

우리의 가장 약한 부분은 어린이들을 위한 사역이다. 우리는 남녀 아이들을 위한 낮 학교가 없으며, 그러므로 아이들을 우리에게 끌어오지 못하여 그들을 위한 기쁜 소식을 나누지 못하고 있다. 다음 3개월 보고서에는 남학교를 시작했다는 보고를 할 수 있게 되기를 희망한다. 지금은 야간 여학교만을 운영하는 것에 집중하려고 한다. 이것은 우리 선교부의 장점이 될 수 있는 분야이다.

의료 선교

의료 활동은 아직 많은 관심을 끌지 못하고 있다. 우리집은 시약소 운영을 위한 좋은 환경이 아니다. 창문도 없는 흙바닥으로 된 작은 방 한 칸인데, 이곳에 약을 보관하고 있다. 환자들은 교회당 안에서 기다리며, 거기서 진료를 받는다.

처음에 사람들은 우리의 시약소를 믿거나 도움받기를 꺼려했다. 그러나 점차로 많은 사람이 오고 있다. 우리 시약소에서 3년 반을 일한 조수가 그만두었다는 사실을 보고하게 되어 안타깝다. 한국의 관습에 따라 그는 믿지 않는 여성과 결혼을 했다. 그는 내가 아는 최고의 청년이었는데 잃게 되어 슬프다. 그는 시약소에서 매우 유용했다. 그러나 믿지 않는 자와의 결혼은 용납할 수 없다.

마가렛 화이트 크로스 페이튼 병원을 진주에 건축하게 되었다는 소식은 우리 모두를 기쁘게 했다. 몇 개월 안에 병원 건물 기초를 놓을 수 있기를 바란다. 이곳 수천 명의 사람을 위한 좋은 병원이 꼭 필요하다. 지금까지 우리는 적절한 시약소가 없어 많은 어려움을 겪었다. 온갖 수술을 다 할 수 있고, 적절한 치료를 할 수 있는 병원이 있다면 얼마나 좋은 결과를 가져올 수 있겠는가!

결론적으로 지금까지 우리를 인도하신 하나님께 감사드린다. 이 지역 수천의 목마른 영혼들을 위한 진주선교부의 필요성과 가능성은 이미 입증되었다. 우리가 이 일을 지속할 수 있도록 여러분의 지원이 필요하다.

영적으로 충만한 일꾼들이 이곳에 더 필요하다. 우리는 빅토리아의 여러분이 그러한 일꾼들을 보내주기를 기다린다. 우리 빅토리아인들은 이곳의 550,000명의 영혼을 책임지고 있다. 다른 나라 선교회는 이곳에 참여하지 않는다. 그리스도 복음의 축복을 이곳의 필요한 영혼들을 위하여 새 각오로 함께 전하지 않을 것인가?

3. 진주선교부 연례 보고서(1)*
— 1905년 7월 1일~1906년 6월 30일

1905년 10월 20일, 우리는 사역을 시작하기 위하여 진주에 도착했다. 이 문서는 진주선교부 보고서로 명명되었지만, 이 기간은 주로 진주선교부를 열기 위한 준비 작업을 했다.

준비 작업

진주선교부의 역사를 설명하기 위해서는 이 연례보고서 기간 이전의 시간을 되돌아보아야 한다. 호주선교회가 하나님이 위탁하신 일을 한국의 남단에서 감당하려면 우리가 전진해야 함을 지난 기간 점차로 명백해졌다. 우리 선교사들은 모두 부산에 정착하고 있었으며, 부산이 주요 항구이기는 하나 우리 선교를 위한 최상의 중심지는 아니었다.

특히 의료 선교를 생각하면, 다른 지역이 우리에게 더 큰 기회를 제공할 수 있다고 생각했다. 그래서 다른 도시에 우리의 병원을 개원하는 방안이 제안되었다. 미국장로교선교회가 많은 돈을 들여 부산에 아름다운 병원을 세웠다. 우리가 2마일 떨어진 곳에 병원을 세운다고 해도 환자는 많이 오겠지만, 새 지역에 병원을 세우는 것이 더 큰 결실을 가져오겠다는 생각이었다. 인류애적인 방면이나 이곳의 이방인들에게 복음을 전하기 위한 목적으로 말이다.

처음에는 그러한 새 지역이 어디일지 불분명했다. 부산에서 40마일 떨어져 있는 마산포는 항구이기에 외국 상인들에게 열려 있었고, 인구도 많았다. 그래서 이곳이 첫 물망지로 떠올랐다. 그러나 그곳이 우리의

* 크로니클, 1907년 2월 1일, 9-10.

사역을 위한 최상의 지역인지 확신이 없었고, 우리는 그곳으로 떠날 결정을 못 했다.

이즈음에 우리는 부산의 미국 선교사들과 경상지역을 나누어 선교하기로 합의하고 시행하기 시작했다. 그들은 중심과 북쪽을 맡기로 했는데 모두 15개 지역이었고, 우리는 동쪽의 4개 지역과 남서쪽의 12개 지역을 맡았다. 이 정당한 지역 분할은 일이 겹치는 것을 방지하는 좋은 방법이었지만, 우리에게 주어진 두 개의 큰 지역은 잘 모르는 곳이었다. 우리 선교사들은 모두 동쪽의 작은 지역에 모여 있었기 때문이다.

그 결과 진주라는 곳이 우리 품에 안겼다. 진주는 큰 도시였고, 경상도의 수도였다. 이곳은 우리의 서쪽 지방 정 중앙에 위치하고 있었다. 우리는 이곳의 12개 지역을 복음화해야 하는 책임을 맡은 것이다. 이곳에는 선교사도 없었고 선교 의사도 없었고 병원도 없었다. 병원은 80마일 떨어진 부산에 있었다. 우리는 이곳의 부름에 저항할 수 없었다.

진주선교부를 세우는 안은 우리 선교회에서 다루어졌고, 호주의 해외선교위원회에 제안되었다. 그리고 1905년 8월 말, 진주에 선교부를 세우기로 했다는 반가운 소식이 있었다. 며칠 후 또 다른 기쁜 소식이 있었는데, 빅토리아여선교연합회에서 페이튼 여사를 기념하기 위한 병원을 진주에 세우기로 했다는 것이다. 병원 이름을 '마가렛 화이트크로스 페이튼 기념병원'으로 하기로 했다는 소식도 있었다.

진주는 이미 1905년 6월에 방문했었는데, 그 도시와 지역을 둘러보았다. 7월에는 부산과 마산포를 오가며 의료 사역과 조선말 공부를 했다. 8월에도 공부와 진료 일을 했다. 9월에 가서야 우리의 새 지역에서 일을 시작하기로 확정했다.

먼저 우리는 선교관과 병원을 세울 부지를 취득할 목적으로 진주를 방문하고, 이사를 위하여 짐을 꾸리고 준비했다. 9월 말에 우리의 짐과 동산을 보냈는데, 느린 한국 배에 실어 강으로 나르게 했다. 부지 매입을 위해서 우리는 한 번 더 진주를 방문했고, 우리의 짐이 도착하는 것도 점검했다. 그리고 다시 부산으로 돌아왔다. 10월 20일 우리는 모두 안전하게 진주로 이주했다. 진주선교부가 시작된 것이다.

4. 진주선교부 연례 보고서(2)*
— 1905년 7월 1일-1906년 6월 30일

여러 가지 일이 일어나다

진주는 우리에게 새 지역이므로 모든 것이 개척적인 시기였다. 이곳은 이교도 지역이고, 미신의 땅이었고, 한국의 문화 습관과 함께 외국인과 외국 영향에 대한 강한 의심과 혐오가 깔려 있었다. 하나님의 성전을 세우고, 그의 나라의 복음의 씨를 뿌리기 전에 헤쳐나가야 할 것들이었다.

그러나 모든 영적인 사역이 그렇듯이 "주께는 하루가 천년 같고 천년이 하루 같다"라고 하신 것처럼, 씨 뿌림과 추수는 종종 동시에 오기도 한다. 그러므로 처음부터 싹이 나오고 열매를 맺는 모습에 우리는 힘을 얻었다. 주님의 편으로 오는 사람이 연속적으로 나타나는 것에 우리는 격려를 받았고, 어떤 사람들은 세상적인 이득을 취하고자 예배에 나오는 모습에 실망하기도 했다. 그런 사람들은 곧 복음의 메시지에 흥미를 잃었고, 교회에서 떨어져 나갔다. 그러나 이런 사람들은 많지 않았고, 또다시 돌아오는 사람도 있었는데, 자신의 잘못을 회개하고 회복을 원했다.

첫 주일 아침 예배에 호기심에 이끌린 두 명의 외부인이 참석했다. 그리고 곧 예배당이 필요했는데, 이 해 말에는 우리의 공간이 사람들로

---

* 크로니클, 1907년 2월 1일, 10-11.

꽉 차서 바깥에서 예배를 드릴 수밖에 없었다. 주일 아침 예배에 46명의 남성과 소년들이 참석하고 있다. 지금 한국인 형제들은 예배드릴 예배당 건립을 스스로 진행하고 있다.

매주 화요일 저녁에는 여성들을 위한 모임이 별도로 있고, 초창기부터 평균 62명의 여성과 소녀들이 참석하고 있다.

매일 오후에는 임시 진료소에서 환자들을 치료하고 있다. 처음에는 사람들이 우리를 의심의 눈으로 보았고, 우리에게 다가오기를 부끄러워했다. 그러나 몇 개월이 지남에 따라 진료하기가 나아졌고, 좀 더 널리 알려지기 시작했다. 지금은 서양 의료에 관한 믿음이 조금씩 증가하고 있다.

작년 3월 5일 남학생들을 위한 학교를 시작했다. 다행히 지적이고도 열정적인 남자 교사를 확보할 수 있었다. 이 일이 성공적인 결과를 가져올 것이라는 생각에는 이유가 있다. 22명의 학생이 등록했고, 매일 평균 16명이 출석하고 있다.

10월부터 그다음 해 4월 초까지 선교관 건물이 사람들로 붐볐는데, 지금은 우리가 모두 차지하여 넓고 편안하게 쓰고 있다.

한 가지 아쉬운 점은 실제적으로 이 지역을 순회할 시간을 낼 수 없었다는 것이다. 순회 전도가 아마 선교지의 가장 중요한 일일 수 있는데, 남선교사 한 명으로는 역부족이다. 전도 사역과 의료 사역 그리고 건물을 관리하는 일로 인하여 이 도시를 떠나는 것이 불가능하다. 이 크고 필요한 지역에서 순회 선교를 할 두 명의 남성 선교사가 긴급하게 필요하다. 그리스도를 모르는 수천 명의 사람의 영혼이 기다리고 있다.

이 해의 선교보고서에 숫자를 기입해야 하는데, 진짜 열매가 무엇인지 어떻게 말할 수 있을까? 성경 말씀의 씨앗은 뿌려졌고, 그 결과는 미래에 볼 수 있을 것이다. 곧 만날 수 있기를 희망하는 새로 오는 일꾼을 통하여 순회 전도가 시작되어 더 많은 신자가 생기기를 바란다. 여러 마을과 지역마다 믿는 자와 믿기 원하는 자의 무리가 많이 생겨나기를 기대한다.

한국인 통계

성찬 참여자: 227명, 교인: 892명, 주일학교 등록: 204명, 낮 학교: 309명

5. 미션 밴드*

캠버웰 선교동아리 회원들에게

친애하는 젊은 친구들이여.
마가렛 페이튼 기념병원을 위한 여러분들의 친절한 선물인 담요를 잘 받았습니다. 교회의 젊은 사람들이 해외 선교에 관심을 가져서 우리는 매우 기쁩니다. 이 아름다운 담요를 만드느라고 쓴 시간과 수고에 감사하며, 여러분들이 한국인을 얼마나 사랑하는지 잘 보여줍니다. 여러분들이 이곳 우리의 사역과 우리 선교사들을 위하여 기도한다니 기쁩니다.
우리는 아직 진주에 병원 건축을 시작하지 못했으나, 한국의 겨울이 이제 다 지나가고 있으므로 건축을 곧 시작할 수 있기를 희망합니다.
지금 진주선교부에는 내가 유일한 선교사입니다. 아픈 사람들을 치료하는 일을 조금 할 수 있을 뿐입니다. 나는 설교도 하고, 예수를 더 알기 원하는 사람들을 만나러 시골에 가기도 합니다. 호주에서 곧 새 선교사를 이곳에 파송해 주기를 우리는 희망하고 있습니다. 이곳에는 예수를 사랑하기 원하는

* 크로니클, 1908년 6월 1일, 8.

많은 사람이 있으나, 그들 모두를 방문할 시간이 없습니다. 새 선교사들이 곧 오지 않으면, 이 중에 많은 사람이 예수를 모르고 죽을 것입니다.

하나님이 새 선교사들을 한국에 보내시도록 매일 기도해 주십시오. 나는 2년 안에 호주를 방문할 것으로 기대하고 있는데, 그때 여러분을 만나 한국의 소년 소녀들에 대하여 모두 말해주겠습니다.

여러분 모두에게 안부를 전합니다.

여러분의 한국 선교사가

1908년 2월 17일 진주에서

6. '마가렛 화이트크로스 페이튼' 기념 기금*

1908년 5월의 '마가렛 화이트크로스 페이튼' 기념 기금 보고서에 한국 진주에 세울 병원 기금이 1,019파운드 3실링 1펜스가 있다고 보고되었다. 우리의 대부분 회원이 알고 있듯이 병원 건물 건축은 아직 시작되지 못하고 있다. 그래서 여기에 관한 설명이 필요하다고 생각된다. 간략히 상황을 말하자면 다음과 같다.

우리의 의료 선교사 커를 박사의 휴가는 1909년 예정되어 있었다. 해외선교위원회는 건물 건축이 1908년 시작되어 건립되면 커를의 휴가 중에는 무의미할 것으로 보았다.

그래서 위원회는 지혜롭게도 커를이 12개월 먼저 휴가를 갖도록 제안했다. 커를 박사는 해외선교위원회의 계획에 따라 호주로 와 여러 곳을 다니며 병원 건립을 홍보했고, 우리 회원들은 그를 직접 만나 설명을 들을 기회를 가

---

* 크로니클, 1909년 5월 1일, 13.

셨나. 그의 신술한 강연에 우리는 관심과 뜨거운 가슴을 가질 수 있었고, 한국에 선교사가 더 필요하다는 그의 요청에 공감할 수 있었다.

기금은 그동안 더 모아졌는바 25파운드 17실링 10펜스이고, 이자는 18파운드 15실링 10펜스이다. 빅토리아여선교연합회 스트라트포드 지부에서 3파운드, 1908년 11월 16일 기도회 중에 2파운드 2실링, 캠버웰 미션밴드에서 2파운드 헌금을 했다.

현재 총 1,045파운드 11펜스가 있다.

매튜

(마가렛 화이트크로스 기금 명예 회계)

7. 커를의 강연*

1909년 5월 9일 월요일, 많은 여성이 기도 모임에 참석했다. 이 모임에서 커를 박사는 빅토리아를 떠나기 전 마지막 강연을 했다. 이 모임의 사회자인 바나비 목사의 기도로 개회를 했다.

커를은 여호수아 13장 1절 "얻을 땅이 매우 많이 남아 있도다"를 본문으로 읽었고, 이미 많은 것이 이루어졌지만 예수 그리스도의 교회가 한국의 남동쪽에 들어가 얻은 것에 대하여 간략하게 보고했다. 그리고 그는 그곳에서 새로운 차원의 사역(미국과 캐나다 선교사들의 사역 포함)에 대한 평가를 했고, 개신교 교회들과의 연합활동 노력도 언급했다. 또한 전도, 교육, 의료 사역의 진전에 대한 보고가 있었고, "매우 많이 남아 있도다"를 반복하여 언급했다.

그리고 커를 박사는 미래 계획에 대한 소견도 밝혔다. 전도 사역에

---

* 크로니클, 1909년 6월 1일, 3.

있어서는 한국인 사역자보다 더 잘 할 수 있는 외국인 선교사는 없다고 말했다. 그것을 위하여 매서인과 교리 교사가 더 많아져야 한다고 하면서 그들을 위한 철저한 훈련이 필요하다고 했다.

교육 사역은 여러 방법으로 진행되고 있다고 했다. 목회자 양성을 위한 남성 훈련반이 있고, 이들은 교리 교사로 혹은 작은 예배 모임의 지도자로 일한다고 했다. 이 외에도 성경 공부반이 있어 여러 수준의 교인들이 참석하고 있다.

남녀 소년 소녀들을 위한 학교는 교회가 있는 모든 마을에서는 다 시작해야 하며, 처음에는 지원이 좀 필요하겠지만 자급할 수 있어야 한다. 초등학교들은 설립되었고, 큰 도시에서는 중등학교도 시작되어야 한다. 일본 당국의 교육 방법의 현대 서양화 방침으로 적절한 건물과 자격 있는 교사가 필수적이 되었다. 그렇지 않으면 교회는 학교가 문을 닫는 것을 보아야 하고, 한국의 어린이들은 세속 교육만 받게 될 것이다.

의료 사역에 있어서는 병원이 꼭 세워져야만 하며, 한국인 의사와 간호사가 훈련을 받을 수 있어야 한다.

매우 많은 것을 얻으려면 많은 남녀 일꾼과 재정이 필요하나, 하나님의 능력에 의지하여 교회는 두려워하지 말아야 한다. 현장에 있는 선교사들은 생각하기를 충분한 인력이 지금 파송되어 온다면, 20년에서 25년 사이에 해외선교사는 더 이상 필요 없을 것이다. 한국교회에 그 땅을 온전히 맡길 수 있을 것이라고 했다.

모임이 기도로 마치기 전에 바나비는 말하기를 커를 박사는 청중들이 다음과 같은 말씀을 가지고 집으로 가기를 바랄 것이라고 했다. "얻을 땅이 매우 많이 남아있도다." 이 위대한 사역에 우리가 전적인 책임을 지는 것이 아니고, 각자가 자신의 역량에 따라 한국 선교에 동참하여 주기를 바란다고 했다. 각자가 이 사역의 살아있는 중심이며, 그것이 다른 이들의 관심도 이끌고 유지시킬 수 있다고 했다.

8. 배돈병원의 화재(1)*

한 달 전쯤에 한국, 특히 진주에 있는 우리 선교사들에게 크게 상심되는 일이 있었다. 우리가 오랜 기간 기다려 온 배돈병원 건물 완공을 앞두고 화재가 발생하여, 500파운드 정도의 피해를 입었다.

보내온 전보의 정보 외에는 아직 자세한 이야기를 듣지 못하고 있지만, 우리 희망의 중심이었던 병원 건물을 불길이 삼켜버리는 것을 우리 친구들은 통탄하며 무기력한 심정으로 지켜볼 수밖에 없었을 것이다.

1906년 우리 연합회는 페이튼 여사를 기념하기 위하여 뉴 헤브리데스 포트빌라에 교회 그리고 한국 진주에 병원을 설립할 것을 결정했다. 그녀는 우리 마음속에 다른 누구도 대체할 수 없는 분이기 때문이다. 우리 회원들은 자발적으로 헌금을 했고, 모금이 끝날 때 1,300파운드가 기금으로 모였다.

그중 404파운드는 빌라의 교회당을 위하여 쓰였고 아름다운 교회당이 완공되어 지금 수년 동안 사용하고 있다. 그리고 남은 1,090파운드로 진주의 병원을 거의 건축할 수 있을 것으로 생각하고 있었다. 그러나 커를 박사가 1908년 휴가차 호주를 방문했을 때, 그의 위원회와 세심하게 상의했고, 그 결과 병원 설비를 포함하여 전체 2,000파운드의 비용이 산출되었다.

모금이 그 후 좀 더 되었고, 계속되는 지연 속에 마침내 건축이 시작되었다. 많은 비용을 일반 해외 선교 기금에서 빌려와 지불했다.

병원 건축의 첫 단계와 관련하여 많은 염려와 걱정이 있었는데, 그 후로는 잘 진행되었다. 그런데 지금 불이 난 것이다! 왜 이런 일이 일어났는지 우리는 알지 못한다. 다만 우리는 다시 일어나 병원 건축을 마쳐

---

* 크로니클, 1912년 4월 1일, 8.

야 한다는 것이다. '존 페이튼 기금' 위원회가 니콜슨 박사의 새 보터보트를 잃었을 때 한 말이 기억난다.

"우리는 절망하지 않았고, 새 배를 주문했다."

프랭크 페이튼 목사는 이미 병원을 재건하라는 후원금 126파운드를 받았다. 병원 건축은 시공자가 보험에 들지 않았을 것으로 추측된다.

9. 배돈병원의 화재(2)*

여러분들이 이미 전보를 통하여 들은 1912년 2월의 진주 병원 화재는 우리의 기억 속에 오래 남을 것이다. 오랜 기간의 기다림 속에 건물이 이제 막 완공되었다. 우리는 견고한 벽돌담과 기와로 된 지붕을 지난 몇 주 동안 보아왔고, 이 도시와 지역의 아프고 병든 사람들에게 혜택이 돌아갈 것을 생각하면서 만족스럽게 생각하고 있었다. 또한 의사들과 간호사들은 많은 실제적인 계획을 세웠고, 불이 나기 바로 전날 우리는 함께 병동 안을 돌며 살펴보았다.

2월 21일 수요일 밤은 어둡고 습한 밤이었다. 비가 왔기 때문에 주중 기도회는 취소되었고, 교회당 안에는 2월 성경반에 참석하기 위하여 시골에서 올라 온 남성들이 몇 명 있었다. 그리고 갑자기 '불이야'하고 그들이 외치는 소리를 들었다. 남선교사들은 5분도 안 되어 현장으로 달려왔다. 그러나 그때는 벌써 건물 전체에 불꽃이 보이고 있었고, 맹렬하게 타오르는 모습을 속수무책으로 지켜볼 수밖에 없었다.

병원 근처의 새 우물에서 물을 길어 뿌렸고, 비도 도움이 되어 불길이 더 옮기는 것을 막을 수 있었다. 그 결과 동편의 건물과 마당에 쌓아 놓은 바닥재는 구할 수 있었다. 만약 이 날밤 비도 안 오고 바람이 불었다면 학교 건물도

---

* 크로니클, 1912년 5월 1일, 4-5.

불에 탔을 것이다. 그리고 초가지붕의 이웃집들도 화마를 피할 수 없었을 것이다. 이제 건물은 다시 지붕이 없는 상태이고, 문이며 창문이며 나무로 된 부분들은 모두 소실되었다. 전체 손실이 아마 500파운드에 달할 것이다. 병원을 개원하지 못하고 또다시 지연되어야 한다는 것은 또 다른 실망이다.

마가렛 데이비스

진주에서

10. 건축 진행 보고*

커를 박사는 1910년 3월 진주로 돌아갔다. 같은 달 프란시스 클러크(한국명: 가불란서)가 새로 생길 병원의 수간호사로 임명받아 한국에 도착했다. 한국인 간호 훈련도 시작되는 듯했다.

그러나 건축이 계속 지연되었고, 커를은 동양인을 재촉하는 것은 소용없는 일이라는 것을 깨달았다. 이 해말, 호주대표단이 진주를 방문할 때 병원 건물의 기초는 팠지만, 그 이상 진전되지 않았다.

1911년 봄, 건축이 실제로 시작되었지만, 여전히 방해 요소와 어려움이 있었다. 장마도 건축을 중단하게 했다. 목재와 시멘트 등을 배로 날라야 했는데, 운송 수단도 성가신 문제였다. 전체적으로 첫 시공자가 불만족의 큰 이유가 되었다.

1912년 초가 되자 병원은 거의 완공되고 있었다. 찰스 맥라렌(한국명: 마라연 혹은 마찰수) 박사도 병원에 합류하기 위하여 한국으로 파송되었다. 기대감은 그 어느 때보다 높아 있었다. 그런데 이것보다 더 큰 실망이 있을까? 2월 21일 아직 입주하지 않은 빈 병원에 원인 모를 불이

---

* 크로니클, 1913년 11월 1일, 1-2.

일어났고, 지붕과 실내의 목조 부분을 모두 태웠다. 500파운드 정도의 피해가 났고, 개원이 또 연기되어야 한다는 것이 가장 큰 어려움이었다!

이 재앙은 호주의 회원들 마음을 움직였고, 짧은 시간에 그 손실을 메울 수 있는 재정을 후원했다. 그러나 600파운드의 빚은 여전히 남아 있다. 올해 초, 총회의 해외선교위원회가 빅토리아여선교연합회의 엥겔 목사 지원을 넘겨받았고, 연합회는 병원 건축 빚을 매달 갚아 나갔다.

우리 회원들이 아는 대로 올해 매달 수입은 매달의 지출에 못 미치고 있으며, 140파운드에서 50파운드를 아직 입금하지 못하고 있다. 후원금을 늘려야 한다는 필요성을 각 지부가 깨달을 때, 책임감을 더 가질 수 있을 것이다. 한국교회의 선교에 이 큰 선물이 주로 우리 여성들에 의하여 주어지고 있다.

재건축도 현재 지연되고 있다. 문을 포함하여 어떤 자재는 수입해야 하고, 그 과정이 오래 걸린다. 난방 기구도 많은 어려움을 주었다. 그러나 이제는 모두 끝이 났고, 병원을 찾는 모든 환자에게 하나님의 축복이 함께 하시길 구한다. 그리고 의사들과 간호사들의 마음이, 환자들의 몸과 영혼이 그들의 치료 하에 회복되는 모습을 보고 기뻐할 수 있기를 바란다.

11. 마가렛 화이트크로스 페이튼 기념병원*

1913년 11월 4일 마가렛 여사의 조카인 데이비드 라이얼에 의하여 진주의 마가렛 화이트크로스 페이튼 기념병원이 개원되었다. 일본인 주지사도 참석했다. 그다음 날에는 여학생들의 기숙사도 개소되었다.

---

* 크로니클, 1914년 1월 1일, 5.

12. 배돈기념병원 개원식*

배돈기념병원의 공식 개원식 소식은 이제 지나간 소식처럼 생각된다. 여러분 대부분은 이미 개원식 소식에 대하여 들었을 것이다. 길게 쓰지 않겠다. 11월 4일 화요일 아침은 매우 분주한 날이었다. 병원 밖, 여성 외래 환자 병동 앞에 빨간색과 하얀색의 천으로 둘러놓은 곳에 손님들이 앉을 의자가 준비되어 있었다.

병원 안에 있던 3명의 입원 환자는 의사의 방으로 옮겨야 했고, 그 병동에 도지사와 일행을 맞을 준비를 했다. 여러 가지 케이크와 차 세트 등이 준비된 두 개의 '티 룸'에 준비되었다.

마산포와 부산진에서 기다리고 있는 손님들이 안전하게 월요일에 도착했다. 그러나 당일에 차로 오는 사람들은 중간에 차가 고장이 나서 행사가 마친 다음에야 진주에 도착했다.

맥라렌 박사, 서울의 디 캄프 씨, 왓슨과 라이트 목사가 그날 어두운 저녁에야 모습을 드러내었다. 또 다른 실망은 통영의 병으로 인하여 무어, 왓슨 부인, 테일러 박사도 우리와 함께하지 못했다.

개원식이 있던 화요일은 주로 남성들의 날이었다. 순서를 맡은 사람들과 높은 관원들은 현관에 앉았고, 현관은 여성 외래 환자 병동 입구에 있다. 여성들은 행사가 진행되는 것을 가까운 병동의 창문을 통하여 보았다. 그리고 행사의 첫 부분이 마치자 우리는 빨리 칸막이 뒤로 돌아갔다. 남성들은 한 번에 80명씩 병동으로 들어왔으며, 세심한 준비와 함께 구경꾼들도 질서 있는 구경을 하므로 모든 것이 걸림 없이 진행되었다.

다음 날은 여성과 어린이의 모임이었는바, 기숙사 개원식이 주요 행사였다. 건물의 끝에 있는 베란다는 훌륭한 장소였고, 양쪽의 베란다와

---

* 크로니클, 1914년 2월 2일, 5-6.

마당에 의자가 준비되어 손님들이 앉을 수 있었다.

디 캄프 씨와 박 조사의 연설이 있었고, 한두 곡의 찬송을 부른 후, 여성들은 기숙사를 둘러보았다. 그리고 그곳에서 병원으로 입장했다. 병원 안에는 이미 어린이들이 행사를 마치고 있었다. 이번에는 우리도 칸막이에서 나와 차와 케이크를 함께 즐겼다.

어린이들은 무척 즐겁게 지냈고, 여성들도 좋은 시간을 보냈다. 모든 행사가 마치자 우리는 긴장을 풀 수 있었고, 우리의 일상 사역으로 돌아갈 수 있었다(마가렛 데이비스).

13. 병원의 깃발*

진주 병원의 개원식을 위하여 깃발이 디자인되었고 만들어졌다. 빨간 바탕에 하얀색의 십자가가 있고, 깃발의 구석 네 곳에는 한자어로 '배돈기념'이 쓰였다.

14. 휴 커를 부고 기사**

한국의 신실한 선교사이자 선교 활동의 견실한 친구인 휴 커를 박사가 3월 10일 마운트 마세돈에서 사망했다. 3월 10일 수요일 갑자기 커를 박사가 사망하므로 교회는 헌신적인 회원을 잃었고, 교회의 해외 선교는 진정한 선교사 정신을 가진 일꾼을 잃었다.

1871년 북아일랜드에서 태어난 휴 커를은 이 세기 초에 호주로 왔다. 그는 그리스도를 위하여 자신을 헌신할 결단을 했고, 의료 선교사로

---

* 크로니클, 1914년 2월 2일, 8.

** 더 마세돈, 1943년 3월 10일.

임명되어 한국의 교회로 파송되었다.

그는 1902년 자신의 부인과 함께 한국에 도착했고, 잠시 부산에 거주했다. 그러나 한국에서 그의 위대한 사역은 진주에서 시작되었다. 여기서 그들의 일을 시작하기 위한 그 여정은 그에게는 과감한 도전이었고, 그의 아내와 두 명의 어린 딸들에게도 큰 모험이었다. 커를 부인은 진주에서 산 첫 번째 백인 여성이다.

그들의 집은 서양인의 집에서 찾아볼 수 있는 그런 편리함이 없는 소박한 집이었다.

수년 동안 커를 박사는 목회자, 순회 전도자, 권서 감독자, 건축가 그리고 선교사들의 대표였다. 물론 이것은 그의 가장 중요한 의사 역할에 더한 것이다. 매우 불충분한 시약소 설비로 그는 다리를 절거나 병이 있는 사람과 심지어 눈이 안 보이는 환자, 나병 환자들까지 치료했다. 점차로 많은 남녀 환자들이 그에게 와 도움을 간청했다.

그는 선교부 부지 선택과 병원 건축 계획 그리고 선교사관 건축을 통하여 자신의 비전을 나타내었다. 병원 건축을 위한 일본인 계약자와의 관계, 파산한 회사 상대, 끔찍한 화재로 인한 대부분 병원 건물 소실 등을 대하는 이야기는 그가 강인하고 공정한 사람이라는 증거이다. 더구나 그는 자신의 사람들에게 적절한 의술을 베풀기 위하여 혼신을 다하여 노력했다.

15. 개척자 선교사 사망하다*

휴 커를 박사는 한국의 첫 선교사는 아니다. 그럼에도 그는 진정한 의미에서 개척자라 할 수 있다. 그의 한 가지 목적은 많은 사람에게 다

---

* 크로니클, 1943년 4월 1일, 9.

가가 가능한 최대한으로 그들을 돕는 것이었다. 이런 이유로 그는 부산에서 몇 년 있다가 거의 100마일이나 떨어진 그 지방의 도청소재지 진주로 가서 일을 시작했다. 그의 아내도 이 큰 도전에 놀라운 방법으로 함께했다. 자신의 두 어린 딸과 함께 일반 가정의 편리함이 없는 한국인 집에서, 이방 사람들과 함께 살았는데 그중에 백인 여성은 처음이었다.

진주에서 커를 박사는 위대한 선교 사역을 했다. 그는 선교부를 위한 부지를 선택했다. 후에 그가 선택한 부지는 좋은 위치에 있었음이 판명되었다. 충분한 땅을 매입했고, 건물을 세우기 위한 계획을 세웠다. 그는 작은 시약소에서 자신의 의료 활동을 시작했다. 환자들의 수는 점진적으로 증가했다. 그는 부산에서 언어 공부를 하여야 했고, 언어에 재능이 있었다. 그는 곧 진주 지역에서 설교를 할 수 있게 되었고, 진주교회에서의 예배 인도 외에도 먼 거리의 마을을 다니며 전도했다. 그는 매서인들을 파송했고, 어려운 일을 맡은 그들을 격려했다.

그는 곧 소중하게 생각하는 병원 건축 계획에 들어갔다. 한 건축 계약자는 파산이 되었고, 화재로 병원 건물이 무너지기도 했고, 문제가 있을 때마다 사람들은 감독자에게 온갖 시비를 걸었다. 그러나 그는 승리했다. 마침내 마가렛 화이트크로스 페이튼 메모리얼 병원은 놀라운 치료와 사랑의 사역을 시작했다. 그리고 그 사역은 30년이나 지속되었다. 우리는 여전히 그 자애로운 사역이 계속되기를 희망한다.

그는 또한 모든 선교사의 정책 토론에 매우 활발하게 참여했다. 그는 한국과 한국인들에게 영원한 챔피언이었다. 그는 한국이 1910년 일본에 합병되므로 큰 수치를 당하는 모습을 다 지켜보며 매우 슬퍼했다.

우리는 위대한 가슴을 가진 친구의 죽음으로 인하여 통곡한다.

우리는 그의 평생의 파트너인 아내와 그의 딸들에게 기독교 사랑과 연민을 전한다. 우리는 슬퍼하지만 동시에 우리와 한국에 주신 하나님의 선물을 더 생각한다. 이로 인하여 우리는 깊은 감사를 느낀다.

2장

찰스 맥라렌

Dr. Charles McLaren (1882~1957)

I. 호주 선교사 찰스 맥라렌

호주 빅토리아장로교 여선교연합회 선교지 '더 크로니클'은 찰스 맥라렌 박사(한국명: 마라연 혹은 마찰수)의 목사 안수식을 1911년 9월 호에 예고하고 있다. 그리고 9월 7일 오후 7시 반 멜버른 시내 스코트교회에서 안수 예배가 열린다. 동시에 이 예배는 맥라렌 부부를 한국으로 파송하는 자리이기도 했다.

청년 시절

맥라렌은 1882년 8월 23일 일본 동경에서 태어났다. 찰스 맥라렌의 부친 사무엘 맥라렌은 영국에서 장래가 촉망되는 법조인이었으나 기독교 선교의 사명을 가지고 아내와 함께 일본에 가서 한 학교에서 교수로 일했다. 이곳에서 브루스, 메리 그리고 찰스가 차례로 태어났다.

아버지 맥라렌의 건강이 나빠지자 그들은 일본을 떠날 결정을 하게 되는데 추운 스코틀랜드로 돌아가기보다 따뜻한 호주로 가기로 한다. 이때 찰스는 4살 정도였는데 호주 멜버른에서 자라고 공부하며 성장하게 된다. 찰스 맥라렌에 있어서 부모와 형제들과의 관계가 특별히 중요했고, 장차 찰스의 일생은 그들과의 관계에서 큰 영향을 받게 된다.

> 그의 누나 메리는 찰스를 회상하기를 진지하고 행복한 그리고 나이를 뛰어넘을 정도로 동정적이고 이해심 있는 매력적인 소년이라 했다. 그는 근본적으로 착했는데, 다른 아이들이 유치원에서 말썽을 일으키는 것을 이해하지 못할 정도였다.
> '찰스는 이해심이 깊었는데, 태어날 때부터 성령이 그의 안에 있는 것 같았다'라고 그의 아버지가 말할 정도였다(뉴와 맥라렌, 37).

무엇보다도 찰스는 부모의 영향 아래 깊은 신앙심을 가지게 되었는데, 그의 동료 에스몬드 뉴는 말하기를 "요즘 말로 하면 한번 회심한 영혼으로 다시는 회심이 필요 없는 그런 사람 중 한 명 같았다"라고 할 정도였다. 그는 학생 시절에 호주학생기독연맹의 활동에 적극 참여했고, 멜버른의대에서 외과 전공의로 졸업했다.

> 멜버른의 그 바쁜 병원 복무 중에서도 어느 곳인지는 아직 모르지만, 하나님이 자신을 선교사로 부르고 있다고 느끼고 있었다. 그는 이미 1903년 초, 아직 학사과정을 밟고 있을 때, 해외에 자원봉사자로 나가는 것이 그의 목적이라고 자신의 어머니에게 쓰고 있다(앞의 책, 44).

찰스 맥라렌은 1910년 헌신하던 병원을 떠나 호주학생기독운동을 위하여 호주와 뉴질랜드를 순회했다. 이때 그는 평생의 동반자가 될 제시를 만나 그다음 해에 결혼했다. 그리고 그해 9월 멜버른의 스코트교회에서 선교 목사로 안수를 받은 것이다. 당시 의료 선교사들에게 목사 안수를 베풀었는데, 그들도 교회를 돌보도록 하기 위함이었다.

진주로 부임하다

맥라렌 부부는 1911년 10월 30일 부산에 도착한다. 그들은 하얀 두루마리를 입은 한국인들과 먼저 온 선교사 동료들의 환영을 받았다. 그 중에는 호주 수상인 멘지스 경의 이모 벨라 멘지스도 있었다. 그들은 마산을 거쳐 앞으로 오랜 시간 인연을 맺을 진주에 도착했다.

진주는 호주빅토리아교회의 세 번째 선교거점이 있던 경상도 남쪽의 오래된 수도였다. 호주선교부의 선교사 휴 커를 박사가 이곳의 첫 선교사였는데, 그는 임기 한 기간을 이미 이곳에서 보냈으며 수천 명의 환자를 돌보았고, 배돈병원의 건축도 거의 끝나가고 있을 때였다. 커를 부부는 맥라렌 부부를 두 손 벌려 환영했다.

맥라렌의 주 임무는 병원에서의 의료 활동이었지만, 그와 그 아내는 시골에 있는 교회를 방문하는 것을 좋아했다. 1912년 1월 9일에 있었던 일이 그 한 예이다.

> 라이얼 부인과 맥라렌 부인이 순회 전도를 하는 중 장마당을 지나게 되었다. 그들은 그곳에서 더러운 쓰레기 더미를 보았는데, 곧 그들은 그것이 사람인 것을 알고 놀랐다. 그들은 가까이 갔고 한 남자를 보았다. 얼굴과 손을 제외한 모든 부분이 가려져 있었고, 드러난 부분은 병에 걸려 있는 모습이었다. 일행은 즉시 그것을 문둥병으로 생각했다.
>
> 라이얼 부인이 말을 걸자 그 남자는 새해 첫날부터 이곳에 누워있었다고 대답했다. 밤에는 어떻게 견디느냐고 묻자 그는 자루 하나를 꺼내어 얼굴에 덮어 보였다… 음식은 어떻게 하느냐고 묻자 주변에서 밥을 가져다준다고 했다. 라이얼 부인이 외국인 의사를 만나 보겠느냐고 묻자 그는 절망적으로 대답했다. '나는 돈도 없고 걸을 수도 없습니다.' 선교사 부인 일행은 대답하기를 돈은 필요 없고, 의사가 이곳으로 올 수 있다고 했다. 모여든 구경꾼들이 흩어지면서 감사하다고 했다.
>
> 얼마 후 맥라렌이 도착했다. 그는 즉시 중한 나병이라고 진찰했고, 그 환자를 진주의 병원 마당으로 데리고 왔다. 그리고 그곳에 임시 거처를 만들어 주었다. 그 후 두어 주가 지나 그 나병환자를 부산의 나병 환자촌으로 이송했는데, 180리의 먼 거리를 들것으로 옮겼다고 한다(크로니클, 1912년 4월, 1일, 2).

이해 2월 21일에는 거의 완성되어가는 배돈병원 건물에 알 수 없는 이유로 불이 났다. 비가 조금 내리는 날이었지만 불길은 거셌고, 손을 쓸 수 없을 정도였다고 한다. 건물의 오른쪽 부분만 제외하고 지붕과 나무로 된 내부 등 대부분 소실되었지만, 다행히도 비 때문에 인근 학교나 초가지붕들은 무사할 수 있었다. 당시 피해액이 500파운드 정도였다고 하니 큰 규모의 화재였다(크로니클, 1912년 5월 1일, 4-5).

이 소식을 전보로 전해 들은 호주교회들은 더욱 열심히 모금했고, 그 결과 피해를 복구할 수 있는 500파운드 이상이 다시 모금되어 병원을 재건하기 시작했다. 그러나 후에 보고되기는 배돈병원의 재건축으로 600파운드 정도 빚이 남게 되었고, 여선교연합회는 그 빚을 갚기 위하여 눈물겨운 노력을 하게 된다.

맥라렌 부부는 5월에 가서야 자신들의 저택으로 입주할 수 있었고, 진주선교부는 화재의 악몽에도 불구하고 점점 성장하고 있었다. 병원에는 두 명의 의사인 커를과 맥라렌 그리고 수간호사 클러크까지 탄탄한 팀을 이루고 있었고, 한국인 직원들도 늘어나고 있었다.

연말에 가서는 배돈병원 재건축도 거의 완성되고 있었는바, 클러크는 보고하기를 환자들을 받으려면 좀 더 세밀히 준비되어야 한다고 지적하고 있다. 그러면서 수건, 붕대, 탈지면, 베게 속, 담요, 튼튼한 옥양목, 헌 침대보 등을 보내줄 것을 호주교회에 호소하고 있다(크로니클, 1912년 10월 1일, 4).

당시 맥라렌과 커를은 진주와 서울을 오가며 세브란스의과대학에서 3개월씩 돌아가며 강의를 하고 있었다. 맥라렌의 과목은 신경정신학과와 소아과였으며 커를은 산부인과와 이비인후과였다. 그곳의 학생 기숙사는 100명을 수용할 수 있었지만, 교수진이 완성되지 않아 당시 60명 정도의 학생이 있었다고 한다(크로니클, 1913년 8월 1일, 2).

배돈병원의 공식 개원

마침내 배돈병원은 1913년 11월 4일 공식 개원을 하게 된다. 경남 지역의 일본 도지사를 비롯하여 많은 정부 관리들이 참석했고, 페이튼 부인의 조카 라이얼 목사가 빅토리아여선교연합회를 대표하여 참석했으며, 부산과 마산 등 각 호주선교부 대표들도 참석했다. 다음 날에는 여성 기숙사도 개원되었다(앞의 책, 1914년 1월 1일, 5).

배돈병원 개원에 맞추어 병원 깃발도 제작되었다. 깃발은 빨간색 바탕에 하얀 십자가가 있었고, 깃발 각 모서리에는 한문으로 '배돈 기념'이라고 쓰여 있었다(크로니클, 1914년 2월 2일, 8).

병원 건물은 매우 훌륭하고 아름다웠으며, 이곳에서 이미 많은 일이 일어나고 있었다. 두 명의 호주 의사와 간호사의 명성은 널리 퍼졌고, 원근 각처에서 환자들이 오고 있었다. 동료 선교사 스콜스는 다음과 같이 말하고 있다.

> 이곳에 병원을 운영하는 것은 위대한 인류애적인 것이며, 자연적인 병으로 인한 고통 외에, 불필요한 고통까지 감당해야 하는 한국인들에게 꼭 필요한 것이다(크로니클, 1913년 7월 1일, 5).

진주선교부에는 이제 병원, 학교, 네 개의 사택 그리고 새 저택을 또 짓기 위한 기초들이 우뚝 서게 되었다. 후에 기록된 진주선교부의 모습은 이러하다.

> 동네의 변두리에서 진주선교부를 올려보면 건물들이 순서대로 서 있는 모습을 볼 수 있다. 일렬로 된 것은 아니지만 부지의 구성에 맞추어 서 있다. 맨 뒷줄 왼편에는 교회당이 있고 공터가 있고 커닝햄의 사택, 알렌의 사택,

> 커를과 맥라렌이 있었던 아름다운 나무가 서 있는 사택이 있다.
>
> 아래 줄 왼쪽에는 남학교와 기숙사가 있고, 여학교는 알렌의 사택 앞에 서 있다. 그리고 그 아래 병원이 있고, 맥라렌 사택 앞에 여성의 집과 여학생 기숙사가 있다.
>
> 전체를 조망하여 보면 건물들의 정렬이 굉장히 인상적이고, 넓은 타일로 된 지붕은 시내 어디서나 먼저 보인다(크로니클, 1921년 3월 1일, 15).

배돈병원은 의술만 시행하는 곳이 아니었다. 매년 성탄절이 되면 서양식의 성탄 행사를 개최했다. 선물, 캐럴, 흰 눈, 성탄 예배, 아기 예수와 구유 등등 모두가 당시 한국인들에게는 낯선 문화였다. 그중에서도 산타클로스 할아버지는 더욱 신기했고 병원의 아이들에게는 즐거운 만남이었다. 아이들은 처음에 산타 할아버지로 분장한 맥라렌을 무서워했지만, 곧 맥라렌 의사 아저씨임을 알고 좋아했고, 병원은 선물을 준비하여 나누어주기도 했다.

당시 진주선교부에는 호주선교부의 봉급을 받는 한국인 직원들도 증가하고 있었다. 전도부인으로는 윤 마르다, 윤복이, 김수은이 있었고, 학교 교사로는 박순복, 김영애, 오현주 그리고 병원 간호사로는 이평안, 김재봉, 박덕례가 일했다. 맥라렌과 맥라렌 부인은 때로 전도부인과 함께 기꺼이 진주 인근에 순회 전도를 나갔다.

호주의 한 후원자가 맥라렌을 매년 후원하고 있었다. 맥라렌은 이 후원금 10파운드를 임의로 사용할 수 있었는데, 그는 이 돈으로 전도부인을 임명하여 형편이 어려운 아이들을 찾아 돌보고 교육시키는 일을 하게 했다. 어느 날 그 부인이 두 명의 어린아이를 데리고 왔는데 고아였다. 그 아이 삼색이는 맥라렌 가족의 일원이 된다. 이렇게 하여 그는 세 명의 여아를 차례로 입양하여 교육도 하고 돌보게 된다. 이 입양 이야기는 당시 진주지역에 큰 화제가 되기도 했다.

1915년 말에 커를과 그의 가족은 진주를 떠나 호주로 귀국했다. 커를 부인의 질병으로 호주로 돌아가게 된 것이다. 진주의 개척자이자 진주교회와 배돈병원을 계획하고 설립하여 운영했던 커를이 떠나자, 진주선교부는 큰 변화를 겪게 된다.

배돈병원의 책임은 이제 맥라렌이 전적으로 담당을 했고 뿐만 아니라 서울 세브란스의과대학 강의도 호주선교부를 대표하여 책임을 맡게 되었다. 다행히 진주교회에는 알렌이 있어 그가 교회 목회를 책임을 지고 있었고, 진주 지역 교회들은 커닝햄이 돌보게 되었다.

프랑스 전선에서

1917년 말, 맥라렌이 진주를 떠난다는 소식이 들려왔다. 그는 영국 정부에 일차세계대전 군 복무를 신청했고, 프랑스 전선의 의료 장교로 임명이 되어 떠난다는 것이다.

사실 맥라렌은 이 당시 행복하지 않았다. 그의 형 브루스의 죽음이 그를 비통하게 했던 것이다. 부르스는 영국에서 한 대학의 교수로 있었는데 1차 대전에 참전했고, 전투 중에 전사했다. 맥라렌은 형과 계속하여 연락하고 있었고, 아버지 맥라렌이 사망했을 때 브루스는 편지에 동생이 아버지의 사역을 승계하고, 아버지의 시계와 목걸이를 간직하도록 했었다.

결국 맥라렌 자신도 참전을 결심했다. 주변 사람들은 그가 한국에 남아있기를 권했으나, 그는 참전을 하나님의 뜻으로 생각했다.

12월 11일 맥라렌을 환송하는 모임이 진주교회에서 있었다. 남학교의 학생들은 교회를 장식했고, 강단 앞에는 호주의 유니언 잭과 교회 깃발이 걸렸다. 박 장로*는 한국인들을 대신하여 그동안의 맥라렌 사역을 사랑과 감사의 마음으로 치하했으며, 은메달을 선물로 주었는데 베날에는 금으로 된 십자가가 새겨져 있었다.

맥라렌은 강단 앞에 있는 두 개의 깃발을 가리키며 충성과 사랑의 상징이라 했다. 맥라렌은 진주 지역의 일본인들에게도 관심을 가졌는데, 관료들과 좋은 관계를 유지했었다. 일본인인 경상남도 도지사는 맥라렌에게 장검을 선물로 주었는데, 이백여 년 된 것이라 했다. 일차대전 당시 일본은 영국과 동맹이었던 것이다. 맥라렌이 떠날 때 한국인 일본인 할 것 없이 많은 사람이 따라와 그를 배웅해 주었다(크로니클, 1918년 4월 1일, 3).

그 후 배돈병원은 당분간 클라크 수간호사와 한국인 의사에 의존하여 운영되게 된다. 그리고 얼마 안 되어 1918년 초 또 한 명의 의사 선교사가 진주에 도착한다. 진 데이비스는 여성 환자들에게 특별히 환영을 받게 되는데, 여성 의사였기 때문이다. 당시 호주 의사가 한국에서 의술 활동을 하려면 일본 정부의 자격시험을 통과해야 했고, 데이비스도 일본 동경에서 그 시험을 보아야 했다.

35세의 맥라렌은 일본을 거쳐 캐나다로 갔다. 그곳에서 중국으로부터 온 지원자들과 합류하여 영국으로 향할 계획이었다. 그리고 그는 영국을 통과하여 프랑스에 도착했다. 그곳에서 그는 중국에서 일하던 호주인들로 구성된 대대의 군의관으로 복무를 하기 시작했다.

그곳 후방 병원에서 그는 독일군과 대치하고 있는 최전선으로 나가기를 자원했고, 결국 본인의 의사대로 최전방에서 복무하게 된다. 그는 그곳에서 전투원들을 만나는 것을 기회라고 생각했다.

> 대다수가 신경과민으로 고통을 받고 있었고, 참으로 안쓰러웠다. 대부분이 청년들로 억지로 이곳까지 밀려 와 전쟁에 참여하게 되었다. 어떤 청년들은

---

* 박성애 장로 _저자 주

> 남자의 역할을 해낼 수 있도록 냉혹한 압력이 필요했고, 다른 청년들은 동정과 위로가 필요했다. 불쌍한 청년들도 있었고, 존경할만한 이들도 있었고, 그들 속의 가능성을 보려고 나는 노력했다(뉴와 맥라렌, 65).

그리고 맥라렌은 마침내 프랑스에 있던 그의 형 브루스의 무덤을 방문했다고 자신의 어머니에게 편지를 쓰고 있다. 그의 마음속에 큰 아픔으로 남아있던 형의 죽음을 이제 내려놓을 수 있었다. 맥라렌은 그의 형이 다시 살 것을 확신했다.

뉴는 맥라렌의 전쟁 경험을 다음과 같이 평가하고 있다.

> 찰스는 전쟁의 압박감 속에 강한 남자가 울거나 전체 부대가 지쳐서 반응하는 모습을 보았다. 그리고 그는 한국으로 돌아오는데, 정신의학의 선구자가 될 더 나은 자격을 갖추게 되었다(앞의 책, 67).

다시 한국으로

호주 빅토리아장로교회의 여선교연합회는 맥라렌 부부를 다시 한국으로 파송한다. 1920년 3월 2일 총회 회관에서 환송 예배가 있었는데, 적은 인원이 참석했지만 좋은 연설이 있었다고 기록되고 있다. 맥라렌이 한국으로 다시 입국한 것은 그다음 달 4월이었다. 진주는 이미 맥라렌 가족이 도착한다는 소식을 전보로 듣고 있었고, 모두 높은 기대감으로 기다리고 있었다. 진주에 도착했을 때 300여 명의 인파가 나와 그를 환영했다. 맥라렌 부부는 자신들의 사역이 가치 있었음을 확인하며 하나님께 감사드렸다.

당시 배돈병원은 한국인 의사를 구하지 못하여 통영의 의사 테일러 박사가 종종 방문하여 데이비스 박사를 돕고 있었다. 그러나 이제 맥라렌이 복귀했고, 그는 병원의 원장이 되어 일상으로 들어간다. 맥라렌 부인 제시는 본인이 교장이었던 야간학교를 다시 책임 맡게 되었다.

맥라렌이 복귀할 즈음 빅토리아장로교 총회 방문단도 한국의 호주선교부를 방문하고 있었다. 해외선교부 총무였던 프랭크 페이튼의 주관으로 마산에서 호주 선교사 공의회가 열렸는데, 그곳에서 맥라렌을 서울의 세브란스병원으로 보내기로 제안했다. 그럼에도 진주에서 그의 역할을 대신할 사람을 찾을 수 없었고, 맥라렌은 1923년 서울로 완전히 이사하기까지 매년 일정 기간 세브란스로 출장 강의를 나갔다.

배돈병원의 원장이라는 자리는 환자를 보는 것 외에도 병원 경영을 해야 했다. 맥라렌은 임상병리사, 엑스선 기사 등 한국인 직원들이 세브란스 의전 또는 다른 곳에서 공부하도록 돕기도 했다. 한때 병원 내에는 급여 문제로 파업의 움직임이 있기도 했다. 맥라렌은 전체 직원회의를 소집했고, 그들 스스로 어떤 수준의 봉급이 적당한지 토론하게 했다. 그 결과 직원들은 자신들의 생각보다 호주선교부에서 제시하는 봉급의 수준이 더 적정하다고 결론을 내었다(뉴와 맥라렌, 69).

> 병원 선교도 지속되었다. 전도사 한 명과 전도부인 한 명이 입원 환자 전도를 책임지고 있었다. 전도사는 병원에서 입원 환자 명단을 받아 병실로 그들을 방문하도록 했으며, 퇴원 후에도 집까지 방문하기도 했다. 그들은 매일 대기실에서 기다리는 사람들에게 말을 걸고 전도했고, 심지어 집을 찾아가며 전도했다. 그들은 병원 내에서 성경과 찬송가 기타 기독 서적들을 파는 서점을 경영했다(민성길, 46-47).

당시 진주선교부의 고민은 점차로 노골화되고 있는 일제의 간섭이었다. 일제 식민지 정부는 호주선교부의 활동과 영향력이 확대되는 것은 달갑지 않게 생각했다. 호주선교부의 교육 활동은 물론 목회 활동 그리고 의료 활동까지도 점차로 일제 간섭의 표적이 되고 있었다.

맥라렌에게도 이런 일이 일어났다. 1920년 9월, 경찰이 진주교회 교인 6명을 체포하고 감금했다. 그중에는 교회지도자 대장장이 강씨도 포함되었다. 맥라렌은 그 이유를 이해할 수 없었다. 그는 일본 정부가 잘못되었다고 결론지었다. 배돈병원에도 경찰 한 사람이 배치되어 병원과 교회에서 일어나는 모든 것을 감시하기 시작했다. 그는 맥라렌이 한때 병원에서 생명을 구해준 사람이었다(민성길, 47).

뿐만 아니었다. 그가 출강하고 있는 서울 세브란스에서도 갈등이 일어나고 있었다. 졸업생이 의사면허를 취득하기 위해서는 교수진 중에 일본인 교수가 포함되어야 한다고 일본 정부가 요구하기 시작한 것이다. 세브란스대학의 교수는 원래 기독교인이어야 한다는 교칙이 있었는바, 기독교인이면서 일본인 교수를 구하기는 거의 불가능했다.

한 가지 흥미로운 사실은 일본에서 태어난 맥라렌은 초창기 한국에서 사역할 때 일본 관리들과 우호적인 관계를 맺었었다. 그가 프랑스 전선으로 떠날 때 일본 도지사로부터 오래된 장검을 선물 받을 정도였고, 호주에 돌아가서는 두 가지 정책에 근거해서 한국 선교가 진행되어야 한다고 했는데 하나는 예수 그리스도에 충성하는 것이고, 또 하나는 일본 정부에 충성하는 것이라고 하기도 했다(크로니클, 1916년 12월 1일, 2).

그러나 이즈음에 일본에 대한 맥라렌의 생각은 바뀌고 있었고, 그 증거는 곳곳에서 발견되고 있다.

맥라렌은 점차 일본이 한국에 대해 나쁜 짓을 하며, 약속을 지키지 않고, 비도덕적이라 생각하기 시작했다(민성길, 47).

맥라렌은 1923년 서울의 세브란스병원으로 영구 부임하게 된다. 진주의 배돈병원은 통영의 테일러가 책임 맡게 되었다. 그 후 배돈병원은 테일러와 여의사 데이비스에 의하여 운영된다.

서울로 이사하다

맥라렌이 서울의 세브란스의과대학에 출강하기 시작한 것은 1913년부터였다. 그의 전공과목인 '정신의학' 학점이 그다음 해 졸업하는 4학년 학생들부터 부여되었다고 한다.

> 1915년 세브란스의 통합화 정책에 따라, 세브란스 연합의학전문학교가 공식적으로 호주선교부에 맥라렌을 신경정신과 전임교원으로 파견해 줄 것을 요청했다. 이에 호주선교부는 신경정신과 설립을 위하여 의료진 한 사람과 연 150파운드의 운영비를 부담함으로 연합운동에 참여하기로 결의했다(앞의 책, 49).

그러나 이 결정이 여러 가지 이유로 즉시 시행되지 못했음은 주지의 사실이다. 1923년 초에 와서야 드디어 맥라렌은 그의 아내 제시와 갓 태어난 딸 레이첼 그리고 입양한 세 명의 한국인 딸 일행과 함께 서울로 이사했다.

맥라렌 가족은 북한산과 경성의 성벽이 올려다보이는 사직동에 살 집을 마련했다. 동네 사람들은 이 집을 '영국인의 성'이라 불렀다고 하지만, 맥라렌은 병원이 가득 찰 경우, 치료를 위하여 환자를 집으로 데리고 오곤 했기에 성의 엄숙한 분위기는 아니었다고 한다. 그뿐만 아니라 때로 숙소를 찾지 못한 선교사들이 이 집을 방문하기도 하여 종종 손님들로 붐비기도 했다.

맥라렌 가족은 이곳에서 행복했다. 제시는 이화여전에서 봉사할 좋은 기회를 가질 수 있었고, 꽃을 열정적으로 사랑한 그녀는 그 대학의 정원을 설계하고 잔디와 나무를 심는 명예 관리사로 임명되기도 했다. 그뿐만 아니라 제시는 한국 YWCA를 창설하는 데 도움을 주었으며, 1925년에 이 연합회의 명예 고문이 되기도 했다.

1926년 한국의 한 일간 신문은 제시가 진주에서 운영하던 유치원에 관한 흥미로운 기사를 싣고 있다.

> 기독교 유치원. 1915년경에 호주 선교사 마 부인의 창설을 위시하여 씨의 성심 노력으로 설비 충실과 아동 지도에 노력하게 되어 실로 다수 조선 아동을 보양하여 오던바, 씨의 경성전임으로 테일러 부인에게 후임으로 인계하여 현금에 이르렀다.
> 현재 아동 수는 80여 명이요, 씨의 보모로서 취미 있는 보양에 노력 중이라 함이라(「조선일보」, 1926년 1월 7일).

한국 정신의학 선구자

세브란스 연합의학전문학교 신경정신과는 1917년 창설되었다. 그러나 그 과목을 강의해야 할 맥라렌은 당시 진주에 있었다. 맥라렌은 여전히 진주선교부 소속으로 되어 있던 것이다. 앞서 언급한 것 같이 그는 배돈병원 소속으로 서울을 오가며 세브란스에서 강의했다.

> 1923년 맥라렌이 서울로 이주함으로 세브란스 연합의학교 신경정신과 교수로서의 활동이 본격적으로 시작되었다. 교수직에 맥라렌이 임명되었다. 맥라렌이 처음 한국에 왔을 때부터 그는 한국에 있는 유일한 서양인 신경정신과 의사였다. 그런 점에서 세브란스에서는 맥라렌에 대한 기대가 컸다(민

성길, 55).

세브란스병원은 맥라렌을 두 팔 벌려 환영했다. 병원은 그에게 작은 사무실을 제공했지만, 나머지는 그가 스스로 알아서 찾아야 했다. 맥라렌은 호주선교부와 친구들에게 지원을 호소했고, 후에 8개의 침대가 있는 병동을 마련하게 된다.

"한국 어느 병원에서 토요일 오전 일과"라는 제목의 글에서 맥라렌은 그가 세브란스병원에서 하는 일들을 기록으로 남기고 있다. 그는 병원에 도착하여 재정 담당자를 만나 대화하고, 자신의 사무실 우편물을 읽고 인턴과 함께 회진을 돌며 환자를 만났다. 그러고 나서 외래진료를 보았는데 다양한 종류의 정신병, 신경쇠약증, 불면증 환자들을 보았고, 다른 교수들과 대화하며 열정적으로 일하고 있었다.

맥라렌은 그의 또 다른 글에서 정신과 의사는 과학자이자 의사라고 했다. "그는 신앙을 가진 기독교인 정신과 의사는, 사회로부터 버림을 받고 이성에 눈이 멀어져 영혼이 끌어내려져 있는 정신병 환자를 돌보고 치료하는 사명을 받고 있다고 했다. 그러므로 정신과 의사는 눈을 똑바로 뜨고, 모든 물질적 및 영적 자원을 동원하여 뇌와 마음의 치료에 임하여야 한다고 했다"(민성길, 57).

맥라렌은 약으로 병이 나았다고 해서 그 병이 치유된 것은 아니라고 보았다. 정신의학은 일반적인 정신치료에 더하여 신앙과 공감에 기초하여 기독교적이고 영적인 정신치료가 필요하다고 했다. 그 영적인 정신치료가 근본적인 치료라고 믿고 있었다. 이것은 후에 한국에서 '영성정신학'의 길이 열리는 데 중요한 시발점이 되었다.

뉴는 당시 맥라렌의 세브란스병원 사역의 주목적은 한국인을 훈련시키는 것이었다고 했다.

서양의 전문가 2세가 기독교 교육을 더 이상 하지 못할 것이라는 것이 몇 가지 이유로 점차로 분명해지고 있었기 때문이다. 그러므로 이 사역이 계속되려면 한국인들이 가능한 한 빨리 훈련이 되어야 했다. 그는 본인의 조수 이 박사가 비엔나에 가기를 희망했지만, 그 자신이 경비를 제공할 수 없었다. 그는 기도했고, 결국 호주에서 300파운드의 헌금이 들어왔다(민성길, 81).

신사참배

세브란스에서의 마지막 시절, 맥라렌은 "한국의 교회가 처한 위기"라는 제목의 글을 발표했다. 그는 크게 세 가지를 지적하고 있는데 첫째 위기는 일제의 신사참배 강요이고, 둘째 위기는 일부 한국교회 노회가 그 압박에 순종하여 의식을 행하는 것이며 마지막 세 번째는 개개인 성도가 감시와 핍박을 견디지 못하고 의식을 따르는 것이라고 통탄했다(크로니클, 1938년 10월 1일, 14-15).

한국의 호주선교회는 두 차례에 걸쳐 신사참배에 대한 입장을 밝혔는데, 1936년과 1939년이었다. 1936년 모임에서는 맥라렌이 사회를 보며 신사참배 반대 입장을 주도했으며, 1939년 모임에도 같은 결론을 내렸는데, 맥라렌의 영향력이 컸다(크로니클, 1939년 3월 1일, 15-16).

맥라렌은 명치 정부 하의 일본에서 출생했고, 일본 식민지 조선에서 선교 활동을 했음으로, 일본의 국가주의와 신도주의, 곧 신도주의의 본질과 신사참배 강요의 깊은 의도를 알고 있었다. 맥라렌은 세브란스에 있을 때부터 일본의 위협을 감지하고 있었다(민성길, 163).

다시 진주로 그리고 구치소의 11주

1938년 10월경 세브란스를 완전히 사임한 맥라렌의 소식은 그다음 해 1월에나 가서야 호주에 전해졌다. 그리고 크로니클은 사임의 이유를 '나쁜 건강'이라고만 언급하고 있으며, 그는 계속 한국에 거주하며 배돈병원을 도울 것이라고 전하고 있었다(크로니클, 1939년 1월 2일, 11).

맥라렌이 세브란스를 떠난 이유에 관하여 연세대학의 여인석은 '스스로의 문제, 즉 그가 앓고 있던 조울증' 때문이었다고 말하고 있다. 그러나 같은 학교 민성식은 그 의견에 동의하지 않으며, "학교 내 문제로 당국자들과 갈등 관계에 있었으며, 같은 문제로 이중철이 사임했기 때문에, 자신이 지난 20년간 애쓴 세브란스 사역이 허사가 될지 모른다는 실망감과 분노 그리고 억압감이 문제"였음을 지적하고 있다(민성길, 76).

당시 배돈병원의 원장이었던 테일러가 1938년 9월 갑자기 사망하고, 데이비스가 원장으로 임명되어 일하다가 휴가를 떠났다. 그리고 맥라렌은 1939년 9월경 다시 진주로 돌아왔다. 호주선교회가 그에게 진주 배돈병원에서 다시 임시로 일해주기를 요청했던 것이다. 그의 나이 57세였다. 당시 배돈병원은 지난 일 년 동안 9,803명의 환자가 진료를 받았고, 400명의 환자가 입원 치료를 받았다고 전해진다(크로니클, 1939년 4월 1일, 8).

1941년 4월 16일 빅토리아장로교 해외선교부와 여선교연합회의 공동회의에서는 중요한 결정을 했다. 한국의 빅토리아여선교연합회 선교사들을 한국에서 철수시킨다는 결정이었다. 그리고 그들에게 호주로 귀국하라는 전보를 홈즈 회장 명의로 보냈다. 한국주재 영국대사관은 그 전 해 10월에 이미 호주 선교사들에게 철수를 권고한 바 있었다(1941년 5월 1일, 1-2).

맥라렌 가족도 호주로 돌아갈 것을 심각하게 고려하고 있었다. 제시도 그렇고 딸 레이첼도 학교를 마치고 계속 교육을 받을 계획이었지만 전쟁의 기운이 감도는 한국 땅에 더 이상 있을 수 없었다.

그러나 맥라렌의 생각은 확고했다. "나 자신은 돌아갈 생각이 없다. 나의 특별한 선교 사역과 공헌을 보건데, 지금은 내가 이곳에 있어야 할 때이다"(크로니클, 1941년 3월 1일, 2).

맥라렌은 한국을 떠나는 것을 완강히 거부하고 있었다. 서울에 살던 그의 아내 제시와 딸 레이첼는 짐을 꾸려 3월에 호주로 귀국했고, 다른 선교사들도 이미 떠났거나 속속 배를 타고 있었다. 진주에는 이제 맥라렌만 남았다. 배돈병원은 김준기 박사에게 명목상의 세만 받고 빌려주었으며, 기독교 정신을 바탕으로 하여 병원을 계속하여 운영하여 달라고 간곡히 부탁했다.

맥라렌에게 운명의 날이 찾아왔다. 12월 8일 일본이 하와이 진주만을 폭격함으로 태평양전쟁이 발발되었고, 그날 저녁 8시경 한국인과 일본인 경찰 6명이 맥라렌 집에 들이닥쳤다.

> 처음에 나는 인터뷰를 위하여 방문한 줄 알고 집으로 들어오라고 했다. 그러나 그들의 태도와 행동은 곧 진짜 상황을 드러내었다. 나는 폭력 없이 체포되었고, 기다리던 차에 태워져 이송되었다. 친절한 한 한국인 경찰은 나에게 미안하다고 했으나, 현재는 전쟁 중이었다(뉴와 맥라렌, 97).

그들은 맥라렌을 진주경찰서로 데리고 갔고, 그곳 구치소에서 그는 장차 11주 동안 감금되었다. 이 당시의 상황을 맥라렌은 "일본 경찰서 구치소에서의 11주"라는 제목의 글로 남겼고, 후에 이 글은 호주 멜버른에서 소책자로 제작되어 판매되는데, 당시 이 책자는 호주에서 빠르게 천부가 팔려나갔다고 한다.

이 소책자는 『호주 선교사 찰스 맥라렌』이란 책에 포함되어 한국어로 이미 번역되어 출판되었으므로, 본 글에서는 시먼의 한세도 맥라렌의 11주 동안의 구치소 생활에 대해서는 언급하지 않겠다.

가택연금과 추방

맥라렌은 진주경찰서 구치소에서 1942년 2월 23일 석방된다. 그리고 그는 다른 4명의 호주선교회 동역자, 즉 레인 선교사 부부와 라이트 선교사 부부가 연금되어 있는 부산의 집으로 이송되었다.

> 내가 처음으로 한 영광된 일은 뜨거운 물로 목욕을 하는 것이었고, 교도소에서는 꿈도 꾸지 못할 옷을 입는 것이었다. 그리고 상처 난 나의 몸은 나의 동료 레인 부인의 숙련된 간호로 치료를 받았다. 벌레 이로 인한 가려움으로 특히 발목 부근을 계속 긁었으며, 발톱 같은 나의 손톱에는 염증이 좀 있었다. 또한 덥수룩하게 길어버린 나의 수염을 다듬기만 하여 트로피처럼 간직하려고 했지만, 가위와 면도칼은 그것을 전부 밀어버리는 유혹에 넘어가게 했다. 레인 목사는 아마추어 이발사와 같은 기술이 있었다. 라이트 목사 부부의 친절함도 언급할 수 없을 정도였고, 이렇게 이 동료들과 가택연금을 시작하게 되었다(뉴와 맥라렌, 137).

당시의 연금 생활에 관하여서는 맥라렌의 글을 포함하여 후에 레인의 "한국에서의 마지막 날"과 "가택연금 경험" 그리고 라이트 부인의 "가택연금 비망록"에 잘 기록되어 있다. 가택연금은 3개월 가까이 계속되었고 결국 1942년 6월 2일 마지막까지 남아있던 맥라렌을 비롯한 호주 선교사 5명은 한국에서 추방된다.

추방되다

그들은 우리를 호주로 추방했다
그곳은 우리의 가족이 먼저 간 곳
그곳은 전쟁의 어두움이 가까이 드리운 곳
침략의 위협이 명백한 곳
그러나 우리는 그들에게 승리를 말해줄 것이다
믿음과 사랑이 이겼다고
그리고 그들은 호주에서 믿음을 지킬 것이다
하나님의 아들이 다시 올 때까지
(뉴와 맥라렌, 141).

맥라렌과 동료 선교사들이 부산을 떠나려고 준비할 때, 그 소식을 들은 한국 여성들이 그들을 보려고 한걸음에 달려왔다. 그들은 맥라렌과 레인 그리고 라이트에게 비단 양복을 선물로 주었는데 그 옷은 그들이 밤새도록 앉아 바느질하여 완성한 것이다. 맥라렌은 이 선물을 귀하고 보물같이 여겼다. 경호 속에 그들이 집 앞 문으로 나올 때 여성들은 밖에서 기다리고 있었다.

그들은 선교사들과 같이 걸었고, 경호원들이 탄 같은 전차에 올라탔다. 여인들 중에서 한 명은 허밍으로 찬송가를 부르고 있었는데 전차에 탄 사람들이 모두 쳐다보았다. 여성들은 항구로 입장하는 규정을 피하여 맥라렌과 선교사들을 태운 증기선을 환송했다.

맥라렌과 일행은 일본 고베로 보내어졌고, 그곳에서 다른 선교사들과 함께 포로 교환선 타즈타 마루호로 동아프리카의 포르투칼령 로렌코 마키스까지 갔다. 그곳에서 전쟁 포로 교환 조건으로 풀려나, 다른 배를 타고 호주로 돌아갔다.

호주에서의 맥라렌

> 드디어 호주다! 얼마나 풍요로운가! 얼마나 놀라운가! 얼마나 부와 환영의 따뜻함으로 차 있는가! 여행은 가족과의 만남으로 끝이 났다. 이 여행은 끝까지 은혜와 축복이었다. (중략)
> 우리는 지금 호주로 정말 돌아왔고, 이 모든 혼란으로 이루어진 세상에서 더 나은 세상을 위하여 우리의 역할을 하기 원한다. 우리가 그렇게 하기 원한다면 이 진통에서 더 나은 인류가 탄생할 수도 있을 것이다(뉴와 맥라렌, 156).

맥라렌을 포함한 다섯 명의 일행이 호주 멜버른항에 도착한 날은 1942년 11월 16일이었다. 빅토리아장로교회는 총회장과 빅토리아주 주회장이 참석하여 총회 차원에서 그들을 환영하는 모임을 스코트교회에서 가졌다. 총회장 버튼의 환영사 후에 찬양이 있었고, 레인과 라이트 그리고 맥라렌이 차례로 보고했다. 회중은 한국의 마지막 선교사들이 적의 세력으로부터 자신들의 품으로 무사히 돌아온 것을 기뻐하며 감격하는 모습이었다.

그러나 당시 호주는 국가적으로 두려워하고 있었다. 일본의 아시아 침략으로 그들의 군대가 남하하면서 호주 대륙도 위협을 받고 있었기 때문이다. 호주 북부에 있는 다윈시가 폭격을 맞기도 했다. 호주군은 일본어를 알고 있는 맥라렌이 필요했다. 그가 다시 군 복무를 할 수는 없었지만, 교육 교원으로 군 지도자들에게 일본어를 가르치거나 일본에 대해 교육을 했다.

맥라렌은 또한 호주의 여러 지역과 교회들을 다니면서 한국과 일본 그리고 아시아 상황에 관하여 강연을 하고 다녔다. 동시에 그는 왕성한 저술 활동을 하며 말년을 보냈다. 그가 출판한 소책자 『일본과의 평화를 위한 서문』에는 당시 호주 수상이었던 멘지스 경이 서문을 쓰기도 했는데, 맥라렌은 인간 문제의 근원을 해명하고 있으며, 참된 평화는 인간의 마음과 영혼에 있는 그 어떤 것이라는 점을 정확히 인식시켜주고 있다고 했다.

그리고 전쟁이 끝난 후에도 맥라렌은 한국으로 돌아오지 않았다. 그 이유를 민성길은 다음과 같이 추측하고 있다.

> 실제로 진주 배돈병원은 문을 닫았고, 세브란스에서는 신경정신과가 이미 없어졌다. 뿐만 아니라, 과거 세브란스에서 신경정신과가 받던 빈약한 지원을 생각하면, 다시 혼자 힘으로 재건하기 엄두가 나지 않았을지 모른다(민성길, 176).

백호주의 반대운동

당시 맥라렌의 관심사는 호주 백호주의 반대운동이었다. 그는 호주 정부의 뿌리 깊은 유색인종 차별정책을 항의하는 활동을 벌였으며, 교회 안과 밖에서 할 수 있는 대로 의견을 피력했다. 맥라렌의 입장에서 백호주의는 일본의 식민지 정책과 다름이 없었다. 하나님의 형상으로 지음 받은 인간이 인종이나 피부색으로 차별을 받아서는 안 된다는 것이 그의 신앙이자 신학이었다.

맥라렌은 자신의 주장을 입법 활동을 통하여 실현하기 위하여 의회 진출까지 시도했다. 1949년 연방의회 진출을 위하여 멜버른에서 무소속으로 출마했다. 그러나 결과는 낙선이었다. 호주 사회와 일부 교회는 여전히 호주에서 백인들의 사회와 문화를 지켜야 한다고 생각하고 있었던 것이다.

그렇다고 맥라렌이 한국이나 선교 활동을 전혀 잊은 것은 아니었다.

자신의 제자였던 이봉은을 1950년 호주로 초청하여 멜버른의과대학 정신과에서 유학하도록 도와주기도 했고, 인도의 의과대학과 병원을 돕는 후원회의 대표가 되어 지원하기도 했다.

그리고 1957년 10월 9일 맥라렌은 이 땅에서의 모든 사명을 마감하고 멜버른 큐에 있는 그의 집에서 75세의 일기로 세상을 떠났다. 그가 출판하기를 원했던 "예수 그리스도의 부활" 원고를 교정보던 중이었다고 한다. 그는 커를 박사의 무덤이 있는 박스 힐 공동묘지에 묻혔다.

제임스 스터키 선교사는 장문의 맥라렌 추모사를 남기고 있는데 서문에서 다음과 같이 말하고 있다.

> 찰스 맥라렌의 생애와 사역의 모든 면을 말하기는 나에게 불가능하다. 나와 많은 사람에게 하나님 안에서 진실한 아버지였던 한 남자에 관하여 간결하고 신실한 추모사를 남기는 것이 나의 희망이다. (중략)
> 그는 하나님의 위대한 사람이었고, 시간의 시작부터 인류를 당혹하게 하는 많은 문제들과 씨름했고, 그에 대한 진실된 대답을 가져왔다(크로니클, 1957년 12월, 10).

에스몬드 뉴는 그의 책 『한국의 한 의사』에 다음과 같이 맥라렌을 추모하고 있다.

> 만약 누가 가장 주목할 만하고 사랑스러운 찰스의 일생을 한마디로 정리한다면, 찰스 자신의 말속에 있다.
>
> "하나님 없는 사람은 어디에도 갈 수 없다,
> 하나님과 동행하는 사람은 어디에나 갈 수 있다"
> (뉴와 맥라렌, 92).

에필로그

맥라렌의 부인 제시는 1968년 사망하여 박스 힐의 남편 곁에 묻힌다. 그녀도 크게 주목할 만한 호주 선교사이자, 선생이자, 번역가이자, 정원사이자 그리고 책 수집가이다. 제시는 30년 동안 한국에서 살았는데, 그곳에서 오래되고 희귀한 한국어책을 많이 모아 도서실처럼 발전시켰다.

한국에서 태어난 그의 딸 레이첼은 1984년 그 도서 중 136권의 책을 '맥라렌-휴먼 컬렉션'이란 이름으로 캔버라에 있는 호주국립도서관에 기증했다.

필자는 맥라렌의 단편 소책자들과 제시의 글 몇 편을 엮어 『호주 선교사 찰스 맥라렌』이란 제목의 단행본으로 2019년에 출판했다. 그리고 같은 해 10월 '한호선교 130주년 기념대회'의 일환으로 호주 멜버른을 방문했다. 당시 우리 일행은 딥딘교회의 환영식에 참석했는데, 맥라렌 부부의 손자 존도 참석했다. 필자는 한국을 잘 모르는 그에게 그 책을 전달하면서 자신의 조부가 한국에서 한 위대한 일을 잊어버리지 않기를 당부했다.

〈참고 도서〉

뉴 & 맥라렌, 양명득 편역, 『호주선교사 찰스 맥라렌』, 동연, 2019.

민성길, 『말씀이 육신이 되어 - 맥라렌 교수의 생애와 사상』, 연세대학교 대학출판문화원, 2013.

빅토리아여선교연합회, 「더 크로니클」, 멜버른, 1911-1957.

「조선일보」, 서울, 1926년 1월 7일.

커와 앤더슨, 양명득 편역, 『호주장로교 한국선교역사 1889-1941』, 동연, 2017.

II. 찰스 맥라렌의 보고서

1. 진주선교부*

진주는 배나 자동차로 올 수 있는 선택이 있다. 배로는 진주에서 10마일 떨어진 선진까지 올 수 있고, 그곳에서 자동차를 탈 수 있다. 그러나 빠르고 편리한 방법은 차를 타는 것이다. 만약 길이 열려 있다면 말이다. 자갈이 깔려 있는 시냇물을 많이 건너야 하고, 잘못하면 물에 잠기기도 한다.

그 두 길은 진주로부터 강과 전답이 보이기 전까지 몇 마일 합해져 있다. 진주강** 은 은모래 바닥에 있는 구불구불한 뱀과 같이 보인다. 우리는 언덕 경계를 한동안 걷다가 강가의 평평한 곳을 가로질러 배로 된 다리로 강을 건넌다. 그 뒤에 시내가 있다. 만약 물이 불어나면 다리는 끊어지고, 상앗대질을 하는 배로 강을 건너야 한다. 이 방법도 통하지 않는 때가 있기는 하다. 그럴 때 진주는 고립된다. 옛날에 해적들의 공격이 있을 때 이것은 장점이 되었다. 그러나 진주가 경상도의 도청이 되기에는 부적절한 면이기도 하다.

강을 건너면 시내 큰길의 끝부분을 만나게 된다. 길 양옆에는 일본인, 한국인, 중국인들의 상점이 있다. 경찰서도 있고, 은행도 있고, 우체국도 있다. 그 길은 공터에서 끝나는데, 그곳에는 황소가 끌고 온 짐들이 부려져 있다. 그 건너편 아래가 옛 한국 관청이다.

우리는 오른쪽으로 꺾어 냄새가 나는 작은 골목길을 몇 분 더 걷는다. 그러면 선교부 부지가 나오고 병원이 가까이 보인다.

---

* 크로니클, 1921년, 3월 1일, 15.

** 남강 _ 편저자 주

우리 교회가 진주에 이만한 재산을 소유하고 있는 것은 커를 박사의 안목과 사업의 재능 때문이다. 우리의 필요한 것을 채우기에 충분하다. 나는 그가 강이 내려다보이는 '관아의 언덕'이라 불리는 부지를 사길 원했던 것으로 안다. 그곳은 훌륭한 경관이 있는 곳이지만, 제한되어 있고 겨울에는 지금보다 더 추울 것이다.

현재의 부지는 시내를 막 벗어난 원만한 언덕의 땅이다. 더운 날 많이 걸어 올라가지 않아도 되고 홍수가 나도 물에 잠기지 않는 곳이다. 모든 사택은 정원을 위한 충분한 공간도 있고, 흙도 좋아서 꽃뿐만이 아니라 채소와 과실 나무도 있다. 이것은 시내에서 매우 중요한 요건인바, 채소와 과일이 비싸거나 귀하기 때문이다. 한국인들이 가꾸는 밭도 있는데, 건물이 더 필요해지면 이용할 수 있는 땅이다. 선교부 뒤로는 산이 시작되고 있어 북쪽의 바람을 막아준다.

시내의 끝에 서서 선교부를 올려다보면, 건물들이 차례로 서 있음을 알게 된다. 질서 있게 계획된 것은 아니고 부지의 구성에 따라 조성된 것이다. 맨 뒤, 왼쪽 끝에 교회당이 있다. 그리고 밭이 있고, 커닝햄의 사택, 알렌의 사택, 아름다운 나무가 있는 커를의 사택 — 이곳은 비어있다 — 그리고 맥라렌의 사택이 나란히 있다.

아랫줄 왼편에는 남학교와 기숙사, 알렌의 사택 앞에 여학교, 그 아래 병원이 있다. 여선교사 사관과 여자 기숙사는 맥라렌 박사의 사택 앞에 있다. 모두 인상적인 건물들이며, 넓은 타일의 지붕은 시내에서 제일 먼저 눈에 띄는 모습이다.

사택에서 보는 경관은 유쾌하지만, 최고는 아니다. 우리는 시내의 북동쪽 끝에 있는데, 시내 집들의 지붕부터 남서쪽 '관아의 언덕'까지 볼 수 있다. 여기서 보면 놀랍게도 서구식 이 층 건물도 보이는데, 작은 박물관이 있는 건물이다. 강 너머에는 평야와 언덕들이 다시 보이고, 그 왼편은 멀리 파랗게 보인다.

매우 평화롭고 매력적인 풍경이다. 기차나 배의 소음으로 방해받지 않는 풍경이다. 그러나 자동차들은 움직이는 다리를 건너고, 아니면 거창으로 가는 자갈길을 달리고, 아니면 북쪽, 동쪽, 서쪽의 다른 마을로 간다. 진주와 마산을 잇는 기찻길도 이미 준비되어 있다.

교통편이 더 원활해진다는 것은 병원이 더 많이 사용될 것이라는 의미이다. 전체 도에서 말이다. 그러나 실제로 기차가 다니기까지는 좀 더 시간이 걸릴 것이다. 기술적인 큰 과제가 아직 남아있다고 들었다.

각종 색깔은 이 땅의 매우 큰 아름다움이다. 언덕에는 훌륭한 노을이 지고, 여름의 평야는 생생한 초록색을 띤 벼가 자란다. 봄에는 선교부 뒤편에 진달래로 산이 분홍색으로 물든다. 지금은 일본인들의 벚꽃과 복사꽃이 그 그림에 색을 더하고 있다.

우리 선교부의 이 스케치는 밖의 모습만 말하고 있다. 우리의 육체적인 눈으로도 이 마을에 존재하는 악한 영의 징조를 간과할 수 없다. 이 조용한 곳이 그런 곳으로 이름이 나 있다. 시내 언저리, 곧 여선교사 사관 맞은편에 불명예스러운 술집들이 있으며, 그 수는 계속 늘어나고 있다. 죄악을 알게 해주는 그들의 밤과 낮의 행태로 우리는 고민하고 있다.

2. 정신병과 교회의 책임*

성공회의 기도에는 '마음과 몸과 생활'에서 고통받는 사람들을 위한 호소가 포함되어 있다. 로마 가톨릭의 입장이 무엇인지 나는 모르지만, 내가 생각하기로 개신교에서는 교회의 기도나 활동에 정신병의 비극에 관하여서는 거의 찾아볼 수가 없다. 극동에서 교회의 선교 활동 내용에

* 코리아 미션 필드, 1922, 7, 138-140.

정신병자 치료와 돌봄에 헌신하는 기관은 2~3개 정도뿐이다.

그럼에도 불구하고 나는 정신병의 문제에 교회가 특별한 책임을 갖고 있다고 믿는다.

복음서에 기록되었듯이, 그리스도 자신이 악령을 쫓아내었고, 또한 전도를 위하여 보내는 자들에게 치료를 위한 자신의 권능과 권세를 부여했다.

우리가 지금 정신병이라고 부르는 '악령에 씌우다'라는 신약적 표현의 현상에 문제가 있는 것을 알지만, 그것이 내가 도달한 결론이다. 그리고 나는 그 믿음과 더불어 다른 믿음도 가지고 있는바, 신약에는 현대의 용어보다 더 근본적인 언어를 담고 있다는 것이다.

오늘날 나는 악령에 사로잡힌다는 것을 믿고 있는가? 만약에 질문과 대답이 존 번연의 풍자에 기초한 물질적인 생각을 의미하는 것이라면, 아니면 반 정도 물질적인 형태와 희박한 관계의 받아들이기 어려운 생물체라면, 나는 믿지 않는다. 그것보다는 더 근본적인 무엇이 있다고 믿는다.

나는 남성과 여성이 정신적으로 고통받는 것을 보았다. 그들 중 많은 사람이 더 이상 자유롭지도 못하며, 도덕적이지도 않았다. 그들은 생각이나 의지가 없었으며, 괜찮다고 느끼지도 못한다. 그들은 끔찍하고 혐오스러운 강박에 의하여 통제당하고, 잡혀있고, 강요당하고 있었다. 비이성이 그들을 황폐하게 하고, 근거 없는 두려움이나 허황된 희망이 그들을 지배하고 있었다. 어떤 이들은 말할 수 없는 악행으로 한 줄기의 빛도 없이 전 인격이 파탄 나고 있었다.

만약 말이 그들의 단순한 의미를 전한다면, 만약 사실이 적시될 수 있다면, 만약 생각이 전해질 수 있다면, 만약 우리가 단순히 '현상'만을 이야기하지 않고, '노메나'를 드러낸다면 이 불행하게 집착되거나 악령에 의하여 잡힌 것을 어떻게 설명할 것인가? 이것은 이성의 영이나 옳은 영이 아니다. 이것은 비록 가난하고 어리석고 죄가 있지만, 사유롭고 책임 있고 인간적인 본성은 아니다.

그러나 당신은 "이것은 영이 아니다"라고 말한다. 이것은 뇌의 문제라고 한다. 그렇다. 뇌에 문제가 생긴다는 것을 나는 안다. 그리고 무엇 때문에 뇌에 문제가 생기는가?

내가 지난번 휴가를 가졌을 때 멜버른의 정신병자 수용소를 많은 시간을 방문하고 연구했다. 그 수용소 소장은 나에게 '일반적 정신병자의 마비'의 많은 경우에 관하여 말했다. 그곳에 있는 사람들은 최근 몇 년 동안 이 수용소에 온 환자들이었다. 만약 지금 정신병의 다양한 종류가 있다면 확실히 육체적이고 화학적인 이유를 들 수 있고, 뇌 부패에 대하여 정신이 악화되는 근거를 볼 수 있다. 이것이 단순히 일반적인 마비의 질병이라면 말이다. 그러나 이것에 관하여 좀 더 생각해 보자.

이 질병의 특정한 이유는 매독의 스피로코팅이다. 더 깊이 연구에 들어가 보면, 그 소장은 수용소에 많은 일반적인 정신 마비는 남아프리카 전쟁에 파병된 군인들 가운데 생겼다는 것이다. 분명해지는 것은 이 질병의 원인을 단순한 미생물보다는 더 깊은 데서 찾아야 하며, 이 군인들이 도덕적 통제의 결핍으로 질병에 감염되었다는 것보다 더 깊은 이유가 있을 것이다. 우리는 개인과 사회와 국가의 깊은 도덕적이고 영적인 부정행위를 들여다볼 수 있어야 한다. 그것으로 인하여 전쟁이 생기고, 사회 부정의가 있고, 부패한 도덕적 기준이 있기 때문이다.

우리는 주님의 두 가지 말씀에 의지하여 이 주제에 대하여 배울 수 있는바, 둘 다 자비와 겸손에 관한 말씀이다.

하나님 섭리의 사역을 자신들의 잘못되고 인과응보적인 이론으로 맞추려는 관습적인 마음을 가진 제자들에게 다음과 같은 대답을 하신다. "이 사람이나 그 부모의 죄로 인한 것이 아니다." 사람들은 실로암 망대가 무너진 희생자들을 원망할 준비가 되어 있었고, 도덕적 타락의 부주위에 나라가 빠져 있었다. 망하지 않으려면 도덕적 질서가 필요하다는 것을 알고 있는 그들에게 경고의 말씀을 하고 있다. "너희도 만일 회개하지 아니하면 다 이와 같이 망하리라."

현대 정신의학에서 점차적으로 인식되고 있는 원칙은 정신병을 개인적인 경우나 별개의 경우로 생각하는 것을 멈추어야 한다는 것이다. 특수한 희생자들에게만 특별한 도덕적 과실을 묻지 말아야 한다. 점점 더 인식되어지는 것은 비정상적인 행위나 비정상적인 환경에서 분쟁이 일어나는 것이 정신병의 유력한 원인이라는 것이다.

그렇다면 삶에 대처하는 개인들이 가지고 있는 태도는 어떠해야 할까? 그리스도가 우리에게 가르치고 있다.

> 네 마음을 다하고 목숨을 다하고 뜻을 다하여 주 너의 하나님을 사랑하라 하셨으니 이것이 크고 첫째 되는 계명이요 둘째는 그와 같으니 네 이웃을 네 몸과 같이 사랑하라.

물질적이고 영적인 환경이 개인과 사회가 그리스도의 사랑의 법으로 하나님과 이웃에게 다가가게 하는가?

그러나 기독교 교회가 황금기를 맞이하기 위하여 일하고 기도하는 것만으로는 불충분하다. 우리는 현재의 비극과 현재의 과제와 대면하고 있다. 마음이 병든 자들을 돌보고 고치라는 부름이 있고, 이 깊은 도덕적이고 영적인 타락과 싸우라는 부름이 있고, 개인과 사회의 생활을 무너지게 하는 악한 영을 대적하라는 부름이 있다.

간질병 환자 고치는 것을 실패한 제자들에게 그리스도는 말한다. "이런 종류는 기도에 의하지 않고는 나가지 아니하느니라."

나는 나의 경험으로 생각하기를 기도로 인하여 육체적이고 화학적인 소요가 고침을 받는 것은 육체적인 소요의 고침 혹은 통제의 방법을 없는 것이고, 그러므로 우리는 모든 종류의 질병이 통제되고 무균의 설차에 의하여 예방된다는 것을 알 수 있다.

오늘날 우리는 나병의 고침을 위한 많은 기도가 응답되는 것을 보고 있는바, 찰무그라 오일 적용을 통하여 그리고 질병을 가지고 있는 사람들을 격리해야 한다는 높은 의식으로 진보하고 있다.

감정과 판단과 신경쇠약과 같은 해결의 실패로 일어나는 이러한 질병들의 경우에는 환자들이 새 희망과 진리에 대한 새 인식 그리고 가장 효과적인 정직과 신앙의 원칙을 바탕으로 형성되는 마음에 의하여 기도가 응답되었다고 할 수 있다.

나는 정신이상의 발병에는 즉각적이고 구체적인 기도가 필요하다는 것을 믿는다. 물론 필요한 돌봄과 처방된 약도 제공되어야 한다. 그러나 돌봄과 약으로만 정신병은 해결되지 않는다. 물론 지혜로운 통제와 연민도 있어야 하지만, 그러한 환자들은 종종 이성과 도덕적 권고를 가까이하지 못한다.

우리의 한국인 교인들은 이러한 병의 치료를 위한 기도를 믿는다. 나는 그들이 잘못한다고 믿지 않는다. 내가 본 것에 인상을 받았고, 그것이 내가 본 직접적인 증거였다.

머지않아 우리는 세브란스병원과 의과학교와 연결하여 불행한 그들의 병을 치료하기 위하여 병동과 설비를 준비할 수 있기를 희망하고 기도한다. 그러나 이 문제는 한 병원이나 의과학교의 영향에 의하여 해결되기에는 너무 크다. 이렇게 크고 어려운 문제를 해결하기 위해서는 헌신과 영성이 필요하며, 그리스도 교회의 상식이 있어야 한다.

3. 호주에서 온 새 선교사들*

청산되지 않는 적자로 허덕이고 있는 모습은 전 세계적으로 심화되는 재정 위기의 불길한 징조이다. 특히 호주의 재정 상태는 바닥이 안 보이는 불황 속에 있다. 호주 파운드에 대한 환율 불이익과 해외로의 송금을 막고 있는 호주 정부, 바로 이런 상황이 호주 선교사들이 지난 수년 동안 당면하고 있는 문제이다. 용기가 나지 않는 상황이다.

편집자는 나에게 지난 2~3년 동안 호주에서 8명의 선교사가 한국으로 왔는데 어떻게 그렇게 할 수 있었느냐고 질문했다. 거기에는 국가적, 교회적, 선교적 그리고 개인적인 요소들이 있다.

호주는 국가적으로 국가 채무에 관한 정책 이슈를 대면하고 있다. 의무를 포기하려는 강한 유혹의 압박이 있다. 라이온이 수상이 된 후 첫 선거의 잔인한 이슈는 호주인들이 그 책무를 버리는 길로 가느냐 아니면 호주 민주주의가 그 경제적인 책무를 다하느냐 하는 것이었다.

민주주의는 도덕적인 안건에 반응했다. 호주인들은 그 책무를 다하자는 정치인들을 선출했다. 호주는 물론 하루아침에 번영한 나라는 아니지만, 국제 경제 세계에 다시 신임을 재건할 수 있게 되었다. 산업의 바퀴와 재정이 다시 돌기 시작했으며, 번영은 아닐지라도 목적과 희망의 리듬이 다시 생기고 있다. 국가의 큰 틀에서 일어나는 일이다.

선교사들의 활동에 직접 관련되는 상황은 어떠한가? 앞날은 아직 최악으로 어두워 보이지만, 위원회는 그것에 압도당하지는 않고 있다.** 매튜 총무는 용감하게도 특별한 '노 리츠리트'(후퇴하지 않는다) 기금을 시작했고, 그것으로 50%나 갑자기 오른 예산 경비를 충당하고 있

* 코리아 미션 필드, 1935년 7월, 143-144.

** 총회 해외선교위원회의. _ 편저자 주

다. 일본의 엔화에 대비하여 호주 파운드가 가파르게 떨어졌기 때문이다.

그 기금 요청은 교회의 적극적인 반응을 얻었고, 현장에 있는 선교사들의 봉급을 줄 수 있었다. 이 당시 일반 경제 공황에 비추어 보면 이 반응은 놀랍기만 하다. 동시에 위원회는 모여 토론하면서 선교에 대한 입장을 표명했다. 선교 현장에 있는 한국인들의 재정 공헌도 급하다는 것이었다. 한국인들의 지원은 관대하고 중요했다. 그들의 재정 지원은 크지 않지만, 영적 지원은 컸다. 액수는 적지만 그 지원이 전도부인 단체에서 온다는데 도전적이고 고무적이다.

봉급이 감축되는데도 그들은 불평하지 않고 받아들였다. 선교사들도 위원회에 봉급을 삭감해 달라고 요청하기도 했다. 위원회는 그 제안을 받아들였지만, 재정 상황이 허락하는 대로 최소한의 관대한 집행이 있었다.

국가적으로, 교회적으로 그리고 선교지에서 첫 위기를 맞게 되었다. 진행되고 있는 일들은 어떻게 할 것인가? 거기에는 물론 일반적이기도 하고, 특별한 요인이 있다. 최근 몇 년 사이에 갑자기 동양에 대한 중요한 의식이 호주인들 사이에 증가했다. 수년 전만 하더라도 동양은 호주인들의 눈으로는 너무 멀었다. 극동에 대한 호주 정부 정책은 배타와 소외 정책이라고 할 수 있다.

지금은 그곳이 멀지 않다는 의식이다. 작년에 호주 역사 처음으로 정부는 동양에 친선외교관을 보내었다. 호주인들 사이에 명망 있는 래텀 법무장관이 대표였는데, 그는 실제적인 대사였다. 그는 호주로 돌아와 호주인들이 동양에 대하여 가지고 있던 관심을 강화했다. 이러한 국가적인 새 분위기에서 선교사들의 요청에 교회가 응답하기가 좀 수월해졌고, 교인들을 더 격려할 수 있게 되었다. 호주 언론은 래텀을 동양과의 친선을 맺은 첫 지도자로 언급하지만, 40년 전에 한 기독교 선교사*가 그곳에서 이미 생명을 드렸고, 호주와 한국과의 친선의 근거가 되었다.

1933년 호주 빅토리아주 총회는 총회장이 한국을 방문하도록 결정했다. 윌슨 매커울리 목사는 한국을 방문했고, 매우 성공적이었다. 그 방문을 계기로 호주의 교회와 한국의 선교지에서 새 계획과 노력이 시작되었다. 그는 멜버른으로 돌아가 교회에 도전적인 호소를 했고, 그 기회와 도전은 총회에 전달되었다.

여러 후원자 중에 한 사람이 큰 기부를 했고, 조건은 일 년 안으로 3명의 남성을 한국으로 파송하라는 것이었다. "여기에 돈이 있다. 누가 나설 것인가? 선교를 지속하려는 교회의 에너지는 어디 있는가?"

다 준비되었다. 1926년 모트는 다시 호주를 방문했다. 그는 여전히 환영과 높임을 받았고, 그곳의 영향력 있는 지도자이다. 선교에 대한 큰 관심이 일어났다. 학생기독운동에 특별히 깊은 영향을 끼치었다. 그리고 그다음 해 소강상태에 있던 학생자원운동이 다시 일어났다. 새 이름하에 진행되었지만, 옛 선교 목적과 열정은 그대로였다.

그렇게 새로운 재정이 확보되었고 새 선교사들이 나서게 되었다. 그렇게 교회와 젊은이들의 열정이 다시 연합되었고, 위대한 기회의 도전을 성숙한 비전의 경험으로 받아들인 것이다. 그리고 1935년 언어학교에는 8명의 호주인 학생이 있다. 이것으로 편집자의 질문에 대답이 되었기를 바란다.

4. 진주에서 체포되다*

나와 아내는 1911년 한국에 도착했다. 호주장로교 선교부의 새로운

---

* 헨리 데이비스 _ 편저자 주
* 『호주 선교사 찰스 맥라렌』, 2019, 95-99.

회원이었고, 젊었었다. 우리에게 주어진 첫 번째 사역은 진주 배돈병원의 일이었다. 1915년 선배 동료*의 사직으로 나는 그 병원의 원장이 되었다. 그 후 우리는 1923년에는 서울에 있는 세브란스병원의 신경정신과를 책임 맡아 서울로 보내졌다.

1939년에 임시 과제로 나는 진주에서 다시 일했고, 아내와 딸은 서울의 사택에 머물렀다. 아시아에서의 긴장 고조 상황에서 자신들의 정부 지시에 따라 미국인 선교사들은 1940년 10월 대부분 철수했다.

1941년 3월 아내와 딸은(딸은 학교를 마치고 계속 교육받을 계획에 있었다) 호주로 향하여 떠났고, 같은 해 5월에는 선교부의 독신 여성 선교사들도 호주로 돌아오라는 호주 총회 국내선교부의 권고를 마지못해 받아들였다. 한국 진주에 남아있는 유럽인은 오직 나 혼자였다.

1941년 6월 히틀러의 갑작스러운 러시아에 대한 전쟁 포고로 인하여 일본은 깊은 충격에 빠졌고, 이것은 러시아와의 관계를 불확실하게 했다. 만주 국경의 일본 군대에 큰 지원 병력이 급파되었다. 일본인들에게도 여행이 크게 제한되었고, 외국인인 우리에게는 금지되었다. 이때쯤 우리의 상황은 거의 포로 수준이었는데, 새 법령은 일본 경찰의 허가 없이 나라를 떠나는 것을 금지했다. 높아지는 경찰의 압력으로 내가 한국인을 만나는 것은 점점 어려워졌고, 한국인들에게도 위험하여졌다. 그리고 병원에서의 내 일도 포기해야 했다.

1941년 12월 8일 운명의 날 아침(이날 일본이 하와이 진주만을 폭격함으로 태평양전쟁이 시작되었다 - 편저자 주) 나를 감시하도록 한국인 경찰이 배정되었고, 그는 일본어 공부를 하고 있던 나를 집까지 찾아왔다. 그는 나에게 사적으로 만나자고 하며 알려 주기를 일본군이 하와이를 폭격하여 전쟁이 일어났다고 했다. 나는 내가 집안에만 있어야 하는지

* 휴 커를 선교사 _ 역자 주

나의 위치를 질문했다. 그는 자신도 정확하게 모른다며 나중에 알려 주겠다고 했다.

그날 저녁 8시경 한국인과 일본인 경찰 6명이 집에 찾아왔다. 처음에 나는 인터뷰를 위하여 방문한 줄 알고 집으로 들어오라고 했다. 그러나 그들의 태도와 행동은 곧 전시 상황을 드러내었다. 나는 폭력 없이 체포되었고, 기다리던 차로 이송되었다. 친절한 한 한국인 경찰은 나에게 미안하다고 했으나, 현재는 전쟁 중이었다.

그들은 나를 경찰서에서 한 시간 정도 기다리게 하다가 부 서장이 방으로 들어왔다. 나를 특별히 보기 위하여 퇴근 후 온 것으로 생각되었다. 그는 말하기를 나는 적국의 시민으로 체포된 것이지만 일본의 기사도가 부당한 대우에서부터 보호해 줄 것이라고 했다. 후에 그는 미국에서 잡힌 일본 군인들이 받는 충격적인 대우와 비교하면서 자신들의 입장에 관하여 다시 말했다.

나는 앞으로 11주 동안 지낼 구치소 방으로 안내되었다. 구치소는 12개의 방으로 되어 있었고, 위에 6개, 아래에 6개 방으로 반원형 혹은 원형극장의 형태였다. 한 교도관이 연단에 앉아 아래층까지 연결되어 12개의 방을 모두 통제할 수 있었으며, 창살을 통하여 방안에서 무슨 일이 일어나는지 다 관찰할 수 있었다. 복도는 그 창살 앞에 둥글게 나 있었다.

이 복도를 통하여 나에게 배당된 방으로 인도되었다. 그들은 나에게 벗으라고 했다. 그리고 방문이 열렸고, 벗은 채로 구치소 방으로 들어갔다. 정말 내가 다 벗고 있는 것인가 그곳에 서 있으며 생각했다. 그때 사도 바울의 말씀이 섬광처럼 스쳤다. 아무것도 그리고 "헐벗음"도 우리를 우리 주 그리스도 예수 안의 하나님의 사랑에서부터 떼어낼 수 없다. 나는 이 말씀으로 감옥 생활을 시작했다.

그들은 내 옷을 검사했다. 주머니에 있던 것들과 자살할 도구로 쓰일 것 같은 끈, 넥타이와 혁대는 압수되었다. 신발을 제외한 옷이 다시 창살 안으로 들어왔고, 비로소 나는 입을 수 있었다. 이때는 한겨울이어서 매우 추웠는데, 잠시 후에 집에 있던 깔개와 담요 그리고 따뜻한 잠옷을 들여보내 주는 것이 허락되어 매우 기뻤다. 방안에 가구는 하나도 없었다. 나무 바닥에 앉거나 바닥에서 자야 한다. 밤에는 나무토막 하나가 베개로 주어진다. 변기는 바닥에 자루로 되어 있었다.

다행히 나는 위층에 있었는데 그곳의 변기는 나무 덮개가 있었다. 날씨가 추워 냄새가 그렇게 나지 않았고, 나중에는 그것을 거의 의식하지 못했다. 건물은 새것이었고, 구치소 방은 깨끗했다. 환기는 나빴지만, 한국의 한겨울에는 그것도 환영이었다. 전깃불은 방 바깥벽에 있는 불투명한 전구에서 나오고 있었다. 창문은 너무 높아 보통 한국인들은 내다볼 수 없지만 나는 발끝으로 서서 바깥세상을 희미하게 볼 수 있었다. 창밖에 있는 포플러나무의 그림자를 보고 몇 시인지 알 수 있는 전문가가 되었다. 낮에는 빛이 좀 더 들길 원했다면, 밤에는 눈을 찌르는 전구 빛으로 시달려야 했는데 그것에 습관이 되든지 아니면 무엇으로 전구의 빛을 가려야 했다.

5. 배돈병원과 땅*

구치소에서 2~3주를 지냈을 무렵, 전에 보지 못한 한국인 형사 한 명이 새벽 2시쯤에 찾아왔다. 방문이 열렸고, 나를 구치소 앞의 큰 난로 곁으로 안내했다. 조금 이상한 분위기였지만 나를 난로 옆에 앉으라고 하여 추운 겨울에 따뜻함을 느낄 수 있어 감사했다. 두 명의 일본인 경찰이 내 맞은편에 앉았다. 그들의 모습에서 어떤 것도 예감할 수 없었지

* 『호주 선교사 찰스 맥라렌』, 2019, 106-109.

만, 사과 하나를 나에게 먹으라고 했다. 나는 기꺼이 그것을 먹었다. 한국인 형사는 나에게 배돈병원을 한국인 의사에게 넘길 때 쓴 동의서 내용에 관하여 몇 가지 질문을 했다. 질문에 모두 대답하자 나를 다시 교도소 방으로 보냈다.

며칠 후에 같은 한국인 형사가 다시 나를 방문했다. 그는 아마도 병원 담당 형사로 이번에는 오전에 와서 병원으로 함께 가 그들이 작성하고 있는 병원 설비 목록을 도와달라고 제안했다.

나를 구치소 방에서 나오게 하여 사무실로 데리고 갔고, 밖의 거리로 동행하여 나갈 수 있도록 절차를 밟았다. 거기에서 그 경찰은 포승줄을 꺼내어 나의 손목을 묶으려 했다.

"이것은 온당치 못한 처사입니다."

나는 말했다.

"나는 범죄자가 아닙니다."

그는 대답하기를 누구든지 경찰서 구치소에서 밖으로 나가게 되면 따라야 하는 규정이라고 했다. 몇 번 대화 끝에 그는 "포승줄에 묶여 밖으로 나가는 것이 당신에게는 불명예스러울 수 있으니" 아마도 다른 방법이 있을 수도 있다고 했다.

"내가 불명예스러운 것이 아니라 일본 경찰이 불명예스러운 것입니다"라고 나는 대답했다. 나의 대답이 과장이 아닌 것은 내가 구치소에서 고난받는 것이 내 나라를 위한 것이라면 그저 만족하겠지만, 만약 그들이 말한 대로 좀 더 깊은 그 무엇, 나의 기독교 신념과 그 선교로 고난받는 것이라면 나에게 주어진 그 특권과 명예를 위하여 기뻐할 것이기 때문이었다.

결국 그는 포승줄 없이 나를 거리로 데리고 나갔고, 그 형사와 나는 우호적인 대화를 나눌 수 있었다.

병원에 도착했을 때 나는 나의 직원들과 조우 할 수 있었다. 경찰의 호송 하에 수감자의 지저분한 모습으로 병원으로 돌아온 나를 본 직원들은 크게 충격을 받고 힘들어했다.

나는 그들을 안심시키고 최대한 용기를 주었다. 나를 염려할 것은 전혀 없다고 다독였다. 그러나 그들은 크게 걱정하는 모습이었다. 나를 병원 안으로 데리고 가 상담실에 앉도록 했다. 그 경찰도 여전히 동행했고 직원들도 함께 있었다. 그 상황에 유머가 필요하다고 생각하여, 병원 재무장에게 말했다. "기억하겠지만 성 베드로가 감옥에 갇혔을 때 밤에 천사가 와서 그를 바깥으로 인도했습니다. 그런데 베드로보다 내가 더 나은 것은 천사가 밤에 와 감옥에서 나오게 한 것은 물론이고, 사과까지 주었기 때문입니다."

내가 경찰서 구치소에 있을 때 아무도 방문이 허락되지 않았지만, 한 가지 전혀 유쾌하지 못한 방문을 받은 일이 있었다. 다음과 같은 이야기이다. 한번은 나에게 배당된 형사가 나의 교도소 방으로 방문을 했다. 우리가 아니라 정부는 몇 년 동안 선교사들의 특권을 위하여 개인 형사의 봉급을 주었다. 그는 방 밖에 서서 창살을 통하여 나에게 이야기 했다. 그는 진주 시장의 요청을 받고 나를 찾아왔다고 말했다. 정말 진주 시장의 요청이었는지는 잘 모른다. 나는 그 시장을 몇 번 만난 적이 있고 예의 바르고 명예로운 사람인 것을 알기에 사실이 아니기를 희망했다. 최근에도 나는 그와 그의 시 전체에 관용을 베풀었는데, 우리 선교부의 건물 하나를 무료로 그들의 교육자들이 학교로 사용하도록 했기 때문이다. 학교를 운영할 수 있는 우리의 권리를 부정하는 그동안의 정부가 보였던 비협조적인 태도를 생각해 보면, 이것은 십 리를 더 가고 한쪽 뺨마저 내놓는 행동이었다. 시장이 요청했다는 내용은 우리로 하여금 또 다른 십 리를 가고, 양쪽 뺨을 전부 내놓으라는 것과 같았다.

그 상황은 다음과 같다. 호주선교부의 호주인 선교사들이 철수했을 때, 몇몇 한국인 직원들은 삶의 터전인 직장을 잃게 되었다. 어려움에 빠진 이 직원들에게 보상해주고 고충을 해결해 주기 위하여 선교부 안의 땅에서 무상으로 농사일을 할 수 있도록 했다. 그런데 이 땅을 탐내는 다른 사람들이 존재하고 있음을 알고 있었는데, 특히 학교의 선생들이 땅을 사용하고 또 그것으로 이득을 얻길 원했다.

진주 시장으로부터 왔다는 요청은 이 땅 전부를 학교들이 사용할 수 있도록 넘기는 데 동의하라는 내용이었다. 더군다나 현재 임차인도 땅을 양도하는 데 동의했다는 것이었다. 살아가기 위하여 이 땅이 꼭 필요한 한국인 직원들에게 어떤 압박을 가하여 그들이 서명을 받아냈는지 나는 잘 알고 있었다.

이미 그들에게 동의를 받았다면 아무 힘도 없고 감옥에 갇혀 있는 나의 동의가 왜 필요한지 의문이 들었다. 나는 그것에 동의하지 않았다. 그 형사는 분노했다. 그는 말하기를 이것은 공공의 이익을 위한 것이고 그래서 다른 이들은 동의했고, 나도 따라야 한다고 강조했다. 나에게는 그렇게 보이지 않기에 동의를 유보할 수밖에 없다고 퉁명스럽게 대답했다.

물론 나의 부동의가 그들의 불법 양도를 막지는 못하지만, 부적절한 요청을 거절했다는 나 자신을 만족시킬 수 있었고, 나의 진심을 표현할 수 있었다. 이것은 불행하게도 최근 자주 일어나는 일본의 불법적인 방법의 하나임을 알기 때문이었다. 동의서를 받아내려고 하는 것은 불법적인 몰수를 자발적인 동의로 보이게 하려는 술책이었다. 일본 경찰은 내가 현재 그들의 권한 속에 있기에 쉽게 협박할 수 있다고 생각했던 것 같다.

3장

윌리엄 테일러

Dr. William Taylor (1877~1938)

I. 호주 선교사 윌리엄 테일러

1913년 8월 호주 퀸스랜드의 샌 앤드류스 교회당에서 파송 예배가 있었다. 당시 윌리엄 맥그레고 퀸스랜드주 총독이 참석한 가운데 성대한 예배가 진행되었는데, 이 자리에 윌리엄 테일러(한국명: 위대연) 박사와 캐서린 레잉(한국명: 양요안) 선교사가 있었다. 빅토리아장로교회를 대신하여 이들을 한국 선교사로 파송하는 자리였던 것이다. 맥그레고 총독은 세계 곳곳에서 일하는 기독교 선교사들의 공헌을 언급하며, 이들의 선교 활동 성공을 기원하며 축복해 주었다.

의료 사역, 선교의 한 본질

테일러 선교사에 관한 '크로니클' 선교잡지의 첫 언급은 1910년 매켄지의 후임으로 그가 남태평양 뉴헤브리디스의 산토섬 노구구로 부임한다는 알림이었다. 그리고 그는 후에 포트빌라의 한 병원에서 의료 선교사로 활동을 했으나, 그곳에 오래 있지는 못했다.

뉴헤브리디스에서 테일러는 수간호사로 일하고 있던 메인 양을 만나 결혼을 약속하고, 한국에서 함께 일하기로 했던 것이다. 테일러는 이해 1913년 9월 4일 부산에 먼저 도착했고, 같은 해 12월 상해에서 약혼자 메인을 만나 결혼하여 함께 한국에 입국했다.

테일러는 부산진에서 첫 편지를 보내는데 그곳에서 말로만 듣던 미우라 고아원을 방문하고, 그곳의 행복한 어린이들과 멘지스 선교사를 만난 이야기를 쓰고 있다(크로니클, 1913년 12월 1일, 7).

테일러는 1913년 5월 12일 한 여선교연합회 모임에서 '의료 선교'에 관하여 연설을 했다. 그가 말하기를 교회의 해외 선교에는 3가지 방법이 있는데 전도, 교육 그리고 의료 사역이라 했다.

의료 사역은 회심을 얻어내기 위한 뇌물이 아니라 선교의 한 본질이며, 예수도 어디 가던 전도와 치유 사역을 병행했다 … 의료봉사가 복음의 문을 여는 중요한 길이였음이 인도, 시리아, 중국 그리고 뉴헤브리디스에도 증명되었다(크로니클, 1913년 6월 2일, 2).

칠암선교부

테일러는 당시 칠암선교부로 불리었던 통영선교부로 부임했다. 한국주재 호주 선교사 공의회는 그를 통영으로 추천했는데 그 이유를 다음과 같이 밝히고 있다.

(1) 진주에는 이미 두 명의 의사가 있으므로 테일러 박사는 진주에 임명하지 않는다. (2) 테일러 박사를 부산진으로 배속하지 않은 이유는 그곳에 의료 지원이 필요함에도 그곳은 성경 교수를 위한 목사가 필요하다. (3) 테일러가 칠암으로 배속되면 그는 마산뿐만 아니라 부산진의 긴급 의료 지원을 할 수 있다(더 레코드, 39).

테일러 부부가 통영에 부임할 시 그곳에는 왓슨 부부와 무어 선교사가 일하고 있었고, 통영선교부가 막 시작되고 있었다. 테일러는 본인의 사역에 관한 내용을 자신을 후원하는 빅토리아 모트레이크 노회에 정기적으로 편지를 썼기에 '크로니클' 선교지에는 그의 보고서 일부분만 간간이 소개되었다.

그는 통영에서 보낸 첫 편지에 통영의 아름다움에 관하여 쓰면서 깊은 인상을 받았다고 했다. 그러나 동시에 많은 미혹과 무지와 미신숭배도 있다고 했다.

그럼에도 그곳에는 선교사들과 함께하는 매우 충실한 기독교인 그룹이 있으며, 그를 환영하는 만찬이 있었다고 한다. 테일러는 즉시 일반 가정에서 환자들을 보기 시작했고, 무어의 도움을 받아 여자 환자들도 만날 수 있었다. 그리고 테일러는 이곳이 곧 십자가가 높이 세워지는 마을이 될 수 있기를 희망한다고 했다(크로니클, 1914년 2월 2일, 8).

1914년 중순의 편지에 테일러는 다음과 같은 소개를 하고 있다. 통영에서는 복음 전도, 교육사업 그리고 의료 사역이 동시에 진행되고 있다. 테일러는 이 지역이 속히 복음화될 수 있도록 모트레이크 노회에 요청하고 있다. 또한 남성 선교사들이 순회 전도를 할 때 그들의 백인 부인들은 한국인들에 둘러싸여 생활하는데, 그들의 소외감과 외로움은 말로 다 할 수 없다고 했다. 그는 "한국에서의 생활은 큰 용기가 필요하다"라고 말하고 있다(크로니클, 1914년 8월 1일, 8).

의사 테일러와 간호사인 그의 부인은 계속하여 환자들을 진료하고 있었다. 특히 통영의 여인들이 테일러 부인에게 와서 자신들의 병을 자유로이 말할 수 있었으며, 그녀는 남편과 상의하며 적절한 처방과 처치를 해줄 수 있었다. 중간에 무어와 왓슨 부인의 통역 또한 큰 도움을 주어, 한 팀으로 사역을 했다.

테일러는 또한 의료 시혜의 사각지대에 처하여 있는 남해의 섬을 순회하기 시작했다. 섬 주민들은 보통 나무나 산이나 죽은 친구의 영을 믿고 있다고 하며, 하루빨리 이들에게 주님을 소개하길 원한다는 열정을 보였다. 당시 일본 당국은 불교를 장려하고 있었는데, 그들이 섬으로 들어오기 전에 먼저 하나님을 알려야 한다고 주장했다. 그러므로 호주 선교회는 남해의 섬을 순회하는 것을 중요하게 생각했고, 그 일을 위하여 모터보트의 구입을 추천했다.

그리고 실제로 빅토리아의 남청년선교연합회의 후원으로 작은 보트를 구입하게 되었는데, 테일러는 이 배를 이용하여 여러 도서 지방을 방문하며 주민들의 건강과 위생을 돌보며 전도했다.

왓슨과 함께 테일러는 여러 내륙 지역도 방문했다. 사통, 고성, 배둔, 연동 등의 지명이 기록되었다. 그중 배둔을 방문한 한 지역에서 왓슨과 테일러는 요리문답 반을 지도했다. 테일러는 그중 한 소녀의 이야기를 소개하고 있다.

> 신앙에 관한 우리의 질문에 그 소녀의 대답은 놀라웠다. 다른 누구보다도 최고였고, 지적이었다. 그러나, 그녀의 그러한 지식은 어려운 환경 속에서 얻은 것이었다. 그녀의 부모는 그녀가 교회에 나가는 것을 강하게 반대했고, 반복적으로 괴롭혔다. 그럼에도 불구하고 그녀는 주일마다 교회에 나왔고 예수에 관하여 배우고 있었다. 그리고 복음서와 찬송가도 구입하고, 신실한 종이 되기 위하여 노력했다. 그녀는 마치 연약한 꽃과 같아서 지나는 바람에 쉽게 꺾일 수 있었다. 그러나 그녀의 신앙은 얼마나 용감하고 강했던가. 이 소녀가 아니었다면 이 작은 교회도 더 어려워졌을 것이다. 하나님이 이곳에서 일하고 계시다는 방증이었고, 우리의 돌아오는 길은 즐거웠다(크로니클, 1915년 6월 1일).

통영진료소 설립

1915년 9월에 드디어 테일러의 진료소가 통영에 설립되었다는 기쁜 소식이 전해지고 있다. 1년 전 진료소 건물 비용이 25파운드를 초과하지 않는다는 조건으로 해외선교위원회가 승인한 것이다. 그러나 실제적으로는 입원 환자들을 위한 방 두세 개를 더 확충해서 45파운드의 비용이 필요했다고 한다. 이것을 위하여 가능한 장소를 찾기 위한 많은 조사와 정부 기관과의 협의가 있었는데, 나환자들을 위한 계획은 결국 허가가 나지 않아 포기하게 되었다(호주장로교 한국선교역사 1889-1941, 187-188).

진료소에는 환자들의 대기실, 진료실, 약방 등이 있었는데, 작지 않은 규모였다. 특히 테일러의 한국어 선생도 매일 오후 환자들의 붕대를 감아주는 등의 봉사를 효과적으로 했다. 그러나 여전히 진료소 비품과 약품 등이 부족했는바 침대보, 붕대, 바셀린, 붕소 등을 호주에 요청하고 있다(크로니클, 1915년 9월 1일, 2).

테일러는 치과의사는 아니지만 이가 아파 고통을 호소하는 사람들에게도 위로가 되었다. 한 사람의 아픈 치아를 뽑아주자 그는 즉시 동네로 달려가 몇 사람을 더 데리고 왔는데, 당시 치아로 인하여 고생하는 사람이 많이 있었기 때문이다. 한 여인을 발치해 주자 그녀는 반항하는 자신의 딸도 자리에 앉히더니 흔들리는 이를 뽑아 달라고 했다. 테일러가 이 한 개를 뽑아주자 또 다른 충치도 뽑아달라고 했다. 테일러는 아파하는 아이를 보고 그것은 다음에 하자고 했지만, 그 여인은 막무가내였다. 결국 나머지 이도 뽑아주었다고 한다.

모녀는 한쪽에 앉아 아픈 이를 진정시키고 있었고, 봉사하던 교회의 여성이 대화를 시작했다. 대화는 점점 복음에 관한 내용이 되었고, 그리스도의 사랑에 관한 이야기가 되었다. 한동안 이야기를 주고받던 모녀는 테일러에게 다가와 감사하다고 인사하고 돌아갔다.

한 가지 확실한 것은 내가 다음에 이 마을을 방문할 때 이들은 나를 친구로 받아 줄 것이라는 것이다. 그리고 내가 전하는 말을 좀 더 진실하게 들을 것이다. 이런 방법으로 이들의 편견은 무너지고, 복음이 들어갈 수 있는 문이 열리는 것이다(크로니클, 1916년 4월 1일, 2).

테일러는 특별히 자신의 한국어 선생에 관심이 많았다. 그 젊은 교사는 어학 교사이기도 하면서 이미 테일러의 사역을 돕고 있었는데, 그를 자신의 조사로 여기면서 기독교 전도자로 키우려는 생각이 있었던 것 같다. 테일러는 이 교사를 호주의 모트레이크 노회에 소개하면서 지원과 기도를 간곡히 당부하고 있다.

동시에 테일러는 통영에 진료소를 운영하는 데 있어서 시급히 한국인 간호사가 필요했다. 간호사 한 명을 고용하는데 연 15파운드 정도가 필요하다고 했고, 빅토리아의 케인스라는 여성이 일 년을 먼저 돕겠다고 자원한 기록을 남기고 있다(크로니클, 1917년 4월 2일, 8).

테일러의 전도 활동

1917년 초 보고서에 테일러는 특별한 소식을 전하고 있다. 통영과 고성교회에 드디어 한국인 목사가 부임을 했다는 것이다. 서울에서 온 수염이 길게 난 박 목사라고만 밝히고 있는데, '충무교회 100년사'를 보면 목사로서는 처음으로 박영업 목사가 부임하여 첫 성찬식을 가졌다고 기록하고 있다(충무교회 100년사, 97).

테일러는 박 목사의 임식식에 이어 그가 집례한 성찬식에 관하여 기록하고 있다. 고성교회에서는 그동안 외국인 선교사들만이 성찬식을 인도했는데, 처음으로 한국인 목사가 집례하는 역사적인 순간이었다고 한다. 테일러는 빵과 포도주를 나누며 그리스도 안에서 한층 더 하나가 되었다고 밝히고 있고, 지금까지 인도하신 하나님께 감사하고 있다(크로니클, 1917년 5월 1일, 2).

한번은 통영 인근의 다래라는 마을에 몇 명의 남성들이 기독교 신앙에 관심이 있다는 말을 전하여 듣고 테일러는 그 마을을 방문하게 된다. 그가 만난 남성은 지적이고 그 마을의 복지를 개선하려는 한 단체의 장이라고 했다. 그는 테일러의 조사로부터 그리스도에 관한 이야기를 조용히 듣더니 복음서를 보내주면 찬찬히 읽어보겠다고 했다. 그리고 얼마 지나지 않아 10~12명의 남성이 믿기로 했다는 전갈을 받았고, 테일러는 다시 그 마을을 방문하게 된다.

이 남성들은 그 마을에 존재하던 음주 문제로 고민을 많이 했는데, 음주를 마을에서 몰아낼 수 있었다고 했다. 그리고 한 종교를 선택하여 믿기 원했는데, 결국 기독교를 믿기로 했다는 것이다. 그들의 모범적인 생활은 마을에 좋은 영향을 끼칠 것이고, 그들이 믿기로 한 기독교도 한층 더 신뢰 있게 다가갈 것이었다.

테일러는 이런 방법으로 교회가 개척된다는 것을 호주의 교인들은 이해하기 어렵겠지만, 작은 동기 하나로 인하여 신실한 기독교인이 생기고 교회가 성장하는 기적이 한국 땅에서 일어나고 있다고 설명하고 있다(크로니클, 1917년 9월 1일, 2).

테일러의 진료소에는 여전히 다양한 병을 가진 사람들이 드나들고 있었다. 한번은 한 할머니가 진료소에 들어섰는데 기괴한 모습이었다. 입은 크게 벌려져 비틀어져 있고, 무슨 약을 발랐는지 얼굴이 검은색이었다. 할머니의 설명은 며칠 전 하품을 크게 하다가 병이 들어왔다는 것이었다. 테일러는 할머니의 얼굴에 바른 검은색 약을 벗기고서야 턱이 빠졌다는 사실을 알 수 있었다.

테일러는 할머니를 의자에 앉히고, 어렵지 않게 턱을 금방 맞추어 주었다. 할머니는 앉은 채로 턱을 만지며 입을 몇 번씩 틀어 보았다. 약도 쓰지 않고 치료가 끝났다는 사실에 할머니는 뭔가 미덥지 않아 했다. 그리곤 곧 아프지도 않고 다 나았음을 깨닫고 벌떡 일어서서 환호하며 춤을 추기 시작했다. 테일러는 한 이틀 동안은 말을 하거나 입을 크게 벌리지 말라고 권고를 했지만, 할머니는 계속 춤을 추며 진료실을 나갔다고 한다(크로니클, 1918년 2월 1일, 2).

테일러와 테일러 부인 메인은 이해 2월 통영에서 딸을 낳았다. 젊은 호주 선교사 부부들은 각 선교부에 주재하며 아기를 출산하기도 했는데, 때로 풍토병으로 아기를 잃기도 했지만, 대부분 한국인 아이들과 어울리며 한국인과 같이 크기도 했다.

테일러는 통영과 거제 지역의 나환자에게도 계속 관심을 갖고 방문하고 있었다. 또한 통영 근처 나환자들이 집단으로 살고 있는 거주지에 그들을 위한 진료소를 세우는 꿈도 버리지 않고 있었다. 미국 선교사들이 광주에 있는 나환자 사역지를 방문하며, 가능성을 모색하고 있었지만, 안팎의 조건들이 여전히 어려움을 주고 있었다. 나환자들도 외국인에 관한 의심의 눈초리를 쉽게 거두지 않았는데, 무엇 때문에 자신들의 거주지에 와서 무료로 약도 주고 진료도 하는지 그 동기를 의심했다.

테일러는 여기에 대하여 단 한 가지 대답밖에는 없다고 했다.

> 우리가 가르치는 복음에 우리 자신이 먼저 신실하게 행동하고, 그러다 보면 그들도 우리의 동기가 신실하다는 것을 알게 될 것이다(크로니클, 1919년 3월 1일, 2).

1920년 전후로 테일러는 진주의 배돈병원에 올라가 단기적으로 도움을 주고 있었다. 배돈병원에서는 커를 박사가 은퇴했고, 맥라렌 박사도 프랑스로 참전을 떠나 예상치 못한 상황을 맞이하고 있었다. 진 데이비스 박사가 막 부임을 했지만, 한국어를 배우고 있었다. 그렇다고 한국인 의사를 구하기도 쉽지 않은 환경이었다.

테일러와 그의 부인이 통영을 비우면 그곳의 진료소는 문을 닫게 되는데, 이것은 그곳 사람들에게는 좋지 않은 소식이었다. 당시 통영의 진료소에는 매일 평균 50명의 환자가 방문하고 있을 만큼 사랑을 받고 있었다. 그렇다고 다른 의사를 구할 수도 없는 상황이었기에 테일러가 떠난다면 통영의 의료 사역은 전망이 밝지 않았다.

1921년 초 테일러의 가족은 영국으로 향했다. 테일러가 에든버러대학에서 대학원 공부를 하기 위함이었다. 그는 그곳에서 5개월간 수학을 하고 다시 한국에 들어와 통영과 진주를 오가며 의료 선교를 계속했다.

배돈병원 원장이 되다

1923년 8월에 가서야 테일러는 자신의 최근 소식을 알리고 있는데, 그는 이미 진주로 이사를 했다. 그러므로 통영의 진료소는 폐원되었고, 그 건물은 두 개의 교실을 더하여 유치원과 야학 건물로 사용되고 있었다.

> 현재 맥라렌 박사는 서울의 세브란스병원으로 영구 부임하게 되었다. 그러므로 진주의 배돈병원 책임이 나에게 떨어졌다. 내 동료인 진 데이비스 박사가 함께 있어서 큰 힘이 된다. 한국에서의 여성 의사는 한국 여성들에게 말로 다 할 수 없는 큰 유익이다. 그리고 한국인 의사 한 명이 나를 도와 일하고 있는데, 열정적이지만 무모하지는 않다(크로니클, 1923년 8월 1일, 2-3).

테일러는 배돈병원의 3대 원장이 된 것이다. 그는 당시의 병원 상황을 계속하여 다음과 같이 보고하고 있다.

> 간호사 팀은 네피어가 담당하고 있는데, 그녀는 곧 휴가를 떠날 것이다. 그러면 클러크가 그 일을 대신할 것이다. 수간호사의 일은 혼자 감당하기에는 너무 큰 짐이고, 딕슨이 곧 합류할 것을 우리는 기다리고 있다.
> 한국인 직원들은 모두 기독교인 남성과 여성들이다. 우리 약제사 정 씨는 교회의 집사이다. 그는 어렸을 때부터 교회를 다니기 시작하여 지금은 교회에서 중책을 맡고 있다. 마취사인 하 씨도 마찬가지이다. 간호사 박 양도 우리 의사들에겐 꼭 필요한 존재이다. 이 모든 사람으로 인하여 우리 병원은 운영되고 있고, 우리 모두는 이 사역을 자랑스럽게 생각할 자격이 있다(크로니

클, 1923년 8월 1일, 2-3).

호주교회의 모금 활동

테일러는 또한 통영의 산업 반에서 만든 수예품들이 어떤 손길을 거쳐서 만들어지고 있는지 그리고 이 선교 활동을 지원해야 하는 이유가 무엇인지도 홍보하고 있다. 사실 빅토리아여선교연합회는 멜버른 시내 콜린스가에 위치한 사무실 한 공간에 매대를 준비하고 한국 여학생들이 만든 수예품들을 판매하며, 그 수익으로 다시 한국 선교를 지원하고 있었다.

> 한 고아 소녀가 있었습니다. 그 소녀의 미래는 창창했지만, 점점 어두움으로 빠져들었고, 통영 남쪽의 한 항구지역에서 창녀가 되었습니다. 그곳에서 그녀는 살 수 있었지만, 벗어나기를 원했습니다. 그러나 자신의 힘으로는 자유를 얻을 수 없었습니다. 어떤 경로로 우리 선교부 직원에게 연락이 닿았고, 도움을 요청했습니다. 그리고 여러 차례 어려운 시도 끝에 그녀를 구출해 낼 수 있었습니다. 그 소녀는 우리 산업학교에서 바느질 기술을 배웠고, 현재는 그 일을 하면서 생활하고 있습니다. 우리 여직원 한 명이 그 소녀의 복지를 책임지고 있습니다. 그녀를 구출해 내는 과정에서 우리는 이 소녀와 같은 여성들의 처지를 알게 되었습니다(크로니클, 1923년 8월 1일, 4).

당시 호주선교회는 다섯 개의 선교부에서 여러 개의 학교를 운영하고 있었다. 부산진에서는 유치원, 초등학교, 중등학교, 마산에서는 유치원, 초등학교, 중등반, 진주에서는 유치원과 초등학교, 거창에서는 유치원과 준 초등학교 그리고 통영에서는 유치원, 준 초등학교, 산업반, 교사훈련반 등이었다. 1924년 한 해에만 이들 학교를 운영하는 비용이

2,600파운드였고, 여선교연합회 자체 예산에서 천 파운드를 지원하고 나머지는 모두 모금이 되어야 했다. 그러므로 선교사들이 휴가로 호주를 방문하여도 각 노회와 교회를 다니며 모금 활동을 하여야 했고, 현장 선교사들은 정기적으로 보고서와 편지를 써서 후원자들을 독려하기도 했다.

또한 호주선교회의 학교 건물을 포함하여 다른 용도의 건물들을 건축하기 위한 비용은 따로 모금되었다. 이 일을 위하여 육만 파운드 이상이 필요하다고 빅토리아여선교연합회는 호소하고 있다. 당시 '크로니클' 선교지는 모금의 현황을 파악하기 위하여 벽시계 그림을 소개하며 1분에 100파운드, 즉 60분에 6,000파운드, 12시간에 72,000파운드로 표기하고 있다. 1925년의 1월 시계에는 목표액 중 6,650파운드가 남았다고 기록하고 있다.

동시에 빅토리아여선교연합회는 미션 박스라는 이름으로 한국 선교부의 학교나 병원에 필요한 물품들을 지원하고 있었다. 테일러는 1924년 성탄절에 받은 미션 박스에 대하여 다음과 같이 감사하고 있다.

> 이번 성탄절에도 호주에서 온 선물상자를 받고 우리를 향한 고향 친구들의 사랑을 다시 확인할 수 있었다. 이번 선물은 특히 지난번과 비교할 때 우리에게 꼭 필요한 물품들이었다. 진주에 불필요한 물건들은 하나도 없었다. 또한 병원에 보내준 물품들로 인하여 더욱 감사한다. 붕대, 침대보, 담요, 옷 등은 계속하여 필요한 항목들이다. 이 선물들로 인하여 위로와 격려가 되고, 또 재정적으로 큰 도움이 된다(크로니클, 1925년 6월 1일, 3).

배돈병원의 환자 수는 매년 갱신되면서 증가하고 있었다. 또한 병원에서 치료를 받은 환자 중 기독교 신앙을 받아들이는 사람의 수도 증가하고 있었다. 테일러는 어떤 환자가 다시 병원을 방문하여 재진료를 받을 때 자신이 십 년 전의 교회에 나가고 있다고 고백할 때 제일 보람이 있다고 말하고 있다. 환자들은 한국사회의 여러 제약 조건인 미신, 박해, 가장의 불신, 불결 속에 살다가 병에 걸려 병원에 입원하면, 병원의 직원들과 활동 모습을 보면서 새로운 문화를 접하게 되고, 기독교에 관심을 갖게 된다. 그리고 몇 번의 치료과정과 교제를 통하여 그들은 마음의 변화를 겪고 있다고 테일러는 보고하고 있다.

한 예로 한 달 전에 방광염으로 고통을 당하다가 데이비스 박사의 치료를 받은 후, 스스로 전도부인을 만나고 싶어 한 여성이 있었다. 알고 보니 그 여인은 예전에 교회에 다닌 적이 있는데, 집안 환경으로 한동안 교회를 떠났던 사람이었다. 이 여인은 다시 교회에 나오고 싶다고 고백하고 있다(크로니클, 1925년 11월 2일, 8). 또한 배돈병원에는 당시 한국인들뿐만 아니라 일본인들도 찾아왔고, 일본인 직원도 있었다. 데이비스의 보고에 따르면 한 일본인 환자가 테일러의 치료를 받고 돌아가더니, 이후 다른 일본인들도 꾸준히 테일러를 찾았다고 한다(크로니클, 1924년 7월 1일, 9).

당시 한국에 주재하던 각 나라 의료 선교사들의 주요 관심사는 나병과 폐결핵이었다. 배돈병원의 테일러와 데이비스도 1926년 초 서울에서 열렸던 의료 선교사 모임에 참석했고, 다른 지역에서 의료 활동을 하는 여러 선교사를 만났다. 이 모임에서 특히 각 지방 나병의 심각성이 토론되었고, 그 치료 방법 등도 공유했다.

1925년 6월부터 1926년 5월까지 배돈병원을 찾은 환자 수는 전체 10,907명이었는데, 이것은 매일 30명 정도의 환자가 병원을 방문한 것이다. 이 중에 반 정도가 여성과 어린이들이고, 입원한 여성 환자 수는 220명이었다. 수술을 받은 환자 수도 기록되어 있는데 400명이 넘었다. 당시 한국 사회는 공중 보건과 예방 의학에 대한 관심뿐 아니라, 의술을 배우려는 학생들의 관심도 점점 높아지고 있었다(크로니클, 1926년 11월

1일, 8).

"의료는 근대의 능력을 신체적으로 실감할 수 있는 탁월한 영역"이라는 것이 배돈병원에서 입증되고 있었다.

진주에서의 교육

테일러는 진주에 있으면서 교육에도 많은 관심을 가졌다. 그러면서 교육의 어려움에 관한 글을 기고하고 있다. 다음이 그 글의 일부인데, 테일러의 고민과 자부심 그리고 희망이 잘 드러나 있다.

> 지금 우리에게 걱정을 주는 사안이 하나 있는데 바로 우리 학교들에 관한 것이다. 우리는 이 분야의 문제가 이미 지나간 것으로 생각하고 있었는데, 규정이 바뀜에 따라 다시 어려움에 봉착하게 되었다. 최근에 현대식 교육에 관하여 한국인들의 태도가 완전히 바뀌었는데, 이것이 어려움에 보태지는 한 이유이기도 하다. 내가 한국에 온 초기만 해도 남학생들이 한국어와 한자만 잘하여도 충분한 것으로 여겨졌고, 여학생들의 교육은 완전히 방치되어 있었다. 그러므로 우리 선교부는 다른 선교부와 함께 여학생 교육을 최우선 과제로 했다. 지금은 모든 가정이 교육을 외치고 있고, 양성 모두 고등교육을 원하고 있다. 많은 가정이 현대식 교육을 위하여 큰 빚을 지기도 한다.
>
> 기독교계 초등학교는 정부 학교와 다른데, 그것은 성경을 가르친다는 것이다. 정부의 감독하에 교과 과정도 같고, 우리가 종교교육만 포기한다면 정부 학교와 똑같은 신분과 특권을 유지할 수 있을 것이다. 정부 학교를 졸업한 학생들은 바로 상급학교에 진학할 수 있지만, 미션스쿨을 졸업한 학생들은 시험을 통과해야만 한다. 이것으로 우리 학교는 낮은 신분을 가진 것으로 생각되고, 정부 학교보다 열등한 것으로 여겨지고 있다.
>
> 우리의 중등학교도 사정은 마찬가지지만, 특별한 허가를 위한 특별한 규정

이 있다. 그러나 이 과정은 매우 어려운 것으로 오직 한 학교만 승인을 받고 있다. 신청을 하기 전에 교장은 학교 건물과 운동장이 충분하다는 것을 확인 시켜야 하고, 좋은 시설들이 있어야 하는바, 이것들은 큰 비용을 전제로 하는 것이다. 학교의 선생들은 우수해야 하고 봉급도 높은 수준이 요구되었다. 이런 조건을 다 구비하고 신청을 하여도 성공적인지 아닌지 몇 달을 기다려야 한다. 선교공의회의 대표가 총독을 한동안 기다려 들은 대답은 그 사안이 동정적으로 고려되고 있으며 모든 내용을 심사 중에 있다는 것이었다(크로니클, 1927년 4월 1일, 17).

테일러는 다른 나라 선교회는 호주선교회 보다 그 숫자와 기관도 많지만, 자신들이 하고 있는 일과 한 일들을 보면, '고요한 아침의 땅'이 그리스도의 나라로 점차 바뀌고 있는 것을 분명히 느낄 수 있다고 했다.

1927년 말 테일러 가족은 호주에서 휴가를 갖는다. 그는 당시 기독교 선교의 전반에 관하여 기술하고 있는데, 현재 선교는 답보 상태에 있으며 보고할 것이 없는 상태로 가고 있다고 했다. 특히 중국의 많은 선교사가 자신들의 선교지에서 철수하고 있으며, 중국인 기독교인들도 많은 박해를 받고 있다고 하고 있다. 그 이유로 테일러는 1차 세계대전 후 일어난 공산주의 약진을 말하고 있으며, 한국에도 그 영향이 곧 다가올 것으로 예견하고 있다. 이런 상황에서 선교 정책의 재평가와 새 방법 모색이 필요함을 역설하고 있다(크로니클, 1928년 2월 1일, 15).

칭송 자자한 배돈병원

1927년 중반부터 1928년 중반까지의 한해 보고서에는 배돈병원의 환자 수치가 기록되어 있다. 4,294명이 새로운 환자로 등록되었으며, 총 11,451명의 환자가 다녀갔다. 그중 426명이 입원하여 치료를 받았고, 110명이 마취하에 수술을, 226명이 마취 없이 수술을 받았다.

외래진료를 받은 환자로부터 받은 수입이 5,027엔이었으며, 입원한 환자로 인한 수입은 2,800엔이었다(크로니클, 1928년 9월 1일, 14).

당시 배돈병원은 가난한 사람들에게 비용을 받지 않고 치료해주는 제도가 있었는데 무료 환자의 숫자가 점점 늘어나고 있다고 보고하고 있다. 한 예로 추운 겨울 굶고 헐벗은 채 길거리에 쓰러져 있던 한 소녀를 구하여 병원에 데리고 와서 치료해주기도 했고, 척추를 다친 한 소년이 병원에 몇 개월씩 입원해 있으면서 숙식을 하기도 했다. 무료 환자의 증가는 모금이 더 되어야 한다는 의미였고, 그만큼 호주의 후원자들에게 부담이 돌아가는 것이었다.

서양 의술이 점차로 인정을 받고 우수하다는 인식이 퍼지고 있지만, 배돈병원의 원칙은 의료 자체의 행위보다도 내면과의 만남과 변화가 더 중요하다는 것이었다. 환자들은 원근 각처에서 찾아오고 있었고, 여러 종류의 병을 가지고 왔다. 그중에서 폐결핵 환자를 받는 일이 제일 어려웠는데, 결핵 환자를 적절하게 치료할 수 있는 병동이 없었고, 다른 곳으로 보낼 곳도 마땅치 않았기 때문이다.

한 가지 흥미로운 사실은 1928년의 「조선일보」가 '칭송 자자한 진주 배돈병원 빈민에 무료'라는 제목의 기사를 싣고 있다는 것이다.

진주배돈병원은 지금으로부터 약 15년 전에 서양 선교사회의 사업으로 경영하여 오는 중 돈 없어 약 못 먹는 부민 환자를 무료 수용하여 일반 사회에서는 그의 사업에 영원한 희망을 가지고 있는데, 이번 경남 의령군 가례면 대천리에 사는 백재관이라는 사람은 남의 소작농으로 근근이 일가족의 생활을 유지하여 오다가 작년 2월경에 맹장염성 장중첩질이라는 무서운 병에 걸리어 생명이 위독함으로 작년 십이월 십 일에 입원 치료하는 동시에 담당 의사 홍건표 씨의 개복수술로 일반은 꼭 살지 못할 것이라 하던 것이 의외로 죽음의 길을 피하여 다시 소생되어 그 감사함을 말지 않는다더라(「조선일보」, 1928년 2월 12일, 5).

나환자들도 매주 17명 정도 병원에 와 주사를 맞았다. 그들의 병이 호전되는 기색이 있었다. 그러나 문제는 치료를 마친 후 이들이 병원 주변에서 구걸 행위를 하기 때문에 주변 사람들에게 어려움을 주었다고 한다. 결국 주민들은 경찰서에 진정을 넣었고, 경찰은 배돈병원에 나환자들에게 주사를 놓지 말라고 명령하는 일까지 발생했다. 나환자들은 테일러의 친절과 치료에 감사하여 후에 병원 앞에 기념비를 세우기도 했다. 다음은 맥라렌의 증언이다.

병원 앞에 기념석이 있다. 이 기념비의 기록은 매우 흥미로운 것으로 나환자들이 자신들의 돈으로 세웠는바, 그들의 필요를 돕고자 매주마다 주사를 놓아준 남성(테일러)에게 감사를 표하기 위함이다(코리아 미션 필드, 1938년 12월, 260).

또한 환자 중에는 말라리아와 십이지장충으로 고생하는 사람들이 있었다. 이것은 빈혈과 부실한 건강으로 인하여 더 흔하게 발생하고 있었다. 병리과에서 진행하는 실험과 진단을 통하여 의사들이 좀 더 정확하게 치료를 할 수 있다는 것도 배돈병원의 큰 장점이었다.

주일 오후에는 환자들을 위한 예배가 병원에서 열렸는데, 찬송을 많이 부르고 외부인을 초청하여 설교도 들었다. 홍 씨의 성을 가진 간호사는 병동의 어린이들에게 성경 이야기를 들려주기도 했다. 병원의 친절한 분위기 속에 치료를 받으며 듣는 복음은 그들의 마음에 심어졌고, 때로는 놀라운 결실을 맺기도 했다.

그런가 하면 실망스러운 이야기도 있었다. 시장에서 물건을 파는 한 아주머니는 하나님을 믿고 싶지만 그럴 수 없다고 했다. 그 이유인즉슨 기독교인이 되면 거짓말을 할 수 없는데, 시장에서는 거짓말을 안 할 수 없다는 것이었다. 병원에서의 다양한 모습은 호주선교회의 사랑과 열정을 증언하고 있고, 동시에 당시 한국인들의 생생한 하루하루의 생활상을 보여 주고 있다.

병원의 전도회

1928년 후반에 테일러 가족은 호주에서의 휴가를 마치고 한국으로 다시 입국하고 있다. 그는 휴가 중에 진주 배돈병원에 필요한 것들을 호소하며 모금했는데 수술대, 엑스레이 기기 그리고 자동차 등 이었다. 크로니클 선교지는 그가 이 세 가지 모두를 장만하여 한국으로 돌아갈 수 있게 되었다고 보고하고 있다(크로니클, 1928년 10월 1일, 3). 자동차는 배돈병원에서 유용하게 사용되었는데, 특히 전도부인이나 선교사들이 지방으로 순회 전도를 다닐 때도 큰 도움이 되었다.

1930년 4월 1일 크로니클 선교지는 진주교회에 갓 부임한 이약신 목사의 사진을 게재하며, 교회가 그를 담임목사로 부를 수 있게 되어 축복이라고 쓰고 있다. 이 목사는 그의 설교와 강인한 성격으로 교인들을 하나로 묶고 있었고, 영어도 잘한다고 소개하고 있다. 그가 부흥사경회를 인도한 후 지쳐있을 때 테일러는 그가 쉬며 회복하도록 병원에 초청하기도 했다. 후에 테일러는 이 목사가 호주를 방문하도록 다른 선교사들과 함께 추천하고 비용도 지원하여, 호주빅토리아교회와 한국교회의 관계를 더욱 돈독히 하기도 했다.

테일러는 찾아가는 의사이기도 했다. 그는 반성이란 지역을 방문하여 그곳에서 진료했는데 주변 지역에서 환자들이 무리를 지어 그에게 병을 보여주기도 했다. 많게는 18명씩 그를 찾아왔다고 한다.

배돈병원은 1930년 11월에 설립 25주년을 맞고 있나. 이 행사에 신주교회 초대 목사인 박성애 목사 부부와 배돈병원 창시자 커를 선교사 부부가 초청되었다. 아쉽게도 커를 부부는 참석을 못 했지만, 그들 자신의 사진을 호주에서 보내왔다고 한다. 병원은 이들에게 메달을 증정했는데, 메달에는 십자가와 왕관이 새겨져 있었다. 박 목사는 그 메달을 자신의 부인이 받도록 했는데, 자신보다 부인이 받는 것이 더 마땅하다고 했다고 한다(크로니클, 1931년 3월 2일, 9).

그다음 해 초에도 병원은 바쁘게 돌아가고 있었다. 여인 두 명이 복부 수술을 받고 회복하여 교회를 나오기 시작했고, 한 여성은 교통사고를 당하여 다리 한쪽에 중상을 입어 절단 수술을 했고, 기관지염으로 고생하는 한 소녀는 교회에 가고 싶다고 하여 교회를 다니기 시작했다. 다른 한 소녀는 지난 3년 동안 다리가 아파 고생을 했는데 테일러가 엑스레이를 찍어 문제가 무엇인지 정확하게 진단하여 수술한 후 완치되기도 했다. 부인과 환자들이 증가하고 있었는데 여성 데이비스의 큰 역할이 있었기 때문이다.

진주배돈병원 주변에는 당시 적지 않은 염소들이 있었다고 한다. 배돈병원 부지에는 호주식으로 잔디가 심겨 관리되고 있었는데, 주변 집의 아이들이 놀이터처럼 사용했다. 물론 울타리도 없었기에 이웃집 소유인 염소나 다른 가축들도 수시로 드나들며 풀을 뜯곤 했다고 한다.

테일러 부인은 당시 선교부 유치원을 책임 맡고 있었는데, 그녀는 주일이면 테일러와 함께 진주 근처의 작은 마을 네 곳을 찾아가 어린이들을 가르치거나 가가호호를 방문하여 전도했다. 이 일이 물론 수월했던 이유는 호주에서 후원 한 포드 차가 있었기 때문이고, 또한 전도부인이나 여학교 졸업생들이 동행했기 때문이다. 테일러의 외동딸 진은 당시 북중국의 내지선교회 학교에 다니고 있었다.

배돈병원에는 또한 병원의 전도회가 운영되고 있었다. 전도회는 인근 지역을 다니며 환자를 보기도 하고 전도와 성경 공부를 인도하기도 했다. 진주 인근 속사리라는 마을에는 수명의 환자가 있었으며, 작은 교회도 있었다. 전도회의 신 부인이라 불리는 전도부인이 그곳에서 정기적으로 가르치고 있었다. 그런가 하면 전도회는 병원과 연결되어 있는 인근 교회 네 개 주일학교를 지원하고 있었는데, 성탄절에는 어린이들에게 선물을 나누어주며 격려했다. 당시 전도부인들도 호주선교회의 봉급을 받으며 사역을 했다.

1933년 테일러는 진주에서의 선교 사역을 다음과 같이 요약하고 있다.

> 그리스도를 위한 진주에서의 나의 모든 경험에서 보면 지금보다 더 희망적이고 격려가 되는 때는 없다. 교회는 사람들의 필요에 응답하고 있고, 이것은 젊은이들에게 좋은 인상을 주고 있다. 지난번 세례식에는 33명의 새 세례자와 요리문답자가 있었고 … 이 지역의 복음화에 큰 기회가 열려 있고, 우리는 그 기회를 놓치지 않고 사역을 완성해 나가고 있다. 그리고 현재의 경제적인 어려움에도 우리는 그 일을 계속 진행하고 있다(크로니클, 1933년 7월 1일, 3).

이 해 말 테일러는 '해외 선교'에 관하여 성찰하고 있다. 해외 선교라고 하면 국내에 있는 사람들에게 뭔가 멀리 있는 것처럼 생각되는데 적절치 않다는 것이다. 특히 진주선교부는 호주에서 방문하는 손님들을 계속 맞이하고 있었고, 이 해 말에는 호주교회 총회장단도 방문 예정이었다. 진주는 그 어느 때보다도 호주와 가깝게 느끼고 있었고, 호주도 진주를 이웃처럼 생각하며 방문하고 있다고 했다. 특히 호주에서 온 빅토리아장로교 손님들은 선교사 외에는 외국인의 발이 닿지 않은 한국의 외딴 지역을 방문하며 잊을 수 없는 경험을 했고, 호주로 돌아가서는 더 열성적인 지원자가 된다고 했다(1934년 2월 1일, 14-15).

성경학원 운영

진주에는 당시 한국인 교회 지도자를 양성하는 목적의 성경학원이 있었다. 이것은 물론 호주선교회가 시작했고 학원 건물까지 세워 운영해 오고 있었다. 1934년에는 54명의 남성이 공부를 하고 있었는데, 대부분이 30세 이하로 진주 인근 지역의 교회나 기도처에서 보내온 사람들이었다. 이들 중 대부분은 먼 거리를 걸어서 학교에 오기도 하고, 하루에 두 끼밖에 먹지 못하는 가난한 사람들이었다고 한다.

성경학원 과정은 예비과정을 수료하면 일 년에 두 달씩 3년을 공부하는 과정이었다. 전문 신학이나 목회 과정은 아니었지만, 졸업한 학생들이 본인이 속한 지역과 교회에서 좀 더 잘 섬기도록 하는 데 그 목적이 있었다. 성경 공부는 물론 교회 역사, 기독교 교육, 설교학 등의 입문 과정이었다. 이 해에 15명의 학생이 수료했다고 한다.

테일러는 성경학원에 많은 기대를 하고 있었다. 학교가 발전하여 후에 한국인을 목회자로 양성하는 전문적인 기관이 되기를 희망하고 있었다. 또한 장차 한국교회가 이 학교를 직접 책임을 맡아 교수하기를 바랐다. 그러나 당시의 현실은 몇 명의 선교사들이 학원을 직접 운영하고 있었다.

진주선교부 초기, 커를 선교사 부부가 이 도시에 와서 정착하며 작은 교회를 세웠고, 또 작은 진료소를 세워 선교를 시작했다. 그 후 그는 땅을 구입하고 교회를 건축하고 병원도 건축했다. 그런가 하면 맥라렌이라는 우수한 의사가 사역함으로 병원은 더욱 발전했다. 그 후 그 뒤를 테일러가 이어받아 교회 목회와 의료 선교 그리고 지도자 양성까지 진주 지역의 많은 일을 돌보고 있었다. 이것은 물론 함께 일하는 동료 선교사들과 한국인 목사와 전도부인들로 인하여 가능했다.

처음에는 서양 병원에 대한 편견과 무지로 지역 주민들의 냉대를 받아 환자의 수가 지극히 적었으며, 또한 서양 종교라는 기독교에 대한 적대감으로 모욕을 당하기도 했다. 그러나 이제는 서양 의술을 배우려는 간호사와 의사 후보생이 점점 많아지고 있으며, 교회의 지도자가 되길 원하여 성경을 전문적으로 배우려는 젊은이들이 증가하고 있었다.

1933년 배돈병원에는 호주 의사 선교사 2명, 한국인 의사 1명, 한국인 직원 22명이 일하고 있었다. 진주교회와 지 교회에 있는 목회자들 그리고 순회 전도자들까지 포함하면 진주선교부는 큰 규모로 성장하여 있었다. 한국인 의사는 이주섭으로 세브란스병원 출신이었고 테일러와 친한 친구가 되었다. 병리사로는 김만수*가 있었는데 신뢰할 수 있는 사람이었고, 주일학교 총무이기도 했다. 또한 간호사로는 하 간호사, 김 간호사 그리고 서 간호사를 특별히 언급하고 있다.

당시 배돈병원에는 입원 환자들을 위한 40개의 침대가 있었고, 그중에 15개는 무비용 가난한 환자들을 위한 것이었다. 남성들로 이루어진 조사와 여성들로 이루어진 전도부인들은 매달 자신들의 봉급에서 얼마를 떼어 시골에 있는 목회자를 도왔다(1934년 9월 1일, 12).

당시 호주선교회는 거창에도 선교부를 운영하고 있었다. 그곳에 병원은 없었지만, 대신에 어린이들과 산모들을 위한 모자진료소를 운영하고 있었다. 복지센터에 상주하는 의사는 없었고 진주 배돈병원에서 한 달에 한 번씩 의사가 왕진가서 돌보아 주었다. 거창에 있던 딕슨 등은 간호사였기에 어린이들과 산모들의 보건 사역을 주도할 수 있었다.

그러나 이 복지센터는 정부 기관에 등록할 수 없었다. 의료기관으로서의 적절한 건물이나 의사가 없었기 때문이다. 거창선교부는 그곳에 병원을 세울 계획이 없었기에 진주 배돈병원 소속 보건소로 등록을 하려고 했지만, 그것도 일본 당국이 허락하지 않았다. 테일러가 진주의 관

---

* 진주교회 영수 김영숙의 아들 _ 편저자 주

공서에 찾아가 의뢰를 했지만, 내답은 부정적이었다. 나만 거창의 어린 이들을 위한 보건 의료를 조용조용히 계속할 수 있었다. 테일러는 정기적으로 거창을 방문했다(크로니클, 1936년 4월 1일, 3).

테일러를 추모하며

테일러의 죽음은 갑자기 찾아왔다. 1938년 10월 1일 '크로니클'은 테일러의 죽음을 작은 박스 기사로 알리고 있다. 61세의 나이였다. 9월 23일 일본 요코하마 병원에서 숨졌다는 것이다.

그리고 한 달 뒤 빅토리아교회의 해외선교위원회는 추모사를 남기고 있는데 다음이 그 일부분이다.

> 그는 친구들 중에 가장 친절했고, 동료들 중에 최고였으며, 그에게는 거짓이 없었으며, 크게 사랑받았다 … 한국인들도 그를 사랑했으며, 언제든지 한국인들을 도울 준비가 되어 있었다. 어떤 문제도 그에게는 큰 문제가 아니었다. 테일러는 배돈병원에 부임하여 열정 속에 쉼 없이 일했으며 성공적으로 병원 운영을 했다. 그는 그리스도를 위한 큰 증인이었다(크로니클, 1938년 11월 1일, 14).

테일러의 동료 맥라렌은 그를 다음과 같이 말하고 있다.

> "테일러는 절대 자신하지 않았고 오히려 자신이 없는 듯하여, 그의 성취의 질과 규모를 저평가하기 십상이다. 그의 지도력하에 병원은 성장했고, 새 병동으로 발전했고, 마지막에는 외래 환자 병동을 지어 사역을 확장하려는 계획이 마음속에 꽉 차 있었다"(코리아 미션 필드, 1938년 12월, 260).

배돈병원의 수간호사였던 클라크는 테일러가 영국 에든버러 의과대학 학생일 때 그곳의 빈민가에서 일하며 해외 선교를 꿈꾸었고, 남태평양의 뉴헤브리디스에서 잠시 일하다가 한국으로 건너와 많은 공헌과 기록을 남기고 있다고 하며, 다음과 같이 증언하고 있다.

> 테일러에 관하여 두 가지만 이야기한다면, 먼저 겸손함과 행복한 성격을 꼽을 수 있다. 그의 낙천적인 성격과 유머는 많은 직원과 환자들이 병원에서 좋은 관계를 맺으며, 병원이 부드럽게 운영되는 데 큰 몫을 했다. 또한 그는 병원 재정을 효과적으로 쓰는 데 중요한 역할을 했다. 그는 온화하여 무리함이 없었고, 언제든지 병원의 재정을 정확히 말할 수 있었다 … 그가 없는 배돈병원은 상상하기 힘들다(크로니클, 1938년 11월 1일, 16).

에필로그

테일러의 마지막 보고서인 "1937~1938년 연례보고서"를 보면 그는 배돈병원의 외래병동을 따로 신축할 계획이 있었다. 전년도에서 이월된 3,181엔도 새 외래병동을 위한 건물 기금에 합하여졌다고 보고했다. 그러나 그는 그 일을 성취하지는 못했다.

호주장로교회 총회와 빅토리아여선교연합회는 1940년 중반, '윌리엄 테일러 메모리얼'이라는 이름으로 외래병동 건축과 그 설비비용을 위한 대대적인 홍보에 들어갔다. 모금액 목표는 5,000파운드였다. 그러나 곧 닥쳐온 일제의 해외선교사 강제 출국으로 이것도 끝내 이루어지지 못했다. 호주 의사와 간호사들이 다 떠난 배돈병원 본관 2층에는 다만 테일러와 커를의 사진이 나란히 걸려 있었다.

〈참고 도서〉

빅토리아여선교연합회, 「더 크로니클」, 1913-1938.

충무교회 100년사 편찬위원회, 『충무교회 100년사』, 통영, 2008.

커와 앤더슨, 양명득 편역, 『호주장로교 한국선교 1899-1941』, 동연, 2017.

「코리아 미션 필드」, 서울, 1938년 12월.

호주선교사 공의회, 「더 레코드」, 부산진, 1913.

II. 윌리엄 테일러의 보고서

1. 배돈병원의 책임*

현재 맥라렌 박사는 서울의 세브란스병원으로 영구 부임하게 되었다. 그러므로 진주의 배돈병원 책임이 나에게 떨어졌다. 동료인 진 데이비스 박사가 함께 있어서 큰 힘이 된다. 한국에서의 여성 의사는 한국 여성들에게 말로 다 할 수 없는 큰 유익이다. 그리고 한국인 의사 한 명이 나를 도와 일하고 있는데, 열정적이지만, 무모하지는 않다.

간호사 팀은 네피어가 담당하고 있는데, 그녀는 곧 휴가를 떠날 것이다. 그러면 클라크가 그 일을 대신할 것이다. 수간호사 일은 혼자 감당하기에는 너무 큰 짐이고, 우리는 딕슨이 곧 합류할 것을 기대하고 있다.

한국인 직원들은 모두 기독교인 남성과 여성들이다. 우리 약제사 정씨는 교회의 집사이다. 그는 어렸을 때부터 교회를 다니기 시작하여 지금은 교회에서 중책을 맡고 있다. 마취사인 하 씨도 마찬가지이다. 간호사 박 양도 우리 의사들에겐 꼭 필요한 존재이다. 이 모든 사람으로 인하여 우리 병원은 운영되고 있고, 우리는 이 사역을 자랑스럽게 생각할 자격이 있다.

2. 산업학교**

우리 선교부의 선교를 세 가지로 크게 나눌 수 있다. 전도, 교육 그리고 의료이다. 그러나 우리 선교 인원의 진보와 깨우침으로 그 영역을

---

* 크로니클, 1923년 8월 1일, 2-3.

** 크로니클, 1923년 8월 1일, 4.

보호하기 위하여 그리고 비기독교인들을 위하여 다른 방면의 활동도 해야 한다. 그중 사회 복지와 문서 전도가 가장 큰 일이다. 동양의 도덕의식은 낮은 편이고, 많은 소녀가 곁길로 빠져 생을 망치고 있다.

현재 이들의 구원을 위한 일은 거의 혹은 전혀 이루어지지 않고 있다. 우리 여학교에 한두 개의 실례가 있는데, 이것이 우리가 사회 복지를 하게 된 실질적인 경우이다. 여기서 한 가지만 언급하겠다.

한 고아 소녀가 있었다. 그 소녀의 미래는 창창했지만, 점점 어두움으로 빠져들었고, 통영 남쪽의 한 항구지역에서 창녀가 되었다. 그곳에서 그녀는 그대로 살 수 있었지만, 벗어나기를 원했다. 그러나 자신의 힘으로는 자유를 얻을 수 없었다. 어떤 경로로 우리 선교부 직원에게 연락이 닿았고, 도움을 요청했다.

그리고 여러 차례 어려운 시도 끝에 그녀를 구출해 낼 수 있었다. 그 소녀는 우리 산업학교에서 바느질 기술을 배웠고, 현재는 그 일을 하면서 생활하고 있다. 우리 여직원 한 명이 그 소녀의 복지를 책임지고 있다. 그녀를 구출해 내는 과정에서 우리는 이 소녀와 같은 여성들의 처지를 알게 되었다.

3. 미션 박스*

이번 성탄절에도 호주에서 온 선물상자를 받고 우리를 향한 고향 친구들의 사랑을 다시 확인할 수 있었다. 이번 선물은 특히 지난번과 비교할 때 우리에게 꼭 필요한 물품들이다. 진주에 불필요한 물건들은 하나도 없었다. 또한 병원에 보내준 물품들로 인하여 더욱 감사한다. 붕대, 침대보, 담요, 옷 등은 계속하여 필요한 항목들이다. 이 선물들로 인하

* 크로니클, 1925년 6월 1일, 3.

여 위로와 격려가 되고, 또 재정적으로 큰 도움이 된다.

4. 남성 일꾼의 부족*

올해 우리 선교부의 보고서 내용은 전체적으로 만족스럽다. 그러나 한 가지 예외가 있는바, 교회에 새 교인과 학습 교인이 줄었다는 사실이다. 그 이유 중의 하나는 교회에 우리의 목사 선교사가 없고, 성찬식을 집례하거나 세례문답 신청자를 받아들일 수 없었기 때문이다.

우리의 가장 큰 어려움은 우리의 적은 인원으로 선교 현장을 어떻게 다 감당할 수 있느냐이다. 물론 다 감당할 수 없으므로, 어떤 일은 하지 못하고 있다. 새로운 남성 선교사가 부임하지 못하므로 우리는 실망스럽지만, 절망하지는 않는다. 떠난 사람의 자리에 소명을 느끼고 자원하는 사람을 하나님이 곧 보내주실 것으로 믿는다. 이 희망 속에 우리는 이 넓은 선교 영역을 지키며 계속 일을 할 것이다.

우리 일꾼 중의 어떤 남성들은 옛 런던의 버스 기사를 닮았다. 그들은 거의 집에 가지 못하여 아이들이 그를 알아보지 못한다. 진주의 나의 동료 한 명은 많은 시간 집을 떠나있어, 그가 집에 돌아오는 것이 큰 행사라고 한다. 다른 사람처럼 주말에만 이곳에 얼굴을 보일 때가 있는 것이다.

기록적인 병원 사역

병원의 보고서는 모든 방면에서 발전하고 있다고 기록되고 있다. 입원 환자가 제일 많은 기록적인 한해였다. 병원의 영적인 사역을 말하자

---

* 크로니클, 1925년 11월 2일, 8.

면, 우리 전도사는 지난 한 해 100여 명의 환자가 '위대한 결단'을 했다고 한다. 그리고 그는 그 회심자들을 잘 관리하고 있다고 했다.

이 중에 십 수 명은 치료를 연속으로 받기 위하여 병원을 재방문하는데, 내가 질문을 해보면 그들은 자신의 집에서 가까운 교회를 다니고 있었다. 남학교의 학생 중에도 병원에서 치료를 받다가 기독교인 되고, 비기독교 가정에서 왔음에도 불구하고 신앙을 강하게 유지하고 있다.

병원은 신앙을 가질 수 있는 좋은 장소이다. 많은 무지와 미신이 있는 시골 마을에서는 신앙을 갖기가 매우 어렵다. 그곳에서는 박해와 고난에 맞서야 하고, 세속적인 이웃과 심지어 집 안의 영향을 받아야 한다. 병원에 오면 그러한 환경에서 벗어날 수 있을 뿐만 아니라, 매일의 토론을 통하여 신앙의 삶을 살고 싶은 마음이 생기기 때문이다. 그리고 생각할 수 있는 시간과 기회도 많으며, 기독교의 사랑을 접할 수 있다. 그래서 결단을 하게 된다.

한 달 전쯤에 한 여성 환자가 담낭에 문제가 있어 매우 아파하며 입원을 했다. 데이비스 박사가 수술을 집도했고, 그녀는 고통에서 벗어났다. 며칠 후에 병원의 전도부인이 그녀와 대화를 나누었다. 그 환자는 다음과 같이 말했다.

> "나는 원래 믿는 자이었지만, 실망하고 교회를 떠났었습니다. 그러나 이제 나는 다시 시작하기를 원하며, 그리스도를 따르기를 원합니다."

한국의 새 여성

우리 선교부에는 기독교 교육을 받은 한 소녀의 좋은 예화가 있다. 우리의 한국인 의사는 지난번 서울의 '조선신학교'의 한 교수 딸과 결혼을 했다. 아버지는 그녀에게 좋은 기독교 교육을 시켰으며, 그녀가 자신의 남편을 스스로 찾을 수 있도록 했다. 그녀의 결정은 지혜로운 것이었다. 그녀는 훌륭한 기독교적 성격을 가진 나의 동료와 연결된 것이다.

그녀의 집은 위안의 장소가 되었고, 자신의 친구들에게 좋은 예가 되었다. 훌륭한 교육적 배경을 바탕으로 그녀는 시어머니와 강가에 나가 빨래하는 자신의 소녀와도 여행했다. 기독교와 교육은 한국의 소녀들과 여성들에게 놀라운 일을 하고 있고, 또 하게 될 것이다.

5. 평양 총회*

진주에는 현재 남성 선교사는 없으므로, 네피어와 레잉 그리고 교회의 일꾼들이 전시회의 모든 일을 준비하고 진행했다. 빅토리아여선교연합회 여선교사들은 남선교사의 부재 속에 일을 더 많이 감당할 수밖에 없다.

여선교사들의 짊어진 무거운 짐을 나는 강조할 수밖에 없는바, 우리 선교부에 남성이 파송되지 않는 한 이 상태는 지속될 것이기 때문이다. 왓슨 부부가 다시 한국으로 부임한다는 소문을 우리는 듣고 있다. 그들이 호주로 귀국했을 때, 우리에게는 큰 타격이었고, 현장의 전망은 어두웠었다. 그들이 돌아온다면 우리와 우리 사역에 큰 격려가 될 것이다.

며칠 전, 나는 통영의 몇 남성과 이야기를 할 때 그들에게 왓슨 부부가 돌아올 수도 있다는 언질을 주었다. 그들은 모두 "언제요?" "언제요?" 하면서 물었다. 왓슨이 그 자리에 있었다면 이들의 가슴에 자신이 얼마나 깊이 있는지 알았을 것이다. 그들의 빈자리와 빈집이 곧 과거가 되기를 우리 모두 희망한다.

---

* 크로니클, 1926년 4월 1일, 13.

총회

올해 총회는 평양에서 열렸다. 만약 우리 고향의 회원 중에 그 총회에 참석했다면 눈이 열리는 경험을 했을 것이고, 선교사들의 사역의 결과를 볼 수 있었을 것이다. 20개의 노회에서 대표들이 참석했는데, 모두 198명의 총대가 있었고, 그중 34명이 외국인 선교사들이었다.

우리의 한국인 형제들이 회무를 주도했고, 선교사들은 각 위원회에서 많은 일을 했다. 선교사들은 점점 더 뒤에서 자문의 역할만을 하고 있다. 한국교회의 현재 가장 큰 안건은 국내 전도인데 시베리아, 일본 그리고 만주의 한국인들까지 포함되고 있다. 중국 산동에는 한국인 선교사 3명이 나가 있는데, 그들은 그곳에서 놀라운 일을 하고 있다. 강한 선교교회인 한국교회는 중국을 그리스도께 오게 하는 놀라운 힘이 될 것이다.

처참한 홍수

최근에 홍수가 한국을, 특히 서울 부근을 강타했다. 도시와 마을이 물에 잠겼으며, 지붕까지 물이 불어난 곳도 있다. 육중한 철교 다리도 끊어져 강물에 떠내려가기도 했다. 많은 한국인이 가지고 있던 모든 것을 잃어버리고 고통을 당하고 있다. 지금 그들은 산의 움막에서 살거나, 식량이 없어 굶주리고 있다. 겨울이 다가오고 서리가 내리므로 그들의 비극은 가중된다. 호주교회를 대표하여 맥라렌 박사가 구제 활동을 하고 있으며, 아프고 집 없는 사람들에게 도움을 주고 있다. 그와 그의 동료들은 많은 슬픈 이야기를 듣고 있다.

우리 지역도 이 비극에서 예외가 아닌데 교회당이 무너지고, 사람들은 난민이 되었다. 노회도 이 문제를 다루었고, 많은 교회에서 도움의 손길을 보내고 있다.

한 해가 이제 지나고 있다. 일꾼들의 부족에도 불구하고 우리는 우리의 일을 감당하고 있으며, 어떤 부분은 발전하고 있다. 1926년은 우리에게 희망으로 다가올 것이다. 새 선교사들이 올 것이고, 사역에 진보가 있을 것이다. 동양의 이 전략적인 선교지에 주님이 함께하셔서 합력하여 선을 이루게 되기를 기도한다.

6. 진주에서의 교육*

지금 우리에게 걱정이 되는 사안이 하나 있는데 바로 우리 학교들에 관한 것이다. 우리는 이 분야의 문제가 이미 지나간 것으로 생각하고 있었는데, 규정이 바뀜에 따라 다시 어려움에 봉착하게 되었다. 최근에 현대식 교육에 관하여 한국인들의 태도가 완전히 바뀌었는데, 이것이 어려움에 보태지는 한 이유이기도 하다. 내가 한국에 온 초기만 해도 남학생들이 한국어와 한자만 잘하여도 충분한 것으로 여겨졌고, 여학생들의 교육은 완전히 방치되어 있었다. 그러므로 우리 선교부는 다른 선교부와 함께 여학생 교육을 최우선 과제로 했었다. 지금은 모든 가정이 교육을 외치고 있고, 양성 모두 고등교육을 원하고 있다. 많은 가정이 현대식 교육을 위하여 큰 빚을 지기도 한다.

기독교계 초등학교는 정부 학교와 다른데 성경을 가르친다는 것이다. 정부의 감독하에 교과 과정도 같고, 우리가 종교교육만 포기한다면 정부 학교와 똑같은 신분과 특권을 유지할 수 있을 것이다. 정부 학교를 졸업한 학생들은 바로 상급학교에 진학할 수 있지만, 미션스쿨을 졸업한 학생들은 시험을 통과해야만 한다. 이것으로 우리 학교는 낮은 신분

---

* 크로니클, 1927년 4월 1일, 17-18.

을 가신 것으로 생각되고, 정부 학교보다 열등한 것으로 여겨지고 있다.

우리의 중등학교도 사정은 마찬가지지만, 특별한 허가를 위한 특별한 규정이 있다. 그러나 이 과정은 매우 어려운 것으로 오직 한 학교만 승인을 받고 있다. 신청을 하기 전에 교장은 학교 건물과 운동장이 충분하다는 것을 확인시켜야 하고, 좋은 시설들이 있어야 하는바, 이것들은 큰 비용을 전제로 하는 것이다. 학교의 선생들은 우수해야 하고 봉급도 높은 수준이 요구되었다. 이런 조건을 다 구비하고 신청을 하여도 성공적인지 아닌지 몇 달을 기다려야 한다. 선교공의회의 대표가 총독을 한동안 기다려 들은 대답은 그 사안이 동정적으로 고려되고 있으며 모든 내용을 심사 중에 있다는 것이었다.

현재 한국의 학교들은 연중 체육회를 열고 있다. 몇 주 전 우리 옆에 있는 정부 학교는 체육행사를 성공적으로 치렀고, 작년과 달리 주일이 아닌 토요일에 하여 우리에게도 다행이었다. 우리 기독교인들과 선교사들도 그 행사에 참석할 수 있었는데, 한 가지 기뻤던 일은 그들의 바쁜 일정 속에도 우리 기독교인들이 달리기를 할 수 있도록 배려를 해주었나는 것이다.

우리 여학교의 운동회 날에는 남학교와 유치원 학생들도 초청이 되었고, 진주교회와 함께한 가장 성공적인 행사로 평가되었다. 운동장은 잘 준비되었고, 진행자들은 역할에 따라 가슴에 명패를 달았다. 텐트가 세워졌고, 특히 배돈기념병원에서 적십자 인원도 나와 있었다. 모든 소녀는 흰색 상의와 파란색 치마를 입었고, 어떤 이들은 빨간 허리띠나 파란색 띠를 착용했다. 그들의 정갈하고 깨끗한 모습은 완전한 그림과 같았다. 일상적인 달리기 경주가 있었지만 특별했던 것은 아무런 사고 없이 운동선수 같은 기량으로 시합이 잘 끝나, 구경꾼들은 내년에도 그 경주를 계속 보기를 원한다는 것이다.

운동회가 마칠 무렵 재미있는 일이 있었는데, 참가자가 목표를 향하여 달려가 그곳에 있는 종이를 집어 읽고, 도착지점으로 가기 전에 다음 행동이 무엇인지를 찾아가야 하는 경주였다. 한 참가자는 불 켜진 초를 들고 뛰어야 했고, 또 다른 참가자는 숟가락 위에 달걀을 얹고 뛰어야 했고, 다른 이는 염소를 데리고 도착지점까지 달려야 했다. 구경꾼들의 웃음소리가 운동장에 울려 퍼지었다… 또한 외국인들과 손을 잡고 뛰는 경주도 있었는데 이것은 서로에게 친밀감을 주는 기회였다. 운동회의 경비는 부모들과 교사들의 친구들이 부담했고, 운동복은 클라크 선교사의 지도하에 자원자들이 준비한 것이었다. 클라크와 교사들은 한두 주 열심히 준비하는 고생을 했지만, 좋은 결과로 인하여 큰 보람이 되었다.

운동회 동안 나는 정부 관원들, 비기독교 한국인들, 한국인 목사와 장로 그리고 우리 교인들에 의하여 둘러싸여 이야기를 나누었다. 나는 그곳에 앉아 깊은 생각에 빠지기도 했다. 많은 한국인이 참석한 운동회였지만, 기독교인은 소수였다. 그리고 이 운동회는 그들에게 기독교인의 깨달음, 행복 그리고 깨끗한 삶을 증거하고 있었다. 또한 진주에서 기독교 공동체의 튼튼한 위치와 힘을 보여 주기도 했다.

나의 생각은 초기 스콜스 선교사와 그녀의 교사들에게까지 미치게 되었다. 그녀가 지금 우리와 함께 있다면 이 모습을 보고 그녀가 시작한 일이 어떻게 발전되었는지 놀랄 것이기 때문이다. 또한 나는 예전에 커를 박사가 이곳의 한 언덕에 서서 하나님 나라의 사역을 위하여 어떤 일을 시작할 것인지를 고민하던 모습을 기억한다. 그의 발아래에는 오래된 불교와 미신숭배를 오랫동안 해온 사악한 도시가 있었다. 이런 도시에서 복음의 전도자에게 어떤 기회가 있을까? 커를은 그의 사역이 거대한 것임을 느꼈을 것이다.

그때와 비교하면 지금은 한국인들에 의하여 건축된 교회당에 한국인 목사가 목회하고 그들이 교회를 운영하고 전도부인과 큰 여학교, 또

한 남학교, 유지원 그리고 잘 갖추어진 병원이 있다. 그뿐만 아니라, 진주 주변에는 60개의 작은 교회들이 있어 주변에 기독교 영향의 중심지 역할을 하고 있다.

이것은 진주선교부에만 국한된 이야기가 아니라 모든 선교부는 그 처음의 작은 시작이 있었고, 점차 모두 자리를 잡아가는 역사가 있다. 모든 과정이 순조로운 것은 아니었고, 거절을 당하거나 가슴이 무너지거나 염려로 가득 찬 날들도 있었다. 이러한 환경 속에서 그들의 협력과 함께 사역은 발전했고, 교회는 성숙하여져 갔다. 과거는 미래를 위한 용기를 준다. 다른 선교부는 우리보다 수와 기관도 많지만, 우리가 하고 있는 일과 한 일들을 보면 "고요한 아침의 땅"이 그리스도의 나라로 점차적으로 바뀌고 있는 것을 분명히 느낄 수 있다.

7. 기독교 선교의 최전방*

끔찍한 세계 일차대전의 최전선에 관한 연구는 진격과 후퇴 그리고 근거지 사수 등을 포함한다. 전선 한 곳의 상황은 다른 곳의 전선에도 영향을 끼치며, 희망을 주거나 절망을 주기도 한다.

기독교 선교도 그 영향을 지켜보는 자에게 흥미로운 모습을 보이고 있다. 만약 우리가 아프리카와 인도의 최전방을 보면, 기뻐할 일이 많이 있다. 최전방은 점차로 넓혀지고 있고, 많은 작은 선교지에 진보가 있다. 우리의 한국 최전방은 사수하고 있거나 어떤 곳에서는 전진하고 있지만, 중국의 최전방은 염려가 되고 당황스럽다. 그곳의 우리 전투원들은 흐트러졌으며, 많은 지역에 지도자가 부재하며, 어떤 곳에서는 퇴각이 진행 중이다.

---

* 크로니클, 1928년 2월 1일, 14-16.

선교의 최전선을 공부하는 사람이라면 선교지에 변동이 있음을 본다. 사수에서 진격으로 바뀌거나 혹은 진격이 갑자기 '보고 사항 없음'으로 끝날 수도 있다. 이러한 변화는 선교지 강화의 필요성이나 새로운 상황 인식이거나 아니면 전투원을 감축해야 하는 요인 때문일 수 있다.

현재 우리의 마음은 중국에 중심을 두고 있으나 슬픈 상태이다. 깊은 강을 지나면서 수천의 선교사들이 자신들의 선교지를 떠나고 있으며, 어떤 이는 생명을 잃기도 했다. 중국 기독교인들은 큰 박해를 받고 있고, 교회는 파괴되고 있다. 기독교는 조롱거리가 되었고, 그리스도의 영향을 지우려는 노력이 진행되고 있다. 이 모든 것이 그리스도에 등을 돌린 사람들이 하나님 나라를 저버리려 한다는 사실이 우리의 마음을 무겁게 한다. 민족주의는 반기독교적이 아님을 기억하자. 공산당이 이 상황을 이용하고 있고, 기독교 교회 안에서 작용하고 있다.

중국의 상황은 한국에도 영향을 끼치고 있다. 머지않은 미래에 한국 교회에도 영향이 올 것으로 이곳 지도자들은 염려하고 있다. 공산주의는 한국 젊은이 중에 독립이나 일본과의 단절을 의미하고 있다. 그러므로 매력적인 사상이다. 이들은 학교 파업을 주도하여 혼란을 부추기고, 교회를 반대하며, 어떤 곳에서는 교회를 완전히 없애려고 하고 있다.

기독교인으로 우리는 이 상황에 관심이 안 가질 수 없으며, 그러나 한 곳에서의 경험으로 우리는 절망할 수 없다. 다른 곳에서의 승리 소식을 들으면 우리의 가슴은 뜨겁게 차오른다. 우리에게 현재 슬픔을 주는 중국이, 곧 우리의 기쁨의 원천이 될 수도 있다. 이미 그런 조짐이 나타나고 있다. 영향은 조금 남을 것이나 혼란스러운 권력은 물러날 것이다.

어떤 선교사들은 중국으로 다시 돌아가고 있고, 어떤 이들은 돌아갈 채비를 하고 있다. 몇 지역에서 부흥과 개혁의 관심에 대한 소식이 들려오고 있다. 과거 중국 기독교인들이 외국 선교사에게 심히 의존했다는 것은 인식된 사실이다. 그러나 지금은 중국 교회가 좀 더 자신들의 자원에 의지하고 있으며, 그것으로 인하여 더 강하고 건강한 교회가 될 수 있다. 이 위기는 정책 개혁과 새로운 방법을 요구하며, 이런 과정을 통하여 새 중국과 발을 맞출 수 있다.

또 다른 염려는 한국 선교의 최전방에 있는 진주선교부이다. 그 최전방이 지켜지려면 머지않은 미래에 정확한 노력이 필요하다. 지금은 남성 일꾼의 부족으로 최전방만을 사수할 뿐이다. 예측하지 못하는 질병이나 사고로 현재의 남선교사 한 명이라도 호주로 돌아가야만 한다면, 후퇴할 수밖에 없을 것이다. 다른 선교부에서 도움을 구할 수도 없다. 그곳에서도 한 사람이 두 사람의 몫을 하고 있으니까 말이다. 두세 명의 남성 인력이 온다면 상황은 금방 역전될 것이다. 현재의 사역자들을 무거운 짐에서 벗어나게 할 수 있다.

이미 우리가 이긴 승리를 함께 감사하고 찬양하자. 그리고 이렇게 질문해보자. 우리는 고향에서 우리가 지원해야 할 일을 잘하고 있는가? 호주 선교사들이 그들의 최전방을 지킬 수 있도록 우리는 후방에서 최선을 다하고 있는가?

8. 1927~1928 배돈병원 보고서*

올해 우리 병원에는 4,294명의 새로운 환자가 치료를 받았다. 11,451명의 외래 환자가 다녀갔고, 426명이 병동에 입원했다. 110명이 마취하에 수술을 받았고, 226명이 일반 수술을 받았다. 외래진료를 받은 환자로부터 받은 수입이 5,027엔이었으며, 입원한 환자로 인한 수입은 2,800엔이었다.

---

* 크로니클, 1928년 9월 1일, 14-15.
이 보고서의 저자는 명시되지는 않았으나, 당시 배돈병원에서 일하던 윌리엄 테일러와 진 데이비스로 보인다.

이 통계는 큰 기회를 보여 주고 있으며, 병원과 한국인 서로 간에 유익하다. 병원은 고통을 치료하거나 예방을 한다. 이것은 또한 진정으로 그리스도와 같은 병 치료를 한다는 것이며, 사역의 위대한 기회를 말하여 주는 것이다. 이것은 또한 서양 의학을 우등한 것으로만 말하는 사람들보다 우리의 의료 선교가 더 좋은 결과를 가져왔다는 뜻이다.

올해 서울에서 열린 의료협의회에서는 미션 병원의 미래에 관한 열띤 토론이 있었다. 한 미국인 형제의 발제가 있었는바, 한국에서의 선교병원의 영향력이 감소되고 있다는 내용이었다. 그리고 곧 마지막이 올 것이라는 어두운 경고도 했다. 그 대답으로 세브란스유니온메디컬칼리지 학장 오 박사는 한 이야기를 들려주었다. 기나라의 백성들은 태평성대를 누렸다. 풍년이 들어 잘살고 있었지만, 그들에게는 항상 한 가지 염려가 있었다. 하늘이 무너질 것이라는 두려움이었다. 오 박사는 협의회 회원들에게 두려워하지 말라고 했다. 선교사들의 도움이 필요하고, 가르침을 감사해하고 있고, 그들이 필요하다는 것이었다.

우리의 외래 환자는 원근 각처에서 온다. 또 다양한 종류의 병을 가지고 온다. 결핵 환자는 여전히 우리에게 큰 숙제이다. 그들을 받아들일 시설이 우리에게는 없고, 그들을 보낼만한 다른 격리병원도 없기 때문이다.

매주 17명 정도의 나환자가 주사를 맞으러 오고 있다. 어떤 이는 회복의 징조를 보이기도 한다. 치료 후에 그들은 주변 사람들에게 구걸을 하여 문제가 생기기도 한다.

수술은 항상 우리 병원의 장점이다. 홍 박사*는 수술 능력을 가지고 있다. 그의 첫 복부 수술은 매우 성공적이었고, 공공의 관심을 받았다. 이로 인하여 병원은 더욱 유명해지게 되었다.

---

* 홍건표 _ 편저자 주

말라리아와 십이지장충으로 인한 빈혈과 건강 악화로 고생을 많이 하는 사람들이 있다. 병리과에서 진행하는 실험과 진단을 통하여 의사들이 좀 더 정확하게 치료를 할 수 있다는 것이 크게 만족스럽다. 그곳에서는 다른 검사도 진행하고 있는데, 정확한 진단을 내리는데 소중한 일이다.

우리의 무료 환자들은 주로 뼈 질환이나 만성적인 병을 가지고 있는 사람들 그리고 고관절이나 척추질환이 있는 아이들이다. 또한 병을 가진 여성 중에 집에서 쫓겨나 구걸하다가 죽을 때가 돼서 우리 병원에 입원하는 경우가 있었는데, 참 불쌍한 사람들이다.

지난봄 초에 경상남도의 도지사가 방문하여 우리 병원을 칭찬했다. 그는 홍 박사가 보고한 우리의 의료 활동과 또 경비를 어떻게 조달하는지에 관심이 있는 것 같았다.

대기실에서의 전도가 예전보다 더 잘 받아들여지고 있다고 한 장로가 보고했다. 대부분 그 의견에 찬성했다.

주일 오후에는 병원 일 층의 한 병동에서 연사를 초청하여 설교나 간증을 듣기도 하고, 많은 찬송을 부른다. 그리고 박 간호사는 위층에서 병원의 어린이들을 위하여 찬송을 같이 부르고 성경 이야기를 들려준다. 많은 사람이 말씀을 듣고 있고, 우리는 그들을 다 알지는 못하지만, 복음이 땅에 떨어지지 않는다는 것을 우리는 안다. 그들이 병원에서 받은 사랑과 보살핌으로 처음 듣는 말씀이 그들에게 의미 있게 다가가고, 많은 시간이 흘러 열매를 맺기도 한다.

한 여성은 진주를 떠나 그곳 교회의 예배에 다녔고, 그녀는 조카와 같이 성결교회를 다닌다고 들었다. 의령 지역의 화양면에서는 예전 환자가 예배 모임을 시작했다. 지금은 50명 정도가 모이고 있다. 다리를 저는 한 남성은 교회에서 멀리 살고 있지만, 온 가족이 믿고 있다. 한 여성은 4년 동안 교회를 멀리했지만, 다시 나가기를 결단했다.

신실하고 능력 있는 전도부인은 올해 들어 온 환자 중에 17명이 계속 신앙을 지키고 있다고 보고했다. 지난 주일 그녀가 새 마을을 방문했을 때 그곳에 옛 환자 3명이 있었다고 한다. 한국인 의사 부인은 믿지 않는 여성이었는데, 지금은 신앙을 받아들이고 세례문답 과정에 있다. 어린 결핵 환자의 모친은 주일학교에서 수업을 잘 받고 있으며, 자신의 아이가 당하고 있는 어려움에 대한 응답을 듣고 있다.

병원의 전도회는 매 수요일 오전에 모이며, 회원들이 돌아가며 간증을 하고, 함께 기도하고 찬송을 부른다. 이 경건회를 통하여 우리는 기독교 선교를 위하여 하나가 된다. 우리는 여전히 우리의 전도부인을 통하여 진주에서 3마일 떨어진 두 곳의 마을에 주일학교를 운영하고 있다. 그곳의 한 마을에서 13명의 성인이 진주교회에 참석하고 있고, 여성은 주일학교에 나오고 있다.

지도자 한 명이 필요한데, 구식의 한국인 교사도 잘 할 수 있지만, 그는 자존감이 너무 커 다른 일은 하지 않는다. 그의 신앙은 아직 그의 인생의 우선이 아니므로, 우리는 좀 더 기다려야 한다. 다른 마을의 여성들은 매우 부지런하다. 진주에 장이 서면 그들은 팔 수 있는 물건을 모두 가지고 나온다. 그중 한 명이 다음과 같이 말했다.

> "우리는 기독교인이 될 수 없습니다. 기독교인이 된다면 거짓말을 할 수 없을 테니까요."

그동안 뜨거운 여름과 추운 겨울에 그 마을에서 가르친 전도부인과 홍 간호사를 생각하면 실망스러운 일이다. 이 여성들을 위하여 기도해 주기 바란다. 빛이 비추일 것이다. 옛 관습을 탈피하기가 쉽지 않다.

자조반이 또 한 번 네피어의 일로 떨어졌다. 성숙이와 홍개순이가 이 부서에서 한동안 일을 했다. 두 주 전에 성숙이와 행복하겠다고 약속하며 좋은 집으로 시십을 갔나. 홍개순이는 여전히 일하고 있으며, 앞으로도 수년간 이 일을 할 것이다. 그녀는 병원에 1년 넘게 있었는데, 처음에 왔을 때는 바느질을 전혀 하지 못했고 배울 마음도 없었다. 그러나 지금은 그 일에 보람을 느끼고 있다. 그녀는 또 다른 교인 여성과 작은 방에서 살고 있다.

홍개순은 똑똑한 기독교인이지만 강하지는 못하는데, 지금은 세례문답 공부 중이다. 처음 그녀가 병원에 왔을 때, 전도부인이 그에게 읽기를 가르치며 전도했다. 그때 그녀는 항상 말했다.

"나는 서울의 홍 씨입니다. 양반이 어떻게 그것을 믿겠습니까?"

끊임없이 변화하는 만화경 같은 병원의 사역이 우리의 삶과 같은 많은 사람의 인생 이야기를 다 기록할 수는 없게 한다. 어떤 이는 잊히고 있지만, 모두가 영원한, 참되고 진실한 삶인 것을 우리는 안다.

그런즉 이와 같이 심는 자나 물주는 자는 아무것도 아니로되 자라나게 하시는 이는 하나님뿐이니라(고린도전서 3장 7절).

9. 호주인 방문자들*

땅끝이 점점 가까이 온다고 우리는 종종 듣고 있다. 땅끝의 그 먼 거리가 이동의 방법으로 인하여 사라지고 있는 것이다. 한국에 있는 우리도 호주와 한국이 점점 가까워지고 있다고 느끼며, 지난주에 멜버른에서 4명의 방문자가 왔고, 이번 주에는 2명이 더 온다. 그리고 머지않아

---

* 크로니클, 1934년 2월 1일, 14-15.

벨포어 부부도 우리와 함께 할 것이다. 올해 말에는 큰 행사가 있을 것인데 우리의 총회장이 온다.

위대한 교회 중에 한 교회는 '해외 선교'라는 용어를 벗어버리기로, 결정했다. 종종 방문하는 방문자들로 인하여 호주 후원자들의 마음에 한국 선교는 매우 가까이 있을 뿐만 아니라, 선교에 실제적인 관심이 있다. 호주에서 방문자들이 많아질수록 우리의 하나 됨이 더 커질 것이다.

만약 호주의 우리 친구 중에 변화가 필요하다면, 봄이나 가을에 한국을 방문해 볼 것을 권유한다. 우리가 좋은 프로그램으로 한국에서 진행되는 선교에 대하여 상세히 볼 수 있도록 준비할 것이다. 총회가 친절하게도 우리에게 총회장을 보내주어 매우 감사하게 생각한다. 한국 형제들에게 큰 격려가 될 것이며, 우리 선교사들에게는 축복이 될 것이다.

이번에 우리를 방문한 4명은 맥린 박사 부부와 톰슨 씨 부부이다. 그들의 시간은 한정되어 있었는데, 진주에서는 주말을 보내었다. 그들은 불행하게도 한국 연휴에 도착했고, 대부분의 한국인들이 집으로 돌아가 없었다.

우리 병원의 환자들도 많이 집으로 갔으며, 나아가서 이웃 도시에서 열리는 주일학교 대회로 인하여 적지 않은 우리의 젊은이들이 그곳에 참석했다. 방문자들의 대화에서 듣는 정보는 한국에 대한 그들의 첫인상은 그다지 좋지 않았던 것 같다. 아마 한국에 도착하고부터 내내 3일 동안 비가 온 이유도 있을 것이다.

그러나 주일은 날씨가 개었고, 교인들은 예배 시간에 호주에서 온 방문자들을 보고 놀라는 모습이었다. 예배 후에 많은 악수가 있었고 인사가 있었다. 그리스도 안에서 하나 된 모습이었다. 이러한 기독교인의 연합 안에서 인종 장벽은 사라진다. 우리의 방문자들은 그 아침 예배를 어떻게 생각했을까. 나는 다음과 같은 이야기를 들었다.

예배가 시작되기를 기다리는 동안 새 교회당을 보고 놀랐으며, 물론 톰슨 씨의 마음에는 우리의 예배당과 뉴헤브리데스의 예배당을 비교했을 것이다. 또한 젊은 목사가 단 위에 오르고 예배가 시작되자, 그들은 한국어를 알아듣지 못하므로 여러 다른 생각이 들었을 것이다. 그러나 한 가지 분명한 것은 현재의 이 모습은 초기 노동의 결과물이란 것이다. 교육받은 한국인 목사는 신실하고 열정적이며, 한국인 반주자가 있는 성가대가 있고, 바닥에 앉아 설교를 경청하는 많은 한국인 교인들이 있었다. 이것이 자급하는 한국교회의 참모습이다.

예배 후에 네피어는 한 한국인 여성과 함께 병원에서 예배를 인도했다. 다른 이들은 테일러 부인과 함께 시골 주일학교로 나갔다. 연휴 기간이지만 병원 전도단은 한 마을에서 저녁에 거리 전도대회를 가졌다. 우리의 방문자들도 이 전도 대열에 합류하기를 원했다.

병원차에는 자리가 부족했으므로, 또 다른 차 한 대를 조달했다. 그리고 우리는 10마일을 달렸다. 자동차를 길가에 주차하고, 논길을 따라 3마일을 더 걸어가야 했다. 밤은 어두웠고, 준비를 하는 사람들은 태풍으로 인하여 주위가 엉망진창이 되어 있을 것을 예측하지 못했다. 또 내린 비로 인하여 시냇물도 불어나 있었다.

이로 인하여 방문자들은 오래 잊지 못할 경험을 했다. 많은 길이 파괴되어 있었고, 다른 길을 찾는 것은 시간도 걸리고 염려도 자아냈다. 몇 곳에서는 불어난 물로 인하여 전진을 할 수 없었다. 결국 몇 명의 청년들이 방문자들을 업어 시냇물을 건넜다.

마침내 우리는 우리의 목적지에 도달했다. 선교사 외에는 외국인이 방문하지 못한 곳이었다. 곧 농부들이 모이기 시작했고, 우리의 친구들은 낯선 분위기에서 복음이 선포되고 찬송하는 모습을 보았다. 비기독교 마을에서 하나님의 사역이 어떻게 시작되는지 직접 본 것이다.

이 모임은 아침에 드린 예배의 모습과는 완전히 다른 것이다. 마을의 사람들은 거의 원시적으로 보였고, 외딴 마을의 세속적인 사람들이었다. 돌아가는 길은 좀 더 쉬운 길을 안내받아 차가 있는 곳까지 어렵지 않게 접근할 수 있었다. 우리의 방문자들은 매우 지쳤고, 우리는 그들에게 미안하다고 했다. 그러나 그들의 대답은 놀라웠다.

"오늘 밤의 경험은 그 어떤 경험보다 값진 것이었습니다. 매우 감사합니다."

월요일 아침 그들의 짧은 진주 방문은 끝이 났다. 우리의 학교도 못 보았고, 병원의 사역도 자세히 살피지 못했지만, 최대한으로 시간을 활용했다. 진주 지역에서 그들은 농부들이 밭을 가는 모습을 보았고, 일년 동안의 수고의 결실도 보았다.

10. 병원의 특별 병동*

8월은 휴가를 떠난 직원들로 인하여 남겨진 의사들에게는 염려스러운 달이다. 큰 태풍으로 8월이 시작되었고, 홍수가 광범위하게 났고, 많은 생명과 살림이 피해를 입었다.

어느 오후 5시경에 바람이 강해지더니 비가 세차게 쏟아졌다. 상황은 밤 10시가 되자 악화되었다. 바람은 더 강하여졌고, 비는 억수로 퍼부었다. 그리고 전기가 끊기고, 진주는 칠흑 같은 어두움에 휩싸였다. 초를 찾는 사이 밖에서는 무엇이 부서지는 소리가 났다. 우리는 아무것도 할 수 없었고, 그저 안에서 태풍이 멈추기만을 기다리며 더 악화되지 않기를 바랄 뿐이었다.

밤 11시가 되자, 상황은 더욱 악화되었다. 위험을 알리는 경찰서의 사이렌 소리가 울렸고, 진주는 물바다가 되었다. 그리고 바람이 조금씩

* 크로니클, 1934년 2월 1일, 16-17.

잦아들었고, 우리는 잠에 빠져들었다.

아침이 되어 나는 어떤 피해가 있는지 둘러보았다. 병원이 가장 염려되었다. 눈을 의심할 정도였다. 두 개의 큰 나무가 우리의 집 위에 쓰러져 있었다. 선교부지 내에는 크고 작은 나무들이 넘브러져 있었고, 멀리 범람하는 물 위로로 지붕들이 보였다. 우리의 '독립 병동' 건물 위로 나무가 쓰러져 있었다. 그러나 주요 병동은 멀쩡했다. 여성 선교사들의 사택도 무사했지만 바로 앞에 큰 나무의 가지가 부러져 있었다. 다른 건물들은 모두 안전한 것 같았다. 진주 시내는 아수라장이 되어 있었고, 많은 거리가 물에 잠겼다. 집마다 물이 3~4피트씩 들어차 있었다. 주변의 마을은 바다같이 보였다. 진주는 완전히 고립되었다. 한동안 기차가 다니지 못했고, 길도 끊겼다.

곧 시골 지역에서 슬픈 소식이 전하여졌다. 많은 사람이 죽거나 난민이 되었으며 곡식이 물에 잠겼다. 우리의 친구 한 명은 얼마 전에 2마일 떨어진 곳에 작은 농사를 지었고, 그는 진주시에 살았다. 그리고 그의 부모는 그 농장에서 거주했다. 자신의 부모가 염려된 그와 친구들은 그들을 찾으러 나섰다. 그런데 그들은 경악 속에 그 농장이 물에 둘러싸여 있는 것을 보았다.

수소문 끝에 그들은 배를 빌려 농장까지 접근할 수 있었다. 농장의 집 지붕 위에 몇 사람이 구조를 기다리고 있었다. 그러나 정작 자신의 부모는 안 보였다. 그들은 바람이 염려되어 집 안에 있다고 했다. 물로 찬 집 안으로 겨우 들어가 보니 부모는 상자 위에 발을 딛고 서서 얼굴만 천장 가까이 내놓고 있었다. 물은 계속 차오르고 있었다. 다행히 그들은 모두 구조되어 안전한 곳으로 피신했다. 몇 개의 작은 교회당도 파괴되었다.

2주 후에 또 다른 태풍이 있었다. 이번에는 바람이 그렇게 심하지 않았지만, 비는 오랫동안 세차게 내렸다. 마을이 다시 물에 잠겼으며,

복구 사업은 처음부터 다시 시작하여야 했다.

한동안 일본의 신문들은 정치에 대한 염려로 덮여있었다. 정부에게 사람들의 '위험한 사상'은 계속되는 걱정이었고, 그것을 차단하기 위한 격렬한 방법이 도입되었다. 교수와 학생들 그리고 상류층의 사람들이 체포되기도 했다. 그리고 전 수상의 사망으로 연루된 젊은 군인과 불법 행위에 대한 재판이 관심을 끌고 있었다.

일본 전쟁장관은 외교에 우선하고 있었는데, 앞길에 위험이 도사리고 있는 것을 보았다. 소련과 미국이 있었고, 그 뒤에는 인도, 호주 그리고 막강한 영국이 있었다. 1935~1936년 일본이 국가연합을 탈퇴할 때 특별한 위기가 다가왔다. 그것이 어떻게 발전될지는 아무도 몰랐다. 언론사들은 물었지만, 전 수상은 아직 대답을 안 하고 있다. 어떤 상황이 벌어질 줄 모르니 군대와 해군은 완전하게 준비하고 있어야 했다. 그의 큰 야망은 인도를 포함한 대동아공영이었다. 그것을 위한 경비에 대하여 많은 생각과 토론이 있었고, 지혜가 필요했다.

지난해 배돈병원에는 큰 발전이 있었다. 환자들이 많이 증가했다. 병원 운영을 재조정해야 할 때가 왔으며, 우리의 일을 여러 부서로 나누어야 한다. 지금까지는 일반 진료가 주를 이루었고, 이것이 환자들의 필요에 잘 맞았다. 그러나 지금의 계몽과 교육 수준의 단계에서는 특별 진료가 요청되고 있다.

외부의 의사들이 이미 우리에게 특별한 환자들을 보내고 있으며, 우리의 명성을 계속 유지하려면 그 요청에 응답할 수 있어야 한다. 다행히 좋은 한국 의료인들이 나오고 있고, 그들이 대학원을 마치면 그러한 위치에 임명될 수 있다.

현재 나의 동료가 한 좋은 예이다. 그가 경험을 많이 쌓게 됨에 따라 이비인후과를 맡고 있다. 우리는 그를 동경에 보내어 훈련을 더 받게 했고, 그는 능력 있는 의사가 되었다.

우리에게는 부인과 환사들이 많다. 이것은 데이비스 박사의 노력 덕분이다. 그것으로 인하여 우리에게 두 개의 특별한 부서가 있는데, 점차로 정부의 병원과 협력하여 우리 지역과 더 넓은 지역까지 의술을 확대하길 원한다.

마지막으로 나는 우리의 '무료' 환자들을 일반 재정에 부담을 주지 않고 치료하게 할 수 있도록 도운 여러분 모두에게 감사한다. 여러분의 개인적 지원으로 많은 이들이 혜택을 받고 있으며, 올해 말까지 문제없이 진행될 것이다. 선교부 총무가 나에게 말하기를 우리의 무료 환자의 첫 침대를 위하여 누가 유산을 남기었다고 했다. 이것은 큰 도움이 될 것이고, 우리 모두에게 격려가 된다.

하나님은 이 시험의 시절에 우리를 인도하여 주셨고, 우리가 신실하고 열심히 한다면 우리를 저버리지 않는다는 것을 보여 주셨다.

11. 진주 배돈기념병원*

25년여 전에 한 의료 선교사가, 선교사라는데 방점이 있다, 이 지역에 와 선교부를 개척했다. 그는 산 위에 앉아 이 지역을 내려다보며, 선교 전망을 숙고했다. 이 지역에 기독교인이 전혀 없는 것을 알고 있었고, 이 도시의 사악함에 대하여 들었으며, 적절한 의료 행위가 없어 사람들이 고생한다고도 들었다. 복음과 살아있는 신앙을 전하고자 하는 열정의 전도자로서 그리고 좋은 의료 기술을 가진 의사로서 그는 그리스도를 위하여 진주를 탐내고 있었다.

커를 박사는 읍내 중앙에 작은 집을 빌렸다. 그와 그의 젊은 아내는 전도하며 가르치면서 작은 시약소를 운영하기 시작했다. 일이 성장함

* 한국기독교사연구회, 「더 코리언 미션필드」, 1934년 7월, 143-144.

에 따라 그는 읍내의 한 변두리에 땅을 구했고, 그곳이 점차로 현재 우리의 선교부로 발전했다.

오늘날 우리 선교부를 보는 사람들은 그가 위대한 비전의 사람이었고, 확고한 신앙의 사람이었다는 데 다 동의할 것이다. 그의 사역 뒤에는 능력의 하나님이 계셨던 것이다. 이곳에 작은 교회와 시약소가 세워졌고, 새로 온 의사들이 합류했다.

점진적으로 복음 전도의 사역은 다른 선교사들이 맡기 시작했고, 그는 의료 사역에 더 많은 시간을 헌신할 수 있었다. 그리고 그 일은 발전했다. 불행하게도 우리에게는 초기 의료 행위에 대한 상세한 기록이 없다. 그 작은 집에서 그 빈약한 설비로 놀라운 의술이 행하여졌다는 사실에 놀랄 뿐이다.

그 집은 곧 의료 사역으로는 불충분하여졌고, 심사숙고 후에 배돈기념병원 설립이 계획되었다. 당시 호주에서는 큰 영적 운동이 일어나고 있었다. 많은 젊은이가 그리스도를 위하여 일어났고, 그중의 한 사람이 맥라렌 박사이다. 그는 한국으로 자원을 했고, 커를 박사를 지원하기 위하여 왔다. 이 둘은 머리를 맞대었고, 그렇게 배돈기념병원이 탄생된 것이다.

초기의 병원 생활은 행복하지 못했다. 좋은 병동이 있었지만, 환자가 적었다. 당시 실망했던 그 두 명의 의사를 생각하면, 나는 한 대화가 생각이 난다. 그는 지금 영국에서 큰 병원을 하고 있는데, 병원 초기에 대하여 말했다. 그는 결혼했는데 의과를 다니느라고 가진 돈을 다 썼다고 한다. 종종 진료실에서 창문을 통하여 지나가는 사람들을 보며 병원에 들어와 주기를 바랐다. 운영비는 많이 드는데 환자가 적었기 때문이다. 걱정의 시절이었지만 몇 명의 환자를 성공적으로 치료하고 나서부터 명성을 쌓기 시작했다. 그 후, 병원은 발전하기 시작했고, 어두운 시절은 막을 내렸다.

배돈기념병원도 어두운 시절이 있었다. 극복해야 할 장애물이 있었던 것이다. 초기에 병원은 사람들의 지독한 무지와 서양 의학에 대한 편견과 싸워야 했다. 그러나 시간과 경험은 우리 편이었다. 그리고 또 하나의 장애물은 적절한 의료 보조자들을 찾는 일이었다. 그들은 최선을 다했지만, 과제는 많았다. 예를 들어 한번은 의사가 오전 회진을 도는데 한 환자가 잠을 제대로 자지 못했다. 의사는 그녀에게 물었다.

"왜 밤에 간호사를 찾지 않았어요?"

환자는 대답했다.

"부르고 싶었지만 깨우고 싶지 않았습니다."

동시에 우리는 초창기에 도운 의료 조력자들에게 감사한다. 어려운 시기에 그들이 힘이 되어 주었기 때문이다.

교육과 깨달음이 확장되면서 환자의 수가 많아졌고, 많은 어려움이 없어지게 되었다. 이때 병원을 설립한 커를 박사는 가족 중 한 명의 병으로 인하여 사표를 낼 수밖에 없었다. 그는 그러므로 병원이 온전히 열매를 맺는 것을 볼 기회를 갖지 못했다. 그 당시 병원은 맥라렌 박사가 한국인 박사의 도움으로 이끌었고, 후에 진 데이비스 박사가 합류했다.

간호 일에 특히 어려움이 많았다. 그러나 병원 초기부터 간호부서 책임을 맡은 수간호사 클라크는 점진적으로 그 어려움을 극복했고, 다행히 능력과 열정이 있는 한 젊은 한국인 과부의 도움을 받을 수 있었다. 박 간호사를 아는 사람들이라면 지금의 간호사들은 복을 받았다는 말을 이해할 것이다. 클라크는 그녀를 병원의 일꾼이라고 불렀다.

상황이 좋아지고 있었지만, 또 다른 변화가 있었다. 클라크는 다른 사역으로 이소했고, 네피어가 수간호사가 되었다. 이 당시 병원은 명성을 넓히고 있었고, 많은 마을에 병원의 치료와 돌봄에 감사하는 사람들이 있었다.

또 다른 변화가 찾아왔다. 세브란스의과대학이 맥라렌 박사를 초청한 것이다. 그가 떠나게 됨에 따라 병원에 공백이 생기었다. 그러나 병원의 기초가 이제는 튼튼했고, 새로 온 의사*는 진 데이비스 박사와 직원들의 충성된 지지를 받았다. 또한 수간호사와 훈련받은 한국인 간호사들이 풍부한 경험으로 실제적인 도움을 주었다. 모든 것이 그에게 준비되어 있었다.

환자들이 증가함에 따라 현대 의학에 감사하는 사람들이 많아졌고, 치료에 대한 정확한 요구가 많아졌다. 더 많은 간호사가 채용되었고, 더 많은 사람이 훈련을 받았고, 병리과의 일도 진보되었다. 유아복지 사역도 시작되었다. 이것이 많은 사람에게 도움을 주었고, 간호사들에게도 좋은 훈련이 되었다. 병원 설비도 증가했고, 엑스레이 장비도 도입되었다.

1933년도의 통계를 보면 17,189명의 외래 환자, 583명의 입원 환자, 일반 마취 수술환자 295명, 부분 마취 수술환자 228명이었고, 나환자 시약소에서는 매주 25명이 치료를 받았다. 이 일을 감당한 직원은 외국인 의사 2명, 한국인 의사 1명, 한국인 직원 22명이었다. 한국인 직원들은 하루 8시간 근무제를 가능한 한 지켰다.

우리의 원칙은 병원을 찾아오는 모든 사람을 치료하는 것이다. 우리의 환자들은 겨우 편안한 삶을 사는 사람들이나 가난한 사람들이다. 40개의 침대 중에 15개가 무료 환자들을 위한 침대이고, 음식과 치료가 포함된다. 우리 지역에 몸과 영혼을 겨우 지킬 수 있는 방편을 가진 사람들이 있는데, 이들이 병에 걸리면 그들은 살아갈 수 없다. 이들과 가

---

* 윌리엄 테일러 _ 편저자 주

장 가난한 사람들에게 우리는 선교 병원이 어떤 곳인지 최상으로 보여줄 수 있다고 믿는다.

우리에게는 남성 중에 일할 수 있는 전도사가 있고, 전도부인은 여성들을 돌본다. 이 외에 우리의 모든 직원은 전도대에 속하여 있으며, 각 회원은 봉급 중에 얼마를 내어 전도부인이 시골에서 일하도록 지원한다.

처음에 전도부인은 환자가 많이 다녀간 한 비기독교 마을에서 일하도록 했는데, 시간이 지남에 따라 그녀의 반에 참석하며 흥미를 보이는 사람들이 나타났다. 또한 그들 중 주일에 그녀와 동행하여 인근을 마을 교회에 참석하기도 했다. 결국 그곳에 작은 교회당이 세워졌고, 지금 그 교회는 이웃 교회의 조사가 돌보고 있다.

일이 어려워지거나 다른 기회가 생기면 전도부인은 병원에 도움을 요청한다. 그러면 병원 직원 한 무리가 차를 타고 가서 전도대회를 진행한다. 특별한 지원을 통하여 선교가 계속 진행되도록 하는 것이다.

12. 윌리엄 테일러 박사*

우리는 테일러 박사에 대한 추모의 글을 쓸 준비가 되어 있지 않다. 그는 우리가 만나는 선교사 중에 유쾌한 기독교인이었다. 그의 복음 전도의 열정은 대단했다. 그는 모트레이크노회에 분기별 보고서를 보냈는데, 그 양이 적지 않다. 보고서에 그는 가난하고 겸손한 한국인들 사이에 복음이 승리하는 내용을 열정적으로 기록하고 있다. 그리고 그것이 항상 선교 의사인 그에게 우선적인 목표였다.

그러나 그는 진주 배돈기념병원의 발전을 위하여 지속적이고 성공

---

* 크로니클, 1938년 11월 1일, 14.

적으로 일한 철저하고 체계적인 사람이었다. 그의 마지막 편지들을 보면 병원의 설비가 완벽하게 준비하는 그 날을 고대하며 그는 열의와 만족감을 나타내고 있다. 그는 다음과 같이 썼다.

> 우리 병원 사역의 재구조는 놀라움을 가져왔다. 견실하고 훌륭하게 일이 되고 있고, 직원들은 충성스럽게 그 일을 진행하고 있다. 무더운 여름이 다가왔고, 다른 어려움이 우리 주변에 있지만, 우리는 대체로 잘 지내고 있다.

지난 10월의 해외선교위원회 임원회는 다음과 같은 기록을 회의록에 남겼다.

> 우리는 윌리엄 테일러 박사가 지난 9월 23일 금요일, 일본 요코하마에서 갑자기 사망했다는 놀라운 소식을 접했다. 테일러 박사는 지난 23년 동안 빅토리아교회의 해외 선교 영역에서 헌신했는데, 먼저는 짧게 뉴헤브리데스에서 그리고 1913년부터는 한국에서 일했다.
>
> 테일러 박사는 자신의 동료들에게 사랑을 받는 형제였다. 한 동료는 그에 대하여 다음과 같이 썼다.
>
> "그는 가장 친절한 친구였고, 최고의 동역자였으며, 속임수가 없고, 사랑받는 남성이었다. 나는 그와 함께 선교사로서 행복하게 보낸 시절이 있다. 그 시절 중에는 어려운 시기도 있었지만, 누구나 그에게 항상 의지하여 동정과 이해를 받을 수 있었다. 한국인들도 그를 사랑했고, 그도 항상 그들을 도울 준비가 되어 있었다. 아무것도 그에게는 너무 큰 문제가 아니었고, 그의 삶은 그리스도를 위한 위대한 증인이었다."
>
> 테일러 박사의 긍정적인 힘은 모두에게 영감의 원천이었다. 그의 복음적인 열정은 하나님 나라의 확장을 위한 노력이었고, 그의 동료들과 한국인들에게 도전이 되었다.

본 위원회는 그의 죽음으로 인하여 우리 교회가 매우 큰 손실을 입은 깊은 상실감을 기록하며, 그의 아내와 딸들에게 그리스도의 연민을 간구한다. 한국에 있는 그의 동료들과 진주 병원의 직원들에게도 깊은 동정을 보낸다. 이제 공석이 된 그의 자리를 위해서도 전체 교회가 기도해 주기를 요청한다.

노트 — 테일러 박사의 연례 보고서를 이곳에 첨부한다. 이 보고서에는 곧 실행되는 병원의 업그레이드 계획이 담겨져 있는데, 그는 깊은 관심과 기대를 가지고 있었다. 참 하나님의 사람이자 행복한 마음의 소유자인 테일러 박사는 병원을 잘 발전시키었고, 하나님은 그를 대신할 일꾼을 세울 것이다.

13. 1937~1938 연례보고서*

한국, 진주, 배돈기념병원

직원

▶ 의사 — 윌리엄 테일러, 진 데이비스, 김 CH, 이 KH

▶ 수간호사 — 엘시 에드거

▶ 한국인 직원 — 33명

작년과 비교한 병원의 환자 통계

▶ 1936~1937 — 7,172의 새 환자, 21,096명의 전체 환자, 외래 환자 수입 10,476엔, 입원 환자 수입 10,589엔, 357명 부분 마취 수술, 487명 일반 마취 수술, 36명 척추 수술, 입원 환자 828명.

▶ 1937~1938 — 6,996 새 환자, 20,453명의 전체 환자, 외래 환자 수입

* 크로니클, 1938년 11월 1일, 15-16.

13,769엔, 입원 환자 수입 11,208엔, 399명 부분 마취 수술, 360명 일반 마취 수술, 45명 척추 수술, 입원 환자 805명.

작년에 비하여 새 환자와 전체 환자의 감소를 보이고 있으나, 수입은 늘었다. 우리의 환자 중에는 모든 종류의 사람들이 있는바, 죄인과 성인, 부자와 빈자, 금반지로 장식한 귀부인과 더러움에 노출된 거지 여성 등이다.

겨울에는 외래 환자와 입원 환자의 수가 비교적 적은데, 봄과 가을에는 우리의 병동이 차고 넘친다. 무료병동에는 16개의 침상이 있다. 대기자 명단이 있으며, 침상이 비는 경우는 거의 없다. 병원의 무료 치료로 인하여 우리는 많은 칭송을 받고 있다.

지난해 진주, 거창, 통영 그리고 부산진의 여학교와 유치원 학생 모두는 테일러에 의하여 건강검진을 받았다. 그는 또한 매달 딕슨이 거창에 설립한 보건소에 출장을 갔는데, 보통 병원의 차로 다닌다.

데이비스 박사는 7월과 8월 중에 비엔나로 6주간의 대학원 연수를 떠났다. 이 반은 비엔나의 미국의료협의회가 준비한 것이다. 부산에서 기차로 출발하여 만주와 러시아를 거치는데, 12일 만에 비엔나에 도착했다. 또한 염려가 있었음에도 같은 경로로 성공적으로 돌아왔다.

이주섭 박사는 8년 동안의 복무를 마치고 9월에 병원을 떠났으며, 김 KC 박사가 그의 자리를 대신하여 이비인후과를 맡았다. 그러나 김 박사는 4월에 사표를 내었기에, 세브란스병원의 이 박사가 임시로 일했고, 평양유니온병원에서 이비인후과 경험을 7개월 경험한 후에 영구적으로 부임했다.

김준기 박사는 우리 병원에서 일한 지 이제 2년이 되었고, 용감하고 효율적인 수술을 집도하고 있다. 그는 열심이 있고 직원들도 좋아한다. 그는 불평하기를 환자들 대부분이 그에게 어디든 수술을 해달라고 하

소원한다고 한다.

딕슨은 3월 휴가를 떠나기 바로 전까지 매주 거창의 유아 보건소를 방문했다. 그녀에게는 과중한 업무이다. 그녀의 제안으로 지금 우리 병원에는 문지기가 방문자들을 안내하는데, 신발을 벗고 들어가도록 하고, 잡상인이나 다른 원치 않는 사람들이 복도를 배회하는 것을 막기 위함이다. 에드거가 휴가에서 마침 돌아와 딕슨 대신에 수간호사 일을 맡았고, 곧 그 일에 전념하고 있다.

간호사 인력에 관하여서는 지금 우리는 정부에 등록된 세브란스 출신 2명, 우리 병원 출신 4명과 훈련생 7명을 확보하고 있다. 훈련생들은 김 박사의 해부학과 생리학 강의를 듣고 있다.

우리와 16년 동안 함께한 전도부인이 4월 말에 사표를 내었다. 지금은 임시 인력이 우리를 돕고 있다. 전에 전도부인은 병원에서 바느질을 많이 했다. 그러나 이제 우리는 바느질 일과 전도 활동을 나누려고 하고 있고, 바느질 일은 다른 사람을 고용할 것이다.

세탁과 난방은 우리의 내부 문제이다. 최근에 수술받는 환자가 많이 늘어났는바, 빨랫감이 많아졌고, 그로 인한 다른 일들도 증가하고 있다. 빨래를 말리는 새로운 설비가 들어왔지만, 장마 때는 예전 유치원 건물에서 빨래를 말리고 있다. 병원 부지 일부를 포함하는 유치원 부지를 우리가 곧 전부 사용할 수 있기를 희망하고 있다.

난방은 수년 동안 우리 병원의 만족스럽지 못한 부분이었다. 여름 중반이 되면 우리는 보통 온수 설비를 수리하여 겨울을 대비하려고 생각한다. 매년 고쳐졌다고는 하지만, 매년 더 많은 물이 새고 있다. 우리는 새 보일러를 들일 계획이며, 이것은 외래병동 전체와 아직 난방이 연결이 안 된 각 방에 충분할 것이다.

전반적으로 말하자면 지난 일 년은 우리 병원의 새로운 시대를 준비하는 한 해였다. 작년에 이월된 3,181엔은 새 외래병동을 위한 건물 기금에 합하여졌다. 딕슨과 스터키는 벌써 새 부엌에 대한 계획을 가지고 있다. 또한 새 부엌 사용과 그곳에서의 요리 등에 관한 내규도 만들었다.

우리의 간호사들의 거주를 위하여 집 한 채를 빌렸으며, 이것이 기숙사의 시작이었다. 7명의 간호훈련사는 모두 여성으로 지도를 받고 있다. 여성 간호사들은 시대에 거슬러 남성 병동에서도 일을 시작했고, 꼭 필요한 몇 명의 남성 직원들을 제외하고 모든 병동에서 여성들이 일하고 있다.

선교부에서 고용한 병원 전도사는 지난 한 해 4,402명의 환자에게 전도했고, 그중 250명이 믿기로, 결정했다고 보고했다. 특별히 관심을 끄는 12명 중 3명은 진주에서 왔고, 다른 사람들은 먼 곳에서 왔는데 지리산 아래의 화개나 거창의 함양에서도 왔다. 병원의 영향력이 전 지역에 얼마나 넓은지 알 수 있다.

모든 직원이 회원인 병원 전도부 임원회에 속한 전도사는 원근 마을에서 전도한 기록을 소상하게 기록하고 있고, 다음과 같이 보고했다.

방문한 곳: 17, 전도대회 주도: 39, 참석한 사람: 2,815, 새 신자: 281

전도대회 시 병원의 차로 많은 직원이 이동했고, 때로 자전거로 가기도 했다. 올해 전도회가 관할하는 마을 주일학교가 3개이며, 미션 박스를 통한 선물은 그곳 학생들과 보조자들에게 큰 기쁨이 되었다.

전도회가 지원하는 전도부인은 진주에서 3마일 떨어진 큰 들에서 살면서 일했다. 주일에 회원들은 그곳에 가서 예배와 주일학교를 했지만, 수고에 비하여 좋은 결과는 가져오지 못했다. 사람들의 반응이 미미했고, 전도부인이 사는 기독교인 집주인 부부를 제외하고는 예배에 오는 가족이 없었다.

그러나 올해 우리는 두 곳에서 더 활동하는데, 장사리와 옥종이다.

이곳에는 예배당이 있고, 또 한 곳인 초전에 교회당이 다시 건축되었는데, 모두 병원의 전도회의 직접적인 영향으로 만들어진 것이다.

14. 위대인 씨 서거*

진주 배돈병원장 윌리엄 테일러 씨는 숙환으로 지난 이십삼일 오전 구시 횡빈에서 별세했다는 바, 씨는 1909년에 영국 스코틀랜드 에딘버러대학 의과를 졸업한 후 호주에서 4년 동안 선교와 의료에 종사하다가 1913년에 조선으로 와서 통영에서 선교사업과 시료에 종사하다가 1920년에 진주 배돈병원장으로 취임한 이후, 오늘까지 칠개성상이나 선교사업과 사료에 종사했다.

동씨가 재임 중에는 만흔공적을 남기었는바 그중 특기할 것은 나병 환자에 대하여 시료하여 준 결과 환자들이 동씨의 은덕에 감사하여 푼푼히 모은 돈으로 병원 전정에 비석까지 세운 일이 있고, 또한 극빈 환자에 대하여서는 무료 치료를 많이 하여 주어 현재에도 시료를 받고 있는 입원 환자가 삼십명에 달하고 있다 한다. 일반은 씨의 사거를 애석히 여기고 있다.

15. 테일러를 추모하며**

윌리엄 테일러 박사는 뉴 헤브리데스에서 한국으로 간 우리의 두 번째 선교사이다. 우리가 아는 대로 첫 번째는 노블 맥켄지였다. 자신의 젊은 아내가 그곳에서 사망한 후 테일러 박사는 호주로 왔고, 후에 그는 한국 선교사로 임명되었다. 그는 '북아일랜드' 남성이었고, 의학 교육은 에든버러에서 받았다.

---

* 「조선일보」, 1938년 9월 27일, 7.

** 크로니클, 1938년 11월 1일, 16.

그의 열정적인 전도의 정신은 학창 시절 에든버러 슬럼가 선교로부터 시작되었다. 그러나 그는 해외의 선교지가 자신을 부르고 있음을 느꼈고, 모든 훈련은 그 부름에 대한 준비였다.

그는 뉴 헤브리데스에서 우리에게 보고서를 많이 쓸 만큼 오래 있지는 못했다. 그의 사역은 특별히 한국에서 이루어졌으며, 그의 진정성 있고 친절한 정신은 그를 아는 사람들에게 영감 있는 본보기가 되었다.

한국에 도착한 직후, 테일러 박사는 메인 양과 결혼을 했는데, 그녀는 훈련받은 간호사이자 디커니스로 호주내지선교회와 뉴 헤브리데스에서 우리 교회를 위하여 봉사하여왔다.

수년 동안 테일러 부부는 통영에서 일했다. 그곳에서 그들은 자신들을 찾는 많은 병자를 치료했다. 사역이 발전되자 그는 더 많은 사람을 충분히 치료하기 위하여 시설을 갖춘 작은 병원을 세울 계획을 가지고 있었다.

그러나 그에게 새 부름이 왔다. 커를 박사의 사표와 맥라렌 박사의 서울 세브란스병원 임명으로 진주의 배돈병원의 원장이 공석이었던 것이다. 1923년 테일러는 이 자리에 임명되었다. 통영에서의 자신의 계획을 포기하는 것은 쉽지 않았지만, 그는 이 새롭고 시급한 부름에 주저하지 않았다. 그는 더 큰 사역을 수용했고, 그 보상을 받지 못했다고 누가 말할 수 있는가?

진주 병원에서의 그의 사역은 교회가 자랑스러워할 만한 병원으로 세우는 것이었다. 세월이 지남에 따라 병원은 그 능력과 재정적인 면에서 둘 다 점진적으로 발전을 했다. 그의 성공에 특별히 두 가지 성격이 드러나는바, 먼저 그의 겸손함과 행복한 성격을 꼽을 수 있다. 그의 낙천적인 성격과 유머는 많은 직원과 환자들이 병원에서 좋은 관계를 맺으며, 병원이 부드럽게 운영되는 데 큰 몫을 했다.

둘째로 그는 자신이 젊었을 때 훈련받은 대로 병원 재정을 효과적으로 사용했다. 내성적이고 온화한 성격으로 그는 특별한 일의 필요와 계획을 자신의 시각에서 설득했고, 어려움을 피하지 않았다. 이것으로 인하여 그는 오래 기다리지 않아도 되는 일을 필요한 진보가 있을 때까지 기다렸다.

그의 숙원이었던 외래병동 건립이 재정이 부족하여 성취되지 못했고, 그것으로 인하여 우리는 슬프게 생각한다.

또한 그는 자신의 옆에 젊은 의사가 함께 일하여, 자신이 그곳을 떠날 때 그 일을 이어받기를 강하게 원했다는 것을 다른 사람들은 잘 모른다. 이것은 매우 아쉬운 부분인바, 그의 사망 후에 동료 진 데이비스에게 많은 일이 떠 넘겨졌다는 사실이다. 테일러 부인과 진은 우리의 기도가 필요하다.

우리는 또한 병원의 직원들을 위하여 기도해야 한다. 한국인 의료인들로부터 말단 직원들까지, 그들은 테일러를 알고, 사랑하고, 그에게 여러 방법으로 의지하던 사람들이 있다.

테일러 박사는 갑자기 우리의 곁을 떠났다. 그가 없는 배돈병원은 상상하기 힘들다. 이 땅에서 그와 더 이상 행복한 동료애를 가질 수 없다는 사실은 우리의 삶을 그만큼 가난하게 만든다. 그러나 그를 위하여서는 아무 후회도 없다. 그는 충성된 종이었고, '네 눈은 왕을 그의 아름다운 가운데에서' 보기를 원했다. 그리고 우리는 그의 신실한 사역으로 인하여 하나님께 감사드리며, 다음과 같이 그의 모습을 상상해 본다.

> 나는 의로운 중에 주의 얼굴을 보리니 깰 때에 주의 형상으로 만족하리이다
> (시편 17장 15절).

프란시스 클라크

16. 윌리엄 테일러 목사*

윌리엄 테일러는 1877년 6월 얼스터의 벨리메나에서 태어났다. 필자는 테일러 박사를 30년 전에 처음 만났다. 그는 나보다 5년 선배였고, 나보다 몇 년 먼저 일을 시작했다. 그의 일생은 용감하고 진정으로 로맨틱한 여정이었다. 에든버러에서 공부하던 얼스터 아일랜드 의과 학생은 존 페이튼 박사가 선교한 원시의 뉴헤브리데스에서부터 부름을 받았다.

나는 그를 멜버른에 있는 나의 부친의 집에서 처음 만났다. 그와 그의 멋진 아내는 뉴헤브리디스로 가는 길에 멜버른을 들른 것이다. 인간의 기준으로는 그가 개척자같이 보이지는 않았다. 그러나 그에게는 순전한 기독교적 선함이 있었고, 유쾌함이 있었고, 선한 의도와 확신이 있었는바, 이것들이 그에게 진정한 성공을 가져다주었다.

그러나 비극은 너무 일찍 다가왔다. 자신의 남편과 동행한 영웅적인 아내들이 뉴헤브리디스에서 많이 사망했는데, 테일러의 아름다운 아내도 초기에 사망했다. 테일러는 휴가차 호주에 잠시 들렸으나 곧 그 섬으로 다시 돌아갔는바, 이번에는 외로운 섬 노구구가 아닌 수도 빌라의 배돈기념병원을 책임 맡게 되었다. 후에 그곳에서 하나님은 그에게 도움자를 주셨는데, 이타심과 헌신으로 '그 의사'를 지원하고 능력 있게 동역하는 일꾼이었다.

엘리스 메인도 개척자였다. 큰 대륙 안에 호주내지선교회가 일을 하기도 전에 그녀는 의사가 200마일이나 떨어져 있는 호주 대륙 중앙에서 간호사역을 했다. 그 후 그녀는 뉴헤브리디스 빌라에 새로 세워진 병원에 첫 수간호사로 임명되었다.

---

* 코리아 미션 필드, 1938년 12월, 260-261

테일러 부부는 결혼 후에 한국으로 배정되었고, 통영에서 첫 7년을 사역했다. 그곳에서 테일러는 목회자이자 의사였다. 그는 그곳 지역의 5개 교회를 책임 맡았다. 병원시설이 구비되어 있지 않았기에 그의 환자는 모두 시약소 외래 환자였고, 아내의 도움이 컸다. 그녀의 역할은 약 제조와 분배였고, 남편이 출타할 때는 시약소 전체를 책임 맡았다.

후에 테일러는 필자의 동역자로 진주로 왔으며, 필자가 1923년 세브란스로 이전하므로 그는 배돈기념병원의 원장이 되었다.

테일러는 절대 자신하지 않았고 오히려 자신이 없는 듯하여, 그의 성취의 질과 규모를 저평가하기 십상이다. 그의 지도력하에 병원은 성장했고, 새 병동으로 발전했고, 마지막에는 외래 환자 병동을 지어 사역을 확장하려는 계획이 마음속에 꽉 차 있었다.

병원 앞에는 기념석이 서 있다(한국에서는 좋은 사람이 떠나기 전 그 사람을 기념하기 위하여 기념비를 세운다). 이 기념비의 기록은 매우 흥미로운 것으로 나환자들이 자신들의 돈으로 세웠는바, 그들의 필요를 돕고자 매주마다 주사를 놓아준 남성에게 감사를 표하기 위함이다. 그에게는 또 다른 탐나는 기념비가 있다. 병원 자체의 현재 위상이다.

진주 주변에 한 마을과 또 다른 마을에 작은 교회당이 있다. 이 교회들은 주변의 기독교 모임들도 지원하고 있다. 이 모임들은 병원 직원들의 직접적인 전도의 결과이며, 테일러가 이 일을 열정적으로 인도하고 조직하고 지원했다. 테일러는 의료 선교사로서의 기쁨과 관심과 자부심이 있었고, 환자들과 직원들의 사랑을 받았다. 그리고 그의 동료들 마음속에 특별한 애정으로 남아있다.

그중에 내가 생각하는 가장 인상적인 것은, 하루의 일과를 마친 저녁 시간이 테일러에게는 가장 즐거운 시간이었다. 그의 즐거움의 원천은 단순한 것이었는바, 아무리 상황이 안 좋아도 그것을 막을 수는 없었다. 그는 자신의 오래된 담배 파이프를 좋아했고, 기분 좋게 담배 연기를 내뿜으면서 '매우 나쁜 습관'이라며 끊을 것이라고 했다. 그는 신문 읽기를 매우 좋아했고, 다른 국가들의 나쁜 행위를 비판하면서도 항상 영국의 정책이 이상적이면서 옳다고 확신했다!

그리고 그는 또 다른 취미가 있었는데, 내가 생각하기에 가장 흥미로운 것이었다. 그는 병원 장부를 작성하고 있었는데, 언제든지 잔고를 산출할 수 있었고, 누가 물어보면 즉시 정확하게 알려 줄 수 있을 정도였다.

또한 그는 호주에서 간호사 훈련을 받고 있는 자신의 딸 진에게서 오는 소식에 기뻐하고 관심을 가졌다. 이때보다 아버지는 더 이상 부드럽고 사랑스러운 마음을 가질 수는 없을 것이다. 그리고 우리 주님을 위한 깊은 헌신은 테일러의 마음속에 항상 자리하고 있었다.

당신은 좋은 동료, 친절하고, 아이리쉬하고, 온화하고, 농담을 좋아하던 우리의 친구이다. 한날의 수고는 끝이 났고, 당신의 수고가 당신을 따르고 있다. 아마 당신은 평화의 담배 파이프를 입에 물고 자신의 사역에 깊이 만족할 것이다. 장부는 제대로 되어 있으며, 잔고는 무한정이다. 우리 주님의 공적이다.

당신은 우리보다 먼저 간 선조들과 따뜻한 만남을 가질 것이며, 이곳에 남겨진 사랑하는 아내와 딸들 그리고 당신의 친구인 우리가 당신이 사랑하던 삶과 사역을 이어갈 것이다. 당신이 종종 언급한 희망과 사랑은 계속될 것이고 잘 될 것이다.

찰스 맥라렌

4장

진 데이비스

Dr. Jean Davies (1889~1981)

I. 호주 선교사 진 데이비스

진 데이비스(한국명: 대지안)는 호주장로교회의 한국 선교 역사에 있어서 항상 회자되는 가문에 속하여 있다. 그녀의 큰 아버지가 바로 첫 호주인 한국 선교사 헨리 데이비스이고, 그녀의 언니 마가렛도 진보다 7년 먼저 한국으로 파송되어 일하고 있는 선교사였다. 마가렛과 진 둘 다 한국 성을 '대(代)'자로 한 것은 큰아버지 헨리 데이비스의 유업을 대신하여 계승한다는 의미이다.

1917년 12월 진의 사진이 '크로니클' 선교지에 소개되고 있다. 그녀는 1889년 존과 애니 데이비스의 둘째 딸로 빅토리아주 발라렛 지역에서 태어났다. 그녀는 그곳의 클라렌돈 레이디스 칼리지와 멜버른의 프레스비테리안 레이디스 칼리지를 졸업했다. 그 후 그녀는 멜버른대학교의 의과를 졸업하고, 어린이와 여성 병원에서 레지던트를 지냈다. 그녀는 또한 눈과 귀를 치료하는 병동과 그 외 일반 병동에서도 의료 경험을 했다.

빅토리아여선교연합회는 진을 한국으로 파송하면서 다음과 같이 축복해 주었다.

> "하나님의 나라를 전파하며 앓는 자를 고치게 하려고" 주님이 제자들을 보내시는 것 같이 떠나며, 제자들과 같이 권능을 가지고 성령의 능력으로 가기를 축복한다(크로니클, 1917년 12월 1일, 1).

진의 파송 예배는 빅토리아 주 버닌용장로교회에서 열렸다. 버닌용은 데이비스 가문에 뜻깊은 지역으로 진의 외할아버지 헤이스티 목사가 그곳에서 오랫동안 목회를 했고, 그녀를 파송할 때 부친 존 데이비스가 그 교회로 부임했기 때문이다. 이 예배에 대하여 진은 후에 다음과 같이 소회를 적고 있다.

> 마지막 순서에 참석자 모두 일어나 국가를 불렀고 축도가 있었다. 하나님의 현존이 느껴지는 파송 예배는 깊은 인상 속에 마치었고, '하늘의 성도들과 한 몸을 이루었다'(크로니클, 1918년 2월 1일, 9).

일본에서의 시험

1918년 1월 26일, 29살의 의사 진은 멜버른을 떠난 지 한 달 만에 부산항에 도착했다. 진은 당시를 다음과 같이 쓰고 있다.

> 항구에는 엥겔과 프랭크와 엘시, 라이트, 호킹, 에버리, 스키너 그리고 스코트가 나와 있었다. 그들을 만나 무척 반가웠다. 많은 한국인 짐꾼들이 둘러서 우리를 보며 서로 이야기했고, 부산진으로 가는 전차 안의 사람들도 우리를 '구경'했다. 엥겔 부인과 라이트 부인은 여선교사관 아래의 언덕에서 우리를 맞았다(크로니클, 1918년 5월 1일, 5).

진은 도착하자마자 며칠 안 되어 자신의 사역지인 진주로 향했다. 1월 31일 진주에 도착한 진은 배돈기념병원의 직원들의 환영을 받았다. 당시 병원에 의사로는 맥라렌 박사, 수간호사로는 클라크가 있었다. 진주교회에는 알렌이 목회하고 있었고, 한국인 목사로는 박성애가 있었다.

진주에 도착한 진에게는 무엇보다 먼저 해결해야 할 과제가 있었다. 당시 한국에서 의료 행위를 하려면 일본 정부의 자격증을 받아야 했는데, 일본의 식민지하에 있었던 시기라 어쩔 수 없는 과정이었다. 진은 동경으로 건너가 시험을 볼 준비를 했고, 그러므로 한국어 공부에는 많은 시간을 낼 수 없었다.

마침내 1919년 5월에 가서 진은 반가운 소식을 호주에 전하고 있다. 시험에 합격한 것이다. 그녀는 두 번이나 동경으로 건너가 보건학부터 해부학까지 9개의 이론과 의술 실제 시험을 보았다. 그녀는 일본 정부로부터 자격증을 받기도 전에 오사카 신문을 통하여 자기의 합격 소식을 전해 들었다.

물론 진은 배돈병원의 의사로 사역을 시작했지만, 진주선교부에서 진행하고 있는 선교 전반에 대하여 깊은 관심을 갖고 있었다. 먼저 선교부의 남학생들을 위한 광림학교와 여학생들을 위한 시원여학교 그리고 야학교가 있었다. 또한 레잉 등이 진행하는 시골 순회 전도와 성경 공부반이 있었고, 알렌과 호주 선교사들이 주도적으로 참여하는 진주교회 목회가 있었다. 그뿐만 아니라, 배돈병원 직원들로 구성된 전도회도 마을 주일학교 수 개를 운영하고 있었는데, 진도 점차로 그 일에 깊이 관여하기 시작했다. 진은 당시 다음과 같이 말했다.

> 지난 두 달 동안 시골의 마을 주일학교들을 재정비했다. 그리고 진주에 몇 개의 주일학교를 더 열었다. 이 학교를 통하여 믿지 않는 사람들에게 더 많이 다가갈 수 있을 것이다. 새로운 안배로 인하여 진주교회의 남녀 주일학교는 주일 아침 예배 전에 모이고, 짧게 공부를 한다. 현재까지 이 방법으로 잘 운영되고 있는 것 같다(크로니클, 1920년 2월 2일, 3).

또한 진은 진주에서 정기적으로 열리고 있는 여성 성경반에도 큰 관심을 가졌다. 그녀의 여성 성경반에 대한 보고서는 당시 성경반이 어떻게 진행되었고, 또 어떤 사람들이 학생이었는지 알 수 있는 좋은 자료로 남고 있다. 1920년 2월 설 기간에 열린 성경반에는 총 75명이 등록을 했고, 그중 25명이 시골의 교회에서 참여했다. 한국인은 공부하기 좋아하며, 여성들은 공부할 기회가 생기면 놓치지 않으려고 한다는 소회도 진은 밝히고 있다.

병원 직원들

1919년 말에는 배돈병원의 한국인 직원들이 봉급을 올려달라는 요청을 했다. 당시 맥라렌은 군대에 지원하여 떠나있었고, 병원의 책임자였던 진은 의료 행위뿐만 아니라 병원의 행정까지 책임을 지고 있었다.

> 그러나 우리는 그것을 거절해야 하는 아픈 상황에 있다. 약간의 인상을 했고, 아마 내년에는 적정하게 인상을 할 수 있을 것이라고 했다. 인상 요구는 적절한 것이었지만, 그들은 예의를 갖추어 요청했다. 우리의 입장 설명을 들은 직원들은 실망하면서 미래를 걱정했다. 지난 3개월 동안 물가가 그렇게 많이 오를 줄 우리가 어떻게 알았겠는가?(앞의 책, 3)

특히 성탄절은 진에게 병원 직원들, 진주교회 교인들, 남녀학교 교사들 그리고 동료 선교사들과 즐거운 시간을 갖으며 가까워질 수 있는 좋은 기회였다. 1920년의 성탄절에도 여러 행사와 모임이 있었는데, 진은 그 기회를 통하여 주변 사람들과의 관계를 한껏 돈독하게 했다.

> 성탄절 아침 교회에서 예배가 있었다. 오후에는 주일학교와 유치원생들의 발표회 그리고 저녁에는 청년들이 남학교에서 연극을 했다. 500명의 어린이가 모인 것은 큰 구경거리였다. 이들은 8개의 마을 주일학교에서 왔고, 교회에 모여 성탄 찬송을 목청 높여 불렀다. 그들의 얼굴에는 기쁨이 넘쳤다. 마지막에 상을 주는 시간이 있었으며, 모두들 과자 한 봉지씩 받았다. 그리고 맥라렌이 각 학생에게 나누어 준 오렌지가 만족도를 완성했다(크로니클, 1921년 3월 1일, 4).

1919년의 독립만세운동 여진이 그다음 해도 계속되었으며, 진주의 시원여학교 교사 세 명이 일본의 통치를 반대한다는 의혹으로 구치소에 감금되었고, 진은 그들을 염려하고 있었다. 뿐만 아니라 교회의 교인 중에서도 소환을 받아 심문을 받았고, 경찰에 반항하는 사람들은 즉시 1~2주일씩 구류를 살다 나오기도 했다.

> 그러다 성탄절 전에 모두 풀려나 우리는 반가웠다. 두 명이 제외되었는데 약제사와 전임 목사이다. 이들은 재판을 위하여 교도소로 보내졌다. 죄라고는 모를 것 같은 이들은 위험하다는 이유로 수갑이 채워져 철장 안에 3주간 감금되었다. 그곳은 추웠지만, 음식은 괜찮은 것 같다고 했다(앞의 책, 4).

진은 특히 산을 좋아하고 등산을 좋아했다. 신장이 작은 그녀는 진주 부근에 있는 산들을 탐험하는 것을 즐기었고, 등산로마다 이름을 붙여 동료들과 산을 올랐다. 후에 배돈병원의 원목을 지낸 스터키 목사는 다음과 같이 회고하기도 했다.

> 진은 등산을 좋아했고, 선교사들과의 대화 속에 다양한 산과 계곡을 언급했습니다. 에드거 마이너나 메이저(수간호사 엘시 에드거의 이름), 더 엘리스 산맥(그녀 자신의 이름) 그리고 테일러 박사의 '두 개의 파이프 등산로' 등이었습니다(톰슨-그레이, 282).

진이 운동을 좋아하여서 그런지 그녀의 편지 속에는 학교와 교회의 체육대회에 대한 소식이 자세히 보고되고 있다.

> 10월 29일 토요일, 큰 체육대회가 열렸다. 교회의 청년들에게는 휴일이었다. 프로그램에 53개의 항목이 있었고, 8시에 시작하여 5시 30분에 마치는

것으로 되어 있었다. 진주의 한 공터에서 대회가 열렸는데, 아름답지는 않았지만 넓었다. 청년회 회장과 알렌 그리고 몇 명이 텐트를 쳤고, 그곳에서 우승한 사람들에게 상품을 주었다.

그 옆에는 돈을 기부한 사람들의 텐트가 있었고, 그 옆에 우리 병원 텐트가 쳐졌다. 최소한 두 명의 간호사가 유니폼을 입고 그곳에 대기했다. 대회 도중에 그러나 한 명만 간호사의 치료가 필요했다. 자전거 경주 중에 다친 사람이었다. 교회의 한 부자는 100명에게 점심을 제공했고, 교회 전도부인의 말에 따르면 "부족한 것이 하나도 없었다"(크로니클, 1922년 1월 2일, 4).

진은 1924년 한국을 떠나 호주에서 첫 휴가를 가졌다.

병원의 일과

진이 일 년 떠나있는 동안 병원에는 테일러 박사가 와 있었으며, 맥라렌 박사는 서울 세브란스병원으로 이전했다. 진은 자신이 휴가를 떠나있는 동안 병원은 크게 발전했다고 했고, 네피어에 의하여 가꾸어진 정원은 병원을 돋보이게 한다고 했다. 또한 병원 서쪽 끝 편에 마련된 한국인 의사 사택도 좋아 보였다. 병원 안은 새로 칠해졌으며, 물과 전기 공급이 더 많아졌다.

진은 주로 여성 외래 환자와 입원 환자를 진료하며 배돈병원에서의 사역을 이어가게 된다.

병원은 바빴지만, 특별한 경우는 없었다. 테일러에게 일본인 환자가 왔고, 잘 회복이 되었다. 그 이후, 일본인 환자들이 몰려오고 있다. 또한 통영에서 일하던 한 노인도 방문했는데 수술을 받고 나았다. 그는 통영으로 다시 돌아가 자신의 완쾌함을 이웃에게 이야기했고, 그곳의 한 여성도 진주까지 찾아왔다. 그녀도 잘 치료를 받고 있다(크로니클, 1924년 7월 1일, 9).

진은 당시 병원에서 진행되고 있는 한 흥미로운 이야기를 전하고 있다. 그것은 직원들이 아침마다 축음기의 음악을 들으며 하는 '매일의 운동'이었다.

간호사, 약제사, 부 약제사, 외래 환자 보조 등이 정기적으로 참여하는데, 아침 경건회 후 이 층 발코니에서 진행되고 있다. 깁슬랜드노회에서 나에게 성탄 선물로 보내준 돈으로 산 레코드를 네피어의 축음기에 틀었다. 선물을 준 사람들이 그 모습을 보면 만족할 것이라고 생각된다. 체조의 마지막 부분은 바닥에 누워 여러 가지 동작을 해야 하는데, 남성들만 했다(크로니클, 1926년 5월 1일, 16).

1928년에 들어와 병원은 더욱 바빠졌다. 특히 3월과 4월은 매우 바쁜 달이었다. 일반 병동과 특별 병동이 모두 찼다. 테일러가 휴가를 떠난 후로, 3월의 입원 환자 치료비 수입이 488파운드였는데(원문에는 파운드로 표기되었지만 엔화로 보임), 이것은 기록적인 수치였다. 병원에서 수술도 많이 진행되고 있었지만, 의료 설비가 충분치 않았다.

복부 수술이 있을 때마다 우리의 한국인 의사가 한숨을 쉬며 말한다.
"우리가 먼저 복부 내를 사진으로 볼 수 있었으면 좋겠습니다."
나는 대답했다.
"예. 그러나 칼라는 아닙니다"(크로니클, 1928년 8월 1일, 7).

1929년 진은 또 한 번의 휴가를 호주에서 보냈다. 그리고 그녀는 다시 배돈병원에 돌아와서 직원들 한 명 한 명의 동태를 호주에 알리고 있다. 악세사 보조 김만수의 수술 소식, 병원 총무가 길에서 데리고 온 여아의 소식, 수간호사인 박 간호사가 마산과 통영으로 출장을 다녀온 소식, 남성 수간호사 이성조가 결핵으로 병원을 떠난 소식, 테일러가 차를 타고 시골 마을을 방문한 소식, 진주교회에 새로 부임한 이약신 목사 소식, 네피어가 매 주일 남진주교회에 가 돕는 소식, 레잉이 남해 섬을 순회하는 소식, 클라크가 여학교에서 운동회를 성공적으로 개최한 소식 등등이다.

진은 자신의 주변에 있는 사람 한 명, 한 명에게 관심을 가지고 있었으며, 그녀의 보고서는 다른 일꾼들의 사역을 소개하고 높이는데 더 큰 초점을 두고 있었다. 그로 인하여 그녀는 종종 자신이 하고 있는 의술에 대한 구체적 기록은 생략하고 있다.

한 가지 흥미로운 사실은 호주에 휴가를 온 진을 커닝햄 선교사가 만났는데, 다음과 같이 언급했다고 한다.

> 진은 여전히 쾌활했지만, 일에 대한 책임으로 그녀의 웃음이 조금 줄어든 것을 느꼈습니다.

제시 맥라렌도 여기에 대하여 비슷한 이야기를 하고 있는바, "한국에서 여성 의사가 받는 끔찍한 긴장" 탓이라고 말했다(톰슨 그레이, 280).

금강산을 등반하다

진은 금강산을 꼭 등반하고 싶어 했다. 그리고 마침내 때가 왔다. 테일러가 휴가를 떠나기 전 그리고 이 박사가 동경에서 연수를 마치고 돌아오자마자 그녀는 짐을 챙겼다. 진은 금강산을 홀로 갔을까? 아니면 누구와 동행했다면 그 사람은 누구였을까?

이름을 기록하지는 않았지만, 진은 둘개의 한 나이 든 여성 집사라고만 밝히고 있다. 여행 경험이 없던 그 여성 집사에게는 외국인인 진과 함께 가는 금강산 여정은 큰 사건이었다. 그녀는 도상에서 사람들이 물어보면 다음과 같이 대답했다고 한다.

> 금강산에 갑니다. 이분은 진주의 배돈병원 데이비스 박사입니다. 나는 그녀와 함께 금강산 구경을 갑니다. 하나님의 은혜입니다(크로니클, 1933년 9월 1일, 6).

그들은 금강산의 가장 큰 절인 유점사를 방문했고, 비로봉까지 올라갔다. 또한 폭포가 만 개가 있다는 만폭동을 거쳐 장안사까지 갔다. 그들은 그곳에서 서울로 갔고, 기차로 부산을 거쳐 진주로 돌아왔다.

나의 사랑하는 책

또 한 번의 휴가를 호주에서 가진 진은 1934년 말 진주로 돌아와 병원 직원들의 환영을 받았다. 직원들 대부분은 진뿐만이 아니라 그녀의 언니 마가렛 그리고 그들의 부모인 존과 애니 데이비스도 잘 알고 있었다. 존과 애니는 진주에 몇 달씩 머무르며 전도를 하기도 하고, 교회 일을 돕기도 했고, 목사인 존은 특히 병원의 원목 일도 보았다. 직원들이 진에게 부모님은 왜 같이 안 왔느냐고 물어볼 정도였다.

진은 또다시 배돈병원의 일에 몰입하기 시작했다.

> 나는 곧 새 의사인 조 박사를 만났고, 며칠 만에 곧 일과에 젖어 들었다. 조 박사와 나는 아래층에, 테일러와 이 박사는 위층에서 일했다. 이 박사는 이비인후과를 담당했고, 테일러는 특별한 환자와 엑스레이를 맡았다. 나는 여

성들을 여성 병동에 입원을 시켰고, 그들을 치료했다. 눈과 목의 경우만 제외하고 여성 환자들은 모두 나의 책임이다(크로니클, 1935년 5월 1일, 3).

진은 1934년 말 보통보다 더 바쁜 겨울을 보냈다. 많은 산부인과 환자들이 있었고, 병상의 침대보가 모자랄 정도였다. 그리고 수술실에 멸균 거즈도 부족한 상태였다.

진은 이 해 성탄절에 주일학교가 있는 녹사리라는 마을을 방문했다. 그곳에는 100명의 어른과 어린이가 작은 교회당에 모였다. 전도부인이 준비한 대로 프로그램이 진행되었고, 마지막 찬송은 '나의 사랑하는 책'이었다. 모두가 목청 높여 불렀다. 그런데 진에게는 이 광경이 이상하게 보인듯하다. 그녀는 생각하기를 이곳 사람 중에 자신의 어머니가 성경을 가지고 있던 사람이 거의 없고, 또 그것을 읽은 사람도 거의 없을 것 같은데 말이다. 진은 다음 세대 때는 이 찬송이 좀 더 적절한 내용이 되기를 희망하고 있다!

1937년 진은 자신의 편지에는 공식적으로 언급하지 않은 엄청난 여정을 떠나고 있었다. 부산에서 서울, 평양, 목단, 하얼빈, 블라디보스토크, 부다페스트를 거쳐 오스트리아의 비엔나까지 가는 시베리아 횡단 여정이었다. 당시 비엔나대학교에는 정신분석의 창시자 시그몬드 프로이드가 대학원 과정을 가르치고 있었다. 진이 실제로 프로이드에게 가르침을 받았는지는 확실치 않지만, 그녀는 그곳 대학에서 연수를 했다.

진은 전에도 의학 학회에 참석한 적이 있는바, 1926년에는 북경에서 열린 기독교의료협회 세미나 그리고 1932년에는 상해에서 열린 나병 세미나였다.

일본 경찰에게 성경을 선물하다

1939년 8월의 '크로니클' 선교지에 진은 흥미로운 이야기를 싣고 있다. '경찰과 소풍'이라는 제목으로 스터키 부인, 에드거 등 4명과 함께 소풍을 떠나는 이야기이다. 그런데 이 피크닉은 보통의 소풍이 아니었다. 정성스레 포장한 5개의 일본어 성경을 진주 지역 마을의 경찰서 서장 5명에게 전달하는 소풍이었다. 의령으로 해서 칠곡, 합천 그리고 안간의 먼 길을 자동차로 다녔다. 그중 의령의 경찰서를 찾은 진은 다음과 같이 쓰고 있다.

> 점심 후, 우리는 의령으로 갔다. 우리는 의령의 경찰에 대하여 들은 바가 있기에 좀 무서웠다. 그래서 두 명이 성경을 들고 경찰서에 들어갔다. 긴 카운터 앞에서 한동안 기다린 후에야 경찰서장은 외출했다고 우리에게 말했다. 그곳의 한 사람은 성경책을 서장에게 전달해 주겠다고 동의했다. 한국인 경찰 한 명이 우리와 함께 서를 나와 외국인을 보러 차 주위에 몰려든 사람들을 쫓았다(크로니클, 1939년 8월 1일, 7).

진과 일행은 그 일본인들이 성경을 읽기를 희망했고, 읽는 사람에게 축복이 함께하기를 기도했다.

두 번의 파티

이 해 말 진은 자신을 위한 두 번의 환송 파티에 참석하고 있다. 배돈병원에 대한 일본 정부의 간섭이 노골화되어 점점 압박을 받고 있는 상황에서 진의 호주 휴가는 그녀의 귀환을 장담할 수 없는 여정이었다. 빅토리아여선교연합회도 한국 여선교사들의 안전과 안녕을 위하여 전

전공공하고 있었다.

그뿐만 아니라, 배돈병원의 테일러 박사는 일본에서 갑자기 사망했고, 교회 안에는 신사참배 문제로 예배가 중단되는 등 교인들이 어려움을 겪고 있었다. 평소와는 매우 다른 분위기였다.

첫 번째 파티는 병원에서 잘 드러나지 않는 직원들과의 모임이었다. 진은 그들의 이름을 일일이 열거하며 그들의 소식도 같이 적고 있다. 이들은 한국 음식 대신에 스콘과 케이크와 차를 마시며 위로의 한때를 보냈다.

> 첫 번째 파티에 초청된 손님은 수리 모친, 진전 모친, 김순이, 차순이, 복이 조모('아마'로도 불린다), 성진보, 조용우, 김도원이었다. 그러나 복이 조모와 김도원은 못 왔다. 복이 조모는 병원이 시작된 지 2년째 되는 해부터 일해 왔는데, 증조할머니이다. 그녀는 무료병동의 환자들을 위하여 음식을 준비하는데, 그들이 먹는 쌀, 콩, 채소, 고기, 김치 등을 구입하는 책임도 맡고 있다. 김도원은 키가 크고 사랑스럽지만, 성격이 강하지 못한데, 당시 병원 문을 지키고 있다. 나머지 사람들은 세탁방에서 일하는 일꾼, 청소부, 바느질하는 사람, 병원의 잡일을 하는 사람들이었다(크로니클, 1940년 1월 1일, 8).

두 번째 파티는 좀 더 스타일이 있는 모임이었다. 먼저 한국인 의사 김준기와 이주섭이 서양식 옷을 입고 나타났고, 병원의 함 권서도 왔다.* 약제사 정성도, 그의 보조 김 씨, 실험실 기술자 김만수 그리고 총무 강문서도 참석했다. 이들은 모두 깨끗한 하얀 두루마리를 입었다.

파티의 시작은 축음기를 들으며 사진을 관람하는 것이었다. 당시 진이 즐겨듣던 음악은 "멜버른으로 여행을 떠나자"이었는데, 영어를 조금

---

* 함태영 권서는 후에 부통령이 됨 _ 편저자 주

씩 하는 참석자들은 이 노래를 두 번이나 들었다. 모두 이 노래의 분위기를 좋아했고, 이들은 게임을 하며 웃고 떠들며 즐거운 한때를 보냈다.

맥라렌 박사가 이 당시 우리 선교부에 있어서 스티키가 그를 모임에 동행하여왔고, 그들이 함께함으로 파티는 더욱 흥이 났다. 매카그가 제안한 야식을 함께 먹고 우리는 파티를 마무리했다. 그녀는 '우아한 파티'에 알맞은 마지막 음식을 쉴즈에게 배웠다. 이것은 야식을 만들어 봉사할 사람이 없을 때 미리 준비하는 것이다.
'파티 전에 커다란 케이크를 준비하고, 각 접시에 오렌지를 하나씩 담고, 차와 함께 대접한다'(크로니클, 1940년 3월 1일, 7).

진은 당시 배돈병원을 떠나기 전, 직원들과 함께 사진을 찍었다.

그녀는 '만능박사' 스티키에게 한국인 직원들과 사진을 찍어 주기를 부탁했다. 병원의 34명 한국인 직원들이 모두 모여 사진을 촬영할 때까지 병원 업무는 10분간 정지되었다. 2명의 의사와 2명의 약제사는 진의 오른쪽에 앉았고, 4명의 시니어 간호사들은 왼쪽에 앉았다(톰슨-그레이, 238).

마지막 여정

진이 멜버른으로 돌아오자 호주 일간지 「더 아르거스」는 그녀에 대한 기사를 실었고, 관심 있는 호주인들이 읽고 있었다.

진 데이비스 박사는 한국 진주에 여선교연합회가 세운 배돈병원의 원장대리로 재직하고 있다. 그녀에게는 전도원이 있어 입원 환자를 돕고, 외래 환자를 인터뷰하며, 퇴원 환자의 집을 심방한다.

수간호사를 제외하고는 12명의 간호사 모두 한국인이며, 몇 명은 학생이다. 그들은 15살이나 16살에 학교를 마치면 훈련을 받을 수 있는데, 3년 과정을 거치게 된다. 지난 3, 4년 동안에 여성들도 남성 병동에서 일할 수 있게 되었다. 한국에서 간호사는 낮은 계층의 직업으로 여겨지며, 춤추는 여성보다 조금 높은 지위로 간주되고 있다. 여간호사들은 남성 환자들로부터 인정을 못 받고 있다. 남성 간호사들은 제법 괜찮다. 그중 한 명은 이제 의사로 일하고 있고, 다른 이는 약방을 운영하고 있다. 50개의 병상이 있는 병원 전체에서 여간호사가 일할 수 있다는 것은 업무를 크게 일관화시킬 수 있으며, 어려움 없이 책임을 재조정할 수 있다는 것이다(더 아르거스, 1939년 9월 14일 목요일, 6).

그런데 당시 혼란스러운 1940년 초, 아이러니하게도 또 한 명의 여성 의사가 한국으로 파송될 준비를 하고 있었다. 바로 헬렌 맥켄지이다. 그녀는 후에 부산에서 일신부인병원을 설립하게 된다. 빅토리아여선교연합회는 헬렌이 여성 병원에서 1년간 일한 다음, 1941년 한국으로 파송될 것이라고 말하고 있다. 그녀를 여성 병원에서 일하도록 자문한 사람은 바로 진이었다. 뜻밖에도 배돈병원과 일신부인병원은 이렇게 연결되고 있었다(크로니클, 1940년 2월 1일, 14).

진은 호주에서 휴가를 마치고 다시 미래가 불확실한 한국으로 향하고 있다. 1940년 8월 5일 월요일 오후, 멜버른에서는 한국에서 돌아온 선교사들을 환영하고, 휴가 후 다시 복귀하는 선교사들을 위한 환송 예배가 열렸다. 진도 이 예배에 참석하여 송별 인사를 했다.

진은 선한 사마리아인 비유에 대한 이야기를 했다. 그녀는 사마리아인을 외국 선교사로 비유했고, 쓰러진 환자를 나귀에 태워, 즉 앰뷸런스에 태워 그리고 여관, 즉 배돈병원으로 데리고 온다는 비유였다. 그런데 여관은 작고 사람들로 붐빈다고 했다. 진은 이 이야기하면서 병원을 늘릴 수 있도록 재정 지원 호소를 했다(크로니클, 1940년 9월 2일, 6).

벽에 쓴 글씨

진이 한국 진주에 도착했을 때 제일 먼저 눈치를 챈 것은 선교부의 '차가 없어졌다'는 것이었다. 차는 집을 방문하거나 응급 환자들의 앰뷸런스로 사용되었었다. 당시 스터키 선교사는 다음과 같이 진에게 설명했다.

데이비스 박사님, 군대의 요청으로 한국 경찰이 차를 가지고 갔습니다. 여하튼 연료 배급도 없었습니다. 마지막 등록은 테일러의 이름으로 되어 있었는데, 그 자리에 선교부 서기인 레인의 이름으로도 등록해 주지 않았습니다. 레인은 차를 앰뷸런스로 유지하려고 했지만, 정부 병원에 앰뷸런스가 있습니다.
매카그가 자신의 차를 병원에 빌려주었는데, 연료 배급이 거의 없어 사용되지 못했습니다. 그녀는 마지막 연료를 사용하여 부산진으로 갔고, 그곳에서 라이트 목사와 다음 달 말 결혼을 할 것입니다(톰슨-그레이, 253-254).

스터키는 계속하여 암울한 소식을 진에게 전했다.

"(진주의) 교회당과 학교 건물도 모두 군사 목적으로 지정되었습니다. 그러므로 데이비스 박사님, 누군가는 남아야 합니다. 우리가 모두 철수하면 우리의 모든 재산을 그들이 점령할 것입니다."
진이 병원으로 돌아왔을 때 모두 왜 기뻐했는지 이유가 분명하여졌다. 진이 휴가차 떠나 있을 때, 수간호사 에드거는 병원 행정을 모두 한국인에게 넘기고 있었고, 이영복 간호사는 새로 온 간호 학생들을 바쁘게 훈련하고 있었다 … 그녀는 현재 배돈병원의 수간호사 훈련을 받고 있다.

진의 마음의 목표는 성취되었다. 배돈병원은 이제 100% 한국인이 운영하게 된 것이다(앞의 책, 255).

진은 당시 빅토리아여선교연합회 해외 총무인 캠벨에게 진주의 급박한 상황을 알리고 있다.

내가 도착한 그 날 아침에 별로 안 좋은 소식을 들었습니다. 병원의 직원 3명이 체포되었다는 것입니다. 그들은 현재 구치소에 있습니다. 총무, 전도사 그리고 '밖의 남자'가 그들인데, 이들은 전국적으로 이날 체포된 천 명 중의 세 명인 것입니다…

병원에는 5개의 부서가 6개로 바뀌어 있었습니다. 김 박사는 수술실, 이 박사는 내과, 안 박사는 이비인후과, 김 부인*은 치과, 맥라렌은 신경학과 그리고 나는 산부인과입니다(크로니클, 1941년 1월 1일, 6).

그러나 진의 배돈병원 사역은 이제 막을 내리고 있었다. 빅토리아여선교연합회 홈즈 회장은 1941년 4월 16일 한국에 남은 여선교사들에게 귀국을 요청하는 전보를 보낸 것이다. '크로니클' 선교지 5월호에 그들의 귀국을 독려하는 메시지를 1면에 싣고 있었다. 진은 다른 선교사들과 함께 즉시 호주로 돌아왔다.

에필로그

진은 장수했다. 호주로 돌아온 후 그녀는 호주의 빅토리아와 뉴헤브리디스에서 계속 의료 활동을 했다. 또한 자신이 좋아하는 등산도 멈추

---

* 김준기의 부인 김을경 _ 저자 주

지 않았다. 한국에서는 걸어서 혹은 나귀를 타고 왕진을 다녔고, 뉴헤브리디스에서는 정글을 헤치며 다니는 정글 의사였고, 호주에서는 차나 낙타, 혹은 비행기로 오지를 방문하는 플라잉 닥터였다.

그녀는 1981년 6월 15일, 92세로 멜버른에서 소천했다. 스트라트론교회에서 열린 추모 예배에서 배돈병원의 원목이었던 스터키 목사가 고별사를 했다. 다음은 그 마지막 부분이다.

> 진은 에너지가 넘치고, 도전적이고, 복음적이고, 변치 않는 신념을 가진 강한 여성이었습니다. 책임과 의무를 다하는 사람이었습니다. 그녀는 자신의 주인과 교회, 한국인, 뉴헤브리디스인 그리고 호주의 여러 원주민을 최선으로 섬겼습니다. 엘리스 진 데이비스로 인하여 하나님께 감사드립니다(톰슨-그레이, 283).

호주 빅토리아 주를 방문하는 한국인 순례자들은 보통 호주 선교사들의 무덤을 찾는다. 그 앞에서 그 선교사의 일생을 돌아보며 추모와 감사의 기도를 드려왔다. 그러나 진의 무덤은 어디에서도 찾아볼 수 없다. 그녀는 자신의 몸을 멜버른대학 의과대학 의료 실험에 기부했기 때문이다.

〈참고 도서〉

「더 아르거스」, 멜버른, 1939.

빅토리아여선교연합회,「더 미셔너리 크로니클」, 1917-1941.

이상규 & 양명득,『호주선교사 열전 – 진주와 통영』, 동연, 2019.

존 톰슨-그레이, 양명득 역,『첫 호주인 선교사 헨리 데이비스와 그의 조카들』, 동연, 2020.

II. 진 데이비스의 보고서

1. 진의 파송 예배*

1917년 12월 6일 오후, 버닌용장로교회에서 특별한 예배가 있었다. 존 데이비스 목사가 부임했고, 그의 딸 진 데이비스 박사를 성별하여 한국의 선교사로 세웠던 것이다. 헌신 기도를 드릴 때 여선교연합회 회원들은 일어났고, 그 후에 노회와 발라렛 연합회 회원들이 차례로 진과 친교의 악수를 하였다.

뉴헤브리디스에서 귀국한 지 얼마 안 되는 프레드 페이튼이 진과 교인들에게 권면했는데, 가장 적절했다. 그는 데이비스 가족과 친분이 있었고, 이 지역과 관련이 있기에 더욱 알맞은 사람이었다. 그는 선교사의 풍부한 열정과 열심히 있었고, 그것은 우리의 젊은 사역자의 유산이었다. 페이튼은 조부모인 헤이스티 목사 부부에 관하여 언급했는데, 그들은 이 지역에서 50년 이상 목회를 했었다. 그리고 그들은 모든 선교사 아이들의 친구였다.

또한 그는 진의 삼촌인 헨리 데이비스에 대하여도 언급했다. 헨리는 한국의 복음화를 위하여 자신을 그곳에 드렸고, 그 후부터 그 유산이 이어지고 있다. 헨리의 선교 기간은 짧았지만, 그가 남긴 정신은 이루 헤아릴 수 없다.

그리고 1910년, 진의 언니인 마가렛 데이비스가 교육선교사로 한국으로 떠났다. 여기에 진정한 '사도적 계승'이 있는 것이다.

예배 순서 중 선교사들을 위하여 기도하는 중보기도는 능력의 기도였고, 성령이 그들과 함께하여 이방 땅의 생명을 변화시키기 원하는 신

---

* 크로니클, 1918년 2월 1일, 9.

실한 마음이 담겨 있었다.

마지막 순서에 참석자 모두 일어나 국가를 불렀고, 축도가 있었다. 하나님의 현존이 느껴지는 파송 예배는 깊은 인상 속에서 마쳤고, "하늘의 성도들과 한 몸을 이루었다."

노회의 빅토리아여선교연합회 회원들이 많이 보였는데, 60여 명의 여성이 참석했다.

2. 한국에 도착하다*

우리는 1918년 1월 24일 목요일 나가사키에 도착했다. 이곳에서 나는 나의 언니**를 만났고, 라이얼 부부는 아키 마루를 타고 고베로 갔다. 우리는 그날 밤을 나가사키의 한 숙소에서 보냈고, 다음 날 아침 모지를 향하여 기차를 탔다. 위더스와 나는 이곳의 길을 알고, 자신의 의사를 전달할 수 있는 사람과 함께하여 감사했다.

페리는 큰 증기선이었다. 오후 8시 30분에 시모노세키를 떠나 부산으로 출발했다. 해협의 바다는 거칠었고, 배는 요동을 쳤다. 우리는 납작하게 누워있었다. 그리고 1월 26일 토요일 아침 8시, 마침내 우리는 부산항에 도착했다. 멜버른을 떠난 지 딱 한 달만이었다.

항구에는 엥겔과 프랭크와 엘시, 라이트, 호킹, 에버리, 스키너, 스코트가 나와 있었다. 그들을 만나 무척 반가웠다. 많은 한국인 짐꾼들이 둘러서서 우리를 보며 서로 이야기했고, 부산진으로 가는 전차 안의 사람들도 우리를 '구경'했다. 엥겔 부인과 라이트 부인은 여선교사관 아래의 언덕에서 우리를 맞았다.

---

* 크로니클, 1918년 5월 1일, 5-6.

** 마가렛 데이비스 _ 편저자 주

우리는 나흘간 부산진에서 즐거운 시간을 보냈다. 우리가 도착한 날 오후에 금이와 신복이가 와서 인사했고, 매물이는 좀 후에 왔다. 이 소녀들과 작은 신복이와의 만남이 무척 흥미로웠다.

한국에서의 첫 주일에 성찬식이 있었다. 엥겔이 예배를 인도했으며, 한국인 목사가 설교했다. 우리는 그 내용을 알아들을 수 없었지만, 예배를 즐겼다. 예배 후에는 여성들이 우리를 애정 어린 방법으로 환영해 주었다. 부산진교회 예배당은 초라했지만, 예배의 영은 가장 성스럽고 신실하게 다가왔다.

클라크는 우리와 토요일에 합류했고, 우리가 마산으로 가는 수요일까지 함께 했다. 부산진을 떠나기 전 우리는 나환자요양원과 일본인을 목회하는 영국인 선교사를 방문했고, 라이얼 부부를 항구에서 만나 기차로 안전하게 동행했다. 식사는 미우라 기숙사에서 했다. 우리는 세 마디 한국말도 배웠는데, 할 수 있는 대로 그 말을 최대한 사용했다. 또한 필요한 물건도 쇼핑했다.

우리는 마산에서 하룻밤을 보냈고, 그곳에서 아름다운 항구를 보았다. 또한 교회에서 장로를 뽑는 예배에도 참석했다. 그곳의 여학교 기숙사도 보았고, 남학생들이 운동 연습하는 것도 보았다. 여기서 두 명의 환자가 나를 보러 오기도 했다.

에버리와 라이얼 부인을 통하여 나는 아직 의료행위를 할 수 없다고 거절했다. 그리고 그들에게 진주에서 약을 보내주겠다고 약속했다. 맥라렌 박사도 마산을 지날 때면 항상 환자들에게 포위당했다고 한다.

우리는 그 유명한 진주까지 자동차로 갔으며, 1월 31일 오후 6시에 도착했다. 맥라렌 부인과 알렌이 우리를 맞았다. 한국인 의사와 여러 명의 여성도 왔는데, 그중 한국인 수간호사도 있었다.

이날은 스콜스의 생일이었다. 그래서 여선교관에서 파티가 열렸다. 진주선교부 인원들이 모두 모였다. 커닝햄은 교회에 결혼식이 있어서 오지 못했다. 위더스와 에버리는 우리와 나흘을 머물렀다.

우리는 낮 학교와 야간 반을 보았고, 병원과 유치원 그리고 교회도 방문했다. 그리고 진주선교부의 모임에 처음으로 참석했다. 그들은 모두 우리를 따뜻이 환영했고, 장로교 방식대로 오른손 악수의 친교를 나누었다.

주일 저녁에는 알렌이 인도하는 성경 공부에 참석했다. 공부 후에 맥라렌의 매우 흥미로운 편지를 읽었다. 그가 밴쿠버에서 쓴 편지인데, 미국으로 건너가기 위하여 대기하는 중이라고 했다.

나는 도착한 지 얼마 안 되어 클라크와 토코마루 씨 그리고 한국인 의사와 함께 진주에 있는 일본인 병원을 방문했다. 맥라렌 박사가 그곳의 의사들과 관계를 잘 맺고 있었고, 나에게 방문하라고 조언해 주었었다. 그들은 우리를 잘 맞아주었고, 토코마루를 통하여 병원장과 흥미로운 대화를 나누었다. 그들은 우리에게 서양식 다과를 제공했고, 병원을 보여주었다. 그들은 동경에서의 나의 시험이 어렵지 않을 것이라고 말했다.

동경의 시험에 관한 정확한 정보를 얻는 것은 어려웠다. 나는 이력서를 동경에 보냈고, 교육부 담당자가 내 이력서를 꼼꼼히 볼 것이라고 했다. 그리고 내가 (한국에서 의료 행위를 승인받기 위하여) 무엇을 해야 하는지 알려 주겠다고 했다. 동시에 나는 의료 서적을 보고 있고, 언어 공부는 하루에 한 시간씩밖에 못 했다.

추천받은 좋은 교사에게 한국어를 배우고 있다. 그는 많은 남녀선교사를 가르쳤고, 그들의 강의 준비를 도와 왔다. 지난주 그는 "이 땅에 오신 어린 아기" 찬송가를 한국어로 번역했는데, 클라크가 주일학교에서 가르치기 위함이었다.

남성성경학원이 이곳에 곧 개강한다. 평양의 마펫 박사가 와서 도울 것이다. 스콜스는 많이 아프다. 모두 맡은 일이 과중하다. 무거운 책임을 믿지 않은 선교사를 아직 만나보시 못했나. 클라크는 호주에서 간호사 한 명을 더 파송하기를 바라고 있다. 레잉은 순회 전도를 다니며 혼자서 이 큰 시골 지역 교회들의 여성을 책임지고 있다. 스콜스, 레잉 그리고 맥라렌 부인이 휴가를 떠나면 이 모든 일이 어떻게 진행될지 모르겠다. 총회의 해외선교부 총무와 빅토리아여선교연합회 대표가 이곳의 현장을 방문하면 좋겠다. 이곳 여선교사들은 그렇게 희망하고 있다.

3. 동경에서의 시험*

동경에서 의과 시험을 안전하게 마치고, 합격했음을 기쁘게 전한다. 나는 이 소식을 일본인 매서인에게 들었는데, 그는 오사카 신문에 실린 내 이름과 순천의 로저스 박사의 이름을 읽었다고 했다. 그는 신문에서 그 소식 부분을 잘라 나에게 보내주었다. 동경에서는 아직 나에게 자격증을 보내거나 연락을 해 온 바는 없다.

시험은 9월 10일 시작되었고, 10월 15일까지 해부학부터 보건학까지 9개의 시험이 있었다. 감독관과 후보자들이 일본인이란 것만 제외하면 고향에서 시험을 보는 것 같았다. 호주 윌슨 홀에서 느꼈던 분위기를 일본 교육부에서도 느꼈다. 시험을 보는 곳은 비슷한 분위기가 있는 것 같다.

시험을 보는 동안 그곳 YWCA 총무 관저에 묵을 수 있어서 행운이었다. 거주하기에 흥미로운 집이었다. 3명의 총무가 영구적으로 그곳에 있는데, 많은 사람이 오고 갔다. 어떤 방문자들은 중국으로 가는 길에 들리기도 하고, 다른 사람들은 교토나 고베로 오가는 길에 들리기도 한다. 시베리안 피난민에 대한 이야기가 많았고, 일본의 국내 총무인 매튜

* 크로니클, 1918년 5월 1일, 3.

양은 미국적십자회를 위하여 블라디보스토크에서 여성들을 위한 일을 하고 있었다.

일본 YWCA는 동경에 여성사업가와 학생들을 위한 호스텔이 있다. 미국에 신부로 가는 소녀들을 포함하여 떠나는 이민자들을 지원했다. 서양에 대하여 무지한 여성과 공장에서 일하려는 자들에게도 도움을 주고 있었다.

11월 18일 실습 시험을 보는 첫째 날에 나는 한국으로 돌아왔다. 오는 길에 히로시마와 "장식의 여인"에 의하여 유명해진 한 학교를 방문했다. 나는 진주에 독감 감염병이 발병할 때 바로 들어왔다. 그리고 그 병의 첫 희생자 중 한 명이 되었다. 이곳 병원이나 교회에 관련된 사람 중에 독감이 안 걸린 사람이 없었다. 학교도 문을 닫아야 했다.

휴가를 떠난 클라크를 대신하여 네피어는 수간호사, 직원, 외국인을 위한 간호사, 이 세 가지를 동시에 하여야 했다. 교회 사람 중에 사망한 경우는 없지만, 진주와 한국 전체의 사망률은 높았다. 이 당시에 한국인 목사 3명이 진주를 방문하여 교인들은 자신의 목사를 지원하라는 설교를 했다. 침울한 분위기 속에서도 교인들의 반응은 좋았고, 이 교회에서 7년을 봉직한 조사 박 장로*는 청빙을 받을 것이라 했다.

나는 시험을 치르는 사이에 언어 공부를 좀 할 수 있을 줄 알았는데, 나와 나의 교사 모두 독감에 걸렸고, 거창의 토마스 부인을 보러 가기도 했다. 그리고 다시 일본으로 건너갔다.

부산을 통과할 때 휴전**에 서명을 했다는 소식이 들려, 외국인 공동체는 기뻐했다. 전쟁이 그친 후 첫 일요일에 동경에 닿을 수 있어서 좋았다. 그곳 미국 성당에서 큰 연합예배가 있었고, 동경의 영국 주교가

---

* 박성애 장로 _ 편저자 주

** 세계제1차대전 _ 편저자 주

설교했다. 많은 연합 국가 사람들이 예배에 참석했다. 가장 흥미로웠던 것은 체코와 슬라빅 군인 단체였는데, 그들은 예배가 끝나기 전 자신들의 국가를 불렀다. 이 예배에 참석하게 되어 기뻤다.

다음 날, 실습 시험이 시작되었다. 첫 번째로 안과학이 있었고, 어려웠다. 나는 내과와 수술에 강점이 있었는데, 이 시험은 제국병원대학에서 치렀다.

돌아오는 길에 나는 고베에서 3일을 보냈다. 부산진의 여선교관 가구를 주문하기 위해서였다. 미국남감리교선교회에 속한 성경학교에 머물렀고, 그곳의 여성들에게 환대를 받았다.

많은 여행 끝에 나는 이제 언어 공부에 집중할 수 있기를 희망한다. 에버리가 3주 전에 우리 집에 합류했다. 성탄절이 다가오고 있는데, 한국인들이 연말연시를 크게 지내는 모습을 보는 것은 즐거운 일이다.

1918년 12월 22일

* 추신: 시험에 합격했다는 공식적인 연락이 왔다. 어제 동경으로부터 나의 자격증이 도착했다.

4. 호주 선교사 공의회*

6월이 되니 여기의 정치적인 상황이 좀 조용해졌다. 두 달 전 상황과는 다르게 이곳의 일은 전과 같이 계속되고 있다. 전도부인은 시골에서 좋은 보고를 하고 있고, 여선교사의 방문을 바라는 요청도 들어와 있다. 그러나 지금 아무도 그 요청에 응하지 못하고 있고, 레잉이 한시 빨리

* 크로니클, 1919년 9월 1일, 3.

돌아오기만 기다리고 있다.

낮 학교들과 야학교 그리고 마을 주일학교와 유치원은 모두 정상 운영 중이다. 남학교에는 보수공사를 했고, 이제 좋아 보인다. 유월 첫 주 동안 야간학교는 낮 학교와 마찬가지로 대우했다. 야간 반의 학생들은 주로 아기를 돌보는 유모들이었는데, 종일 아기를 업고 다녔고, 부엌일을 돕는 소녀들이다.

6월 7일 토요일 10시, 92명의 학생이 모였고, 모두 긴장하며 들떠있었다. 이들을 웃게 하는 것은 어렵지 않았다. 첫 번째 행사는 등산이었다. 모이는 첫 지점에서 학생들은 노래를 불렀다. 둘째 휴식 지점에서는 게임을 했다. 점심은 커를의 사택 옆에서 먹었다. 오후에는 학교 운동장에서 달리기 시합을 했다.

여러 종목의 달리기 경주가 있었고, 산수 시합 그리고 바느질 시합도 있었다. 결국에는 모두 상을 받았고, 과자와 사탕을 먹으며 즐겁게 보냈다. 야간학교의 한 반은 학생들로 차고 넘쳐 학교에서 못했고, 병원 안의 방을 쓰기도 했다. 환자들이 좋아할지 안 좋아할지 몰라 우리는 그들에게 물어보지도 못했다. 학생들이 한문을 목청 높이 읽는 소리는 병원에 커다란 소음이었다. 유치원은 여름방학 중이다. 학교도 곧 방학에 들어갈 것이다.

병원 일은 계속되고 있다. 지금은 환자가 좀 적은 편이다. 나는 자격증을 받았지만, 아직 정기적인 의료 활동을 못 하고 있다. '시간이 있을 때 먼저 언어를 배우라'는 충고를 충실히 따르려고 하고 있다. 한국인 의사가 부재할 때, 본격적으로 일을 시작할 것이다.

6월 20일, 우리는 호주 선교사 공의회 모임을 위하여 부산진으로 떠났다. 다음 날 성경학원에서 모임이 시작되었다. 가장 인상적인 안건들은 다음과 같다.

(1) 생활비가 뛰어오르고 있어, 예산을 늘리던지, 아니면 일을 축소해야 한다. 특히 병원의 지출은 어떤 때보다도 증가했는바, 직원들의 봉급 인상과 경찰의 요청으로 인한 변경 때문이다.

(2) 정치적인 상황이 우리의 사역을 잠시 막기도 했지만, 전반적으로 기독교에 대한 관심이 높아지고 있다. 우리 지방에서 새 신자들의 모임을 시작할 수 있는 기회이다.

우리 공의회에 많은 방문자가 왔다. 그중 세 명이 특정한 주제로 우리에게 연설했다. 첫째 강사는 서울의 세브란스병원과 유니온의료대학을 확장할 계획을 세우고 있는 아비슨 박사였다. 우리는 연합 모임의 일환으로 이 안에 관심이 있다.

두 번째 강사는 영국과 해외성서공회와 교회 신문의 밀러 씨였다. 세 번째 강사가 가장 흥미로웠는데, 미국에서 온 패튼 박사였다. 미북장로교회가 해외에서 진행하고 있는 전진운동을 대표하는 사람이다. 그들은 지금이 미국교회에 중요한 때라고 믿고 있으며, 국내의 다양한 봉사와 해외 여러 나라에 대한 지식이 증대하고 있다고 했다. 1920년 봄에 미국 전역에 일꾼과 재정 후원에 관한 대대적인 홍보 행사가 있을 것이라고 했다. 그 일환으로 해외 선교 현장과 현장의 필요를 조사하고 있다고 했다.

각 선교부는 향후 5년의 선교를 위하여 더 많은 일꾼과 재정을 필요로 하고 있다. 전도, 교육, 의료 등 자신이 있는 지역에 특화된 선교를 하면서, 동시에 어려운 질문에 대답하여야 한다.

"당신이 요청하는 필요한 일꾼과 재정을 지원한다면 어떤 결과를 기대합니까?"

패튼 박사의 강의가 가장 흥미롭고 영감적이었다.

5. 병원의 환자들*

한국인 의사의 휴가가 9월이었다. 나는 이제 병원에서 전임으로 일하고 있다. 최근 환자들의 수가 증가하고 있다. 추수가 시작되기 전까지 사람들은 자신의 병을 보이려고 병원을 방문하는 것이다. 아메바성 이질이 두 배로 증가하여 우리는 떨어진 곳에 임시 병동을 운영하고 있다.

우리가 한 번에 두 명의 이질 환자를 받을 수 있다고 하니 경찰은 염려하고 있다. 그 두 명은 어린이들이고 진료비는 반 정도인데, 경찰은 마침내 우리의 의견을 수용했다. 한국인 환자를 떨어진 병동에 수용하는 것에는 문제가 있다. 위생을 위하여 떨어진 곳에 병동을 운영하는 것을 그들의 친구들은 전혀 모른다. 총검을 든 병원 정문의 군인만이 그들을 막을 수 있었다.

일본인 한 명이 수술을 받기 위하여 입원하여 나는 놀랐다. 2~3명의 일본인 외래 환자도 다녀갔다. 그중 한 명에게 전도지를 주니 그는 두려워서 도망을 갔다. 지난 두 달 동안 중국인 세 명도 입원했다.

사람들에게 다가갈 좋은 기회는 그들이 입원할 때이다. 지금 병동에 머리를 다친 한 소년이 있는데, 믿기로 작정한다고 했다. 그러나 그 소년이 혼자 계속 믿을 수 있을지 모르겠다. 자기 가정에서 혼자 믿는다면 그 신앙을 지키기 어려울 것이다.

부자 환자

부자 환자 한 명이 얼마 동안 병원에 입원해 있었다. 우리 직원들은 그에게 전도하는 것이 어렵다고 했다. 때로 그는 황소와 같이 큰 소리를

---

* 크로니클, 1920년 2월 2일, 3.

지를 때가 있는데, 아파서가 아니라 자기 아들이 한문에 대하여 무지하고 좋은 학생이 아니라서였다. 위층에는 대부분 어린이들이 있는데 골반과 뼈에 관련된 환자들이다. 캠벨 양이 주일에 그들을 가르치고 있다. 대부분 잘 듣는데 한 학생은 가르침이 끝날 때까지 얼굴을 벽을 향하고 있었다.

나환자

외래병동에 오는 나환자들은 문제가 있다. 13명 중에 한 거지 소년이 있는데, 우리는 그를 돌려보낼 수밖에 없었다. 그는 중증 환자였고, 우리의 요양원으로 보내기도 어려운 경우였다.

재정

한국인 직원들이 월말에 봉급을 올려달라는 요청을 했다. 그러나 우리는 그것을 거절해야 하는 아픈 상황에 있다. 약간의 인상을 했지만, 아마 내년에는 적정하게 인상할 수 있다고 했다. 인상 요구는 적절한 것이었고, 그들은 예의를 갖추어 요청했다. 우리의 입장을 들은 직원들은 실망하면서 미래를 걱정했다. 지난 3개월 동안 물가가 그렇게 많이 오를 줄 우리 모두 어떻게 알았겠는가?

선교사들과 직원들

지난 9월과 10월에 오고 간 사람들이 많았다. 왓슨 부인이 자신의 병 치료에 필요한 음식 물품을 받아 갔다. 알렌 목사와 캠벨 양은 우리 선교부를 대표하여 서울에서 열린 연합공의회 모임에 참석했다. 그곳에서 새 총독 사이토의 초청도 있었는데, 그는 공정히 연설했고, 선교사들의 제안도 받아들였다고 한다.

우리 선교부 총무와 남학교 교사 2명이 체포된 다음 날, 20명의 관리들이 우리 선교부를 방문했다. 그들은 불온 문서를 찾는다며 우리의 사택들을 수사했으나, 발견된 것은 없었다.

지난주 레잉이 돌아와 우리는 모두 크게 기뻐했다. 스코트와 테잇은 거창으로 가는 길에 우리에게 들렀다. 동시에 한국인 의사를 찾을 수 없어서 테일러 박사가 우리 선교부에 동참했다. 나는 한국어반 2학년에 들어가길 원하지만, 계속해서 공부를 못 하고 있다.

테일러 박사가 이곳에 합류하여 기쁘지만, 현재 통영에서의 일을 포기해야 하는 그에게는 큰 희생이다. 나는 그에게 어떻게 고마워해야 할지 모르겠다. 그가 있기에 이 준비 기간에 전적으로 병원 일에 함몰되지 않아도 된다.

주일학교들

지난 두 달 동안 시골의 마을 주일학교들을 재정비했다. 그리고 진주에 몇 개의 주일학교를 더 열었다. 이 학교를 통하여 믿지 않는 사람들에게 더 많이 다가갈 수 있을 것이다. 새로운 안배로 인하여 진주교회의 남녀 주일학교는 주일 아침 예배 전에 모이고, 짧게 공부를 한다. 현재까지 이 방법으로 잘 운영되고 있는 것 같다.

6. 여성 성경반*

1920년 2월의 큰 행사는 여성 성경반이 열린 것이다. 이 모임은 한국의 구정(23일부터 29일까지) 기간에 열렸다. 총 75명이 등록을 했고, 그중 25명이 시골의 교회에서 왔다. 대부분 한국인은 공부하기 좋아하며, 여성들은 공부할 기회가 생기면 놓치지 않으려고 한다.

시골의 여성들은 걸어서 진주까지 오는데, 옷과 책을 보자기에 싸 머리에 이고 온다. 어떤 이는 자신이 먹을 쌀도 가지고 온다. 집을 떠나 일주일 동안 있어야 하는데, 이들의 짐은 놀랍게도 별로 없다. 2~3명이 짝을 지어 입학하면, 첫 식사는 선교사들이 제공한다. 그들은 지난해 공부 내용을 시험 쳐야 한다. 그 결과에 따라서 반이 나눠진다.

작년에는 모두 남학생 기숙사에 머물렀다. 그러나 올해는 학생들이 너무 많아 다른 방안을 찾아야 했다. 여성들은 함께 머물길 원했기에 실망했다. 4학년까지 있으며, 졸업반이 따로 있다. 어떤 반은 교회에서, 어떤 반은 병원에서 열렸다. 교사들은 반을 돌며 강의를 했다.

병원에서의 반은 특별히 향기도 공부할 수 있도록 안배했는데, 그녀는 결절성 고관절로 우리 병원에 2년 반 동안 입원 중이다. 그녀는 2학년이며, 공부를 잘한다. 또 다른 환자 참이도 공부하길 원하지만, 그녀는 다리로 인하여 고통을 겪고 있다. 다른 방으로 움직일 수 없는 지경이다.

신입생은 마가복음과 구약의 간단한 이야기부터 배우고, 졸업반 학생들은 교회 역사까지 배운다. 클라크가 교회 역사를 가르치는데, 학생들의 태도가 흥미롭다고 했다. 반성에서 온 한 여성은 자신은 오류가 없다고 말하고, 안 믿는 자들에게는 저주가 있을 것이라고 한 교황으로

---

* 크로니클, 1920년 6월 1일, 3-4.

인하여 충격을 받았다고 한다. 또 다른 여성은 루터의 용감한 행동에 대하여 큰 감동을 받았다고 했다.

일학년 학생들에게 지도를 보여주었다. 학생들은 지구가 둥글다는 설명에 놀랐고, 자신들의 나라 땅이 작다는 사실에 더욱 놀랐다고 한다. 이 학생들은 또한 보건 위생에 대하여도 배운다. 박 간호사가 강의하며, 공부가 끝나 집으로 돌아갈 때쯤 많은 학생이 비누와 붕소 그리고 바셀린 등을 달라고 했다. 이들은 이곳에 있는 동안 매일 공부했고, 밤에는 찬송 연습과 교회에서 간증과 놀이 등을 했다.

마지막 날에는 비어있는 큰 병동에서 학교가 준비한 차와 케이크를 나누며 즐긴다. 그리고 남학교에서 운동하는 소년들의 모습을 참관한다. 저녁에는 교회에서 행사가 열리는데, 졸업장을 수여한다. 올해는 세 명의 졸업생이 있었다. 여학교 주간반과 야간반에서 교리문답 암송 발표와 찬양도 있었다. 이 모든 것이 시골에서 올라 온 여성들을 위함이다. 그리고 레잉이 호주에서 홍보하기 위하여 준비한 환등기 사진을 구경했다. 그 사진 중에 자신들의 친구 얼굴도 많이 나온다는 사실에 학생들은 즐거워했다.

경찰서에서의 하룻밤

선교부의 일은 후에 보통 일상대로 진행되었다. 한 가지 예외는 우리의 교사 5명이 경찰 구치소에서 추운 하룻밤을 지냈다는 사실이다. 왜냐하면 한국의 왕이 전에 사망했는데, 학생들이 그의 죽음을 추모하기 위하여 휴일을 요청했고, 교사들이 허락했기 때문이다. 정부 학교의 학생들도 이날 수업을 거부했는데, 그들의 교사는 우리 학교 교사들보다 '위험'하지 않다고 여기는 것 같았다.

7. 1920년 6월의 진주선교부*

6월의 계절은 아름답게 시작되었다. 그리고 아마 가장 상쾌했던 날은 6월 5일 토요일이었을 것이다. 이날 야간반 소풍이 있었다. 우리는 강으로 나갔고, 다리 근처의 나루터에서 큰 배를 빌렸다. 배의 바닥에는 가마니가 깔려 있었고, 태양으로부터 보호하기 위한 초가지붕도 있었다.

뱃사공은 강 위아래로 삿대질을 했다. 우리는 적당한 모래사장에 내려 게임도 하고, 뛰기도 하고, 모래로 집도 지었다. 참석한 모두에게 즐거운 날이었다. 이날은 장이 서는 날이었기에 집에서 일해야 하는 학생들도 있었다.

맥라렌 부인이 7월부터 다시 야간반을 책임질 것이다. 학생들은 전에 교장이었던 그녀를 환영하는 모임을 가졌다. 그녀를 높이는 특별한 찬송을 불렀고, 다시 돌아온 것에 대하여 하나님께 감사했다. 성경 본문은 오병이어 이야기였는데, 학생들은 자신들을 배고픈 군중으로 비유했다. 그리고 맥라렌 부인이 그 필요를 채워 준다고 생각했다! 두 명의 작은 학생들이 쟁반 위에 놋그릇을 가지고 나와 선물했다. 감동적인 환영식이었는데, 맥라렌 부인이 이들을 위하여 많이 베풀었기 때문이다.

토요일에 그렇게 아름답게 보이던 강이 그다음 날 오후에는 비극의 장소가 되었다. 남학교의 수석교사가 주일학교 일을 마치고 강가로 산책을 갔다가 수영을 했던 모양이다. 강을 반쯤 건널 때 그는 어려움을 당하여 소리를 치며 도움을 구했다.

그러나 아무도 그를 도와줄 수 없었고, 물에 빠져 숨졌다. 그의 아내와 가족과 친척들은 진주에서 수백 마일 떨어져 살고 있었다. 또한 그는

---

* 크로니클, 1920년 10월 1일, 3-4.

가난한 사람이었다. 교인들이 나서서 장례식을 훌륭하게 치러 주었다. 그리고 그의 아내를 잘 위로해 주었고 돈도 주었다. 아마 최소한 2달간의 생활비로 충분할 것이다.

지금은 새 한국인 의사가 부임하여 병원에서 일을 시작했다. 그는 서울의 세브란스병원 유니온의과대학교 졸업생인데, 아직 정부로부터 자격증은 받지 못했다. 그는 젊은 사람인데, 무엇을, 어떻게 할지 아는 것 같았다. 지난번 같은 학교를 졸업한 학생이 우리 병원을 도왔는데, 그 학교가 학생들을 잘 훈련한다고 했다.

캠벨은 6월 9일 진주로 돌아왔고, 마산의 여학교 졸업식에 참석한 것 말고는 우리와 계속 함께 있다. 그녀가 우리와 함께하여 즐겁다. 그녀는 이곳에서 이루어지는 모든 일에 관심이 많으며, 언제든지 도와줄 준비가 되어 있다.

레잉은 6월 초 순회 전도를 마쳤고, 23일 진주에서 열리는 호주 선교사 공의회 모임 준비를 돕고 있다. 우리와 문화가 다른 이곳에서 30여 명의 손님을 맞이하는 것은 작은 일이 아니다. 그러나 보통처럼 대부분 잘 진행되고 있다.

올해 낮 학교에서는 작년보다 일찍 방학했다. 진주의 일을 이달 말 거의 동시에 마쳐 알렌과 캠벨은 안심했다. 이 시기에는 학생 중에 어려움을 주는 아이들이 있는데, 자신들의 요청을 교사들에게 지시하려고 하기 때문이다.

주일학교는 여성들 사이에서 성공하고 있지만, 남성들 사이에서는 잘 안 되고 있다. 유치원 주일학교는 방학 때문에 모임 성격을 바꾸어야 한다. 큰아이들은 계속 참석하며 열심히 배우고 있다. 이 아이들의 성경 낭독과 찬송 소리를 듣는 것은 항상 즐거운 일이다.

공의회 모임은 잘 마쳤다. 그러나 진주에 아픈 마음을 남기기도 했는데, 다름 아닌 클라크가 거창으로 이전하기 때문이다. 그녀는 진주에 오래 있었고, 이곳의 한 부분이었는데, 다른 지방의 선교부로 간다는 것이 믿어지지 않았다.

8. 성탄절 이야기*

작년 12월 일본의 통치를 반대한다는 의심으로 구치소에 수감된 3명의 여학교 교사들로 인하여 우리는 염려했었다. 그런데 이번 12월에는 거의 모든 교회 위원들이 4주 동안이나 구치소에 감금되었고, 많은 사람이 소환되어 심문을 받았다. 그중 몇 명은 경찰에 반항한다는 명목으로 당국자들 마음대로 1~2주일씩 구류를 살게 했다.

그러다가 성탄절 전에 모두 풀려나 우리는 반가웠다. 두 명이 제외되었는데 약제사와 전임 목사이다. 이들은 재판을 위하여 교도소로 보내졌다. 죄라고는 모를 것 같은 이들은 위험하다는 이유로 수갑이 채워져 철장 안에 3주간 감금되었다. 그곳은 추웠지만, 음식은 괜찮은 것 같다고 했다.

미션 박스는 성탄절 전에 잘 도착했다. 네피어는 선물을 분류하고, 보관하고 나누어주느라고 바빴다. 70명의 주일학교 아이들이 성탄절에 상으로 장갑을 받았다. 병원 직원들과 그들의 가족은 새 스카프와 목도리를 받았고, 유치원 원아들은 인형을 받았다. 선교사들에게 온 개인적인 선물도 반가웠다. 환자들도 성탄절 아침에 선물 하나씩을 받았다.

최근에 병원의 직원 이동이 좀 있었다. 간호사 한 명은 제대로 일을 하지 않아 해고되었다. 시골 마을에서 새 사람이 그녀의 자리로 왔는데, 병원이 이상하고 무섭다고 했다. 그러나 우리는 그녀가 견뎌 낼 것이라고 생각한다.

---

* 크로니클, 1921년 3월 1일, 4.

이 간호사는 세브란스에서 우리에게 돌아왔는데, 마산으로 가서 그곳 한국인 의사를 도울 것이라 했다. 초보 직원들을 위한 정기적인 교육이 있는데, 위생, 영어, 생리학, 해부학 등이 포함되어 있다. 해부학은 내가 가르친다. 그 강의를 한국어로 준비하고 실행하기에는 많은 어려움이 있다.

건물에서 떨어진 시설 준비도 잘 진행되고 있고, 곧 완공될 것이다. 외래 환자들은 지금 낮에 몰려오고 있다. 추울 때는 그들에게 입원하라고 설득하기가 어렵다. 현재 남성 환자들을 위한 전도사가 공석이며, 전에 있던 전도사는 권서가 되었다.

네피어는 현재 병원의 전도부인에게 특별한 공부를 시키고 있다. 다음 달에 그녀는 레잉과 캠벨이 준비하는 특별한 수업을 병원 밖에서 받을 것이다. 이 말은 많은 진주의 여성들이 부산진을 가지 않고도 여기에서 성경학원 1학년 공부를 할 수 있다는 의미이다.

성탄절 행사는 목요일 밤 남녀학교의 콘서트로 시작되었다. 그러나 똑같은 음조로 부르려는 경향의 학생들로 인하여 몇 노래는 제대로 안 되었다. 금요일 밤에는 야간반 학생들의 차례였으며, 모두 행복해했다. 이들도 콘서트를 했다.

맥라렌 박사가 환등기를 보여주었고, 네피어는 축음기 노래를 틀었고, 연극도 있었고, 마지막에는 산타클로스가 나왔다. 성탄절 아침 일찍 우리는 학생들이 부르는 캐럴을 들었다. 그들은 또한 교도소에도 가서 금지된 벽 앞에서 캐럴을 불렀다.

성탄절 아침 교회에서는 예배가 있었다. 오후에는 주일학교와 유치원생들의 발표회 그리고 저녁에는 청년들이 남학교에서 연극을 했다. 500명의 어린이가 모인 것은 큰 구경거리였다. 이들은 8개의 마을 주일학교에서 왔고, 교회에 모여 성탄 찬송을 목청 높여 불렀다. 그들의 얼굴에는 기쁨이 넘쳤다. 마지막에 상을 주는 시간이 있었으며, 모두 과자

한 봉지씩 받았다. 그리고 맥라렌이 각 학생에게 나누어 준 오렌지가 만족도를 완성했다.

12월 28일 나의 언어 교사와 통영의 목사 딸 결혼식을 위하여 성탄절 장식을 그대로 두었다. 그녀는 우리의 여학교 교사 중 한 명이다. 반 서양식 결혼이었는데, 8명의 신부 들러리가 있었다. 색종이, 베일, 서약, 브라스 밴드 등도 있었다.

축하객 중에는 경찰 서장도 있었고, 성탄절에 우리 외국인을 특별히 감시하던 형사도 있었다. 그들의 모습을 본 내 가슴은 깜짝 놀랐다. 신랑을 잡으러 온 줄 알았다. 그가 구치소 경험을 한 지 일주일밖에 안 되었기 때문이다. 결혼식은 1시 30분에 시작이 되었고, 연회는 저녁 6시까지 계속되었다.

9. 진주의 체육대회*

10월 1일은 일본의 공휴일이다. 그래서 병원에서 일반 환자들은 보지 않았고, 여학교 학생 1학년부터 건강검진을 실시했다. 검사를 받아야 하는 100여 명 중 80명이 참석했다. 이들은 먼저 남성 검사실로 안내되어 하 씨가 이들의 키와 몸무게를 재었다. 그리고 교사가 검진표에 그 내용을 기록했다.

첫 번째로 들어 온 6명의 아이는 벽을 보고 서서 울었다. 무서웠던 것이다. 점차로 아이들은 용기를 내었고, 검사를 잘 받았다. 몸무게를 잰 다음 아이들은 김 박사가 있는 방으로 들어가 눈과 귀와 코를 검사했다. 그리고 아이들은 내게로 와서 가슴둘레를 재고 검사를 받았다.

각 검사관을 교사가 도와 기록을 했고, 우리는 오후 3시쯤 무난하게

* 크로니클, 1922년 1월 2일, 3-4.

마칠 수 있었다. 16명은 다시 와서 치료를 받도록 했다. 기숙사에 있는 학생들이 일반 학생들보다 건강한 결과가 나와서 기뻤다.

병원은 지금 정상 운영되고 있다. 한 가지 어려움은 병원 직원들이 교회 일에 관심이 많아, 무슨 행사가 있으면 모두 참석하길 원한다는 것이다. 예를 들어 평양의 길 목사*가 와서 일주일 동안 사경회를 인도했는데, 4시에 새벽기도, 오전 9시 30분부터 11시까지 말라기 공부, 오후 2시 30분에 요한계시록 공부 그리고 저녁 8시에 부흥회가 있었다. 모두 참석하도록 촉구했고, 직원 중 몇 명이 새벽과 낮에도 참석했다. 우리는 그들이 오후 공부에 참석하는 것은 허락했고, 그 대신에 마치자마자 바로 병원으로 복귀하도록 했다. 그래야 병원의 수술 일정이 제대로 소화될 수 있었기 때문이다. 물론 저녁 부흥회에는 모두 참석했다.

그 결과 직원들은 낮에 근무하는 동안 졸려 했다. 간호사나 직원으로서 집중을 못 했고, 간호 훈련 강의에도 힘이 없었다. 길 목사는 마지막 주일에 병원을 방문했고, 환자들 한 명 한 명을 위하여 기도했다.

지금 우리에게는 몇 명의 결절 골 환자가 들어 왔다. 20살 아래의 3명의 여성이 고관절, 한 성인은 척추 문제 그리고 발코니에 있는 2명의 작은 소년은 골반과 무릎뼈에 문제가 있다. 이들은 모두 똑똑하고, 성경과 찬송을 배우는 것을 좋아한다. 이들의 병은 만성적이라 길게 고생할 것이다.

병원의 발코니는 지난달 레이스를 만드는 곳이었다. 통영에서 바느질을 배우도록 보냈던 여성이 지금은 서너 명 소녀에게 가르치고 있다. 정기적으로 하는 일은 아니지만, 그 소녀들은 지금 2~3개의 패턴을 배웠다. 누구든지 원하면 이 여성에게 특별 가르침을 받을 수 있다.

캠벨은 매 주일 오후 3마일 반 떨어진 동네로 가서 그곳 여성과 어린

---

* 길선주 _ 편저자 주

이를 가르치고 있다. 매우 흥미로운 이야기가 있지만, 그녀가 편지를 쓸 때 그 이야기를 할 것으로 안다.

레잉은 시골 순회 전도로 바쁘다. 그녀는 우리가 콘서트를 세 개 준비할 때 와서 많은 도움을 주었다. 맞다. 청년회와 학교 그리고 여전도회의 체육대회 때 우리는 세 번의 콘서트를 하여야 했다. 재능 있는 모든 사람은 참여하도록 했다. 원래는 두 번의 콘서트만 이야기되었었는데, 하룻밤은 비가 내려서 무료로 콘서트가 진행되었다. 방청객 중 몇 명은 돈을 지불하겠다고 약속했다.

두 개의 콘서트에는 33개의 아이템이 있었고, 다른 한 개의 콘서트에는 20개만 있었다. 여학생, 남학생, 청년회, 여전도회, 혼성그룹 그리고 우리 선교사들이 노래를 발표했다. 바이올린, 한국 하프, 하모니카, 교회 밴드, 일본 대나무 파이프 등의 악기도 동원되었다.

알렌은 다시 돌아와 환영을 받았다. 그가 도착하는 날은 비가 왔다. 그럼에도 학교 학생들은 2시간 동안 길에 줄지어 서서 그의 자동차를 기다렸다. 이번 주 목요일 교회는 그를 환영하는 친교 모임을 가졌다. 이날은 한국인 목사가 평양에서 아내와 아이들과 돌아온 날이었다. 그들은 피곤함에도 교회에 나와 사람들을 만났다. 교인들이 세운 사택은 교회 앞에 조금 낮게 있는데, 편안한 집처럼 보였다.

길 목사의 사경회 마지막 날, 사택과 교회 종과 교회당 바닥 깔개 등을 위한 헌금이 있었다. 교회 종이 많이 망가져 있었다. 길 목사는 효과 없는 종소리를 흉내 내기도 했다. 800엔이 필요했지만, 그보다 많은 헌금이 약정되었다. 대장장이가 100엔을 내었고, 다른 이들은 50엔부터 10센까지 내었다. 모두 자발적이었다.

우리는 커 선교사를 만나기를 고대하고 있다. 우리는 공의회 모임에서 그녀의 불참 속에 그녀를 환영했다. 그녀는 부산진에서 서울의 언어학교로 직접 간 것이다. 성탄절 때쯤에나, 이곳에 올 것이다. 스코트는 거창으로 가는 길에 진주에 들렀다. 그녀를 만나 반가웠고, 고향 소식도 들을 수 있었다.

10월 29일 토요일, 큰 체육대회가 열렸다. 교회의 청년들에게는 휴일이었다. 프로그램에 53개의 항목이 있었고, 8시에 시작하여 5시 30분에 마치는 것으로 되어 있었다. 진주의 한 공터에서 대회가 열렸는데, 아름답지는 않았지만 넓었다. 청년회 회장과 알렌 그리고 몇 명이 텐트를 쳤고, 대회에서 이긴 사람들에게 상품을 주었다.

그 옆에는 돈을 기부한 사람들의 텐트가 있었고, 그 옆에 우리 병원 텐트가 쳐졌다. 최소한 두 명의 간호사가 유니폼을 입고 그곳에 대기했다. 그러나 대회 도중에 한 명만 간호사의 치료가 필요했다. 자전거 경주 중에 다친 사람이었다. 교회의 한 부자는 100명에게 점심을 제공했고, 교회 전도부인의 말에 따르면 '부족한 것이 하나도 없었다.'

서울의 커 씨가 일본인 사역을 위하여 진주를 방문한 후로 이곳에 일본인 기독교 교인들의 움직임이 있다. 한 여성은 주일학교를 운영하는데 100명의 학생이 등록하고 있다. 커닝햄 부인과 나는 어떤 주일에 그곳을 방문했다. 우리가 갔을 때는 60명의 학생이 있었는데, 교사의 다윗과 골리앗 이야기를 관심 있게 듣고 있었다. 일본인 부인 한 명이 그 교사를 돕고 있었지만, 그녀 자신이 가르치지는 않았다.

이 부인의 남편이 최근 커닝햄과 맥라렌을 찾아와 한 여성을 매춘집에서 구하여 달라고 했다. 맥라렌과 캠벨은 그 일로 경찰서에서 피곤한 오후를 보내야 했고 그 일본인 집에도 가야 했다. 캠벨의 교사들과 학생들은 캠벨이 돌아오지 않자 걱정되어 경찰서로 그녀를 찾아 나섰는데 그녀는 이미 일본인 집으로 떠난 후였다. 밤 7시가 되어서도 소식이 없어 우리도 염려하기 시작했다.

그러나 맥라렌이 그 집을 잘 설득하고 있었다. 문제는 그 여성에게 큰 빚이 있었다. 그 빚 문제로 인하여 시간이 지체되고 있었던 것이다.

그 여성은 불쌍했다. 학교를 졸업하고 결혼을 잘했지만, 아이 둘을 남기고 남편이 죽은 것이다. 그녀는 아이를 키우기 위하여 물건을 가지고 다니며 팔았다.

그러다가 누가 제안하기를 "한국에 가서 매춘을 해보라"고 했다. 그녀는 한국에 1년 있었지만, 처음부터 그 생활을 싫어했다고 한다.

10. 휴가 후에*

'아라푸라'호가 5주 전에 멜버른을 떠난 후, 일본 모지에 도착했다. 그리고 그다음 날 우리는 안전하게 부산에 도착했다. 브루노를 떠난 지 이틀 후인 9월 5일, 일본에서 일어난 비극**에 대하여 우리는 들었고, 마닐라에서 좀 더 상세한 소식을 들을 수 있었다. 두 대의 구조선이 신속하게 미국을 떠났다고 들었고, 또 한 대도 준비하고 있다고 했다. 우리 배는 화물의 무게를 정확하게 재고 있었고, 홍콩에서 일본에 필요한 많은 계란과 다른 물품들을 실었다. 우리 배는 아마 고베로 갈 것으로 생각했지만, 항로는 바뀌지 않았다.

부산진에서 이틀을 지낸 후, 나는 진주로 왔다. 마산을 들러 그곳에서 사람들을 만났다. 매크레 가족은 일본에 있었다. 선교부에서 맥피, 테잇, 트루딩거를 만났고, 차로 나를 배웅했다. 모두 다 잘 있으며, 고향에서의 소식을 궁금해했다. 진주로 가는 기찻길은 현재 건설 중이고, 찻길을 잘 따르고 있다.

내가 탄 차가 강을 건너 진주로 들어가는데, 우리의 마취사이자 병리사 하 씨가 자전거와 함께 보였다. 그는 즉시 우리의 차를 뒤따르기

---

* 크로니클, 1924년 1월 1일, 3-5.

** 관동대지진 _ 편저자 주

시작했다. 차고에 다다르자 약제사와 선교부 총무가 기다리고 있었다. 차를 탄 채로 병원 부지로 들어왔고, 그곳에서 내려 이들과 함께 병원 안으로 들어간다는 계획이었다.

병원 안에는 테일러 박사와 직원들, 레잉과 교회 여성들, 한국인 목사 그리고 커와 그녀의 교사와 학생들이 기다리고 있었다. 이런 환영을 받는 것은 큰 영광이다.

내가 휴가를 떠나있는 동안 병원이 크게 발전했다. 네피어에 의하여 가꾸어진 정원은 병원을 돋보이게 했고, 병원 서쪽 끝 편에 있는 한국인 의사 사택도 좋아 보였다. 병원 안은 새로 칠해졌으며, 물과 전기 공급이 더 많아졌다.

슬픈 날들

최근 우리는 매우 슬픈 날을 보냈다. 우리의 강 간호사가 장티푸스로 열흘 전쯤에 사망했다. 그녀는 7주 정도 병을 앓았는데, 심각했다. 그녀와 홍 간호사는 간호 훈련을 거의 마쳤고, 서울 세브란스에 가서 두 달을 더 실습할 계획이었다. 그러나 홍 간호사만 가야 했고, 그녀가 떠나고 얼마 안 되어 강 간호사가 사망한 것이다.

강 간호사는 야간반에서 공부한 여성이다. 그녀는 영특했고, 간호사로서 장래가 촉망되었었다. 그녀는 가정에서 큰 딸로 가족들을 먹여 살렸으나, 이제는 막막하게 되었다. 내가 휴가에서 돌아왔을 때, 남성 간호사 한 명이 폐결핵으로 죽었고, 다른 한 명도 그 병에 걸려 있었다. 죽은 그 간호사는 독자였고, 특별히 좋은 교인이었다.

병원 활동

대구에 갔던 병원 전도부인은 우리 직원들로 구성된 전도회를 만들기 원했다. 대구의 병원에 그런 단체가 조직되어 있었고, 잘 운영되고 있었던 것이다. 그 병원의 전도회를 통하여 17개의 교회가 개척되었다고 한다. 여기에도 그 비슷한 사역을 통하여 추수할 기회가 많이 있을 것이다.

직원들은 병원의 일과에 묻히게 된다. 나는 주로 여성 외래 환자와 입원 환자를 보고 있다. 나환자 시약소는 화요일 오후에 문을 연다. 지금은 7명 정도가 주사를 맞기 위하여 정기적으로 오고 있다. 다른 환자들은 스스로 주사하는 방법을 배워 집에서 치료하고 있다. 그들은 멀리 사는 환자들로 매주 병원을 올 수 없는 형편이다.

레잉은 남해 지역 순회 전도를 잘 마치었다. 그리고 한두 곳 더 순회했다. 두 명의 전도부인은 하동에서 돌아왔고, 그곳 교회가 잘 운영되고 있다고 보고했다.

젊은 사람들

여기 주일 아침 예배에 많은 사람이 참석한다. 공간이 부족하여 이 예배에 어린이들은 못 오게 한다. 그래서 클라크와 커는 10살까지의 어린이들을 위하여 여학교에서 주일학교를 시작했다. 아침 예배와 동시에 주일학교도 시작이 되는데, 인기가 많을 것 같다.

커와 나는 주일 오후 장소를 바꾸기로 했는데, 그녀는 병원에서 가르치고, 나는 2마일 반 떨어진 마을로 가기로 했다. 이곳은 캠벨이 주일에 가르치던 곳이다. 그곳은 안정적으로 일이 진행되고 있다. 남학교에는 여전히 어려움이 있다. 여학생들의 (독립)운동 이후, 알렌은 많은 신문을 받아야 했고, 아직도 해결되어야 할 문제점들이 있다.

한국인 선교사

현재 교회에서는 특별한 모임과 반이 열리고 있다. 순천에서 이 목사*라는 사람이 왔는데, 그와 커닝햄 그리고 교회 목사가 공부를 가르치고 있다. 이 목사가 매일 밤 부흥회를 인도하고 있다. 그는 흥미로운 사람이며, 좋은 설교가이다.

이 목사는 한국교회가 처음으로 선교사로 파송한다는 목사였고, 총회의 총회장이다. 그는 남쪽의 가장 큰 섬 제주도 선교사이기도 했다. 그곳 사람들은 말과 행동이 뭍사람들과 좀 다르다고 한다. 이 목사는 박해와 고난을 받았는데, 성령의 역사를 통하여 그곳에 튼튼한 기독교 공동체가 생겼다고 한다.

11. 진주에서의 여러 사역**

4월은 학교들이 새 학기를 시작하는 달이다. 커는 40명의 신입생을 받아들였고, 전체 180명의 학생이 등록했다. 새 학생 중에는 테일러 부인이 유치원에서 올려보낸 아이들도 있다. 한 아버지는 자신의 딸을 기숙사에 입사시켰는데, 그 아이는 공부를 위하여 지난 3년간 생쌀을 먹으며 절약했다고 했다. 그 아버지도 2달을 그렇게 먹었다는데, 둘 다 건강하게 보였다.

---

* 이기풍 목사 _ 편저자 주

** 크로니클, 1924년 7월 1일, 9.

벨리 스콜스 기념 동판

학교 벽에 걸기 위한 스콜스의 사진이 준비되었다. 이것으로 기념 동판을 준비할 것이다. 그녀의 이름 아래는 그녀가 교장으로 재직하던 연대와 그녀가 끼친 영감을 다음과 같이 적었다.

그리스도 같은 삶과 헌신적인 봉사로 인하여 우리는 하나님께 감사 드린다.

진주의 부활절

학생 중 몇 명은 학비를 충당하기 위하여 바느질 일을 하고 있다. 커는 매우 매력적인 옷감을 준비했다. 그녀에게는 바느질 선생이 있는데, 그 선생도 바느질하며 학교에 다녔었다. 그녀는 지금 자조 반에서 없어서는 안 될 선생이다.

성금요일 아침, 교회 예배 전에 학교에서 먼저 예배가 있었다. 강봉은 전도부인은 그리스도의 일생 그림을 가져와 십자가에 달리는 대목까지 설명했다. 그리곤 모든 학생이 교회로 행진했고, 그곳에서 그들은 정식예배에 참석했다. 많은 사람이 예배에 모였다.

레잉과의 작별

4월 중순에 레잉은 부산진의 성경학원을 마쳤다. 그녀는 이곳에서 하루나 이틀 준비하여 호주로 휴가를 떠난다. 이번에는 그녀의 환송식이 열렸다. 수요예배 후에 그녀는 강단으로 초청되었고, 교회의 대표들이 환송사를 했다. 선교부 총무도 그녀의 행복과 축복을 빌었다.

레잉은 미리 선물은 사양한다고 분명히 말했다. 교인들의 사정을 잘 알기 때문이었다. 레잉의 요청대로 선물은 없었지만, 그다음 날 저녁 한 사람당 30센이나 되는 큰 잔치가 열렸다! 그녀는 떠나기 전, 전도부인들과 성경학원에서 공부한 여성들을 초대하여 식사했고, 그들과 게임을 하며 즐거운 시간을 보냈다.

이달에 병원의 전도회 정기모임이 있었다. 그러나 토요일 전도는 나가지 않았는데 비가 왔기 때문이었다. 수요일 아침에는 전 직원이 모여 기도회를 한다. 이때 모인 헌금으로 어려운 환경에 있는 사람들을 돕는다. 첫 수혜자는 김도식 목사였는데, 그는 알렌의 조사이다. 그의 집이 완전히 불탄 것이다. 김 목사의 아이 중 한 명이 화상을 입었고, 몇 주간 병원에 입원을 했다. 그는 자신의 책과 문서들, 특히 신학교 때의 노트도 모두 잃어버렸다.

병원의 사역

병원은 바빴지만, 특별한 일은 없었다. 테일러에게 일본인 환자가 왔고, 잘 회복되었다. 그 이후, 일본인 환자들이 몰려오고 있다. 또한 테일러가 일하던 통영의 한 노인도 방문했는데, 수술을 받고 나았다. 그는 통영으로 돌아가 자신의 완쾌함을 이웃에게 이야기했고, 그곳의 한 여성도 진주까지 찾아왔다. 그녀도 치료를 잘 받고 있다.

우리의 전도부인은 부산진의 성경학원에 가 있다. 그녀는 열심과 열정이 있는 여성으로, 우리는 그녀를 그리워하고 있다. 그녀를 통하여 환자들은 그리스도를 믿기로 작정하기도 하고, 그뿐만 아니라 그들을 돌보아 정기적으로 교회를 다니게 하고 있다. 그녀는 병원의 전도회가 시작한 개척 교회에도 관심이 많으며, 그녀가 진주에 있을 때는 주일 오후 그 교회를 방문하고 있다. 왕복 6마일의 거리이다.

주일학교 소풍

두 주전 토요일, 교회의 주일학교 학생들이 소풍을 갔다. 강 건너 모래사장이었다. 병원의 약제사와 외래 환자 보조가 운동회를 맡았기에 조퇴를 신청했다. 내가 도착했을 때 달리기 경주가 진행 중이었다. 나는 여성 교사들과 함께 줄다리기 시합을 했다. 아이들은 집에서처럼 즐거워했고, 교사들은 그들을 돌보느라고 바빴다.

캠벨은 2마일 반 정도 떨어진 둘개라는 마을에서 활동을 시작했는데, 흥미롭게 진행되고 있다. 이웃 마을에서도 요청이 들어오고 있다.

진주교회에는 교인들의 숫자가 잘 유지되고 있고, 새 신자들도 들어오고 있다. 지난주일 새 신자명단이 발표되었다. 동시에 교회의 중진 세 명이 당회에 의하여 치리를 받았다는 발표도 있었다. 한 명은 부도덕으로, 또 한 명은 주일 장사로, 다른 한 명은 싸움으로 인한 징계였다.

클라크의 유아 밴드는 매달 마지막 토요일에 모인다. 또한 어린이 예배는 토요일 아침에 모인다. 이 모임들은 인기가 매우 높다. 어머니와 아이들에게 큰 혜택을 주고 있다.

12. 병원의 성탄절 행사*

올해는 미션 박스가 제시간에 잘 도착했다. 네피어와 간호사들은 곧 상자를 열어 물품들을 구별하며 정리했다. 고향의 친구들이 이 모든 선물을 보냈다고 생각하니 가슴이 벅차다. 양모로 아름답게 만들어진 것과 큰 병과 깡통에 담긴 유칼립투스는 언제나 환영이다. 고향 여러분들의 사랑스러운 생각과 수고에 진심으로 감사하다. 이곳의 많은 사람이

---

* 크로니클, 1925년 4월 1일, 12-13.

덕을 볼 것이다.

혼자 사는 노인들에게는 목도리와 장갑을 주고, 많은 아기는 양모 내의를 받을 것이다. 주일학교 아이들은 장갑을 받아들고 즐거워할 것이고, 병원의 어린이 환자들은 자신의 선물이 성탄 나무 아래 놓여 있는 것을 볼 것이다.

우리의 가장 어린 간호사가 12월에 결혼했다. 그녀는 딱히 결혼을 원치는 않았지만, 좋은 남성이 나타났고, 한국 방식대로 그녀는 동의했다. 그녀는 시부모 집에 일 년 동안 가지 않기로 했고, 그동안 그녀는 병원에서 계속 일할 것이다. 결혼은 성공적으로 치러졌다. 그녀는 현대식의 드레스를 입었고, 신랑은 옛 한국식의 옷을 입었다. 네피어와 클라크가 그녀의 수석 신부 들러리였다. 테일러의 아이 진 테일러는 그녀가 입장할 때 꽃잎을 뿌려 주었다. 잔치 전에 옛 방식대로 신랑과 신부의 맞절이 있었다. 모두 즐거워했다.

12월 중순 어느 토요일 오후, 병원의 전도회 총회가 있었다. 우리는 순서대로 돌아가며 설교를 맡고 있었다. 불행하게도 이번엔 내가 설교할 차례였다. 첫 설교여서 그런지 나는 긴장했다. 우리는 전도를 목적으로 하는 재정이 있었다. 그러나 이날 그 돈을 어디에 쓸지 결정을 못 했다. 그 이후 의령 지역에서 긴급한 요청이 들어왔는데, 거창의 한 장로가 그곳 노회의 특별한 전도를 하고 있다는 것이다. 그곳에 복음을 알길 원하는 사람들이 많아지므로, 한 여성을 초청하여 가르쳐 달라는 제안이었다. 그 지역은 전도가 어렵고, 실망이 있었던 곳이다.

그래서 병원의 전도회는 한 여성을 그곳에 한 달간 파송하기로 했다. 그 지역에는 병원을 왔던 환자들이 있는데, 그들을 먼저 찾아보기로 한 것이다. 선택된 여성은 하 씨로 병리사의 동생이었다. 그녀는 때로 은혜라고도 불리고, 이봉은(커를 선교사 때 권서로 활동 — 편저자 주)의 아내라고도 불린다. 그녀는 교육을 좀 받은 여성이고, 성경학원에서 공부도 했다. 경험 있는 전도부인과 순회를 한 적도 있다. 이 일을 위하여 자격이 없다고 할 수 없으며, 잘 되기를 희망한다.

성탄절 주간은 월요일 밤 여학교의 콘서트로 시작되었다. 클라크는 이것을 준비하느라 분주했다. 콘서트는 인기가 있었으며, 학교의 큰 교실이 사람들로 붐볐다.

화요일 저녁에는 유치원의 행사가 있었다. 큰 기대로 시작되었으며, 아이들은 발표를 즐겼다. 진 테일러도 다른 아이들과 함께 자신의 몫을 했는데, 한국어로 말하고 상품도 받았다. 산타클로스가 등장하여 과자와 사탕을 나누어 주었다. 몇 아이들은 산타클로스를 무서워했지만, 무서워하면서도 선물을 받으려고 하는 모습이 재미있었다.

수요일 우리 병원에 성탄 나무가 세워졌다. 다섯 명의 어린이 환자가 참석했으며, 모친들도 함께했다. 산타클로스가 또다시 나타나 아이들에게 선물을 주었다. 여러분들이 보내준 선물들이다. 어린이 환자 중에 일본인 아이 둘이 있었는데, 남녀 각각 한 명씩이다. 이 아이들은 눈에 문제가 있었는데, 잘 나아가고 있었고, 병원 생활을 즐겼다. 이들은 네피어가 가르친 한국어 찬송을 부르며 함께 했다. 아짱은 머리칼이 곱슬곱슬한 인형을 받았다. 분득이의 중국식 머리를 한 인형을 보자 그 아이는 울음을 터뜨렸다. 네피어는 그다음 날, 그 아이에게 중국식 머리의 인형으로 바꾸어 주었다.

산타클로스의 마지막 등장은 성탄절 아침 커닝햄의 집이었다. 성탄절 아침은 새벽 4시에 시작되었는데, 학생들이 "참 반가운 신도여"를 불렀다. 교회 예배는 11시에 시작되었으며, 주일학교 발표회가 있었고, 상장 수여가 있었다. 저녁에는 청년회에서 발표회를 했다.

둘개에서는 성탄절 다음 날 행사를 했다. 존의 모친, 영민이의 모친, 김 간호사 그리고 내가 함께 갔다. 네피어는 전도부인과 함께 돗골로 갔다. 홍과 김 간호사는 그다음 날 합류했다. 장날이었음에도 그곳에는

90명이 넘는 아이들과 약간의 어른들이 모였다.

13. 새해를 맞으며*

올해 성탄절 행사는 작년과 비슷했다. 학교 콘서트, 유치원 발표회, 병원 성탄 나무 파티 등등이었다. 이번에 성탄절 저녁 청년회 연극회는 남학교의 교사가 사회를 보는 발표회로 바뀌었는데, 여러 음악 발표와 연설이 있었다. 잘 준비된 연설도 있었고, 즉석에서 하는 연설도 있었다. 모두 성탄절과 그 의미에 대한 내용이었다.

두 명의 여성도 연설을 했다. 제일 흥미로운 연설을 한 사람은 변호사의 아내, 여학교 교사 그리고 한 소경이었다. 변호사의 아내는 자신은 여성이고 남편도 그 자리에 와 있지만, 기독교가 어떻게 자신의 가정에 변화를 가져왔는지 말하기 원했다. 전에는 가족원끼리 서로 싸우고 불평했지만, 지금은 아침에 평화롭게 예배를 함께 드린다고 했다.

소경은 간증하기를 자신은 김익두 목사의 설교를 듣고 믿게 되었다고 했다. 그는 그 이후 미신과 악령을 버리고, 집집을 방문하여 대나무 피리를 불며 구걸을 하고 있다고 했다. 그는 지금 매우 행복하다고 했고, 자신의 연설 말미에 피리로 '예수 사랑하심을'을 연주했다.

둘개에는 또 비가 왔지만, 모든 행사가 잘 진행되었다. 학생들의 발표회, 지도자 집에서의 점심 식사, 상품 수여 등이 포함되었다.

새해를 맞으며

새해에 진주에서 남성 성경학원이 열렸다. 또한 주일학교 학원도 같

---

* 크로니클, 1926년 5월 1일, 15-16.

이 열렸는데, 미국에서 5년 공부한 송도에서 온 한 젊은 한국인 교사가 주로 가르쳤다. 시골 교회에서 남성들이 많이 참석했다. 클라크는 주일학교 학원에 대하여 특별한 관심을 가졌고, 성공적으로 진행되도록 많은 시간을 쏟았다. 주일학교 사역에 관하여 여러 주제가 다루어졌고, 실습과 표현법 강의도 있었다.

여전도회도 새해에 들어와 1월에 처음으로 모임을 가졌다. 네피어를 회장으로 다시 선출했다. 열성적인 모임이었고, 자신들이 봉급을 지원하는 전도부인(영민이의 모친)은 훌륭한 보고를 했다. 중국에서 온 한국인 선교사의 편지를 읽었는데, 여전도회가 그들에게 성탄절 미션 박스를 보내고 있다.

레잉은 1월에 성경학원 예비반을 준비하느라 바빴다. 맥라렌 부부가 지원하고 교육시킨 소경 기화는 그 반의 인기 교사이다. 그녀는 서울의 성경학교도 다녔고 실천 목회를 하는데, 이 지역에서 그녀는 그것으로 성공을 하고 있다. 그녀는 자신의 핸디캡에도 불구하고 자신의 위치를 확고히 하고 있다. 그녀는 성경을 자세히 알고 있는 듯하다.

병원의 일과

병원에서 현재 흥미롭게 진행되고 있는 것은 축음기의 음악을 들으며 하는 '매일의 운동'이다. 간호사, 약제사, 부 약제사, 외래 환자 보조 등이 정기적으로 참여하는데, 아침 경건회 후 이 층 발코니에서 진행되고 있다. 깁슬랜드노회에서 나에게 성탄 선물로 보내준 돈으로 산 레코드를 네피어의 축음기에 틀었다. 선물을 준 사람들이 그 모습을 보면 만족해할 것으로 생각된다. 체조의 마지막 부분은 바닥에 누워 여러 가지 동작을 해야 하는데, 남성들만 했다.

병원의 전도부인과 홍 간호사는 여전히 돗골에서 신실하게 사역을 진행하고 있다. 또한 그 근처 마을에서 전도사와 병동의 남성이 예배를 인도하고 있다.

흥미로운 환자

현재 우리 병원에는 불교 승려가 한 명 있는데, 머리를 짧게 깎고 남성처럼 옷을 입었다. 그녀는 쉬운 환자는 아니고, 많은 관심을 요구하고 있다. 나는 그녀가 중병은 아니라고 생각한다.

남성 병동에는 두 다리에 모두 화상을 입은 불쌍한 환자가 있다. 입원한 지 현재 한 달 정도 되었다. 네피어가 우유와 영양식품을 먹이지만, 상태가 아직 약하다. 그는 오늘 기독교인이 되기를 원한다고 했는데, 병원에서의 돌봄에 감명을 받았다고 한다. 우리 직원들에 대한 이런 간증은 참으로 듣기 좋다.

2월 초, 테일러와 나는 서울에서 열린 한 의료 모임에 참석했다. 테일러는 첫날에는 참석을 못 했다. 여러 지역에서 의사들이 많이 참석했다. 흥미로운 토론들이 많았다. 나병과 폐결핵에 관한 문제는 항상 큰 관심사였다.

자랑스러운 학교

서울에서 돌아오는 길에 부산진에 들렀다. 그리고 그곳과 동래의 학생들 건강검진을 했다. 대부분 건강했고, 작년에 비하여 적은 트라코마와 눈병이 있었다. 동래의 멋진 여학생들을 보는 것은 큰 즐거움이었다. 생기 있고 빛나는 딴 머리를 하고 있고, 깨끗한 학교 유니폼을 입었다.

햇살이 유리창을 통하여 교실 안으로 들어왔고, 밖은 추웠지만 안은 따뜻했다. 넓고 깨끗한 교실로 인하여 놀랐는데, 여러분이 자랑할 만한 농래의 여학교이다.

14. 두 개의 전도회*

연말에 두 개의 전도회가 총회를 열고 새로운 임원을 선출했다. 교회 여성들의 모임인 여전도회는 네피어를 다시 회장으로, 홍 간호사를 총무로 선출했다. 나는 회계로 뽑혀 병원의 직원들이 여전도회 임원회에서 계속 일하게 되었다. 부회장은 여학교의 교사인 박덕실이다.

여전도회가 지원하는 전도부인은 진주의 여성들 사이에서 일하면서, 근처 마을의 주일학교를 지원한다. 전도부인은 봉급을 받는다고는 할 수 없고, 수고비를 받는다. 그녀는 보통 영민이 엄마로 불리는 열정적인 여성이다. 여러 조건 속의 여성들을 만나면서, 어떤 상황에서도 위축되지 않는다. 최근에 자신의 모친이 병석에 있어, 그녀도 힘든 시간을 보내고 있다. 여전도회가 산동에서 일하는 한국인 목사 부부에게 성탄절 선물을 보냈는데, 은혜로운 답장이 와서 1월 모임에서 낭독을 했다.

병원의 전도회는 자신의 전도부인을 돗골에 두 달간 보내어 일했다고 보고했다. 전도부인과 홍 간호사는 매주 성실하게 그곳에 가고 있다. 어떨 때는 그들을 돕는 이들이 있지만, 어떨 때는 없다. 병원 전도사와 그의 아내는 돗골 지역의 또 다른 마을을 정기적으로 방문하고 있다. 그곳에서 6명이 세례문답을 공부했고, 몇 개월 전에 진주교회의 세례문답자로 받아들여졌다. 전도회는 1월 한 달 동안 그 마을에 남성 전도사 한 명을 보내길 원했지만, 적당한 사람을 찾지 못했다.

교도소 옆에 있는 한 마을에서 주일학교를 시작하여 달라는 요청이 들어왔다. 주일에는 아무도 갈 수 없었지만, 수요일 오후에 전도부인과

---

* 크로니클, 1927년 5월 2일, 6-7.

약제사가 가서 원하는 사람들을 가르치기로 했다. 그들은 그곳에서 환영을 받았고, 15~20명 정도의 학생이 있었다. 계획은 이 학생들이 성경 이야기를 좀 더 배운 후에, 둘개나 진주교회 주일학교에 나오는 것이었다. 박 박사가 병원의 전도회 회장으로 선임되었다.

일본 황제의 사망으로 성탄 행사와 계획이 바뀌었다. 클라크의 학교는 '베니스의 상인'을 발표할 수 없었다. 청년회도 '순례자의 전진'이란 연극을 할 수 없었다. 그럼에도 불구하고 성탄절 분위기는 그대로였고, 미션 박스가 늦게 도착했지만, 즐거움이 감소되지는 않았다.

레잉은 하던 대로 대구 물고기를 사서 나누어 주었다. 대량으로 물고기를 사서 다양한 가정에 나누어준 것이다. 빨래방은 물고기로 가득 찼고 냄새가 진동했지만, 우리는 다 나누어 주었고 감사를 받았다. 목사로부터 전도부인 그리고 레잉의 짐을 나르는 짐꾼까지 모두 나누어 주었다.

레잉은 12월에 창선 섬을 순회했다. 그곳에는 이제 중심 교회 외에 4곳의 설교 지점이 있다. 주일 오전, 창선의 교회에 90명이 넘는 교인이 모였다. 이 교회와 4곳 처소의 청년들이 전도회를 창립했고, 그들을 돕기 위하여 드럼과 악기들을 가지고 갔다. 1월에 레잉은 하동을 방문했다. 당시 그곳에 큰 한파가 왔었다. 잊지 못할 정초였다.

진주 중심의 사역은 안정적으로 진행되고 있다. 그곳의 책임 집사는 복음에 관심 있어 하는 남성들을 많이 얻고 있다고 한다. 네피어가 거의 매 주일 그곳을 방문하고 있으며, 그곳의 여성들을 위한 야학교 교사들도 보고하고 있다. 박 간호사는 일주일에 한 번씩 가서 보건 위생을 가르치고 있다. 지난 노회에서 그곳이 교회로 승인되었다. 오랜 시간 후에 결국 좋은 결실을 맺고 있다.

딕슨은 그녀 시간의 절반을 병원에 쏟고 있으며, 나머지 절반은 언어를 공부하고 있다. 최근에는 병중에 있는 로이 앤더슨 아이를 돌보느라 3주간 떠나있었다.

지난 6개월 동안 외래병동에서 6,072명이 진료를 받았다. 입원 환자 중에는 흥미롭지만, 매우 슬픈 일이 있었다. 통영에서 상태가 아주 안 좋은 여성이 들어왔다. 만약 그녀가 즉시 다리 하나를 자르는 것을 동의하면 살아날 수 있지만, 기회는 빨리 사라져 버렸다. 남편이 그녀를 데리고 온 지 3일 만에 퇴원을 원했는데, 더 오래 입원할 형편이 안 되었다. 그 상황이 너무 힘든 그는 돌아서서 울었다. 어떤 위로의 말도 그들에게는 공허하게 들리는 듯했다. 그러나 그는 신자이므로 그것이 힘을 줄 것이다.

지금 편지를 쓰는데 눈이 많이 내리고 있다. 밖의 풍경은 그야말로 한겨울인데, 며칠만 있으면 '입춘'이라 한다.

15. 세 번의 소풍*

1928년 3월 10일경, 클라크는 서울에서 수술을 받고 거창을 거쳐 진주에 도착했다. 많은 사람이 매카그 차의 경적을 들었고, 마침내 그 '레드 윙' 차가 모습을 드러내었다. 마치 불이라도 난 것처럼 직원들은 여기저기서 달려 나갔고, 클라크와 매카그는 곧 사람들에 둘러싸여 환영을 받았다.

클라크는 학교와 유치원에서 맡은 일을 마칠 수가 있었고, 커에게 그 일을 이임했다. 커의 부임과 클러크의 환송으로 많은 파티가 열렸다. 마지막 모임은 남학교에서 열렸고, 교회위원회와 면려회에서 조직했다. 클라크는 한복을 입고 등장하여 참석자들을 기쁘게 했다. 교사들은 준비한 선물을 주었다.

* 크로니클, 1928년 8월 1일, 7-8.

클라크가 떠나는 날에 진주선교부에는 교사와 학생, 목사와 장로, 전도부인과 여전도 회원, 병원 직원, 영어반 학생, 선교관 도우미 그리고 물론 우리 호주 선교사들이 모여 아쉬워했다. 그러나 휴식을 위해 떠나는 그녀에게는 필요한 일이었다.

연례 여성반

레잉은 3월 초 성경학원으로 갔었지만, 같은 달 말 진주로 돌아왔다. 이곳에서 연례 여성반이 열렸던 것이다. 레잉은 조력자 순생이와 신뢰하는 이 전도부인의 도움을 받아 시골에서 온 120명이나 되는 학생들을 맞이했다. 남학교 기숙사가 넘쳐나 여학교 기숙사까지 학생들이 숙식했다. 학교는 방학 중이었고, 빈 교실에서 여성반이 열렸다. 60명의 진주 여성들도 함께 공부했다.

라이트와 김두식 목사도 교사진에 합류했고, 병원의 하석사는 아픈 박 간호사를 대신하여 보건 위생을 가르쳤다. 이 당시 보이드 여사와 그레브 양이 우리와 함께 머물렀는데, 보이드는 시골 여성들과 교회에서 연설하기도 했다. 레잉은 여성 성경반 운영에 대하여 만족했으며, 최고의 반이라고 했다.

병원 소식

병원의 3월과 4월은 매우 바쁜 달이었다. 일반과 특별 병동이 모두 차기도 했다. 테일러가 휴가를 떠난 후로, 이번 3월의 입원 환자 치료비가 488파운드로(488엔의 오기로 보임) 가장 높았다. 복부 수술이 있을 때마다 우리의 한국인 의사가 한숨을 쉬며 말한다.

"우리가 먼저 복부 내를 사진으로 볼 수 있었으면 좋겠습니다."

나는 대답했다.

"예. 그러나 칼라는 아닙니다."

병원 전도회의 전도부인은 두 달 동안 성경학원에 갔었고, 지금은 돌아와 마을로 복귀했다. 그녀는 자신이 없는 동안 그곳에 수요일 저녁 예배가 멈추어 있음을 발견하곤 실망했다고 한다. 그 마을에는 몇 명의 남녀 교인들이 있다. 처음으로 일을 시작한 파골에는 아직 성인 교인이 없고 아이들만 참석하고 있다.

세 번의 소풍

5월은 소풍의 달이다. 좋은 날씨가 우리를 야외로 부르고 있었다. 첫 토요일에 둘개에서 소풍이 있었다. 작년보다는 적게 모였다. 우리의 나이 든 신실한 여성 신자는 15마일을 걸어와 참석했다. 그리고 그다음 날 주일학교 후, 그녀는 다시 15마일을 걸어 자신의 아픈 손자를 방문했다. 그 아이는 좀 나았지만, 그 여성은 지쳤다. 그러나 그녀는 교회가 없는 곳은 가지도 않고 묵지도 않았다.

그다음 토요일 오후는 병원 직원 소풍날이었다. 그 전날 비가 많이 왔고, 토요일 아침까지 계속되었다. 그러나 오후에는 소풍 갈 수 있을 정도로 개었다. 홍 박사가 올 수 없어서 우리 모두 실망했다. 그는 몸이 안 좋았고, 또 돌보아야 할 환자가 있었다.

하석사, 홍 간호사, 상수 그리고 나는 위원들로 소풍 프로그램을 맡았다. 우리는 노래와 게임 등을 하며 소풍을 즐겼다. 네피어가 오후 간식을 풍성하게 제공했다. 모두 잘 진행되었으며, 우리가 산에서 내려오니 다시 비가 오기 시작했다.

그다음 토요일은 여전도회 소풍이 있었다. 네피어와 나는 또다시 산을 올랐고, 네피어가 오후 간식을 준비했다. 70명 이상의 여성들이 참석했고, 매력적인 모습이었다.

진보

교회 목사는 남성경학원에서 몸과 마음이 충전되어 돌아왔다. 그는 이전의 열정으로 다시 설교했고, 교회 분위기도 상승되었다. 그의 제안으로 커는 주일 아침 10시 영어 성경 공부를 유치원에서 시작했다. 중등 남학생, 정부 관리 그리고 다른 사람들이 참석했다. 지난주일 68명이 참석했다. 커는 두 반으로 나누어, 한 반은 오후에 하기로 계획하고 있다. 이 젊은 사람들과 함께 할 일이 많다.

네피어가 지도하는 여성 주일학교는 지난 주일 120명이 참석하는 기록을 세웠다. 새 학기를 맞아 남학교에는 적은 숫자의 신입생이 등록했다. 여학교에는 49명의 신입생이 들어 왔고, 유치원에도 알맞은 수의 신입생이 입학했다.

16. 이약신 목사*

가을 방학 후 우리가 호주에서 한국으로 돌아온 그즈음 병원은 환자들로 넘치고 있었다. 그리고는 가을 추수가 시작되자 환자들이 확 줄었다. 그러다가 최근에 다시 바빠지기 시작했다. 병동 한 개는 지금 어린

---

* 크로니클, 1930년 4월 1일, 4-5.

이들로 꽉 찼고, 여성 한 명은 서서도 화상 환자였다. 선교부 총무가 겨울에 데리고 온 길가의 아이는 아직 병원에 있는데, 이 아이를 데려갈 사람을 아직 찾지 못하고 있었다. 최근에 이 아이는 고열에 시달렸다.

실험실에서도 일하는 약제사 보조 김만수는 세브란스에서 성공적인 수술을 마치고 돌아왔다. 그는 오랫동안 아팠다. 그의 병명은 확실치 않았고, 특별 검사와 치료가 필요했다. 그가 만족스럽게 회복되어 다시 돌아와 우리는 모두 기뻐했다.

수간호사인 박 간호사는 유아복지와 강의로 인하여 바쁘다. 마산에 몇 번 출장을 갔었고, 어제는 통영에서 돌아왔다. 그곳에서는 트루딩거 부인의 우량아선발대회를 도왔다! 우리의 간호사 중 한 명은 동래의 교사가 아파서 어려움을 겪을 때 가서 도와주었는데, 이번에 그 교사와 학교로부터 감사의 편지를 받았다.

우리의 남성 수간호사 이성조는 병원을 떠나야 했는데, 폐결핵에 걸렸기 때문이다. 바닥에 리놀륨을 깔았는데, 아주 좋았다. 모든 복도, 외래 환자 병동 그리고 다른 세 개의 방이 그 혜택을 입었다. 새 의자들도 계속 사용되고 있다.

어제 병원의 전도회는 정기총회를 열었다. 전도회는 작년에 재정적인 이유로 특별한 일꾼을 고용하지 않았는데, 올해 초부터는 환자들이 많이 오는 한 마을에서 일할 수 있는 여성 한 명을 몇 개월간 고용하기로 했다. 이 여성은 전에 우리의 대표로 한 마을에서 병원 전도사도 일했었는데, 지금 몇 명이 세례 문답자가 되었다. 그리고 그들은 나무를 모아 교회당을 세우려고 하고 있다.

테일러 박사는 주일 오후 교사 몇 사람과 함께 차로 마을 세 곳을 방문했다. 불행하게도 병원의 전도회가 관심 있는 마을은 경사진 계곡에 있어 차로 닿을 수 없는 곳이다. 커닝햄도 이 차를 많이 사용하고 있다. 순회 전도를 하는 사람에게는 큰 도움이다.

둘개교회와 그곳 주일학교는 좀 정체되어 있다. 큰 아이들은 더 이상 주일 오후에 오지 않는다. 그곳 총무는 일본에 가서 공장에서 일한지 벌써 일 년이 되었다. 둘개 근처 숯골에서 온 똑똑한 젊은 여성은 조력자와 결혼하여 다른 마을로 갔다. 그녀와 같이 오던 여성들도 더 이상 오지 않고 있다.

그러나 교회 지도자의 아들이 총무의 역할을 맡았고, 다른 여성도 있는데 그녀는 엘리스의 유치원 운영 방법을 공부하던 사람이다. 그녀가 성탄 준비에 많은 도움을 주었다. 나는 올해 초부터 그녀에게 어린이반을 맡길 생각을 하고 있다. 그곳 어린이들은 모두 잘 있으며, 성탄절을 고대하고 있다.

진주교회는 이약신을 목사로 청빙할 수 있어 다행이다. 그는 설교로 교인들을 하나 되게 하고 있고, 그의 강한 성격은 공동체에 큰 힘이 된다. 그는 영어를 잘하며, 영문 서적도 많이 읽는 것으로 안다. 힘들었던 부흥회 후에, 테일러는 그를 병원에서 일주일 동안 쉬게 했다. 한 달 동안 그를 설교에서 쉬게 했고, 그동안 그는 읽기와 공부를 했다.

남성 연례공부반은 12월 첫 주에 열렸다. 진주의 남미국선교부 윈씨도 와서 도왔는데, 매일 저녁 예배를 인도하고, 아침에 성경반에서 가르쳤다. 참석 인원은 적었는데, 그 이유는 시기적으로 안 좋았고, 가난으로 인함이다. 또한 마산에서 곧 농부대회가 열리는데, 그곳에 많이 간다고 들었다.

남진주교회는 이제 전도부인과 조사로 인하여 좋아하고 있다. 전도부인은 한 달간 시험 기간을 지내고 있으며, 선교 일을 돕고 있다. 네피어가 그곳에 주일마다 가서 전도부인을 지도하고 있다. 지금은 성탄절 준비로 교회가 열심이다.

보어랜드 부부가 12월 초 언어학교에서 돌아왔다. 그들의 학교 개학이 이제 한 달이 남았다. 동시에 그들은 자신들의 사택 수리에 바쁜데,

그 집은 진에 라이드가 살던 곳이다.

레잉은 남해 섬을 방문하고 돌아왔다. 그곳 교회는 잘 있고, 교인들도 가난하지 않은 편이라고 한다. 지금은 의령의 교회들을 다니고 있는데, 빈곤한 곳이다. 이곳을 순회하고 오면 보통 우울해진다고 한다. 다행히도 날씨는 보통이었지만, 그곳의 산은 황량했고, 가파른 계곡에 바람이 불고 있었다.

10월 중순에 클라크는 여학교에서 성공적인 운동회를 개최했다. 맥라렌 부인이 보호하는 아이 난세기는 일본에서 체육 문화와 훈련을 받았는데, 여학생들을 위하여 우아한 체육 동작을 가르쳤다. 이것이 운동회에서 특별한 관심을 끌었다. 클라크의 축음기를 통한 몸풀기 동작도 훌륭했다.

17. 세 개의 졸업식*

여성 연례공부반이 3월에 열렸다. 90명의 지역 여성과 110명의 시골 여성이 참석하여 진주선교부로는 기록을 세웠다. 어떤 사림들은 특별히 참여했는데, 레잉이 휴가를 가기 전에 만나기 위하여 온 것이다. 두 학교의 기숙사가 모두 이용되었으며, 공부는 성경학원 건물에서 했다. 교사들도 많았다. 공부반이 마칠 때, 11명의 여성이 5년 과정을 완수하고 수료증을 받았다.

4월에는 2달 동안의 여성 성경반이 시작되었다. 테잇과 스키너가 교사로 두 달 동안 그리고 스코트가 한 달 동안 봉사했다. 레잉이 교장이었고, 두 과목을 가르쳤다. 이들 외에 4명의 한국인 교사, 두 명의 목사, 두 명의 전도부인이 있었다. 44명의 학생이 참가했다.

---

* 크로니클, 1930년 9월 1일, 6-7.

졸업식은 매우 인상적이었다. 테잇은 교회 전도사의 도움을 받아 교회를 아름답게 장식했다. 시간이 되자 학생들은 반별로 입장을 했는데, 스키너가 반주를 했고, 이약신과 김하익 목사 그리고 레잉이 맨 뒤에 들어 왔다. 스코트가 찬송을 인도했고, 학교 노래와 졸업 노래도 포함되어 잘 진행되었다. 하얀 옷을 입은 여학생들은 아름다웠고, 자신의 부분을 잘 감당했다. 모두 위엄있어 보였다.

아홉 명의 졸업생이 있었다. 한 명씩 나와 수료증을 받았으며, 각각 세 번씩 인사를 했다. 마산의 김승희 전도부인이 교사 중 한 명이었는데 보고서를 읽었다. 그녀는 보고하기를 학생들은 주일학교 조직과 운영에 관하여 심문태 목사에게 한 달간 배웠다고 했다. 이것은 특히 시골 교회에 유익한 과목이다. 김도식 목사*가 학생들에게 권면했는데, 처음으로 그 내용이 "막달라와 마리아" 이야기가 아니었다.

최근 석 달 동안에 병원에서도 훌륭한 졸업식이 있었다. 조 간호사와 함 간호사가 졸업한 것이다. 이들은 우리와 4년 동안 함께 했는데, 일도 하고 공부도 잘했다. 졸업식은 성경학원의 큰 교실에서 열렸다. 테일러 박사, 최 박사, 이약신 목사가 강단에 앉았다. 학생들이 플로렌스 나이팅게일 선서를 한 후, 네피어가 그들에게 수료증을 수여했다.

오후 다과회를 하기 전, 마지막 순서는 졸업생들에게 주는 선물 전달식이었다. 많은 선물이 있었는데, 그들이 얼마나 큰 관심을 받고 있는지를 보여주는 증표라는 생각이 들었다.

병원의 5월은 매우 분주했다. 병실에 큰 부담이 되었다. 환자 중 가장 관심을 둔 사람은 다리를 다친 여성 환자이다. 의령으로 가는 길이 만들어지고 있는데, 공사 중에 큰 바위가 굴러 그녀의 지붕을 뚫고 떨어져 다리를 덮친 것이다. 우리는 매우 주저하며 그녀의 다리를 무릎 위까

---

* 김도식의 본명은 김성숙으로 진주교회 초기 교인이었고, 광림학교 체조교사를 역임함 _ 편저자 주

지 질단했다. 한동안 그녀는 일기를 원치 않았고, 음식도 거부했다. 그녀의 남편도 염려를 많이 했다. 그녀는 집으로 가길 원했고, 집에서는 또 병원으로 오기 원했다. 우리의 경고에도 그녀의 요구는 몇 번 반복되었다. 그녀의 상황을 알기에 우리는 그녀를 거절할 수 없었다. 그러나 그 결과로 그녀의 상황은 악화되었다.

지난 3개월 동안 이곳의 여러 사역에 매우 흥미롭고 격려되는 일들이 있었다.

18. 3파운드의 교회당*

이 땅에서의 봄은 참으로 아름답다. 4월 초, 멘지스가 진주를 방문했을 때, 12마일 떨어진 바닷가 선진이란 곳으로 벚꽃 구경을 갔다. 일본인들이 산에 벚나무를 심어 놓았다. 벚나무 군락 중간쯤 잔디 위에 많은 텐트가 쳐져 있었고, 관광객들에게 맥주와 막걸리 등을 팔기 위하여 상인들이 준비하고 있었다.

우리는 곧 사람들로 둘러싸였고, 그들은 흥미로운 미소로 우리를 쳐다보았다. 우리는 그들이 지켜보는 가운데 오후 다과를 할 수 없어서 다시 차를 타고 소나무가 있는 조용한 곳을 찾았다.

기록적인 성경학원

4월에 여성 성경반이 시작되었다. 50명 이상의 여성들이 참석해서 기록을 세운 해가 되었다. 그리고 졸업한 전도부인들이 한 달간의 수업을 위하여 들어와서 모두 70명이 되었다. 공부 외에도 여성들은 주일

---

* 크로니클, 1931년 9월 1일, 5-6.

오후 주일학교 지부에서 설교를 많이 했다.

둘개에는 최소 5명의 학생과 한 교사가 방문했으며, 앞을 못 보는 하 전도부인의 강의는 인기가 있었다. 성경반의 선교사는 알렉산더, 스키너, 스코트 그리고 매카그이었으며, 한국인으로는 우리 목사 이약신, 주일학교 담당 심문태, 하 전도부인, 마산의 김승희, 통영의 이애시이다. 좋은 교사진이다.

병원의 사역

지난 3개월 동안 병원에는 일이 많았다. 특히 두 명의 여성이 복부 수술을 받았고, 지금은 교회에 나오고 있다. 우리는 그들이 신앙을 받아들여 매우 기쁘다. 며칠 전에는 차 사고로 입원한 환자가 있었다. 여성인데 다리 하나가 차에 치였다. 병원은 운전사와 사람들로 인하여 붐볐다. 우리 소견은 즉시 다리를 절단해야 했지만, 남편이 오기까지 기다려야 했다. 11시쯤 남편이 와서 동의했고, 우리는 수술을 시작했다. 그녀는 잘 견디고 있다.

천식에 걸린 한 소녀는 무료병동에 있는데, 나에게 교회에 가고 싶다고 했다. 그녀는 두 번 믿은 적이 있다고 했는데, 사실은 교회에 두 번 가본 적이 있다는 뜻이었다.

테일러는 훌륭한 엑스레이 사진을 찍었다. 엑스레이를 통하여 한 여성의 다리를 촬영했는데, 이제 정확히 문제가 무엇인지 알았기에 수술을 할 수 있었다. 그녀는 온전히 완쾌될 것이다.

3파운드의 교회!

병원의 전도회 일꾼이 일하는 석사리 마을에서 소문이 들려왔다. 교회당을 위한 집과 방을 놀랍게도 30엔(3파운드)에 구입할 수 있다는 것이다. 그 마을의 교인들은 보리 수확을 마치면 15엔을 헌금할 수 있다고 했다. 또한 한의사 한 명도 5엔을 헌금했다. 전도회도 5엔을 기증하고, 20엔을 빌려주었다. 보리 수확이 끝나면 돌려준다는 약속을 받은 것이다.

그 집과 부지를 매입했다. 한국인들은 현재 현금이 거의 없다. 전보다는 낫지만, 쌀값은 아직 낮다.

진주 일꾼들의 운동

4월에 학교 방학이 시작되자마자 클라크는 평양과 광주의 주일학교 사역 강의를 위하여 2주간 떠났다. 평양에서는 신학교 대학원생들을 가르쳤으며, 광주에서는 그 지역 주일학교 교사들에게 강의했다. 광주에는 50개의 주일학교가 있다.

커닝햄은 두 달 동안 성경개역위원회의 일을 위하여 서울에 머물렀다. 그는 거창에서 두 명의 장로 안수식에 참여하고, 진주에는 6월 1일 도착할 것이다. 보어랜드 부부는 언어 공부에 열심을 다 하고 있다. 그는 매주 남진주교회에 가고 있으며, 조사의 부재 속에 예배를 인도하고 있다. 조사는 평양신학교의 학생이다. 지난 주일에는 보어랜드가 매카그의 차를 타고 문산에 있는 교회에 가서 설교했다. 문산교회의 조사도 신학 공부를 위하여 떠나있다.

진주교회는 매 주일 아침 붐비고 있다. 교회당 바닥에 서로 가까이 앉아도 모두가 참석하기 어려울 정도이며, 어린이들은 강단 위에 목사 옆에 앉는다. 교회도 부흥했고, 또 클라크가 어린이 예배를 다시 시작하기로 했기 때문이다. 그들은 지난 주일 처음으로 모였고, 보어랜드 부인이 찬송을 돕고 있다.

19. 마산을 방문하는 간호사*

1월이 막 지났다. 날씨가 온화한 편이라 이번에는 소한과 대한이 오고 가는 것도 느끼지 못했다. 작년과는 다른 것이 그때는 파이프가 얼어 터졌었고, 석탄비도 많이 나왔다. 환자들이 춥다고 불평할까 봐 우리는 염려도 했었다.

병원의 직원들은 바뀌지 않았다. 이 박사가 아직 우리와 함께 있는데, 조용하나 효과적으로 코와 목 수술을 담당하고 있다. 그는 이 분야의 전문가이다. 또한 간호사를 가르치는 업무도 공유하고 있다.

테일러 박사는 열흘마다 차를 타고 반성에 간다. 그곳에서 16명 정도의 환자를 본다. 엑스레이가 큰 도움이 되고 있는데, 특히 뼈에 관한 진단을 위해서이다. 몇 명의 환자가 이 문제를 가지고 있다. 위층과 아래층의 무료병동은 환자들로 만원이다. 가장 오래된 입원 환자인 태원이는 발목뼈에 문제가 있는데, 나아지고 있다. 예전에 그는 작은 부처처럼 말없이 앉아 있기만 했는데, 지금은 발랄하고 말도 많이 하고 있다. 아마 한 여성이 공급하는 콩우유를 섭취한 까닭이기도 한데, 그 여성은 콩우유를 만드는 방법을 네피어에게서 배웠다. 병원은 그 우유 적당량을 태원이에게 공급하고 있다.

병원의 전도회

병원의 전도회는 현재 일꾼을 고용하여 원래 마을인 석사리에서 한 달 중 절반을 일하고 있다. 그리고 나머지 시간은 우리의 환자가 있는 새 마을에서 전도하고 있다. 석사리에서의 사역은 잘 되고 있으며, 그곳

---

* 크로니클, 1932년 5월 2일, 9.

의 작은 교회에 사람들이 참석하고 있다. 새 마을에서는 아직 눈에 보이는 결과는 없지만, 전도부인이 돌보며 안정적으로 가르치고 있다.

전도회는 4곳의 주일학교를 돕고 있는데, 모두 성탄절에 병원과 관계되었던 곳들이다. 우리는 성탄절에 돈을 주어 과자와 선물 등을 살 수 있도록 도와 왔다. 전도회는 수요일 아침 경건회에서 모은 헌금으로 서울의 구세군이 운영하는 구제의 집에 있는 한갑이에게 한 달에 3엔씩 석 달을 보냈다. 그의 부친은 대구 근처 교회의 지도자였는데 사망했다.

전에 강 부인으로 알려진 새 교회의 전도부인은 이제 신 부인으로 불리며, 그녀는 봉급을 받는 병원의 전도회 회원이 되었다. 회원들은 매달 회비를 내며, 이제 성미 비용도 그녀의 봉급의 일환으로 지불된다. 11월까지는 성미 비용을 새 교회를 위한 건축기금으로 모았고, 약 250엔 정도를 회계에게 전달했다.

마산을 방문하는 간호사

시니어 간호사들은 돌아가며 한 달에 한 번씩 마산의 유아 보육회 모임에 가고 있다. 또한 그곳의 여학교에서 보건 위생을 강의한다. 그들이 방문할 때 그곳에서 성경반이 열리기라도 하면, 그들은 반에 초청받아 강의하기도 한다. 그들은 돌아올 때 항상 전에 병원을 다녀간 환자들의 소식도 가지고 온다.

둘개의 새 교사

병원 전도부인의 16세 아들 달구는 존의 모친, 주학이의 언니 그리고 나와 함께 주일 오후 둘개에 갔다. 그는 그곳에서 소년들을 가르치는데, 클라크의 토요일 저녁 예비반 학생으로 열정이 넘친다. 그는 수년 동안 교회 주일학교의 신실한 학생이었는데, 이제 주일학교를 다니기에는 너무 나이가 많다고 느끼고 있었다. 그는 이제 교사단에 합류하게 되어 좋아하고 있다.

그의 모친은 나에게 그를 성탄절에 봉사시키라고 했지만, 나는 조심스럽게 대답했다. 같은 나이의 둘개의 지도자 아들도 소년반을 가르치고 있었기에 문제가 생길 수 있었기 때문이다. 그러나 그는 정기적으로 가르치지는 않고 있다. 상의하여 소년반은 다시 조정되었고, 지금까지 잘 운영되고 있다.

진주교회의 새 목사

우리는 교회의 새 목사인 윤 목사*와 아내를 둘개의 성탄 예배에서 함께 할 수 있어 영광이었다. 그들은 그곳이 아름다운 곳이라 했고, 모두 기독교인이 되어야 한다고 했다. 내가 예전에 그곳에는 박해가 있었고, 교인들이 흩어진 적이 있다고 말하자 목사 부부는 믿을 수 없다고 했다.

진주교회는 지금 남성경학원으로 인하여 사람들이 더 많아졌다. 그들은 윤 목사 앞에서는 정자세로 앉는데, 교회에서는 그렇게 앉아야 한다고 그가 가르쳤기 때문이다! 커닝햄은 말하기를 이번에 가장 많은 학생이 참가했고, 모두 선하게 보이는 청년들이라 했다.

---

* 윤인구 목사 _ 편저자 주

20. 금강산을 등산하다*

레잉 환송회

레잉은 5월 18일 진주를 떠났다. 그녀의 많은 친구에게 큰 슬픔이었다. 그녀가 떠나는 날에 비가 억수로 왔고, 사람들은 하늘도 운다고 했다. 교회에서는 떠나기 전날, 기도회 후에 환송회를 열었다. 윤 목사**는 여행 가방을 선물로 주면서, "다시 돌아올 때 가지고 오기를 희망한다"라고 했다.

이때 나는 공의회와 테일러가 휴가를 떠나기 전에 금강산에서 짧은 휴가를 보내고 있었다. 그리고 부산에 가서 레잉을 만났고, 그녀가 페리를 타고 일본으로 떠나는 것을 보았다.

금강산이 부르다

봄에 금강산을 꼭 가보고 싶었다. 우리의 한국인 의사 이 박사가 동경에서 두 달간의 대학원 연수를 마치고 돌아오자마자, 나는 떠날 채비를 했다. 둘개의 나이 든 한 여성 집사와 가기로 했는데, 그녀는 지난 10년간 그곳의 예배를 거의 빠지지 않은 교인이었다. 그녀는 여행해 본 경험이 없었는데, 내가 그러라고 하기 전에는 아무에게도 표를 보여주지 않았다. 그녀는 누가 어디를 가느냐고 물어보면 (한국에서는 보통 그렇게 물어본다) 다음과 같이 대답했다.

---

* 크로니클, 1933년 9월 1일, 6-7.

** 윤인구 목사 _ 편저자 주

"금강산에 갑니다. 이분은 진주의 배돈병원 데이비스 박사입니다. 나는 그녀와 함께 금강산 구경을 갑니다. 하나님의 은혜입니다."

그리고 그들에게 설교를 시작했다.

불교의 성지

금강산에서 가장 큰 절인 유점사에서 그녀는 길에서 만난 서울에서 온 부부에게 성경 이야기를 하려고 했다. 그들은 친절했고, 그 이야기를 해주길 원한다고 했다. 그들은 동의했고, 그녀는 창조부터 인간의 타락, 노아의 홍수 등을 이야기했다. 시간이 오래 걸렸다.

그다음 날, 우리는 안내자와 함께 산 위의 한 작은 절에 갔다. 그곳에는 여성 스님들만 있었다. 그들은 짧은 머리에 남성복과 같은 옷을 입고 있었다. 그중 주지 스님이 우리와 함께 큰 바위가 있는 곳까지 동행했다. 그곳에서 아름다운 경관을 내려다 볼 수 있었다.

나와 동행한 그녀는 그 풍경과 아름다움에 취하여 "하나님의 작품이자 하나님의 은혜"라고 외쳤다. 그녀는 기도하기를 제안했고, 친구 스님도 기도를 듣기 원한다고 했다. 안내원과 스님 그리고 내가 고개를 숙이자, 그녀는 기도를 시작했다.

만개의 폭포 계곡

우리는 산에서 내려오면서 같은 바가지로 샘물을 마셨다. 내가 먼저 마셨고, 나머지는 바가지를 가시지도 않고 그냥 그대로 마셨다. 우리는 이날 가장 높은 비로봉까지 올라갔고, 초봄과 늦봄을 모두 보았다. 아래쪽에는 연한 핑크빛의 진달래가 군데군데 무리를 지어 피어있었고, 길기에 촉촉한 길 위에 노란 펜지가 피어있었다.

높이 올라갈수록 나무에는 이제 잎이 나오기 시작하는 모습이었고, 진한 색의 진달래가 피어나기 시작했다. 우리의 훌륭한 등산은 비가 오는 것으로 마쳤다. 그러나 그 물기는 비로봉 아래 숙소의 온돌방에서 금방 말랐다. 밤에는 비가 많이 쏟아졌고, 나는 거기서 발이 묶일까 봐 염려되었다. 그러나 다행히 아침에는 비가 그쳐 우리는 마지막 일정을 할 수 있었다. 만개의 폭포에서 장안사까지 가는 일정이었다. 그곳에는 전차가 있어서 서울로 가는 기차를 탈 수 있었다.

성경학원 방문자들

우리 선교부의 성경학원이 마칠 때 우리는 방문 교사들을 못 만났다. 이번 수업의 첫 부분은 스코트, 호킹, 테잇, 던이 가르쳤고, 알렉산더는 테일러 집에 머물렀다. 후에는 스키너가 호킹의 집에 거했고, 스코트와 테잇을 대신하여 한국인 교사들이 가르쳤다.

클라크는 강의하기 위하여 자신의 침구를 가지고 왔으며, 이들이 제공하는 음악으로 인하여 감사했다. 십여 년 전에 우리에게 피아노를 기증한 스튜어드 씨에게 우리는 무한 감사했다.

성경학원 졸업식에서 교가를 부르는 한국인 중에 머리카락 색깔이 좀 옅은 사람이 있었는데, 나중에 보니 테잇이었다. 그녀는 시골 방문을 마치고 달려왔고, 자신의 전도부인의 옷을 빌려 입고 급하게 졸업식에 참석한 것이다.

심 부인의 경우

선교사 공의회 후에 네피어는 우리 지방의 첫 장로이자 목사인 심장로*의 부인을 진주로 데리고 왔다. 그녀는 멘지스와 초기 선교사들에게 잘 알려진 여성이다. 부산의 역무원 힝 씨는 그녀의 여행길을 매우 잘 도와주었다.

심 부인은 두 달 전에 지붕에서 떨어져 허리를 다쳤다. 그 이후 그녀의 몸이 마비되었다. 그녀는 초량의 철도병원에 입원해 있었는데, 매우 비쌌으며, 그녀는 기독교 병원에 입원하길 원했다. 그래서 이곳으로 오게 된 것이다.

심 부인의 작은 아들이 그녀와 함께 있으며, 잘 돌보아 주고 있다. 이제 그녀는 다리를 조금 움직일 수 있으며, 감각도 돌아오고 있다. 그러므로 우리는 그녀의 완전 회복을 희망하고 있다.

21. 나의 사랑하는 책**

1934년 10월 24일, '키타노 마루' 호가 나가사키에 도착했다. 즐거운 여정이었지만 중국해에서 바람과 파도로 고생을 좀 했다. 이제 또 다른 여정의 길이다. 세관 검사관이 종이 포장을 찢더니 내 책 하나하나를 넘겨보았다. 불온서적이 있는지 보는 것이었다. 그러나 모두 무사히 통과되었다.

기차로 큐슈를 관통하여 페리까지 잘 이어졌고, 다음 날 아침 부산에 도착했다. 신선한 가을바람이 불고 있었고, 나는 3개월 만에 처음으로 좀 추운 감을 느꼈다. 나는 동래의 내 동생과 이틀을 머물렀다. 그리고 토요일 저녁 진주에 도착했다.

토요일은 병원이 오전에만 일하기에 도착하기 좋은 날이다. 대부분

---

* 심취명 _ 편저자 주

** 크로니클, 1935년 5월 1일, 3-5.

의 직원들이 나를 만나기 위하여 선교부에 나와 있었다. 교회 목사의 아내 그리고 여성 교인들, 모두 따뜻하게 나를 반겨 주었다. 교인들은 나의 부모에 관하여 물었고, 왜 함께 오지 않았는지 물었다.

나는 곧 새 의사인 조 박사를 만났고, 며칠 만에 곧 일과에 적응하였다. 조 박사와 나는 아래층에, 테일러와 이 박사는 위층에서 일했다. 이 박사는 이비인후과를 담당했고, 테일러는 특별한 환자와 엑스레이를 맡았다. 나는 여성들을 여성 병동에 입원을 시켰고, 그들을 치료했다. 눈과 목의 경우만 제외하고 여성 환자들은 모두 나의 책임이다.

우리는 보통보다 더 바쁜 겨울을 보냈다. 산부인과에 많은 일이 있었는데, 한번은 미션 박스를 통해 온 새 침대보를 제외하고 침대보가 부족했다. 또한 수술실에 멸균 거즈도 부족했다.

병원 일을 제외하고, 12월에는 각종 총회와 성탄 축하 그리고 환송식이 열렸다. 병원 전도회의 총회에서 내가 회장으로 선출되어 깜짝 놀랐다. 새 의사인 조 박사는 '감독자'로 임명되었다. 다행히도 나는 필요할 때마다 그에게 사회를 보도록 요청할 수 있었다. 그는 또한 나의 말을 이해할 수 있는 한국어로 도와주기도 했다. 그는 좋은 매너를 가졌고, 직원들에게 인기가 있었다.

이 모임에서 이번 성탄 행사를 우리 전도부인이 일하는 두 곳에서 열기로 했고, 두 개의 그룹으로 서로 다른 날 코트렐 선교사가 운전하는 '베시'를 타고 가기로 했다. 하루는 녹사리, 다른 날은 충철리이다.

나의 그룹은 녹사리로 가게 되었는데, 그곳에 100명의 어른과 어린이가 작은 교회당에 모였다. 전도부인이 준비한 대로 프로그램이 진행되었다. 마지막 찬송은 "나의 사랑하는 책"이었고, 모두 목청 높여 불렀다. 이곳 사람들은 이 찬송을 즐겨 부른다는데, 자신의 어머니가 성경을 가지고 있던 사람이 거의 없을 것 같고, 또 그것을 다 읽은 사람도 거의 없을 것이다! 다음 세대를 위하여 이 찬송이 좀 더 적절한 내용이 되기를 희망한다.

미션 박스를 통해 받은 목도리와 장갑을 많은 사람이 하고 있다. 마을 사람들은 이 선물을 좋아한다. 우리가 떠나기 전, 우리 병원에서 태어난 아이들에게 다시 내가 소개되었다. '병원'이라는 이름으로 우리는 서로 기뻐했다.

그다음 날, 다른 그룹은 다른 마을에 가서 성탄 예배를 드렸는데, 돌아오는 길에 경찰에 의하여 제지되었다고 한다. 경찰은 무슨 일을 했는지 물었고, 이름과 나이, 직장 등을 적어 갔다고 한다. 그러나 아무 일도 일어나지는 않았다. 그 성탄 모임은 문제없는 것으로 생각한 것 같다. 그러나 우리는 세 개의 마을에서 열리는 두 번의 부흥회를 먼저 허락을 받아야 했다. 그 집회는 지금 열리고 있는 남성 성경학원 학생들이 인도하는 부흥회이다.

병원의 전도회의 총회에서 우리는 진주의 북쪽 계곡에 있는 드무실에서 주일학교를 계속할 것인지 논의했다. 결론은 계속하기로 했다. 그 달의 야근 간호사, 나, 김연복, 시약소에서 남성 한 명이 임명되어 매주 그곳을 방문하도록 했고, 어떻게 진행되는지 매주 수요일 보고하기로 했다.

1월 6일 우리는 33명의 어린이로 시작했지만, 2월 3일 16명으로 줄었다. 그러나 재미있는 시간도 있었다. 진주를 방문한 뉴 선교사가 주일에 우리와 함께 그곳에 갔다. 그는 우리의 원시적인 반에 흥미를 가졌고, 아이들이 마당에 가마니를 깔고 앉아 공부하는 모습을 보았다. 그 옆에는 그 집의 사망한 모친을 위한 제단도 있었다 … 용석이가 아이들을 가르쳤다. 그는 아이들에게 "나의 사랑하는 책"을 가르치려 했지만, 내가 말렸다.

12월의 첫 송별회는 병원의 김정수 전도사를 위하여 열렸다. 그는 잠언서에 관심을 가졌고, 마침내 끝까지 읽은 사람이 되었다. 직원들은 그에게 잘 보상한 성경을 선물로 주었다. 병원은 참석한 사람들에게 보리차와 과자를 대접했다. 그의 자리에는 다른 지역의 전도사가 두 달씩 돌아가며 올 것인데, 지금 마산에서 함 전도사가 와 있다. 우리의 간호사 중 한 명의 오빠이다. 정직한 사람으로 우리가 하는 일에 매우 관심을 가지고 있는 듯하다.

지난번 내가 부산진에 도착했을 때 매우 슬픈 소식을 들었었다. 둘개 지도자의 18살 되는 딸 박영희가 결핵성 복막염으로 죽었다는 것이다. 이것은 놀라운데 그 소녀는 항상 강하고 건강해 보였기 때문이다. 그녀는 여기 동래 학교를 나왔고, 세브란스에서 간호사 훈련을 받았었다. 그녀가 진주의 여학교를 다닐 때, 캠벨이 그녀를 통하여 둘개에서 주일학교를 시작했고, 지금은 교회당을 가진 교회가 된 것이다.

둘개에서의 나의 첫 번째 주일에 나는 그 부모와 형제들의 슬픔을 느낄 수 있었다. 나는 둘개의 첫 열매인 그녀를 기념하여 무엇인가 하기를 원했다. 그래서 그 교회에 작은 오르간을 선물했다. 12월 첫 주에 설치되었다.

12월 중에 그 지도자 집에 한 여아가 태어났다. 그는 영희 대신 하나님이 주신 아이라고 했다. 자신의 언니보다 교회에 더 귀하게 쓰일 것이라는 말도 덧붙였다. 부모는 그녀를 대 영희라고 불렀는데, "영희 대신"이라는 의미이다.

윤 목사와 이 박사가 둘개의 성탄 예배에 참석했는데, 진주교회의 목사로 윤 목사의 마지막 방문이라고 생각하니 슬펐다. 그는 진주교회에 사표를 내었고, 마산 호신학교의 보어랜드를 대신하여 교장으로 가게 되었기 때문이다. 그래서 12월 중의 또 다른 송별회는 윤 목사 부부를 위한 모임이 되었다. 이 경우는 모두에게 상심이 되는 소식이었다.

진주지역의 주일학교 연합회는 클라크 자리에 나를 "추진자"로 임명했다. 내 임무는 이미 존재하는 학교들을 방문하고, 새로운 학교를 시작할 곳이 있는지 살펴보고, 교사들이 어느 학교로 갈지 안배하고, 수업 준비반이 운영되는지 보는 것이었다. 지금까지 나는 한 학교를 방문할 수 있었고, 드무실에는 정기적으로 가보길 원하고 있다.

여학교의 전도부인 강신애는 다리를 저는데 성경에 관한 한 그 내용을 세밀히 알고 있다. 그녀는 특별히 온화하고 영적인데, 우리 집에서 수업 준비반을 지도한다. 지난번에는 11명이 참석했다. 진주교회의 주일학교 교사들은 정성록 부장이 원하여도 오지 않고 있다. 여름 초에 우리는 모든 주일학교 학생들이 자신의 배너를 가지고 교회에 모여 연합예배를 드리기 희망하고 있다.

매주 화요일 오후 시약소에서 나환자들에게 주사를 놓아주고 있는데, 경찰이 금지시켰다. 그래서 지난 2달 동안 아무도 주사를 맞지 못하고 있다. 병원 주변의 사람들이 민원을 넣은 것으로 알고 있는데, 그들은 나환자를 멀리하길 원한다.

이 박사는 대학원 공부를 위하여 두 달간 일본에 가 있다. 대부분 교토에서 지낸다고 한다. 세브란스 시절 친구들이 그곳에 있기에 그렇게 외롭지는 않을 것이다.

미션 박스는 큰 기쁨이었고, 수간호사는 매우 기뻐했다. 그러나 그것은 또 다른 이야기이다.

22. 경찰과 소풍*

1939년 4월 3일 아름다운 봄날 아침, 우리는 차를 타고 의령으로 통하는 새로 난 길을 달렸다. 스터키 부인, 테디, 머펫, 에드거 그리고 나이다. 이날은 일본 휴일인데, 황국을 건국한 날이다. 집마다 깃발이 나부

---

* 크로니클, 1939년 8월 1일, 7.

졌고, 산골 마을의 집에도 깃발이 보였다. 우리는 5개의 일본어 성경을 조심스레 포장하여, 그 위에 다섯 명의 일본 경찰 이름을 붙였다.

진주에서 7마일 떨어진 첫 번째 도착지에 일본 경찰은 외출하고 없었다. 우리는 그의 아내와 이야기를 했는데, 의사소통이 잘되지 않았다. 그녀는 성경을 받아 남편에게 전해주겠다고 했다.

다음 날 우리는 큰길로 나가 달리다가 작은 길로 들어서 산골에 있는 한 마을에 다다랐다. 그 마을 중간에 경찰서가 있었다. 우리는 여기서 성공적인 교제를 했다. 나는 성경을 가지고 경찰서로 들어갔고, 테디와 머펫 등은 마을의 사람들에 둘러싸여 즐거운 교제를 가졌다.

우리는 다시 산길로 나와 운전을 했다. 테디가 점심을 먹자고 하여 깊은 계곡이 내려 보이는 곳에 자리를 잡았다. 우리는 먼 길을 왔는데, 테디와 머펫은 길가의 자동차를 보며 흡족해했다.

점심 후, 우리는 의령으로 갔다. 의령의 경찰에 대하여 우리가 들은 바가 있기에 좀 무서웠다. 그래서 두 명이 성경을 갖고 경찰서에 들어갔다. 긴 카운터 앞에서 한동안 기다린 후에야 경찰서장은 외출했다고 누군가 우리에게 말했다. 그곳의 한 사람이 경찰 서장에게 성경책을 전달해 주겠다고 했다. 한국인 경찰 한 명이 우리와 함께 서를 나와 외국인을 보러 차 주위에 몰려든 사람들을 쫓았다.

우리는 돌아오는 길에 칠곡을 통과했는데, 그곳 경찰서에서 멈추었다. 한 젊은 일본 경찰이 즉시 나와 우리를 조사했다. 그는 이 상황을 어떻게 대하여 할지 모르는 듯했다. 마침내 그는 우리가 주는 성경을 받았고, 서장에게 전해주겠다고 했다.

우리는 합천으로 가는 아름다운 길을 달렸다. 중간에 서서 진달래 한 다발을 꺾기도 했다. 테디와 머펫이 꽃에 정신을 팔리고 있는 사이에 언덕에서 다른 차가 오고 있었다.

"차가 온다."

테디가 소리쳤다. 머펫도 따라 차가 온다고 했다. 그들은 그 차가 언덕을 내려가 안 보일 때까지 그 뒤를 응시했다.

마지막 방문 장소는 교회가 있는 안간이었다. 나는 성경 한 권을 들고 경찰서로 들어갔는데, 일본 경찰은 자신의 아내와 한국인 남성 한 명과 앉아 있었다. 대화를 조금 나누었고, 경찰은 그 책을 받았다. 그의 아내가 우리를 경찰서 밖에서 배웅해 주었다.

오후 5시에 우리는 진주로 돌아왔다. 우리는 우리가 준 성경이 읽히기를 희망했고, 읽는 사람에게 축복이 함께하기를 바랐다.

23. 환송 파티(1)*

첫 번째 파티에 초청된 손님은 수리 모친, 진전 모친, 김순이, 차순이, 복이 조모('아마'로도 불린다), 성진보, 조용우, 김도원이었다. 그러나 복이 조모와 김도원은 못 왔다. 복이 조모는 병원이 시작된 지 2년째 되는 해부터 일해 왔는데, 증조할머니이다. 그녀는 무료병동의 환자들을 위하여 음식을 준비하는데, 그들이 먹는 쌀, 콩, 채소, 고기, 김치 등을 구입하는 책임도 맡고 있다.

김도원은 키가 크고 사랑스럽지만, 성격이 강하지 못하다. 당시 병원 문을 지켰다. 나머지 사람들은 세탁방에서 일하는 일꾼, 청소부, 바느질하는 사람, 병원의 잡일을 하는 사람들이었다. 이들의 이름은 병원에서 봉급을 받는 목록 맨 아래에 나와 있는데, 수간호사가 매달 두 번씩 그 명단을 체크한다.

---

* 크로니클, 1940년 1월 1일, 8-10.

매수 목요일 저녁 전 직원이 돌아가며 다 참석할 때까지 파티하기로 결정했을 때, 평소와 같은 분위기가 아니었다. 우리에게 위로가 필요한 때였다. 우리의 원장*이 일본에서 사망했고, 교회 예배는 중단되어 있었고, 성인이나 어린이 중앙 주일학교도 없었다.

그러나 병원의 앞 지하실에서 수리의 모친과 김순이는 매일 빨래와 씨름하고 있었고, 위층에서는 진전의 모친이 복도를 쓸고 광을 내었다. 차순이는 도서실과 찬장 사이의 작은 공간에서 직원들의 유니폼을 수선하고, 파자마를 만든다. 진보와 영우는 간호사가 소리를 지르면 나와서 수술실의 환자를 운반했는데, 진보는 병원 뒤의 지하실에서 석탄과 장작을 보관했고, 창문 닦는 일을 한다. 이 둘 중 한 명은 "밖의 남자" 그리고 다른 한 명은 "집안의 청소부"로 불린다.

우리는 우리의 파티를 목록 제일 아래 사람부터 시작하기로 했다. 맨 위의 열 사람은 의사, 약제사, 총무, 전도사 등이다. 파티에서 무엇을 먹을 것인가에 대하여 나와 주방장 의견이 달랐다. 나는 한국식 국수를 대접하자고 했는데, 주방장은 사람들이 외국인 파티에 오면 외국인 음식을 기대한다고 했다. 그래서 우리는 스콘과 케이크 그리고 차를 준비하기로 했다.

진전의 모친이 먼저 초대를 받았다. 그녀는 자신만 초청받은 것으로 생각하여 두려워했지만, 곧 다른 사람들도 도착하니 안심하는 모습이었다.

만약 복이 조모가 병원 개원 2년째 되는 해에 왔다면, 진전의 모친은 첫해부터 일했다. 그녀의 남편은 '양반'으로 알려졌는데, 가정에는 쓸모없이 대부분의 시간을 일본에서 지냈다. 진전의 모친은 아들 셋과 딸 하나를 자신의 능력 안에서 전부 교육시켰다. 두 명의 아이를 중고등학

---

* 윌리엄 테일러 _ 편저자 주

교까지 공부시켰는데, 세탁방에서 일하면서 많은 성취를 한 것이다. 아들이 학교를 졸업할 때, 낮은 신분인 자신의 모친에게 졸업식에 오지 말라고 했다고 한다. 최근 그는 결핵에 걸렸고, 그녀의 힘든 삶은 아직 끝나지 않았다.

수리의 모친은 진전의 모친에 비하여 5, 6년밖에 되지 않았다. 그녀는 싸움꾼인데, 이를 드러내고 소리를 질러 항의를 하거나 의견을 표시한다. 그녀도 교육을 잘 받은 딸이 있는데, 학교 교사와 결혼했고, 그녀는 엄마의 자부심이다. 내가 병원 전도회의 회계로 매달 회비의 2다임을 받을 때, 진전과 수리의 모친은 절대로 늦는 법이 없었다.

이약신이 진주교회의 목사였을 때, 그는 요한복음 3장 16절과 3개월 동안의 주일학교 주제를 외우는 사람에게 상품을 주었다. 수리의 모친이 그 상을 받았다. 그녀는 성경 구절을 암기하는데 놀라운 재능이 있다. 그녀는 성경을 상품으로 받았고, 그것을 들고 사진도 찍었다.

김순이는 병원에 들어온 지 비교적 얼마 안 되는 여성이다. 그러나 최고의 일꾼 중 한 명이다. 한때 진주 여학교에서 한문을 가르쳤던 심장로의 며느리인데, 성경학원에서 공부도 했다. 그녀는 3마일 정도 떨어진 팥밭골에 있는 우리의 주일학교에서 중심적으로 일을 하기도 한다.

그녀는 신앙에 의지하여 사는 존경할만한 여성이다. 우리가 팥밭골에 부흥회를 안배하자 그녀의 얼굴은 빛이 났다. 종일 병원에서 일을 하고도 그녀는 에드거의 모친이 만든 파란색 목도리를 두르고 앞장서서 전도했다.

바느질을 하는 차순이는 최근에 왔다. 그녀는 한때 무료병동의 환자였는데, 얼마나 감사를 하는지 부끄러울 정도였다. 그녀는 우리를 천사처럼 보았던 것 같다. 그녀는 한동안 곽 전도부인 집에서 집안일을 했는데, 그녀에게서 영감과 성경 공부를 많이 받았다. 차순이는 깊고 진실한 신앙을 지닌 것 같다. 그녀는 몸이 약하고 말라리아로 고생을 하고 있지만, 수일에 차가 있으면 1마일 반 떨어진 약골에 가서 여성들을 가르쳤다. 내가 휴가를 떠나기 전까지 그것이 가능했다.

우리의 튼튼한 두 명의 남성, 진보와 용우는 결혼을 통한 친척 관계에 있다. 용우의 아내가 진보의 동생이다. 진보는 주로 수간호사와 일을 하지만, 석탄과 관련되는 일은 나에게 보고한다. 그는 또한 차를 관리하고 바퀴를 고친다. 그는 주일학교에 관심이 있었다 없었다 하는데, 교육적 배경이 없기 때문인 것 같다. 그는 "밖의 일"을 그만두고 병실에서 일하고 싶어 하지만, 나는 그가 지금의 그 일을 계속 하는 것이 더 좋다.

용우는 우리 직원 정치가이다. 에드거가 그에게 무솔리니며, 히틀러며, 유럽의 대공황이며, 소식을 다 전해주어 우리가 일본에서 신문을 받기도 전에 그에게서 소식을 듣는다. 우리는 한 파티에서 매카그의 여행 우편 엽서를 그에게 보여주었는데, 그는 로마와 파리에 큰 관심을 가졌다. 그의 아내는 앉아서 자기 남편의 대화를 사랑스럽게 쳐다보았다. 최근에 그는 맹장 수술을 했고, 수술 후 신문을 읽으면서 세상 돌아가는 것에 대하여 철학적으로 말하기도 했다. 하루는 에드거가 독재자들의 행태를 말해주는데 그는 다음과 같이 말했다.

> "그러나 오늘의 제일 흥미로운 뉴스는 한 한국인 장로가 일본의 신사에 들어가 그곳에 모인 사람들에게 여호와는 하나님이다'라고 외친 것입니다."

24. 환송 파티(2)*

마지막 파티가 있었다. 제일 스타일 있는 모임이었다. 먼저 두 명의 의사가 서양식 옷을 입고 나타났고 함 전도사가 왔고 모두 깨끗한 하얀

* 크로니클, 1940년 3월 1일, 6-7.

두루마리를 입고 들어 왔다. 약제사 정성도, 그의 보조 김 씨, 실험실 기술자 김만수 그리고 총무 강문서인데, 그는 때로 "위니 더 푸"로 불리기도 한다.

파티의 시작은 축음기를 들으며 사진을 관람하는 것이었다. 당시 내가 즐겨듣던 음악은 "멜버른으로 여행을 떠나자"였다. 참석자들 모두 영어를 조금 알기에 이 노래를 두 번이나 틀었다. 그들은 이 노래의 분위기를 좋아했다.

김 박사*는 나에게 멜버른을 방문하길 원한다고 종종 말했다. 그는 우리가 정부 병원에 비하여 시설과 인력이 부족함을 앎에도, 정부 병원에 반대하여 미션 병원을 주장하는 의사였다. 최근에 한 방문자가 우리 병원을 방문하여 내가 수술실을 보여주었는데, 그는 수술실에 부족한 것이 많다고 언급했다. 그때 김 박사는 사실보다는 충성에 근거하여 다음과 같이 말했다.

"예. 그러나 우리는 어떤 수술도 할 수 있습니다."

한 가지 흥미로운 사실은 통영에서 일하던 테일러 박사가 김 박사의 집을 종종 방문했는데, 그의 부친이 고성교회의 오랜 장로였다. 김 박사의 부모 모두 좋은 기독교인이었다.

로우 박사는 감리교 의사이고, 기독교인 2세인데, 그의 부친은 조선신학교 호레스 언더우드 박사의 오랜 비서였다.

정성도, 강문서, 김만수는 배돈병원과 관련되어 잘 알려져 있는 인물들이다. 이들은 소년일 때부터 우리와 함께했다. 이 중 두 명은 오래전에 우리의 남학교를 다녔고, 정 씨와 강 씨는 장로가 되었고, 만수는

* 김준기 _ 역자 주

십사로서 역할을 하고 있다. 만수는 실험실과 엑스레이를 찍는 일뿐만 아니라 도서실을 책임 맡아 찬송가, 성경, 주일학교 교재 등을 팔고 있다. 보조 김 씨와 함 전도사는 이제 병원을 떠났기에 언급하지 않겠다.

로우 박사를 제외하고는 이들 손님 모두 결혼했기에 우리는 그들의 아내도 초청하려 했다. 그러나 결국 모임을 두 번 하기로 했다. 그러나 성탄절 전에 또 한 번의 파티를 하는 것은 쉽지 않았다. 한국식 관례에 의하면 아내들은 초청하지 않아도 괜찮다고 했다.

우리는 게임을 하고 놀았는데, 몇 명에게는 새로운 것이었지만 열성적으로 참여했다. 문서와 만수 그리고 성도 모두 즐겁게 자신의 게임에 몰두했다. 맥라렌 박사가 이 당시 우리 선교부에 있어서 스터키가 그를 모임에 동행해 왔고, 그들이 함께함으로 파티는 더욱 흥이 났다. 매카그가 제안한 야식을 함께 먹고 우리는 파티를 마무리했다. 그녀는 '우아한 파티'에 알맞은 마지막 음식을 쉴즈에게 배웠다. 이것은 야식을 만들어 봉사할 사람이 없을 때 미리 준비하는 것이다.

파티 전에 커다란 케이크를 준비하고, 각 접시에 오렌지를 하나씩 담고, 차와 함께 대접한다.

25. 진 데이비스가 캠벨에게*

경애하는 캠벨 양에게,

나는 9월 20일 진주에 도착했습니다. 매우 좋은 여정이었습니다. 뒤돌아보니 멜버른의 스펜서 스트리트 역에 많은 친절한 친구들이 나와 나를 배웅해 주었습니다. 시드니에서는 워드 부인이 기금을 모으는 한 작은 모임에 나를

---

* 크로니클, 1941년 1월 1일, 6-7.

안내했고, 브리즈번에서는 톰슨 부인의 소개로 한 시골 지역 모임에서 연설을 했습니다.

그리고 항해 도중 라불에서는 대영제국도 통제 못 하는 큰 파도가 쳤고, 마닐라에서는 후튼 양을 비롯한 일행과 즐거운 관광을 했습니다. 홍콩에서는 베티 페이튼을 5일간 방문했고, 상해에서는 빌론다키 부부의 환영을 받았고, 무크에서는 19개의 짐을 모두 열어 일일이 세관 검사를 받았습니다. 그날 일본 여관에서 하루를 쉰 다음, 기차로 4시간 반을 달려 모지로 갔습니다. 그곳에서 작은 페리를 타고 부산에 왔고 그리고 마침내 이곳의 친구들과 행복하게 조우했습니다.

"기뻐하는 중에 여호와께서 그들이 바라는 항구로 인도하시는 도다."

그런데 내가 도착한 그 날 아침에 별로 안 좋은 소식을 들었습니다. 병원의 직원 3명이 체포되었다는 것입니다. 그들은 현재 구치소에 있습니다. 총무, 전도사 그리고 "밖의 남자"가 그들인데, 이들은 전국적으로 이날 체포된 천 명 중의 세 명인 것입니다.

…

병원에는 5개의 부서가 6개로 바뀌어 있었습니다. 김 박사는 수술실, 이 박사는 내과, 안 박사는 이비인후과, 김 부인은 치과, 맥라렌은 신경학과 그리고 나는 산부인과입니다.

모든 부서는 한국어와 한문으로 부서 이름이 쓰였고, 외래 환자부는 다시 안배되어 예전보다 혼란을 많이 줄었습니다. 현관 안에 페이튼 박사와 부인의 큰 사진이 걸려 있고, 테일러 박사의 사진은 위층 대기실에 걸려 있습니다. 원래 창고였던 남성 무료병동은 빨간 벽돌 위에 하얀색을 칠하여 매우 좋아 보였습니다. 건물 안의 난방 기구들이 확장되었고, 새로 설치된 난로들로 인하여 겨울을 편안하게 보낼 것입니다. 도쿄의 테텐스 씨가 엔지니어이고, 스터키가 이 모든 것을 준비하고 감독했습니다.

…

이 양과 그녀의 모친은 병원에서 얼마 안 떨어진 곳에 집이 있습니다. 예비 간호사들은 학교 기숙사에 있는데, 우리의 사택 옆에 있습니다. 지금은 그것으로 충분합니다. 5명이 있는데 한 여성이 그들에게 음식을 해주고 있습니다. 두 명은 부산의 건강한 아이들의 집에서 왔고, 한 명은 마산에서, 한 명은 거창에서 왔습니다. 다섯 번째는 사천의 순회 전도 목사 김도식의 딸입니다.

…

두 대의 차를 댈 수 있는 차고는 스토브와 건조대를 놓아 빨래를 말리는 곳이 되었고, 그 일을 하는 직원들이 이 공간을 좋아하고 있습니다. 우리의 실험실과 엑스레이 기술자는 평양에 가 연수를 받았고, 좀 더 나은 사진을 촬영하고 실험을 더 할 수 있게 되었습니다.

…

맥라렌 박사가 아직 이곳에 있을 동안 특별한 방과 상담 방을 마련해주기 위하여, 새 성경학원 기숙사를 5개월 동안 사용할 수 있도록 요청을 했습니다. 그곳에는 한국식 방이 6개 있는데, 전염성이 없는 환자가 비용을 지불하고 그곳을 사용하길 원한다면 내어줄 수 있도록 말입니다. 만약 이것이 성사되면, 우리가 필요한 '특별한 방' 문제는 당분간 해결될 것입니다. 병원에는 현재 개인 방이 하나밖에 없습니다.

우리는 세 번째 의사를 위하여 전 총무인 김주학의 집을 매입하기를 원합니다. 선교부 지경 안에 있고, 성경학원과 가깝습니다.

10월 18일 세 명의 간호사가 공부를 다 마치고 수료증을 받았습니다. 그들은 부산에 가서 등록을 위하여 정부 시험을 볼 것입니다. 에드거, 김 박사 그리고 이 양이 주요 교사였습니다.

엘리스 진 데이비스(서명)

26. 진 데이비스 추모사*

우리는 오늘 지난 월요일 92세로 부름을 받은 진 데이비스 박사의 일생과 신앙을 기념하기 위해 모였습니다. 먼저 나는 진의 일생을 요약하겠는데 매우 불충분할 것입니다.

진은 1889년 3월 9일 버닌용에서 존과 애니 데이비스의 딸로 출생했고, 토마스 헤이스티 목사는 그녀의 외할아버지이자 버닌용의 초대 목사였습니다. 그녀의 큰삼촌 헨리 데이비스 목사는 한국의 첫 호주 선교사인데 진이 태어난 해에 한국에 도착했습니다. 그는 다음 해인 1890년 천연두와 폐렴으로 사망했습니다.

진은 먼저 자신의 지역 학교에 다녔고 클라렌돈여학교, 그 후에는 프레스비테리안 레이디스 칼리지에서 공부했습니다. 그녀는 1909년 멜버른대학교 의과대학에 입학했고, 1914년 졸업했습니다. 그리고 1915년 의사로 등록하여 2년 동안 왕립 여성 병원에서 경험을 쌓았습니다.

1910년 한국으로 간 언니 마가렛을 따라 그녀도 1917년 한국으로 의료 선교를 떠났는데, 그해 성탄절 다음 날 출발하여 1918년 1월 한국에 도착했습니다.

진은 휴가를 제외하고 진주의 배돈기념병원에서 의사로 그리고 때로는 병원장으로 섬겼습니다. 1941년 한국의 일본 정부는 한국인이 병원을 운영할 것을 주장했고, 진은 사표를 내고 호주로 돌아왔습니다.

전쟁이 시작되었고, 진은 서부 호주의 더비에 임명되었습니다. 그녀는 코카두섬의 철수를 지원했고, 그 와중에 팔이 부러졌지만 스스로 자신의 팔을 맞추고, 어뢰를 맞은 배에서 구출된 군인들을 돌보았습니다.

1942년 그녀는 에나벨라 선교로 떠났고, 1944년에는 뉴질랜드 나병선교회로부터 뉴 헤브리디스의 나병에 대한 조사를 의뢰받았습니다.

---

* 존 톰슨 그레이, 『첫 호주인 선교사 헨리 데이비스와 그의 조카들』 (동연, 2020), 279-283.

후에 그녀는 다시 북 퀸즐랜드의 원주민 공동체에서 일했고, 마지막에는 1970년대 초 스트라트돈에서 은퇴했습니다. 그녀는 2년 전 건강이 나빠질 때까지 이곳 공동체의 적극적인 회원이었고, 지난 월요일 세상을 떠났습니다.
우리 모두 개인마다 진에 대한 기억이 있습니다. 프랭크 커닝햄은 대학 시절까지 거슬러 올라가 기억하기를 엘스턴위크 사택에 종종 초청되어 밤을 새웠다고 합니다. 그때 진에 대한 기억은 그녀의 쾌활함과 웃음이었는데, 다른 사람들도 기억하는 손으로 입을 가리고 낄낄거리는 웃음도 포함됩니다.
1918년 진이 한국에 왔을 때, 커닝햄은 그녀를 다시 만났습니다. 그는 다시 생각해 보니 진은 여전히 쾌활했지만, 일에 대한 책임으로 그녀의 웃음이 조금 줄어든 것을 느꼈다고 합니다.
제시 맥라렌도 이 모습을 눈치채고 있었습니다. "한국에서 여성 의사가 받는 끔찍한 긴장" 탓이라고 그녀는 말했습니다. 나는 어제 멜버른대학교 여성 졸업자 명단에서 진이 어디쯤 있는지 살폈는데, 이곳에서도 힘들었을 텐데 한국에서는 더 말할 나위 없었을 것입니다.
데이비스 박사는 정말 일본에도 가야 했고, 의술을 펼치기 전 요구되는 등록을 위한 시험을 보아야 했기 때문입니다. 오늘날에도 수술실에 여성 의사가 부족한데, 커와 앤더슨의 책에 의하면 "많은 해 동안 여성과 어린이 환자의 치료와 수술은 대부분 데이비스 박사의 우선 책임"이었습니다.
1925년 멜버른의 위원회는 의료 선교사에 한하여 각 임기마다 2달간의 공부 휴가를 승인했습니다. 진은 도전적인 사람으로 이 기간을 1926년에는 북경연합의과대학에서 기독교 의과 연합회 세미나에 참석했고, 1932년에는 상해의 컨퍼런스와 나병 세미나 그리고 1937년에는 비엔나에서 연수를 했습니다.
데이비스 박사는 원장이었던 테일러 박사와 16년 동안 함께 일했는데, 1938년 그가 사망하자 그의 자리를 이어받았습니다. 이 기간에 병원은 크게 성장했고, 그녀가 은퇴하기 바로 전까지만 하더라도 4개의 부서를 계획하고 있었습니다. 내과, 수술과와 부인과, 이비인후과 그리고 치과였습니다.

진주와 진주 밖의 많은 사람에게 배돈병원은 비신자들에게 복음이 진실이라고 설명하는 돌봄의 증거였고, 그것으로 인하여 그들은 그리스도의 사랑을 알게 되었습니다. 그러므로 진 박사는 단순히 의사가 아니었고, 그녀는 복음 전도 선교사였습니다.

한국인과 호주인 병원 직원들이 함께한 여러 단체 중에 전도회가 있었습니다. 이 단체 두 명의 주요 지도자는 병원에서 일하는 전도부인과 남성 전도사였는바, 병원에서 기독교에 관심을 보인 환자들의 시골집까지 방문하여 관계를 이어갔습니다. 이 단체는 또한 여러 마을에 조직된 어린이와 어른을 위한 주일학교에서 가르치는 일을 했을 뿐 아니라, 마을에 교회가 세워지면 재정적으로 돕는 일까지 했습니다.

신사참배 문제로 그 사역이 제한되었을 때, 제니가 기억하는 대로 진은 그녀를 데리고 지역의 여러 경찰서를 방문하여 경찰들에게 성경을 나누어 주었다고 합니다. 더 신기한 일은 진이 주는 성경을 경찰들이 모두 받았다는 것입니다.

이 모든 이야기는 진이 얼마나 강인한 여성이었는지 보여주며, 자신에게는 엄격하고 스스로를 낮게 평가했는지 말하여 줍니다. 그녀의 동료들 중 최소한 처음에는 그녀에게 경외심이 있었다고 합니다. 한 친척은 다음과 같이 말했습니다.

"그녀는 인생의 초기에 자신의 원칙을 정했다."

예를 들어 그녀는 광신적인 절제의 지지자였습니다. 아무리 맛있어도 프랑스 겨자소스는 사용하지 않았는바, 그 속에 샴페인이 들어 있기 때문이었습니다! 이 모든 이야기가 좀 엄격하게 들리지만, 그녀는 그렇지 않았습니다. 그녀는 자신의 동료들을 친구로 만들었기 때문입니다.

진은 등산을 좋아했고, 선교사들과의 대화 속에 다양한 산과 계곡을 언급했습니다. 에드거 마이너나 메이저(수간호사 엘시 에드거의 이름), 더 엘리스 산책(그녀 자신의 이름) 그리고 테일러 박사의 "두 개의 파이프 등산로" 등이었습니다.

어린이들도 진을 사랑했습니다. 커닝햄의 두 아들은 그녀와 자전거 타기를 좋아했습니다. 한국에서 낳은 나의 세 아이도 진이 받아 세상으로 나왔습니다. 진은 우리와 종종 식사를 함께했고, 전기 축음기를 좋아했는데 우리가 보낸 길버트와 설리반 레코드를 즐겨 들었습니다.

호주와 뉴헤브리디스에서는 진과 거의 함께하지 못했습니다. 그녀는 남호주원주민위원회와 함께 했고, 세이브 더 칠드런 기금과 시골 교회 지원회를 종종 방문했습니다. 에나벨라에서 진을 만난 낸시 셰퍼드는 진의 90살 생일을 위하여 특별히 애들레이드로부터 왔습니다.

뉴헤브리디스 수도 빌라의 녹스 제이미슨 박사는 자신이 휴가를 떠났을 동안 진이 그의 일을 대신했는데, 그는 진의 일을 높이 평가했습니다. 또한 그녀는 그곳에 있는 동안에 교도소를 방문하여 죄수들을 만나기도 했습니다.

진이 마침내 스트라트돈에서 은퇴하게 되었을 때, 그곳에서도 큰 존경을 받았다고 들었습니다.

진이 공헌한 일을 심하게 요약했습니다. 그녀가 한 일을 축소하여 말하려니 심장마비가 올 정도입니다. 그리고 그녀는 지금 우리에게서 말없이 사라졌습니다.

진은 에너지가 넘치고, 도전적이고, 복음적이고, 변치 않는 신념을 가진 강한 여성이었습니다. 책임과 의무를 다하는 사람이었습니다. 그녀는 자신의 주인과 교회, 한국인, 뉴 헤브리데스인 그리고 호주의 여러 원주민들을 최선으로 섬겼습니다.

엘리스 진 데이비스로 인하여 하나님께 감사 드립니다.

멜버른 스트라트돈교회, 1981년 6월 19일

짐 스터키 목사

5장

프란시스 클라크

Frances Clerke (1879~1956)

I. 호주 선교사 프란시스 클라크

프란시스 클라크(한국명: 가불란서)의 장례 예식이 1956년 5월 23일 멜버른에서 열렸다. 진주 배돈기념병원에서 그녀와 함께 일했던 찰스 맥라렌(한국명: 마라연) 박사가 당시 추모사를 읽었다. 다음이 그중 한 부분이다.

> 클라크의 은사 중 우정이 단연 두드러진다. 그것이 얼마나 강한지 국가의 경계, 인종, 나이, 계급 그리고 종교를 뛰어넘는다. 많은 사람에게 그녀는 관심을 가졌고, 많은 사람이 그녀에게 관심을 가졌다.
> 그녀는 '풍성한 삶'의 은혜를 입었다. 우리 주님은 말씀하셨다. "내가 온 것은 양으로 생명을 얻게 하고 더 풍성히 얻게 하려는 것이라." 주님이 주신 삶으로 그녀는 이웃들과 풍성히 나누었다. 가난하고, 무지하고, 병들고, 소외된 사람들이 그녀를 만나므로 생명의 풍성함을 알게 되었다(크로니클, 1956년 7월, 4).

1910년 한국에 도착하여 자신의 가장 좋은 시절 25년을 헌신한 클라크는 77세로 호주 빅토리아 주의 한 병원에서 임종했다.

한국 선교사로의 부름

클라크는 1879년 출생했다. 그녀의 부모는 헌신적인 기독교인이었고, 부친인 클라크 씨는 토목 기사였는데 인도에서 일하고 있었다. 그녀는 그 가정의 장녀였다. 6살 때 부모를 따라 호주 태즈매니아로 이주했으며, 그곳에서 그녀는 초등학교와 중고등학교를 나왔다. 클라크는 학교를 졸업한 후, 호바트 일반병원에서 간호 훈련을 받았으며, 마침내 간호사 자격증을 받았다.

> 이때는 우리 교회와 기독 학생운동 속에 선교사 운동이 일어나고 있었던 시대였다. 멜버른 오몬드칼리지에서 열린 루스 라우즈의 여학생대회에 참석한 클라크는 선교사가 되기로 결단했다. 그리고 얼마 후에 그녀는 멜버른으로 이사했다. 그곳에서 머독 목사의 목회로 인하여 클라크 자신의 신앙과 기독교 이해를 넓혔다. 그녀는 자신의 생 마지막까지 그에 대한 감사를 했을 정도이다(앞의 책, 3).

빅토리아여선교연합회는 클라크의 한국 선교 신청서를 승인했고, 디커니스 훈련소에서 선교 훈련을 받았다. 그리고 1910년 2월 「크로니클」 선교지에 그녀의 사진이 실리는데, 진주 배돈병원 수간호사로 임명되었다는 소식이다. 그달에 그녀는 호주 멜버른을 떠났는데 당시 빅토리아의 한 신문은 그녀의 한국행에 관하여 다음과 같이 보도하고 있다.

> 고도로 훈련된 간호사이자 간호부장인 클라크는 새 병원의 수간호사 직책을 맡아 현재 한국으로 가는 중이다. 한국의 보고에 의하면 그곳의 선교 활동은 매우 빠르게 발전하고 있다고 한다(더 헤럴드, 1910년 4월 7일, 5).

40여 일 동안의 항해 끝에 부산에 도착한 클라크는 한국에 대한 첫 인상을 다음과 같이 적고 있다.

> 우리 여선교연합회가 그토록 관심을 가져온 이 나라의 첫 모습 보기를 나는 얼마나 기다려 왔던가. 나는 당시 여러분의 응원이 나와 함께 있었다는 것을 느끼었다(크로니클, 1910년 6월 1일, 2).

부산에 도착한 클라크는 멘지스, 니븐 등을 만났고, 서매물과 장금이 등을 만났다. 또한 부산진교회의 기도회에 참석하며 느꼈던 소회를 남기기도 했다.

기도회 후에 여성들이 나에게 다가와 손을 잡았는데 그 감정을 어떻게 표현해야 할지 모르겠다. 그들은 나에게 감사했다.
"그 고생을 마다하고 이 먼 곳까지 한국인들을 가르치러 온 것을 감사합니다."
얼굴이 밝고 정직하게 보이는 이 여성들이 기독교 예배에 참석하는 것을 보는 것은 놀랍도록 인상적이다. 이방인들 사이에서 이들의 삶이 바뀌는 모습을 볼 때, 우리 주님의 마음이 이들의 마음속을 채우고, 하나님의 사랑이 이들과 함께한다는 것을 알 수 있다. '어둠의 땅과 죽음의 그림자'에 앉아 있던 이들에게 하나님의 생명이 주어진 것이다(앞의 책, 3).

진주의 첫 환자

클라크는 자신이 임명을 받은 진주로 곧 이주했다. 그녀는 즉시 언어 공부를 시작하면서 진주선교부의 상황을 파악했다. 커를 박사는 시약소를 운영하고 있었고, 배돈병원은 계획과 건축 중이었다. 클라크는 그런 와중에 간호사로서의 사역을 조심스레 시작하였다.

그리고 얼마 안 되어 그녀는 자신의 첫 환자를 만난다. 진주의 한 시장에서 동냥하는 11살 된 아이로 다리의 상처에서 심한 고름이 흐르는 소녀였다. 그녀는 라이얼 부인과 자신의 언어 교사 도움을 받아 그 아이에게 임시 숙소를 구하여 주고 치료를 해주기 시작했다. 그러나 의사가 아닌 그녀에게는 한계가 있었고, 순회 나간 커를이 돌아와야 했다.

우리는 상의를 했고, 그 결과 우리 선교관 아래 공터에 좀 더 나은 임시 숙소를 세우기로 한 것이다. 임시 숙소는 특히 밤마다 어슬렁거리며 먹이를 찾는 개들이 들어 올 수 없어야 한다. 라이얼이 움막 같은 숙소를 세우게 했고, 커를 부인은 방수가 되는 천 재료를 지붕 위에 덮었다.
이날이 끝날 즈음에 우리의 '병원'이 완성이 되었고, 첫 환자가 입원했다. 또한 근처에 사는 한 나이 많은 기독교 여성이 이곳에서 나의 감독하에 그 아이를 돌보기로 했고, 우리는 그 여성에게 음식을 제공하기로 했다.
며칠이 지나지 않아 그 아이의 모습은 놀랍게 바뀌었다. 상처도 벌써 많이 좋아졌는데, 그것이 무서운 나병이 아니라 언젠가 화상을 입어 치료를 제대로 받지 못한 것이기를 희망했다(크로니클, 1910년 8월 1일, 2-3).

이 해 클라크는 한국에서의 병원 운영과 간호사 훈련을 보고 배우기 위하여 서울의 세브란스병원을 방문했다. 그곳의 수간호사인 쉴즈의 도움으로 클라크는 곳곳을 둘러볼 수 있었고, 간호 실습을 잘 받고 있는 한국인 젊은 여성들을 보면서 그녀는 격려를 받았다. 그리고 장차 진주의 병원에서도 계획하는 대로 간호사 훈련학교를 잘 운영할 수 있겠다는 희망을 가지기도 했다.

이해 겨울, 클라크는 진주교회에서 첫 성탄절을 보내었고, 교인들과 여학교의 학생들과 즐거운 시간을 보냈다. 그런가 하면 클라크는 여학교의 스콜스와 함께 순회 전도를 다니기도 했다. 1911년 봄에 쓴 그녀의 편지를 보면 그들은 성경 공부를 인도하기 위하여 남해 섬을 방문하고 있다.

우리 남선교사들은 이 섬을 이미 몇 번 다녀갔지만, 서양의 문명사회에 속한 여성들로는 아마 우리가 처음으로 이곳에 발을 들였을 것이다.
어떤 남성들은 우리에게 매우 예의를 갖추었는데, 좋은 한국 남성 사회에서는 낯선 여성을 보면 뒤로 돌아서는 것이었다. 어떤 사람들은 우리에게 직접적인 호기심으로 "전도하는 부인들"을 뚫어지게 응시했다(크로니클, 1911년 5월 1일, 8).

클라크는 진주의 여러 지방을 다니며 보고 배우고 있었지만, 무엇보다도 그녀의 우선 관심은 의료 선교였다. 시골에서 일어나고 있는 민간 치료에 대하여 그녀는 염려했고, 한 예를 소개하고 있다. 한 소년이 손가락을 심하게 다쳐 커를이 손가락을 절단해야 하는 경우가 있었고, 재방문하라고 했는데, 한동안 보이지 않았다. 그리고 그가 다시 나타났을 때는 그 손 전체가 크게 부패되어 있었다는 것이다. 한약재를 발랐던 것이 감염을 가져온 것이었다. 그녀는 한국식 약은 그것에 무엇이 들어 있는지 모르기 때문에 때로 더럽고 믿을 것이 못 된다고 했다.

이런 경우를 볼 때마다 그리고 병에 대한 무지를 대할 때마다 의료 선교의 필요성을 절감하고 있다. 그리고 이곳 주변 사람들에게 병원 진료의 가치를 가르치는 것과 병원 안에서 치료를 받고 나아지는 것을 보여주는 것은 꼭 필요한 사역이다(크로니클, 1911년 10월 2일, 10).

클라크는 배돈병원 건축 완공을 손꼽아 기다리고 있고, 병원 건물이 이제 마지막 단계에 접어들고 있음을 기쁘게 보고하고 있다. 그리고 환자들을 받을 준비를 하고 있는바, 다양한 의료물품, 즉 수건, 붕대, 탈지면, 베개 충전재, 담요, 튼튼한 옥양목, 무명천, 오래된 침대보 등등을 호주의 후원자들에게 요청하고 있다.

배돈병원의 화재와 개원

그러나 충격적인 소식이 호주에 날아들었다. 배돈병원 건물에 화재가 발생했다는 것이다. 신수에 있던 마가렛 데이비스가 이 소식을 발 빠르게 전하고 있다.

> (1912년) 2월 21일 수요일 밤은 어둡고 습한 밤이었다. 비가 왔기 때문에 주중 기도회는 취소되었고, 교회당 안에는 2월 성경반에 참석하기 위하여 시골에서 올라 온 남성들이 몇 명 있었다. 그리고 갑자기 '불이야' 하고 그들이 외치는 소리를 들었다. 남선교사들은 5분도 안 되어 현장으로 달려왔다. 그러나 그때는 벌써 건물 전체에 불꽃이 보이고 있었고, 맹렬하게 타오르는 모습을 속수무책으로 지켜볼 수밖에 없었다.
>
> 병원 근처의 새 우물에서 물을 길어 뿌렸고, 비도 도움이 되어 불길이 더 옮기는 것을 막을 수 있었다. 그 결과 동편의 건물과 마당에 쌓아 놓은 바닥재는 구할 수 있었다. 만약 이 날밤 비도 안 오고 바람이 불었다면 학교 건물도 불에 탔을 것이다. 그리고 초가지붕의 이웃집들도 화마를 피할 수 없었을 것이다.
>
> 이제 건물은 다시 지붕이 없는 상태이고, 문이며 창문이며 나무로 된 부분들은 모두 소실되었다. 전체 손실이 아마 500파운드에 달할 것이다. 병원을 개원하지 못하고 또다시 지연되어야 한다는 것은 또 다른 실망이다(크로니클, 1912년 5월 1일, 5).

커를과 클라크 등 배돈병원 개원을 손꼽아 기다려 온 의료 선교사들에게는 크게 상심되는 일이었고, 또한 환자들에게도 실망되는 사건이었다. 그러나 빅토리아여선교연합회는 병원을 포기하지 않았다. 이 재앙은 오히려 호주의 회원들 마음을 더 움직였고, 짧은 시간에 그 손실을 메울 수 있는 재정을 후원했다. 그러나 병원 건축으로 인한 600파운드의 빚은 여전히 남아있었다. 여선교연합회는 병원 건축의 빚을 매달 갚아 나갔다.

클라크는 재건축이 진행되고 있는 동안 다시 시골로 순회 전도를 다녔다. 동시에 병원은 대문을 포함한 자재들을 다시 수입해야 했고, 난방 기구도 다시 설치해야 했다. 그리고 21개월 후, 드디어 병원이 개원되었다. 당시 진주에서 가장 큰 건물이었다.

1913년 11월 4일 마가렛 여사의 조카인 데이비드 라이얼에 의하여 진주의 마가렛 화이트크로스 페이튼 기념병원이 개원되었다. 일본인 도지사도 참석했다. 그다음 날에는 여학생들의 기숙사도 개소되었다(크로니클, 1914년 1월 1일, 5).

한국인 간호사 훈련

클라크는 수간호사로서 무엇보다도 병원의 간호 일정 조직과 간호사 양성이 시급한 과제였다. 당시의 상황을 그녀는 다음과 같이 말하고 있다.

우리의 직원 중에 이제 두 명의 간호사가 있습니다. 한 명은 나이가 많아 정규 간호 과정을 다 밟을 수 없었고, 그러나 그녀는 젊은 간호사들을 위한 선배로 매우 유용하고, 가장 믿음직스럽고 신실한 기독교인이라 가치가 있습니다.
다른 한 명은 26살의 젊은 여성으로 부산에서 니븐과 친구였던 사람입니다. … 니븐은 그녀에게 간호 훈련을 받을 것을 제안했고, 그녀는 그 제안을 받아들였습니다. … 그녀는 지금까지 잘하고 있고, 병원의 일에 재능을 가지고 적응하고 있습니다(크로니클, 1914년 1월 1일, 5-6).

클라크가 배돈병원에서 맡은 사역은 개척적인 일이었고, 그녀는 열정식으로 그 일을 했다. 한반도 남쪽 지역에 전문적인 간호사 사역 기초를 놓는 작업이었다. 당시 그곳에는 교육받은 젊은 여성이 극히 적었는데, 그들을 훈련하는 일은 물론 쉬운 일이 아니었다.

초기 배돈병원에서 일하던 한국인 간호사들의 이름을 특정하는 것은 쉽지 않다. 호주 선교사들에게 한국인 이름은 어려운 것이었고, 자신들의 편지에 보통 성만 기록하거나 아예 이름 자체를 생략하기도 했기 때문이다. 다행히 1915년과 1916년의 '크로니클'은 간호사들의 이름을 남기고 있다. 1915년에는 이평안, 김채봉, 박덕례 그리고 1916년에는 김채봉, 이성효, 박덕례이다(크로니클, 1915년 3월 1일, 15 & 1916년 3월 1일, 14).

클라크와 함께 일을 했던 맥라렌 의사는 후에 클라크의 한국인 간호사 사랑에 대하여 다음과 같이 말하고 있다.

> 한국인 간호사에 대한 클라크의 헌신적인 예를 나는 알고 있다. 그녀의 야간 병동 순회는 병원에 잘 알려져 있다. 병원에서 좀 떨어진 곳에 있던 자신의 집에서 밤에 출발하여 기름 등불을 들고 병원까지 왔다. 동료 선교사들은 나이팅게일의 별명 '등불을 든 여인'을 그녀에게도 붙였다. '세계 역사의 위대한 여성'이었던 나이팅게일처럼 클라크도 '한국 땅의 위대한 여성'인 것이다(크로니클, 1956년 7월, 3).

1916년 클라크는 마가렛 데이비스와 함께 한국에 관한 소책자를 호주 멜버른에서 출판했다. 『작은 땅에서의 위대한 빛』이라는 제목의 이 영문 책은 모두 6장으로 구성되어 있는데, 한국 역사와 더불어 선교 내용이 소개되어 있다. 각 장에는 토론 제목이 있어 선교 단체들이 공부하며 토론하도록 유도하고 있다. 빅토리아여선교연합회에 속한 지부들이 당시 이 책으로 한국에 대해 공부하고, 선교의 열정을 더 하는 모습을 상상해 보라.

거창의 여성들

클라크는 10년 동안의 진주 배돈병원 수간호사 일을 마치고 1920년 거창으로 자원하여 이주하게 된다. 마산에서 일하고 있던 거트루트 네피어(한국명: 남성진)가 수간호사로 배돈병원에 부임한 것이다.

당시 병원의 진 데이비스(한국명: 대지안)는 클라크가 거창으로 이주하게 되는 것에 대하여 다음과 같이 말하고 있다.

> 공의회 모임은 잘 마치었다. 그러나 진주에 아픈 마음을 남기기도 했는데, 다름 아닌 클라크가 거창으로 이전하기 때문이다. 그녀는 진주에 오래 있었고, 이곳의 한 부분이었는데, 다른 지방의 선교부로 간다는 것이 믿어지지 않았기 때문이다(크로니클, 1920년 10월 1일, 3-4).

클라크는 간호사이지만 동시에 순회 전도에도 큰 관심이 있었는데, 마침 거창의 스코트가 휴가를 간 것이다. 호주선교회 지부 중 가장 약한 거창선교부에서 클라크는 주로 시골 지역 전도, 전도부인 훈련, 성경반 인도, 주일학교 운영 그리고 환자 간호의 일 등을 했다. 그녀는 한국의 시골이 변화하는 모습을 보고 있었고, 복음이 점차로 받아들여지고 있음을 보고하고 있다.

> 시골에서의 사역은 지금 매우 흥미로운 단계에 서 있다. 예수 그리스도가 세상의 희망이라는 우리의 설교가 점차로 받아들여지고 있고, 약한 사람들의 본성을 일으켜 세우고 앞으로 나아가게 하는 힘으로 말이다. 과거의 무관심이 완전히 없어진 것은 아니다. 그러나 예전 같지는 않다 … 이것은 우선적

으로 영적인 각성인바, 남성과 여성 그리고 어린이들의 영혼이 우리의 메시지에 새 관심을 기울이고 있다. 우리의 과제는 이런 기회 속에 우리가 얼마나 빨리 그들에게 다가갈 수 있으며, 그들의 양심의 갈증에 우리가 어떻게 대답하느냐는 것이다(크로니클, 1921년 4월 1일, 3).

클라크는 특히 지난 수십 세기 동안 복종과 열등한 위치에서 살아온 한국 여성들에게 변화가 시작되었음을 말하고 있다. 철문이 열렸고 자유를 찾는 심장이 뛰고 있다고 했다. 능력 있는 젊은 여성 중에서 큰 목적을 가지고 자신과 타인의 삶을 위하여 준비하고 있었다. 그리고 그들 중에는 예수 그리스도를 따르기로 결단하며 영적인 능력으로 지도자가 될 사람들이 있다고 했다. 호주선교회가 그동안 뿌린 씨앗이 이제 열매를 맺고 있는 모습이라고 클라크는 보고 있었다.

1922년 호주의 한 일간지는 휴가차 멜버른을 방문한 클라크를 소개하며 다음과 같이 쓰고 있다.

클라크 양은 한 연설에서 해외선교사들은 국가들의 복지를 위한 매우 가치 있는 존재로 인정받고 있다고 했다. 그녀는 12년 전에 한국에서 일을 시작했다. 당시 한국은 해외의 영향에 문을 닫고 있었으며, 천년 전에 속한 문명 속에 살고 있었다. 여성들이 거리를 다니는 것이 금지되었고, 여자 아기는 천시받았으며, 여성들은 자신의 남편의 노예였다 … (지금은) 개혁적인 단체들이 생겨났고, 젊은 남성과 여성은 자신의 나라 독립을 위하여 함께 싸우고 있다. 젊은 여성들은 자신의 연설로 인하여 감옥에 가고, 어떤 방법으로든지 교육을 받으라는 홍보가 넘쳐난다. 배우기 열망하는 학생들로 미션 스쿨이 넘쳐나고 있다. 선교사들은 좋은 기회를 만났고, 고향의 교회들은 그 선교사들을 지원하고 있다(「더 데일리 텔레그래프」, 1922년 2월 16일, 7).

전도회 조직

1924년 네피어가 휴가를 떠나자, 클라크는 다시 진주로 돌아왔다. 그리고 곧 그녀는 배돈병원과 관계되는 두 개의 기쁜 소식을 호주의 후원자들에게 알리고 있다.

> 올해 들어와 두 가지 큰 행사가 진주선교부에 있었는데, 둘 다 병원과 관계되는 것이다. 하나는 홍 간호사의 졸업식이다. 우리의 두 번째 간호사로 우리 병원의 과정을 모두 마치고 수료증을 받았다. 첫 번째로 공부하고 졸업한 사람은 여러분이 아는 대로 박 간호사뿐이다.
> 몇 사람이 공부했지만, 이 둘은 공부를 마칠 때까지 간호 일도 포기하지 않았고, 세브란스병원에서의 교육도 모두 마쳤다. 강 간호사도 홍 간호사와 함께 수료증을 받아야 하지만, 불행하게도 3년 과정 필업을 한 달 남겨두고 장티푸스로 사망했다(크로니클, 1924년 5월 1일, 3).

이 졸업식은 다행히 당시의 한 일간 신문에 "간호부 졸업식"이란 제목으로 기사화되고 있어 홍 간호사의 이름을 알 수 있다.

> 진주군 옥봉리 기독교내 배돈병원에서는 동원 간호원 제2회 졸업식을 거오일 하오 이시반 동 광림여학교 내에서 거행하얏는데 금반 제2회 졸업생은 홍경애 일인뿐이라더라(동아일보, 1924년 1월 9일, 3).

이로써 배돈병원의 간호원 첫 졸업생은 박덕례로 보이는 박 간호사 그리고 두 번째 졸업생은 홍경애로 기록되었다.

그리고 두 번째로 기쁜 소식은 병원 안에 직원들을 중심으로 전도회가 조직된 것이다. 병원의 한 전도사가 대구의 미국 선교 병원을 방문하고, 그곳과 같은 전도 방식 도입을 병원 직원들에게 요청했던 것이다. 그 결과 1월의 특별기도 주간 후에 병원 직원들이 전도회를 결성하기로 작정한 것이다.

전도회의 회원은 매달 회비를 내고, 일 년 후에는 모인 돈으로 자신들의 전도사 한 명을 채용하는 것이 목표였다. 그리고 그 전도사는 병원에서 치료받으며 믿기로 작정했던 시골의 환자들을 심방하는 일을 맡을 것이었다.

클라크의 또 다른 역할은 호주의 후원자들에게 병원의 필요한 물품 목록을 보내어 미션 박스를 통하여 공급받는 것이었다. 그녀는 병원에 붕대가 모자라 비싼 비용을 지불하여 구입했다고 말하면서 다음과 같은 물품을 요청하고 있다. 침대보, 양말, 장갑, 비누, 수건, 베개보, 어린이 옷감, 붕소 가루, 바셀린 등이었고, 특히 한국에서는 구할 수 없는 유칼립투스도 포함되어 있었다. 그리고 병원에서 인기가 많은 어린이 장난감도 빼놓지 않았다.

시원여학교 교장이 되다

일 년 후 네피어가 휴가에서 돌아오자, 클라크는 배돈병원을 그녀에게 다시 맡겼다. 그리고 이번에 그녀는 전혀 다른 분야의 일을 맡았다. 시원여학교 교장으로 부임하게 된 것이다.

> 이때부터 나는 언어 공부로 떠난 커를 대신하여 진주여학교 책임을 맡았다. 충성스러운 직원과 교사들의 도움으로 나는 내가 기대한 것보다 더 빨리 학교생활에 적응했다. 넓은 공간을 소유한 학교에서 일하는 것은 즐거운 일이고, 봄에 문제를 일으켰던 여학생들은 이제 학교를 떠났다. 전반적인 학교 분위기도 좋았고, 훈육도 잘 되고 있었다(크로니클, 1925년 6월 1일, 15-16).

그리고 클라크는 여학교가 평화 속에 발전되고 있음을 쓰고 있다. 전체적으로 학생들이 공부와 놀이에 열심을 다하고 있었고, 자신들을 위하여 신사적으로 경쟁하는 운동도 배워가고 있었다.

1926년 말, 클라크는 여학교의 운동회에 관하여 상세한 보고를 하고 있다. 시원여학교의 운동장은 당시 그곳에서 체육회를 할 수 있는 최고의 운동장이었고, 매년 남학교와 함께 그곳에서 체육회를 하여 진주 사람들의 관심을 많이 받았다. 그러나 이 해에는 사정이 있어 여학교 단독으로만 운동회를 개최한다는 것이었다. 그러면서 그녀는 흥행을 염려하는 일부 사람의 말을 듣고 있었다. 그러나 결과는 대성공이었다.

> 학교를 둘로 나누어 한쪽은 청색, 다른 한쪽은 적색이었다. 학생들은 자기 편의 색을 하얀색 블라우스 위에 입었다. 치마는 검은색 위에다 학교 색인 로얄 블루가 가장자리에 있었다. 그리고 하얀색 신발과 스타킹으로 복장이 완성되었다. 여학생들이 유니폼을 입고 경기를 위하여 다부지게 서 있는 모습은 아름다운 그림 같았다.
> 많은 구경꾼이 왔는데, 여학생들이 이처럼 잘하는 모습을 보고 놀라는 것 같았다. 학부모들의 후원으로 이날의 경비는 충족되었으며, 동창생들은 모든 학생에게 저녁 식사를 제공했다(크로니클, 1927년 4월 1일, 7).

1928년 초에 들어와 클라크는 위기를 맞고 있었다. 심장에 문제가 생겨 서울의 세브란스병원에 가서 수술을 받은 것이다. 수술은 성공적이었지만, 그녀에게 휴식이 필요했다. 수술 후에 진주로 돌아오는 모습을 진 데이비스는 다음과 같이 적고 있다.

> 1928년 3월 10일경, 클라크는 서울에서 수술을 받고 거창을 거쳐 진주에 도착했다. 많은 사람이 매카그 차의 경적소리를 들었고, 마침내 그 "레드 윙"

치기 모습을 드러내었다. 마치 불이라도 난 것처럼 직원들은 허겁지겁 달려 나갔고, 클라크와 매카그는 곧 사람들에 둘러싸여 환영을 받았다(크로니클, 1928년 8월 1일, 7).

클라크는 시원여학교 시절 어려움도 많이 겪었지만, 여학교에서의 생활이 가장 행복한 시절이었다. 그녀는 후에 다음과 같이 회상했다.

> 한국에서 나에게 가장 행복한 기억은 우리의 교사들과 함께 교직원실에서 나누던 친교의 시간이다. 우리의 대화 주제는 다양했는바, 하나님의 창조 이야기부터 영국의 인도 통치 장단점까지 많은 의견을 주고받았다. 그리고 우리는 인생의 가장 심도 있는 질문도 서로 공유했는데, 같은 제자도와 충성도에 관한 것이었다. 우리는 "예수 그리스도 안에 하나"였던 것이다(크로니클, 1935년 10월 1일, 6-8).

25년의 선교 사역 후에

1929년 9월 마지막 토요일 저녁, 동 멜버른 케인즈기념교회에 250명의 장로교여성협회 여성들이 모였다. 클라크를 다시 한국으로 파송하는 자리였다. 저녁 식사로 시작된 이 친교 모임은 화기애애한 분위기에서 진행되었고, 길레스피 회장은 협회를 대신하여 클라크에게 돈이 든 봉투를 선물했다. 그리고 그들은 곧 교회당으로 들어가 파송 예배를 함께 드렸다.

한국으로 돌아온 클라크는 시원여학교에서의 행복한 사역을 계속했다. 그러다가 얼마 안 되어 다시 건강 문제가 대두되었다. 1932년과 1933년 두 번에 걸쳐 심장 발작이 있었다. 그리고 1934년 말, 마침내 그녀는 호주로 돌아갔고, 또 한 번의 수술을 성공적으로 받았다. 그리고

1936년 6월 17일 멜버른의 일간지 "더 에이지"는 클라크가 사표를 내었고, 그 자리에 리체가 임명되었다는 소식을 전하고 있다.

당시 진주교회 김정수 장로는 클라크를 다음과 같이 소개하고 있다.

"양은 선교 사업하기를 더욱 좋아하며 천성이 인후한 고로 빈한 여아를 동정하여 많이 도와서 공부를 시키며 고생과 수고가 많되 근심하는 빛이 없고 항상 낙관적으로 그 얼굴에는 화기를 띄었도다(김정수, 1930)."

빅토리아여선교연합회는 은퇴하는 그녀에게 다음과 같은 감사의 기록을 남기었다.

> 1910년 클라크는 한국에 도착하여 진주의 배돈병원이 개원될 때부터 수간호사로 일을 시작했다. 남성 의료 선교사와 함께 그녀는 직원들을 구성했고, 한국인 환자들의 신뢰를 받았다.
> 후에는 진주의 여학교에서 일했고, 학교를 튼튼하게 세워갔다. 주일학교에 관한 그녀의 관심은 우리 지역 너머에까지 알려졌고, 한국인들에 관한 그녀의 애정과 이해심은 그들에게 사랑을 받게 했다. 그녀의 사직은 그들에게 큰 슬픔이다.
> 우리가 기뻐하는 것은 클라크의 건강이 많이 회복되었고, 이곳 고향에서 활동적으로 일을 시작할 수 있다는 것이다. 그녀에게 어떤 미래가 펼쳐지던 하나님의 평화와 임재가 함께 하기를 기도한다(크로니클, 1936년 7월 1일, 9-10).

또한 한국의 호주 선교사 공의회도 부산진에서 열린 모임에서 다음과 같은 감사를 기록으로 남겼다.

> 프란시스 클라크에 대한 사랑과 감사의 기록을 공의회는 남기기를 원한다.

> 우리의 친구이자 동역자인 그녀는 자신의 가장 좋은 시절 25년을 우리와 한국의 그리스도 교회를 위하여 주었다. 그녀가 사표를 내야 하는 필요성에 우리는 깊이 슬퍼하며, 우리 주님의 나라 확장을 위한 어떤 일을 하던 하나님의 축복이 함께 하기를 기도한다. 우리는 하나가 되어 이 기도를 드린다(더 레코드, 1936년 6월, 부산진, 75).

이 당시 클라크는 "강신애 이야기"란 제목으로 '크로니클' 선교지에 여덟 번에 걸쳐 글을 쓰고 있다. 강신애는 어릴 적 배돈병원에서 한쪽 다리를 절단하는 수술을 받은 후, 선교사들의 사랑을 받으며 진주와 동래의 여학교를 다녔다. 그녀는 호주교회에서 보내준 의족으로 걷기도 했으며, 서울에 가서 신학 공부를 했다. 후에 그녀는 자신이 졸업했던 진주여학교 성경 교사로 부임했고, 그곳 기숙사도 책임을 맡아 일했다.

클라크는 그 후 멜버른의 감리교 레이디스 칼리지 교원으로 젊은 학생들을 가르쳤다. 그녀는 성경과 자신의 살아있는 신앙을 나누었고, 학생들과 친밀해졌다. 그녀에게 인생은 좋았고, 세상의 모든 일에 대한 그녀의 관심은 마지막까지 지속되었다. 사망하기 며칠 전까지만 해도 그녀는 세계가 어떻게 돌아가는지 알고 싶어 했고, 그것에 대하여 토론하길 원했다고 한다.

에필로그

1954년 클라크는 멜버른의 가로파병원에 입원했다. 활동적이었던 그녀가 병원 침대에만 있는 것은 괴로운 일이었다. 그녀는 고난받는 것도 하나님 계획의 일부라는 것을 어렵게 배웠다. 마침내 그녀는 새 환자가 되었고, 자신을 돌보던 모든 사람에게 감사했다.

1956년 5월 22일 사망하기 바로 전 그녀는 성찬식을 받았다. 그녀에게 큰 의미가 있는 시간이었다. 성찬 예배 후 그녀는 축복기도를 받았다.

"우리 주님의 은혜와 하나님의 사랑과 성령님의 교통하심이 자매님과 함께 하시기를 빕니다."

그때 그녀는 미소를 지으며 물었다.

"아멘. 더 이상 무엇이 필요하겠습니까?"

그녀는 축도를 반복하여 말했다.

"우리 주님의 은혜와 하나님의 사랑과 성령님의 교통하심이 여러분과 함께 하시기를 빕니다"(크로니클, 1956년 7월, 3-4).

〈참고 도서〉

김정수, 『진쥬면옥봉리예수교쟝로회연혁사』, 진주, 1930.

「더 데일리 텔레그래프」, 멜버른, 1922년 2월 16일.

「더 헤럴드」, 멜버른, 1910년 4월 7일.

「동아일보」, 1924년 1월 9일.

빅토리아여선교연합회, 「더 크로니클」, 멜버른, 1910-1956.

호주선교사 공의회, 「더 레코드」, 부산진, 1936년 6월.

II. 프란시스 클라크의 보고서

1. 첫인상, 첫 만남*

매우 흥미로운 항해 끝에 나는 일본 모지에서 증기선으로 갈아타고 밤새 항해하여 마침내 한국 부산에 도착했다. 우리 여선교연합회가 그토록 관심을 가져온 이 나라의 첫 모습 보기를 얼마나 기다려 왔던가. 나는 당시 여러분의 응원이 나와 함께 있었다는 것을 느꼈었다.

이날은 흐린 아침이었다. 우리가 항구에 들어설 때 키가 크고 갈색의 사람들이 내 눈에 들어왔다. 맥켄지의 책 『한국의 비극』이란 책에서 종종 읽어왔던 그 광경을 어떻게 설명할지 마땅한 말이 생각나지 않았다. 나는 가까이하기가 무서워 한쪽에 서서 매서운 바람을 맞으며 한국인들을 처음으로 보고 있었다. 내가 일하기 위하여 온 나라의 사람들이 바로 이들이다.

그러나 일본인들도 여기저기 있었다. 나는 그들 중에 한국인을 구별하기 어려웠다. 부두를 떠나 시내로 나왔을 때 비로소 나는 흰색 복장과 검은색 모자를 쓴 한국인들의 모습이 시야에 들어왔다. 한국인과 일본인의 얼굴 모습은 구별하기 어려웠지만, 옷을 보았을 때 비로소 그들이 구별되어 보였다. 또한 햇볕이 좋은 날 부산항은 맑은 하늘과 푸른 바다가 있는 매우 온화하고 사랑스러운 모습이었다.

조선 버스

무어와 니븐 그리고 맥켄지가 나를 마중 나왔다. 그들을 만나고 그

---

* 크로니클, 1910년 6월 1일, 2-3.

들의 따뜻한 환영을 받는 것은 기쁜 일이었다. 그들은 내가 한국 최악의 교통편을 경험하는 것이 좋으리라 생각했다. 그래서 우리는 부산진으로 가는 기차를 기다리는 대신에 즉시 원시적인 버스를 타기로 했다.

여기는 부산의 일본인 구역에서 3마일 떨어진 곳이었다. 버스의 외관은 아름답지도 매력적이지도 않았지만, 우리의 목적지까지 만족스럽고 평화롭게 데려다주었다.

첫인상

도착한 날은 비가 왔기에 사람들이나 그들의 거주지를 볼 수 없었다. 그러나 어제는 멘지스가 고아원을 그리고 니븐이 학교를 보여주었다. 건물들은 참 대조적이었다! 새 고아원 건물이 필요한 것이 분명했다. 건물은 깔끔했지만, 비위생적인 상태였고, 11명의 어린이가 살기에는 적절치 않았다.

이 아이들은 아주 귀여운 매력덩어리였으며, 한 명씩 앞으로 나와 우리에게 인사했다. 어서 이들과 한국말로 대화할 수 있는 날이 와서 이 아이들을 더 잘 알고 나도 알리고 싶은 마음이다. 아이들은 호기심이 많은 모습이었고, 밝은색 옷과 긴 치마를 입었다. 머리는 차분히 뒤로 묶어 땋았다.

매물이와 금이는 첫날에 "새로 온 부인"을 만나기 위하여 왔다. 이 두 소녀를 보는 것은 매우 흥미로웠는데, 이 중 한 명의 소식은 호주에서 많이 들었었다. 이들의 얼굴은 보기 좋았으며, 능력이 있고 지적으로 보였다. 하얀 옷을 입은 이 소녀들은 깔끔하고 아름다운 모습이었다. 학교에서 이들이 학생들과 함께 하는 모습을 지켜보았는데, 이 둘이 학생들에게 미치는 영향은 고아원 사역과 돌봄이 처음부터 얼마나 가치가 있었는지 말해주고 있다. 매물이와 금이는 장차 하나님 나라를 위하여 귀중한 사역을 할 수 있는 재실이 있다는 것이 겉으로 보는 나의 판단이다.

학교의 학생들이 재봉질을 배우는 수업을 보았다. 모두 아주 초보자였고, 손가락을 어떻게 위치해야 할지 몰라 쩔쩔매는 모습, 머리를 숙이고 한 땀 한 땀 집중하는 모습, 망친 천을 빼내는 모습 등이었다.

기도회 모임

무엇보다도 나의 마음에 가장 큰 인상을 주었던 것은 저녁에 있었던 기도회였다. 우리는 구식의 작은 교회당으로 가서 가운데 예약된 것 같은 자리에 앉았다. 남자와 여자가 구별되는 자리였다. 남자와 소년들은 등을 지고 우리 앞에 앉았고, 여성과 소녀들은 그 뒤의 자리를 채웠다. 모두 바닥에 앉았는데, 강단을 마주 보고 있었다. 이 이방인의 땅에서 열리는 기도회를 우리 고향 교회에서 적은 숫자가 모이는 기도 모임과 비교를 안 할 수가 없었다.

설교는 박 장로*가 했는데, 그는 신기한 모습이었는데 길고 검은 모자를 썼고 넓고 친설한 얼굴을 가졌다. 참석자들은 이따금 소리를 내었는데, 웅웅거리는 낮은 소리가 있었고, 머리를 끄덕였다. 한 시간 반 동안이나 진행되었는데도 나는 소녀들을 포함하여 지루해하는 사람들을 보지 못했다.

기도와 기도 사이에 쉼이 없었고, 계속 연이어 기도가 이어졌다. 남성과 여성 다 기도를 했다. 조용하고 정직하고 신실하게 하는 모습이었다. 이 모든 것은 진짜 장로교의 형식에 따랐다. 한 가지 예외가 있다면 각각의 기도 후에 모두 큰 소리로 '아멘'하고 외치는 모습이었다.

기도회 후에 여성들이 나에게 다가와 손을 잡았는데 그 감정을 어떻

---

* 박신연 장로 _ 편저자 주

게 표현해야 할지 모르겠다. 그들은 나에게 감사했다.

"그 고생을 마다하고 이 먼 곳까지 한국인들을 가르치러 온 것을 감사합니다."

얼굴이 밝고 정직하게 보이는 이 여성들이 기독교 예배에 참석하는 것을 보는 것은 놀랍도록 인상적이다. 이방인들 사이에서 이들의 삶이 바뀌는 모습을 볼 때, 우리 주님의 마음이 이들의 마음속을 채우고, 하나님의 사랑이 이들과 함께한다는 것을 알 수 있다. "어둠의 땅과 죽음의 그림자"에 앉아 있던 이들에게 하나님의 생명이 주어진 것이다.

3월 24일

2. 진주로 부임하다*

지난 편지 이후로 나의 마지막 종착지인 진주에 왔다. 부산에서 진주로 올 때 켈리가 동행했는데, 나는 처음으로 그 유명한 한국의 짐 나귀를 경험했다. 내가 탄 나귀는 작고 예쁜 동물이었고, 광택이 나는 검은색이었고, 잘 걸었다. 부산에서 진주까지 이틀이 걸렸는데, 날씨도 좋았고, 봄옷을 갈아입은 듯한 풍경이 펼쳐졌다. 참 즐거운 여행길이었다.

켈리의 마을 사역

켈리는 두 곳의 순회 전도를 마치고 돌아왔다. 한 마을은 진주에서 13마일, 또 다른 마을은 10마일 떨어진 곳이었다. 그녀는 전도부인과

---

* 크로니클, 1910년 8월 1일, 2-3.

누 수 동안 떠나있었고 방문한 곳 여성들의 지적 능력에 대한 흥미 있는 보고가 있었다.

어떤 이는 기독교인이 된 지 6개월 되었는데 벌써 읽는 것을 배웠다고 했다. 켈리는 특히 두 명의 여성에 관한 이야기를 했다. 그녀들은 성경을 읽다가 이해 안 되는 부분이 있으면 기다렸다가 자신들을 가르칠 교사가 오면 물어본다는 것이다. 누가 이방 한국인 여성들의 지적인 무관심을 말했던가. 이들이 배우는 것을 보노라면 그리스도의 복음이 이들 속에 놀랍게 작용한다는 것을 알 수 있다.

클라크의 첫 환자

여러분들은 진주에서 나의 첫 환자에 대하여 관심이 있을 줄 안다. 11살 정도 되는 불쌍한 여아였다. 나는 이 아이가 며칠 전에 진주 시장의 먼지와 진흙 길에 누워있는 모습을 보았다. 작은 판자때기 하나가 온갖 날씨에 그녀를 보호하는 전부였다. 그녀는 더러운 천으로 자신을 감싸고 있었고, 다리의 상처에서 고름이 흐르고 있었다.

그 아이 옆에는 그릇이 있었고, 가마니 위를 기어 다녔다. 그녀는 지나가는 사람들이 주는 음식에 의지하며 사는 것 같았다. 잘 먹지 못한 절망의 그 모습은 나를 괴롭혔고, 그 얼굴이 마음속에서 떠나지 않았다.

나는 라이얼 부인에게 그 아이에 대하여 물었고, 그녀는 자신의 언어 교사에게 그녀에 대하여 알아보라고 했다. 그는 즉시 문의했고, 다음과 같은 이야기를 가져왔다.

그 아이의 부친은 사망했고, 모친은 그 아이를 버렸다고 한다. 그 아이는 진주에서 좀 떨어진 마을에서 왔는데, 아주 천천히 걸어 진주까지 왔다고 한다. 우리가 보기에 그녀는 전혀 걸을 수 없을 것 같이 보였는데, 이곳까지 어떻게 왔는지 모르겠다.

불행하게도 커를 박사는 순회 전도를 나가 그녀를 보일 수 없었다. 나병같이 보였으나 그래도 불쌍한 그녀를 위하여 할 일이 있을 것 같았다. 라이얼 부인과 나는 언어 교사를 앞장세워 다시 그녀를 방문하기로 했다. 우리가 그 아이 곁에 서자 금방 많은 구경꾼이 모여들었다. 진주에서 서양인을 둘러싸고 구경하는 모습은 흔한 일이다. 우리는 그녀를 씻기고 음식과 옷을 주기로 했다. 우리는 그녀를 역 근처로 데리고 가서 따뜻한 물과 비누를 주었고, 깨끗한 옷과 깔개를 제공했다. 언어 교사는 단호했다. 그는 그 아이를 물과 비누로 잘 씻어 주었다. 어떤 여성이 하는 것처럼 꼼꼼하고 부드럽게 말이다. 나는 상처를 잘 동여매어 주었고, 그녀가 임시로 잘 수 있는 곳을 구하여 주었다.

다음 날 아침이 되었을 때 우리는 문제가 있는 것을 깨달았다. 나병일 확률이 높은데 누구를 시켜 그 아이를 돌보게 할 수도 없었고, 나도 그 분야는 모르는데 의사 없이 내가 치료할 수는 없었기 때문이다. 우리는 상의했고, 그 결과 우리 선교관 아래 공터에 좀 더 나은 임시 숙소를 세우기로 한 것이다. 임시 숙소는 특히 밤마다 어슬렁거리며 먹이를 찾는 개들이 들어올 수 없어야 했다. 라이얼이 움막 같은 숙소를 세우게 했고, 커를 부인은 방수가 되는 천을 지붕 위에 덮었다.

이날이 끝날 즈음에 우리의 "병원"이 완성이 되었고, 첫 환자가 입원했다. 또한 근처에 사는 한 나이 많은 기독교 여성이 이곳에서 나의 감독하에 그 아이를 돌보기로 했고, 우리는 그 여성에게 음식을 제공하기로 했다.

며칠이 지나지 않아 그 아이의 모습은 놀랍게 바뀌었다. 상처도 벌써 많이 좋아졌는데, 그것이 무서운 나병이 아니라 언젠가 화상을 입어 치료를 제대로 받지 못한 것이기를 희망했다. 그러나 이것이 나병으로 진단된다면, 이 아이를 부산에 세워진 새 미국인 병원에 입원시키려고 한다. 이 아이가 선한 목자 하나님의 사랑을 경험하고, 그로 인하여 자신이 도움을 받고 돌봄을 받는다는 것을 알 수 있도록 기도해 주기 바란다.

5월 26일 진주에서

3. 부산의 공의회 모임*

8월 초, 나는 스콜스, 켈리와 함께 부산에 왔다. 켈리는 호주로 떠나는 여행의 첫 단계였는데, 그녀는 자신이 두고 떠나는 사람들에게 어렵고도 긴 작별의식을 해야 했다. 우리가 진주를 떠날 때는 매우 더운 날이었고, 많은 질병이 진주에 있었다. 커를 박사는 자신의 환자들로 바빴고, 슬픈 경우도 있었다. 이런 경우에 우리가 할 수 있는 것은 별로 없었다. 병원 건물이 완성되어야 제대로 치료와 돌봄을 할 수 있는 상황이었다.

자신들의 교사였고 친구였던 켈리를 떠나보내는 것은 진주의 여성들에게 어려운 일이었다. 더운 날이었기에 우리는 일찍 떠나려 했고, 우리의 짐 나귀도 아침 5시에서 6시 사이에 준비가 되었다. 그러나 이 시각은 한국인들에게 이른 시간이 아니다. 적지 않은 사람들이 모여 작별인사를 했다. 여성들은 자기 자신을 잘 통제했는데, 자신들이 울면 켈리 부인이 상심할까 염려했기 때문이다.

나이 들어 보이는 얼굴과 농담을 즐기는 것 때문에 "반짝이는 눈"이라는 별명을 가진 한 여성은 진주 고을에서 벗어났는데도 계속 우리를 따라왔다. 그녀는 이따금 영어로 "굿바이"를 외쳤고, 집으로 돌아가는 듯했다. 그러나 곧 지름길로 다시 와서 모퉁이에 숨어 있다가 우리를 놀라게 했다. 그리고 또다시 자신의 우산을 흔들며, 다시 한번 '굿바이'를 외쳤다. 그녀는 고집스럽고 억누를 수 없는 성격으로 때로 교회 안에

---

* 크로니클, 1910년 11월 1일, 2-3.

서 정숙하여야 했지만, 그럼에도 그녀는 그리스도의 진실한 제자임이 확실하다.

전에 이 여인은 오랫동안 술을 마셔온 술주정뱅이였으며, 그런 모습으로 거리를 다니던 사람이었다. 이제 그녀는 그런 모습을 청산하고, 교회의 가장 신실한 신자 중 한 명이 되었다.

결국 그녀는 마지막 안녕을 고하고 돌아갔고, 우리는 진주를 완전히 벗어났다. 우리가 마산포를 향하여 가는 길은 매우 더웠고, 둘째 날 마지막 시각에 부산에 도착하여 참 기쁘고 감사했다.

첫날 우리는 점심을 먹고자 가는 도중에 있던 작은 마을의 교회에 들렀다. 이곳은 두세 달 전에 켈리가 순회 전도하며 방문한 곳이기도 하다. 여성들은 그녀를 다시 만나 기뻐했다. 우리 주변으로 여성들이 모이기 시작했고, 어떤 이는 달걀을 가져왔고, 어떤 이는 몸에 해롭게 보이는 케이크를 가져왔다!

우리는 같이 찬송을 불렀고, 켈리와 스콜스가 그들과 이야기를 했다. 그중 나이 든 한 여성이 특히 내 주의를 끌었다. 그녀는 넓적한 얼굴에 주름이 많았는데, 재미있는 성격을 가졌다. 그녀가 흥미로운 삶을 살았을 것이라는 추측이 쉽게 갔다. 켈리는 말하기를 그녀는 전에 켈리의 성경 공부반 정기 참석자였고, 그녀와 대화를 해보았지만 특별한 것이 없다고 했다. 그녀는 불교 신자였고, 수년 동안 자신을 위하여 "공덕을 쌓았다"라고 했다. 오랫동안 믿어 온 불교를 버리고, 그녀는 어떻게 아무것도 모르는 것을 믿고 배우고 따를 수 있었을까? 아마 그녀는 생각하기를 "예수 신앙"은 젊은 여성들에게 좋은 것이고, 자신은 외국 부인들에게 관심이 있었을 것이다.

우리의 공의회 모임은 8월 말 부산에서 열렸다. 우리 선교의 모든 방향의 사역이 크게 진전되고 있는 보고를 들었을 때 큰 격려를 받았다.

8월 31일

4. 세브란스병원 방문*

여러분은 지난 9월에 있었던 나의 서울방문 이야기에 관심이 있을 줄 생각한다. 나는 그곳에 열흘 있었는데, 보고 배우려는 목적이 전부였다. 나의 첫 노력은 세브란스병원의 쉴즈 수간호사를 만나는 것이었다. 이 병원은 미북장로교 선교회와 관련하여 운영되고 있다. 좋은 건물이었으며, 편리한 구조로 되어 있다. 훌륭한 사역이 이곳에서 이루어지고 있었다.

병원은 의과대학과 간호사훈련학교를 포함하고 있었다. 쉴즈는 나를 친절히 맞았으며, 나의 많은 질문에 일일이 답변해 주었다. 그녀는 나에게 언제든지 병원의 어느 부서나 방문할 수 있도록 백지 위임해 주었다. 어느 하루 오후에는 수술실에 있었는데, 두 건의 큰 수술이 이루어지고 있었다.

병원을 책임 맡고 있는 미국인 의사 아비슨 박사는 두 명의 한국인 의사와 세 명의 간호사의 조력을 받고 있었는데, 간호사 중 한 명은 자격 있는 간호사이며 두 명은 훈련생이었다. 그들은 소독된 가운과 모자를 쓰고 있었으며, 최신의 장비로 승인된 제품들이다. 그들은 조용하고 효과적으로 오후 내내 수술을 했다.

간호 실습을 잘 하고 있는 젊은 여성들을 보면서 나는 격려를 받았고, 장차 진주 병원에서도 계획하는 대로 간호사 훈련학교를 잘 운영할 수 있겠다는 희망을 가졌다. 쉴즈가 한국인 간호사들의 능력을 훌륭하게 평가하는 것을 들으면 여러분들도 기쁠 것이다. 나는 또한 서울에 있는 미감리교선교회 병원 두 곳도 방문했다.

진주로 돌아와서는 장티푸스 때문에 열로 시달리는 라이얼 부인을

---

* 크로니클, 1911년 2월 1일, 5.

간호하고 있다. 지난 두 달간 모두에게 염려되는 시간이었다. 마침내 이제 그녀가 회복기에 접어들고 있어 우리는 모두 안심하고 있다.

11월 1일, 진주에서

5. 전도대회*

지난 10월에는 서울에서 특별한 대회가 있었다. 모든 교회의 한국인 조력자도 참석했다. 부흥 집회도 있었고, 공격적인 전도가 진행되었다. 우리의 조력자 박 씨와 문 씨**도 이 모임에 참석했다. 이들은 더 열정적인 마음이 되어 진주로 돌아왔고, 서울에서 성공적으로 진행된 전도대회를 이곳에서도 같은 노력으로 수고했다. 우리의 기독교 공동체들도 그들의 노력을 열정적이고 신실하게 받아들였다.

지난주 그 일환으로 진주 읍의 집들을 일일이 방문하며 만나는 사람마다 전도했다. 이 주간 저녁에 교회에서는 부흥 집회가 열리고 있었고, 만나는 사람들에게 참석하도록 초청했다. 안 믿는 자들도 그 초청에 잘 응답했다.

부흥 집회는 붐볐으며, 교인들이 들어갈 공간이 부족했다. 한 저녁 집회에서는 74명의 남녀가 기독교인이 되겠다고 결단했으며, 정기적으로 예배에 출석하겠다고 했다. 이들 중 얼마나 끝까지 남을지는 시간이 말해주겠지만, 우리 교인들은 크게 감격하는 시간을 가졌으며, 뿌려진 씨앗이 좋은 열매를 맺기를 희망할 뿐이다.

교회의 여성들도 남성들과 같이 전도대회에 참가했다. 그런데 전도

---

* 크로니클, 1911년 2월 1일, 8.

** 박성애와 문덕인 _ 편저자 주

하는 중에 그들에게 흥미로운 일이 일어나기도 했다. 여성들이 한 집을 방문했는데, 나이 든 한 여성이 있었다. 여성들은 이 노인에게 진실하게 말했고, 교회에 나오라고 전도했다. 그 노인의 남편은 뒤쪽에 등을 돌리고 떨어져 앉아 있었다. 그 노인은 교회에 나가지 않겠다고 반복하여 거절했고, 남편이 허락하지 않을 것이라고 했다. 그때 남편이 갑자기 일어나더니 그들에게 다가왔다.

"당신들이 하는 말은 다 좋은 말입니다. 그런 말을 전에는 들어본 적이 없습니다. 그러나 좋은 내용입니다. 내 아내도 믿어야 합니다!"

그리고 그는 아내에게 바싹 다가가 주먹을 그녀의 얼굴 앞에 흔들며 명령하듯 말했다.

"믿어!"

그리고 그는 자신에게도 말해 달라고 요청했다. 이 상황 후에는 어떻게 되었는지 잘 알지는 못한다.

또 다른 여성 전도단은 밭에서 일하고 있는 한 여인에게 전도했다. 그녀는 교회에 나갈 수 없는데 그녀의 아들이 반대할 것이라고 했다. 그녀의 아들도 조금 떨어진 밭에서 일하고 있었기에 전도단은 그 아들에게 다가가 왜 어머니를 교회 못 나가게 하느냐고 물었다.

"왜 엄마는 나를 교회에 못 나가게 합니까. 그녀가 나가면 나도 나갈 것입니다."

이렇게 격려도 되고 실망도 되는 이야기 속에 전도는 계속되었다.

사실 격려되는 이야기가 훨씬 더 많았다. 여러분들도 우리와 같이 감사할 것으로 확신한다. 복음의 무지 속에 있는 진주시 곳곳의 어두움 속에 세상의 큰 빛을 밝히는 날이 올 것이다. 자신들의 필요만 생각하는 것이 아니라 이웃에게도 사랑을 나누는 날이 곧 올 것이다.

6. 첫 겨울의 기쁨*

겨울이 본격적으로 시작되었다. 나는 이 편지를 소설 같은 상황 속에서 쓰고 있다. 지금 아름다운 눈이 펄펄 내리며 거무죽죽한 땅을 덮고 있다. 풍경은 놀라운 변화를 맞이하고 있다. 나는 눈이 내리는 것을 처음 보았는데, 기대한 것만큼 아름다운 모습이다. 어린 시절의 꿈을 드디어 이루게 된 것이다. 진짜 눈싸움도 할 수 있었다. 참 재미있었다.

한국인들은 겨울의 이런 오락에 무디어진 것 같았다. 우리의 "심부름 소년"은 오늘 아침 우리에게 기쁜 마음이 생길 것이라고 말했다. 성탄절은 이들에게 잔치의 시기이다. 학교의 소년들은 며칠 동안 이른 아침과 늦은 오후에 장식하기 위한 재료를 만드느라 애를 썼다. 그리고 성탄절 전 토요일, 그들은 자신들이 준비한 것을 가지고 와서 장식하기 시작했다.

선교관 근처에 있는 교회와 선교부 부지 전체에 다양한 색의 등불이 장식되었다. 등은 줄로 서로 연결되었고, 선교부 한쪽 끝에서 다른 쪽 끝까지 이어졌다. 교회당 앞에는 아치 형태의 초록빛 등 구조물이 세워졌고, 맨 위에는 하얀색의 큰 십자가가 있었다. 그 아래에는 세계를 뜻하는 하얀색 종이로 씌운 공 모양의 지구가 있었는데, 예수 그리스도 복음의 보편성을 의미했다. 또한 교회 깃발도 있었는데 하얀색 바탕에

---

* 크로니클, 1911년 3월 1일, 2.

빨간 십자가가 있었다.

독자들은 '크로니클'을 통해 페이튼 씨가 찍은 선교부의 사진들을 보면, 선교부의 자리가 얼마나 좋은 위치인지 알게 될 것이다. 그러면 이 장식과 등불이 진주 사람들에게 어떻게 보일지 상상할 수 있을 것이다. 특히 밤에 말이다.

토요일 새벽은 밝고 아름답게 시작되었다. 한국인들은 일찍부터 교회에 나왔다. 남성과 소년들은 교회당 장식을 마무리했다. 우리 집에서 내려다보이는 여학생들의 행진하는 모습도 예뻤다. 학생들은 밝은 빨간색 재킷과 넓고 매끈한 치마를 입었다. 이들은 노래를 부르며 행진했고, 눈이 내린 풍경에 놀라운 전경을 선사했다. 남학생들도 그 전경에 더하여 밝은 초록과 빨강 그리고 파란색 재킷을 입었다.

곧 점심 식사 시간이 다가왔고, 교회의 남녀 교인들은 잔치를 열었다. 2시가 되자 목사들도 나와 교회당 밖 공간에서 남자들의 축구 시합에 참여했다. 스콜스는 여성 교인들을 우리의 선교관으로 초청했고, 커를 부인과 나를 포함한 우리는 그들과 함께 게임을 했다. 여러 가지 달리기도 있었는데 나이 든 여성들이 달리는 모습에 하하 호호 웃는 여성들을 보며 우리도 즐거웠다. 어떤 이들은 정말 기괴한 모습이었다.

커를 부인은 아이들을 데리고 다른 곳으로 놀러 갔고, 나와 스콜스는 젊은 여성들에게 관심을 주었다. 그들은 "여우와 암탉" 놀이를 하자고 했고, 우리는 그 놀이에 함께 참여했다. 스콜스는 교활한 여우 역을, 나는 불행한 암탉 역을 맡았다. 구경꾼들은 여우의 사냥과 암탉과 병아리가 도망하는 모습을 보며 즐거워했다. 하루는 빨리 지나갔고, 교회당으로 모여 어린이들에게 상품을 주었다.

저녁 7시에는 소년들이 발표회를 했다. 우리는 교회당에 다시 모였다. 우리가 교회당에 도착했을 때, 그곳은 이미 꽉 차 있었는데 마을에서 온 사람들과 교인들이 모두 모였다. 성탄 나무는 교회당 중간에 서 있었고, 이날은 중간의 가림막도 거두어져 다른 편을 바라볼 수 있었다. 목사들과 환등기 기사가 앉을 자리도 부족했다.

소년들은 성탄절에 관한 성경을 암송했고, 그 내용은 그들이 부른 찬송가와도 같았다. 찬송과 기도 후에, 한국인 조력자가 우리가 왜 성탄절에 이러한 축하를 하는지 청중들에게 설명했다. 그리고 환등기를 상영했고, 참석자들은 즐거운 시간을 보냈다.

스콜스는 아직 새 학교 기숙사로 이사하지 못했다. 여러분은 라이얼 부인이 잘 회복되고 있다는 소식을 반가워할 것이다. 그러나 아직 한국어 공부나 다른 일은 하지 못하고 있다.

12월 31일, 진주에서

7. 남해에서*

여러분들은 남해라는 섬 이름을 이미 들어보았을 것이다. 이곳의 주민들은 기독교 가르침에 오랫동안 저항하여 왔다. 열정적인 매서인인 이봉진의 신실하고 계속되는 노력에도 말이다. 그러나 지금 그 섬에는 600명의 기독교인이 있다. 스콜스는 그곳에서 그들을 위한 성경 공부를 나흘 동안 열기로 했다. 그녀와 나는 그곳으로 함께 떠났다. 우리는 가는 길에 곤양**이라는 곳에서 하루를 묵었다.

다음 날 아침 일찍 우리는 6마일을 더 걸었고, 길가에 있는 작은 교회당에 도착했다. 교회의 여성들은 우리를 만나려고 모였고, 우리에게 잠시라도 머물러달라고 요청했다. 우리의 마부와 말은 바로 전에 이미

---

* 크로니클, 1911년 5월 1일, 7-8.

** 지금의 사천시 곤양면 _ 편저자 주

떠났다. 스콜스는 그들에게 잠깐 이야기했고, 그들을 위하여 기도해 주었다. 언덕 아래 교회당 앞에 서 있는 그녀들을 뒤돌아보는 것은 마음 아픈 일이었다. 우리가 멀어질 때까지 그들은 그곳에 그대로 서서 우리를 바라보았다.

이번 순회를 통하여 우리는 여성 선교사가 얼마나 많이 필요한지 알 수 있었다. 남성 전도에 비하여 많이 부족했다. 그러나 이 여성들을 가르칠 수 있는 일꾼이 빨리 오지 못할 것이라는 생각에 마음이 아팠다.

우리가 방문한 대부분 작은 교회는 여성의 방이 남성 칸과 벽으로 나뉘어 있었고, 의사소통은 오직 설교자 뒤에 있는 벽의 구멍을 통해서 할 수 있었다. 낮은 바닥에 앉아 있는 여성들이 설교하는 사람의 얼굴을 보는 것은 불가능할 정도였다. 그러므로 이들은 남성들과 같은 흥미를 가지고 예배에 참석할 수 없었고, 설교 내용도 정확히 전달되지 않았다. 이 여성들이 자신들만의 예배와 성경 공부에 참석할 때와 남성들과 함께 모일 때를 비교하면 그 태도와 열성은 확연히 달랐다.

앞에 언급한 작은 교회를 떠나 해변의 좁은 길을 오래 걸었다. 바다 건너 멀고 가까운 남쪽에 많은 아름다운 섬들이 보였다. 우리는 흔들리는 돛단배를 타고 한 섬으로 건너갔다. 그 섬을 다닐 때 사람들은 우리를 흥미롭게 쳐다보았다. 우리 남선교사들은 이 섬을 몇 번 다녀갔지만, 서양의 문명사회에 속한 여성들로는 아마 우리가 처음으로 이곳에 발을 들였을 것이다.

어떤 남성들은 우리에게 매우 예의를 갖추었는데, 좋은 한국 남성 사회에서는 낯선 여성을 보면 뒤로 돌아서는 것이었다. 어떤 사람들은 우리에게 직접적인 호기심으로 "전도하는 부인들"을 뚫어지게 응시하기도 했다.

목적지에 도착할 무렵에는 어두워져 있었고, 우리는 매우 지쳐있었다. 평상시대로 우리의 잠자리는 교회당 안이었다. 이 교회의 교인들은 우리에게 매우 친절했다. 고개 숙여 우리에게 인사했고, 우리를 '큰 언니'라 불렀다. 우리는 이들과 신앙 동지로서의 친밀한 관계를 이룰 수 있어 흡족했다.

스콜스는 규모가 큰 성경반을 운영했으며 모두 감사한 마음으로 참여했다. 여성들의 방은 작았으며, 한국식으로 바닥이 따뜻했다. 성경반은 오전과 오후 그리고 저녁에도 열렸다. 밤에는 전도부인과 먼 곳에서 온 여성들과 함께 잠을 잤다. 방에는 창문이 없어 공기가 순환되지 못했다. 우리는 문을 열자고 제안했지만, 추워하는 여성들을 설득하지 못했다. 공기가 얼마나 오염된 상황이 되었을지 여러분은 상상할 수 있을 것이다. 설명할 수 없을 정도이다!

80세 되는 할머니가 9마일을 걸어와 성경반에 참석했다. 기독교인이 된 지 얼마 안 되는 분이었다. 그리고 집까지 다시 혼자 걸어가야 했다.

"그러나 혼자가 아닙니다. 할머니."

스콜스가 말했다.

"하나님이 함께 하시니까요."
"맞습니다. 하나님이 함께 하십니다."

할머니는 웃으며 대답했다. 그리고 그녀는 먼 길을 다시 돌아갔다.

우리는 집으로 돌아오는 길에 배를 타기 전 다른 작은 시골 교회를 방문할 수 있었다. 그곳에서 하룻밤을 지내며 예배를 인도했다. 아침에 우리는 육지로 건너왔고, 또 한 교회를 방문했다. 그리고 마침내 좀 큰 도시인 하동에 도착했다. 이곳은 진주에서 27마일 떨어진 곳이다. 이곳에서 우리는 토요일과 일요일을 지냈다. 그리고 월요일 우리는 진주로 향했고, 저녁에 인진하게 집에 당도했다. 우리는 이번 순회에서 7개의 교회를 방문했으며, 짧은 시간에 교회의 많은 사역의 모습을 볼 수 있어 감사하다.

3월 1일, 진주에서

8. 어느 시골 교회 방문*

부활절 주일, 12명이 세례를 받고 교회의 정회원이 되었다. 그리고 35명이 학습을 받았다. 스콜스의 학교 학생 4명도 세례자 명단에 포함되었다. 부활절 다음날 월요일은 학교 휴일이었고, 스콜스와 나는 전도부인과 함께 진주에서 6마일 떨어진 수채를 방문했다.

그곳의 작은 신앙공동체가 어려움을 겪고 있다는 소식 때문이었다. 우리는 나귀를 번갈아 타며 즐겁게 길을 갔다. 동백이 피어있었고, 파란색, 보라색, 하얀색의 바이올렛이 길 위에 피어있어 우리의 눈을 즐겁게 했다.

우리가 수채에 거의 다다랐을 때 아무도 우리를 마중 나오지 않아 놀랐다. 우리가 온다는 소식을 미리 알렸는데도 말이다. 듣기로는 먼저 세워진 교회당은 팔렸고, 새 교회당은 아직 준비되지 않았다는 것이다. 그래서 우리는 교회 지도자의 집으로 갔다. 여성 두 명만이 우리를 기다리고 있었다. 결국에는 12명의 여성이 모였고, 많은 구경꾼도 보이기 시작했다. 나는 이번에 전에 보지 못한 불미스러운 한국인 여성들의 모습을 보았다.

점심때 차를 마시기 위하여 우리가 알코올램프를 켜자 보통처럼 사람들은 놀랐다. 한 사람이 말하기를 "그 안에 무슨 귀신이 들어 있습니

---

* 크로니클, 1911년 7월 1일, 8.

까?" 물었다. 교인들은 웃으며 그 물건을 설명했다.

스콜스는 짧은 예배를 인도했고, 본문은 "사람이 만일 온 천하를 얻고도 자기 목숨을 잃으면 무엇이 유익하리오"였다. 그녀는 교인들에게 설교했지만, 때로 구경꾼들에게 말하기도 했다. 그 말씀이 사람들의 마음에 닿은 것 같았다.

한 가정에 다툼이 있었는데, 그것으로 인하여 노인 한 분이 8개월이나 교회에 나오지 않는다는 것이다. 그분과 우리는 이야기를 나누었고, 교회에 다시 나오겠다는 약속을 받아내었다. 우리가 그 마을을 떠날 때 여성들은 아쉬워했고, 또다시 와 줄 것을 당부했다.

'크로니클' 독자들에게 진주 지역 시골의 이러한 작은 교회들을 위하여 기도해 달라고 요청한다. 무자비하고 예의 없는 구경꾼들이 작고 연약한 신자 모임을 둘러싸고 있는 모습을 여러분도 상상해 보라. 지역적으로 소외된 이들은 적대적인 상황에서 신앙을 지키기 위하여 용기와 진실로 싸우고 있다.

이 편지를 마치기 전에 나는 지난번에 감사하지 못한 것을 사과하려 한다. 여러분이 미션 박스를 통하여 보내준 병원의 침대보가 성탄절에 맞추어 잘 도착했다. 우리는 흥분되는 마음으로 박스를 열었고, 보내준 후원자들에게 마음의 감사를 전한다. 모든 지부에게 감사 편지를 다 써야 하지만 너무 바빠 아직 못하고 있다. 앞으로는 더 세심하게 챙기도록 하겠다. 특히 멜버른의 중국인학교에서 보낸 미션 박스에 관심을 가졌었는데, 그곳에서 온 선물을 받아서 좋았다.

4월 28일, 진주에서

9. 서울에서 온 방문자들*

서울에서 온 흥미로운 두 명의 방문자가 있었다. 한 명은 서울 YMCA의 총무 브룩만 씨이고, 또 한 사람은 이 박사인데 그는 미국에서 7년간 공부하고 학위를 받은 사람이다. 언어장벽으로 한국인들과 깊은 대화를 나누기 어려운 상황에서 이 박사의 방문은 한국인들이 정말 어떻게 생각하는지 들을 좋은 기회였다. 또한 그는 미국에서 오래 살았기에 서양문명의 관점과 우리의 입장을 이해하는 사람이었다.

이 박사는 또한 한국인들의 일반적인 마음과 태도에 관한 정보를 나누었는데, 이것은 장차 이들과 관계를 맺으며 사역해야 하는 우리에게 중요한 배움이었다. 그는 서울의 YMCA와 연결되어 있으며, 학생들을 가르치고 있다. 그는 우리 학생들에게 강연하는 자리에서 이달 열리는 청년대회를 언급했다. 라이얼과 매크레는 지금 두 명의 상급 학생들을 데리고 그 대회에 참석하고 있다.

격동되는 연설

이 박사는 저녁에 교회의 남성과 여성들에게 강연했다. 그는 자신이 경험한 놀라운 미국 문명과 그곳의 이상한 문화에 대하여 말했다. 자신이 처음 그곳에 갔을 때 미국인들은 한국이라는 나라를 모르고 있었다고 한다. 그러나 지금은 가는 곳마다 한국에 대하여 관심을 갖고 있다고 했다.

무엇이 그들의 태도를 바뀌게 했을까? 그들의 부와 정치적인 힘 때문이었을까? 아니다. 한국이 복음을 환영하는 모습 때문이다. 거대한

---

* 크로니클, 1911년 10월 2일, 9-10.

기독교 국가가 이제 기독교를 막 받아들이는 땅에 큰 관심을 갖고 연대하길 원한다는 것이었다. 이 박사는 계속하여 그리스도의 복음이 한국 땅에 어떤 영향을 미칠지 열정적으로 강의했다. 그리고 그 일에 동참하라고 교인들을 격려하면서 현재와 미래의 축복을 기대하라고 했다.

평양의 교육 대회

스콜스는 데이비스와 함께 평양에 갔다가 막 돌아왔다. 이들은 그곳에서 선교사 대회에 참석했는데, 교육에 관한 컨퍼런스였다. 선교사들이 운영하는 남녀 미션스쿨의 다양한 고민과 문제를 서로 나눔으로 문제의 해결을 함께 모색하는 시간이었다.

스콜스가 학교를 떠나있는 동안 그 자리를 대신한 순복이가 사고를 당하여 학교 일을 며칠 할 수 없었다. 다행히 학생 교사인 현개와 나이 많은 중국인 교사가 번갈아 학생들을 가르칠 수 있었다. 그러나 현개는 어리고 중국인 교사는 너무 무관심한 편이라 어쩔 수 없이 내가 나서게 되었다. 아침과 오후의 학교 개회와 폐회를 나는 엄숙한 분위기로 진행했다. 내가 성경 봉독을 할 때 많은 학생의 눈이 나를 쳐다보았고, 나는 매우 긴장되었다.

많은 사람 앞에서 한국어로 처음 읽는 성경이었다. 이 학생들은 영어를 배우는 아이들인데 자신들이 영어를 읽는 것 같이 내가 불완전한 억양으로 한국어를 읽으니 속으로 얼마나 웃을까 하는 생각도 있었다. 그러나 상급반 학생들은 비웃기보다 오히려 나의 한국어 배움 노력에 관심을 보이고 위로를 하며 놀랐다.

병들었을 때 돌보았고

우리 사람 가운데 몇 명이 아파서 내가 돌볼 기회가 있었다. 지금 병원이 없기에 크게 해줄 수 있는 것은 없어도, 영양분 있는 음식을 먹이거나 위생적으로 돌볼 수 있다. 많은 경우 그들은 필요할 때 자신의 음식을 준비하거나 영양식을 만들지 못하는데, 이러한 돌봄은 가치가 있다.

우리 남학교의 젊은 교사 아내가 두 주 전에 자랑스러운, 한 아들의 엄마가 되었다. 그 교사는 우리에게 아들의 이름이 '존'이라 했다. 사랑하는 제자 요한 같이 자라나기를 희망한다고도 했다. 그런데 이 부부는 지금 어려움에 빠져 있다. 아기가 매우 아파서 회복할 수 있을지 걱정되는 상황이었다. 젊은 엄마가 근심된 눈빛으로 자기의 아들을 보는 것은 가슴 아픈 일이다. 그리고 계속 나에게 나아지고 있는지 물었다.

나는 내가 아기를 보는 동안 가서 좀 쉬라고 엄마에게 권고했다. 그러나 그녀는 잠시도 아기 곁을 떠나지 않았다. 커를 박사는 아기를 위하여 특별한 음식을 제조했고, 나는 그녀를 종종 찾아가 아기에게 먹이는 방법을 일러주었다. 그녀는 이 작은 것에도 매우 감사했다. 그리고 오늘 아기가 좀 나아지자 그녀는 크게 안심하는 모습이다.

이런 경우를 볼 때마다 그리고 병에 대한 무지를 대할 때마다 의료 선교의 필요성을 실감하고 있다. 그리고 이곳 주변 사람들에게 병원 진료의 가치를 가르치는 것과 병원 안에서 치료를 받고 나아지는 것을 보여주는 것은 꼭 필요한 사역이다.

그러나 이러한 시골 지역에서의 의료 선교는 단점도 있다. 만약 우리 의사 한 명에게서 치료를 받고 나아진다면, 자신들이 보아왔던 두, 세 명의 잡다한 돌팔이 의사들도 계속 만나 그들의 처방도 병행할 것이기 때문이다. 한 예로 지난번 한 소년이 손가락을 심하게 다쳐 커를이 손가락을 절단해야 하는 경우가 있었다. 그리고 곧 재방문하라고 했는데, 한동안 보이지 않았고, 다시 나타났을 때는 그 손 전체가 크게 부패되어 있었다. 한국식 약을 발랐던 것이 감염을 가져온 것이었다. 한국식 약은 때로 더럽고 믿을 것이 못 되었는데, 그것에 무엇이 들어 있는지 모르기 때문이다.

진주에서

10. 완공되고 있는 병원*

7월 말에 우리의 남녀학교는 여름방학에 들어갔다. 여성과 소녀들을 위한 주중 반도 일시로 멈추었다. 호주 선교사 공의회는 올해 9월 11일 마산포에서 열린다. 데이비스와 캠벨은 북중국의 바닷가로 잠시 휴가차 떠나있다.

평양의 언어학교

지난 6월 평양에서 열린 한국어학교에 3주간 다녀온 지 얼마 안 되었다. 이 학교에는 한국의 여러 지역에 있는 선교사들이 참석했는데 모두 70명 정도였다. 우리 선교회에서는 니븐과 맥피 그리고 내가 참석했다. 다른 이들도 참석을 원했지만 여러 가지 이유로 갈 수 없었다.

외국인 70명이 모인다는 것은 평양선교부의 숙소가 차고 넘친다는 이야기이다. 그럼에도 우리를 친절하고 예의 있게 맞이하여 주었고, 많은 여 선교사들에게 방학 중인 유니온고등학교의 좋은 기숙사를 배정하여 주었다. 우리는 우리의 침구와 의자 등을 제공했고, 서양인의 음식

* 크로니클, 1912년 10월 1일, 3-4.

문화를 조금 아는 요리사가 음식을 준비하여 주었다. 우리는 우리가 하고 있는 공통의 친교와 봉사를 통하여 서로 영감을 얻는 좋은 경험을 했다.

시니어 선교사들이 교사로 나섰는데, 학생들은 그들과의 만남을 감사했다. 그들은 바쁨에도 불구하고, 새 선교사들을 위하여 시간을 내었고, 그들은 개척자로 도움받지 못한 내용을 우리에게 전해주었다. 내년에는 우리 선교회에서 이 연합된 언어학교에 좀 더 많은 사람이 참석하기를 희망한다. 특히 이 학교는 한국에 처음 부임한 선교사들에게 도움이 될 것이다. 서로 충분히 소통하지 못하는 한국인 지역 교사에게 배울 수 없는 내용이기 때문이다.

여학교 방학식

이달, 여학교의 방학식에 많은 학생의 어머니와 친구가 참석하여 큰 격려가 되었다. 이들 대부분이 믿지 않는 사람들이고, 학교에도 처음으로 발을 들여놓았을 것이다. 저녁에 있는 학생들의 발표로 인하여 사람들이 더 큰 관심을 가졌다. 데이비스의 동의하에 서울에서 온 교사가 이 발표회를 재미있게 구성했다.

그중 하나가 우리에게 잘 알려진 보육 이야기로, "곰 세 마리" 이야기이다. 한 여학생이 영국식으로 옷을 입고 곰들이 친절하게 제공한 스프를 먹고 침대에서 쉬는 내용이었다. 그런데 세 마리의 곰으로 분장한 학생들의 옷에 붙은 '털과 꼬리'의 모습이 보는 사람들로 하여금 크게 웃게 했다.

다양한 종목의 음악 발표도 있었다. 데이비스가 가르친 "일찍 자고 일찍 일어나기"라는 노래를 학생들은 영어로 잘 불렀다. 또한 일본어 교사는 찬송을 일본어로 가르쳐 부르게 했다.

"예수 사랑하심을 성경에서 배웠네"의 찬송에 맞추어 율동하는 것은 우리 서양인들이 보기에 잘 맞지 않을 것으로 생각했지만, 동양이 서양에서 멀어서 그런지 이곳에서는 모두 좋아했다. 네 명의 가장 어린 학생들이 작은 몸동작으로 잘 표현했다.

이날 저녁 커를 박사는 어머니들에게 간단한 설교를 했고, 결석하지 않고 학생들을 학교에 보내도록 촉구했다.

지난 몇 개월 동안 캠벨은 낮에 학교에 다니지 못하는 여성과 소녀들을 위하여 일주일에 한 번 야간에 읽기와 쓰기를 가르쳤다. 이 반의 학생들은 열심히 참석했고, 일주일에 하루 더 할 수 있기를 간청했다.

병원

우리의 병원이 마침내 거의 완공되고 있음을 기쁘게 보고한다. 병원 안의 찬장과 선반 등을 계획하느라 지금 매우 바쁘다. 넓고 시원한 병동을 보면서 즉시 환자들로 채우고 싶은 욕망이 앞서고 있다. 그러나 마지막 완공을 위하여 아직 진행 중인 공사들이 남아있다. 그리고 환자를 받기 전에 준비해야 하는 것도 많이 남아있다.

수건, 붕대, 탈지면, 베개 충전재, 담요, 튼튼한 옥양목, 무명천, 오래된 침대보 등이 가장 시급한 물건들이다. 여러분들에게 이러한 물품을 받는다면 대단히 기쁠 것이다. 이곳에서는 이런 것들을 확보하기가 어려운 상황이다.

8월 1일, 진주에서

11. 인간에서*

이 겨울에 해야 할 일들이 많이 진행되고 있다. 스콜스의 부재로 데이비스와 나는 주일학교와 다른 반들을 나누어 가르치고 있다. 그러나 커를 부인과 라이얼 부인이 주된 일들을 감당하고 있다. 여학교에 새 교사가 도착했음을 기쁘게 공지한다. 그녀는 젊고 서울의 한 고등학교에서 작년에 졸업했다. 그녀의 부임은 데이비스에게 큰 도움이었는데, 이제 그녀가 상급반 학생들을 가르칠 수 있기 때문이다.

순회 전도

1월에는 우리 선교부의 몇몇 선교사가 진주 주변의 교회들을 방문했다. 커를도 진주 부근의 교회를 순회했고, 매크레와 맥라렌은 북쪽 지역을 방문했다. 맥라렌 부인과 나는 일주일 동안 진주에서 가까운 교회 세 곳을 방문했다. 탁박알, 안간 그리고 모티실이란 곳이다.

물론 전도부인 한 명과 동행했고, 그녀는 나의 부족한 한국어에 큰 도움을 주었다. 우리는 그곳의 여성들과 매우 흥미 있는 시간을 함께했다. 어디를 가던 그들은 우리를 따뜻하게 맞이했으며, 떠날 때는 종종 눈물을 흘렸다.

우리는 그들의 깊은 가난을 보며 계속하여 마음이 슬펐다. 음식과 땔감 가격은 계속 오르고, 과거에 살았던 수준의 삶조차도 더 이상 유지하지 못하고 있었다. 의복과 연료와 음식이 너무 부족하여 이들의 고통은 극에 달해있다. 그럼에도 이 여성들은 용감했다. 성경 공부에 열심이었으며, 우리의 가르침에 귀를 기울였는데, 이들을 가르치는 것은 큰 기

---

* 크로니클, 1912년 5월 1일, 3-4.

뿐이었다.

그럼에도 어떤 이들은 생존을 위한 몸부림에 실망하여 신앙에서 멀어지기도 했다. 주일에 일을 안 하고 쉬는 것은 이들에게 큰 시험이다. 특히 주일에 장이 열리면 더욱 그렇다. 5일 동안 일하며 준비한 것을 바로 이날에 팔아야 하기 때문이다.

안간의 교회

우리가 두 번째로 방문한 안간은 특이한 역사가 있다. 이곳은 작고 조용한 마을이다. 교인들이 돈을 내어 땅을 사 작은 교회당을 세울 때 큰 어려움을 겪었다. 그러나 결국 이들은 교회당을 세웠고, 잘 마무리가 되었다. 신자든지 불신자든지 이곳의 사람들은 모두 함께 노력하여 땅을 사는 데 도움을 주었고, 교회당을 만드는 데 노동으로 협력했다.

우리가 이곳을 방문했을 때, 여성들은 여러 가지 재미있는 이야기를 했다. 한 나이 든 여성은 우리 '영국인 부인들'을 만나기 위하여 먼 길을 왔는데, 공부 시간에는 항상 우리와 제일 가까운 앞자리에 앉았다. 그녀는 우리에게서 눈을 떼지 못했고 관심도 표했다. 한 강의가 마치자 그녀는 방이 너무 덥다고 하면서 그 이유를 호기심 있게 말했다. '부인들의 비범한 덕' 때문이라고 했다.

다른 곳에서는 강의 도중에 한 낯선 여성이 들어왔다. 나는 보통 하는 대로 기독교인인지 물어보았다.

> "아니요. 나는 기독교인이 아닙니다. 그러나 예수는 안 믿어도 하나님은 믿습니다."

그녀의 대답이었다. 전도부인은 나에게 말하기를 그녀는 가톨릭 교인이라 했다. 나는 그녀에게 하나님을 믿는다면 그의 아들 예수님도 믿는 것이라고 말했다. 그녀는 그럴 수도 있을 것이라고 했고, 우리는 대화를 이어갔다. 그리고 우리의 공통점에 그녀도 동의했다. 그녀는 지적이고 관심이 많은 학생으로 공부반에 참석했고, 십계명에 동의했고, '하나의 진실된 영, 하나님'을 말했다.

부족한 일꾼

우리의 마지막 방문지는 모티실이었다. 이곳의 교회는 탁박알이나 안간보다 오래되었다. 켈리가 이곳을 몇 번 방문했고, 스콜스도 한 번 방문했다. 최근에는 목사나 부인 중에 아무도 이곳을 방문하지 못했는데, 교회 지도자의 약한 지도력으로 교인들이 열심을 잃고 있었다. 많은 교인이 교회 출석을 멈추고 있었다. 장차 순회 전도 일꾼이 더 늘어나면 이런 곳이 도움을 받을 수 있다.

최근 병원 건물 진행은 크게 진척되고 있다. 곧 병원 일이 시작될 것이라는 희망은 우리를 설레게 하고 있다. 병원에서 쓸 수 있는 린트 천, 탈지면, 붕대, 오래된 침대보, 새 수건, 리넨 가방 등을 보내준다면 매우 기쁘겠다.

2월 5일, 진주에서

12. 박해*

이달에 데이비스와 나는 우리 선교부 북쪽 지방의 교회들을 방문했

* 크로니클, 1912년 7월 1일, 3-4.

다. 진주에서 50마일 이상 떨어진 거창까지 갔다. 이곳은 가까운 미래에 우리가 새 선교부를 설립하기로 한 곳이다.

거창까지 가는 길에 우리는 세 곳의 지역에서 머물렀다. 이곳들은 외국인 여선교사들이 전에 한 번도 방문하지 않은 곳이다. 그러므로 이 지역의 순회는 그곳 사람들이나 우리에게 매우 흥미 있는 시간이었다. 많은 일이 있었지만, 그 내용을 일일이 다 쓸 수는 없다. 좋은 일이 많이 있었고, 하나님은 영으로 자신을 나타내시어 사람들의 마음을 열고 신앙을 주시기도 했다.

어느 교회에 가나 여성 교인들은 우리를 따뜻하게 맞이했고, 우리가 떠날 때는 슬퍼했고, 또 오라는 말을 잊지 않았다. 우리는 확실하게 약속할 수는 없었지만, 한국말을 잘하는 시 부인*이 내년쯤에 방문할 것이라고 말 할 수 있었다. 데이비스와 나의 한국어는 불충분했지만 우리는 우리가 할 수 있는 만큼 그들을 가르쳤다.

우리는 반을 둘로 나누었고, 학습을 이미 받고 세례를 준비하는 교인은 데이비스가, 학습을 받길 원하거나 그저 앉아 듣기를 원하는 자들은 내가 가르쳤다.

물론 가는 곳마다 구경꾼은 넘쳐났다. 교회에 도착하자마자 여성들과 어린이들이 교회당 뜰에 모여들었고, 안으로 들어오려고 했다. 교회에서 그들을 못 들어오게 하면, 문의 창호지를 뚫어 신기한 외국인 여성들을 들여다보았다. 대부분에 비신자는 우리의 전도를 조용히 들었다. 특히 전도부인은 복음을 한 번도 들어보지 못한 구경꾼들에게 소리 높여 전도했고, 몇몇은 그 '사설'을 믿기로 결단했다. 그렇게 쪽 복음이 많이 팔리기도 했다.

* 넬리 스콜스 _ 편저자 주

박해

우리는 함양에서 불쾌한 경험을 했다. 그곳에 우리는 낮에 도착했고, 가는 길에 성경반을 열었다. 함양에는 슬픈 교회 역사가 있다. 자신들의 지도자가 용기를 잃자 교인들은 신앙을 포기했고, 다시 세속적인 일상으로 돌아간 것이다. 우리가 듣기에 아직 2~3명의 여성 신자들이 남아있다고 했고, 점심때 교회에서 그들을 만날 수 있다고 했다.

그래서 우리는 그 마을로 갔고, 마을에 도착하자마자 남녀가 몰려와 교회를 가리켰다. 우리가 교회당 뜰에 들어가 말에서 내리자마자 사람들로 꽉 찼고, 서로 소리를 지르며 우리를 보려고 했다. 교회당은 관리하지 않아 초라한 모습이었다. 벽은 먼지와 연기로 검은색이 되었고, 거미줄로 덮여있었다. 바닥은 너무 더러워 어떻게 설명해야 할지 모를 정도였지만, 밖에는 구경꾼의 무리가 모여 있어서 우리는 어쩔 수 없이 교회당 안 한쪽에 피하여 도시락을 먹을 수밖에 없었다.

우리의 전도부인도 밖에서 힘든 시간을 보내고 있었다. 우리가 급하게 점심을 먹는 동안 그녀는 아무도 들어오지 못하게 문을 단속하면서 그들에게 전도했다. 그러나 그들은 그녀의 전도에는 관심이 없었고, 외국인들을 보기만 원했다.

매우 무례한 구경꾼의 무리였고, 전도부인의 설교에 야유를 보내기도 했다. 이 교회에서 예전에 문제가 있었고, 앞으로도 어려움이 계속될 것으로 보였다. 우리는 아직 남아있는 3명의 여성 신도를 만날 수 있었다. 한 젊은 여성은 가족 중에 혼자 믿었는데, 아직도 진실하게 믿고 있었다. 그녀는 자신이 받는 박해에 대하여 우리에게 이야기했다.

희망적인 증거

우리가 방문한 작은 교회들은 오랫동안 어려움을 겪고 있었다. 교회 지도자는 보통 상업으로 가족을 부양하는 남성인데, 집을 종종 떠나 있어 교회를 돌볼 시간적 여유가 없었다. 우리가 다시 순회의 길에 오르려는데 어느 교회의 여성들이 신앙에 다시 관심을 갖고 있다는 소식을 들었다. 몇 명의 새 교인이 들어왔다는 것이었다. 우리가 방문하여 이 사람들을 특별히 격려해 달라는 전갈이었다. 우리는 그곳으로 갔고, 그곳의 여성들과 특별한 시간을 가졌다. 예배 시에 교회당은 꽉 찼고, 안 믿는 자들도 교회에 호기심을 보이며 여러 질문을 했는데 희망적인 모습이었다.

이곳에서의 마지막 날에 데이비스와 나는 저녁을 먹고 치운 후에 예배를 준비하고 있었다. 한쪽 문이 조용히 열리더니 예쁘고 조용한 한 여성이 문밖에 망설이며 서 있었다. 우리는 전에 그녀를 보았고, 그녀의 미모를 기억하고 있었다. 우리는 그녀에게 권하여 안으로 들어오게 했다. 그녀는 처음에 부끄러워했지만, 용기를 내어 안으로 들어왔다. 그리고 그녀는 곧 말을 하기 시작했다.

우리는 그녀의 이야기를 들었다. 그녀는 기독교인이 된 지 이제 한 달이 되었다고 한다. 그녀의 오빠가 먼저 믿고 자신을 전도한 것이다. 그러나 그녀의 남편이 반대하고 있었다. 그녀가 신자가 된다는 것에 남편이 화를 내고 있었다. 그래서 그녀는 몰래 교회를 다니고 있었다.

> "저는 이제 막 기독교인이 되었습니다. 이제 배우려고 하고 있는데, 교회에 가는 것을 허락하지 않으니 어떻게 배우겠습니까. 오늘 저녁을 먹는 대신에 부인들에게 왔습니다. 저를 가르쳐 주세요."

그녀의 음성은 절박했다. 우리는 그녀와 어두워질 때까지 이야기했다. 그녀의 단순하고 정직한 신앙이 좋았다. 마침내 그녀는 인사를 하고 교회당을 나갔다. 그러나 그녀는 곧 다시 교회당 안으로 들어왔다.

"저에게 기도를 가르쳐 주세요. 집에서 기도하기란 정말 힘듭니다. 제가 기도하려고 시도하면 남편이 화를 냅니다. 남편이 무서워요."

우리는 그녀와 함께 교회당 바닥에 앉아 기도했다. 데이비스의 기도말을 그녀가 따라 했다. 그리고 그녀의 속삭이는 기도로 기도를 모두 마쳤다. 그녀는 밝은 얼굴로 일어서며 우리에게 감사했다. 그녀의 남편이 곧 하나님을 알 수 있도록 기도하는 그녀의 기도에 우리도 합심하겠다고 약속했다.

5월 2일, 진주에서

13. 진주 방문자들*

진주는 이제 더 이상 방문자들이 잠시 지나가는 곳이 아니다. 그 증거로 최근에 맥라렌 부인의 친구 애니 캠벨과 베지 양이 머물렀고, 2월에는 선교사 그룹과 함께 오는 세 번째 방문자를 기다리고 있다.

캠벨의 여동생이 우리 집에 머물러 참 반가웠다. 그리고 이달 초, 그녀가 떠날 때 우리는 매우 아쉬워했다. 독감으로 인하여 캠벨은 그녀를 부산까지 데려다주지 못했고, 데이비스가 대신 그녀를 안내해 주었다.

---

* 크로니클, 1913년 4월 1일, 3-4.

시골 사역

병원 개원을 위한 예행 연습에 우리는 지금 시간을 많이 할애하고 있다. 그래서 시골 지역 순회를 거의 못 하고 있다. 그러나 나는 이달에 가까운 거리에 있는 교회 두 곳을 방문할 수 있었다. 하나는 마산포 가는 길에 있는 반성이라는 곳으로 진주에서 13마일 정도 떨어져 있다. 켈리 부인이 나와 동행을 했는데, 그녀는 자신의 첫 순회 전도를 좋아하는 것 같았다. 두 번째 순회에는 데이비스가 합류했다. 불행하게도 우리가 간 날이 장날이었다. 그곳 여성들은 낮에는 너무 바빠 공부반에 올 수 없었지만, 저녁에는 모임에 참석했다.

우리가 근처의 언덕에 오르자 많은 어린이가 모였고, 우리는 그들을 교회로 불러 가지고 간 작은 풍금과 그림들을 보여주었다. 우리는 아이들에게 "예수 사랑하심을" 찬송을 따라 하게 했다. 그리고 예수의 일생이 담겨 있는 그림을 아이들에게 보여주었다.

저녁 모임에는 신자와 불신자 여성들이 함께 모였다. 전체적으로 우리는 이 교회의 사역으로 인하여 격려를 받았다. 전에는 매우 어려운 교회였는데, 지금은 교인들 속에 정직한 영이 있는 것 같았다.

이달에 방문한 또 다른 교회는 약 2년 전에 내가 방문하여 그 소식을 '크로니클'에 실은 곳이다. 그때는 스콜스와 방문했는데, 이번에는 맥라렌 부인과 그녀의 손님인 베시와 함께 갔다. 전에 갔을 때는 교인들이 신앙을 잃어 몇 명밖에 안 남았고, 마을 주민들은 교회에 적대적이었다. 그러나 지금은 달라져 있었다. 우리가 방문한 이래로 남은 교인들은 우리의 기도를 기억하며 스스로 많은 기도를 했고, 교회는 점차 나아졌다고 한다.

우리가 방문한 이 날도 장날이었다. 대부분의 여성들은 장에 나갔지만, 7~8명이 모일 수 있었고, 그들과 함께 짧은 예배를 드렸다. 우리는 이곳에서도 그림을 사용하여 예수님의 일생과 죽음을 설명했다. 구경하러 온 동네 사람들의 태도도 전과 같지 않고 달라져 있었다. 그들은 조용히 우리의 이야기에 귀를 기울였는데, 지난번에는 야유를 보내던 사람들이었다.

길가의 주일학교

불신자들의 아이들을 위한 주일학교를 새로 시작했다. 이 노력이 성공할 수 있도록 여러분의 기도를 부탁한다. 이런 종류의 학교가 자신들의 선교부에서 잘 운영되고 있다고 미국인 선교사 한 명이 우리에게 말해주었다. 우리는 그들을 따라 우리 선교부 주변의 마을에서 주일학교를 열 계획하고 있다. 두 개의 이런 학교를 당분간 운영할 것이다.

이 학교는 남성 선교사가 책임을 맡는 것이 좋겠다고 생각했다. 하나는 매크레가 또 하나는 켈리가 거창선교부가 세워지기 전까지 인도할 것이다. 학교가 조금 발전하고 공간이 생기면 여성 선교사들이 이어서 운영할 수 있다. 그러면 남성 선교사는 또 다른 마을에서 주일학교를 시작할 수 있을 것이다. 한국 마을에서 어린이들을 모으는 것은 어렵지 않고, 매크레와 켈리는 지난 주일 학교 운영의 진전에 관한 보고를 하여 격려가 되었다.

생일잔치

이번 달 데이비스의 생일이 있었고, 학교의 상급반 학생들은 그녀와 교사들을 위하여 파티를 준비했다. 그들은 우리가 한국 음식을 잘 못 먹는다는 것을 알고, 맥라렌 부인에게 도움을 청했다. 그녀는 학생들에게 케이크와 스콘 조리법을 알려 주었고, 자신의 부엌에서 요리하는 것을 허락했다.

결과는 매우 만족스러웠다. 6명의 학생과 3명의 교사 그리고 우리가 함께 맥라렌 부인의 집에서 파티를 했다. 이들 대부분은 서양식 식사 예절을 처음 대하는 것이었다. 서너 번의 실수는 있었지만 그럼에도 이들은 잘 적응했다. 이들은 특별히 데이비스를 위하여 종이로 생일 모자도 만들었다! 식사 후에는 게임을 하며 즐겁게 놀다가 각자의 집으로 돌아갔다.

라이얼 부인의 일본인 사역

라이얼 부인은 여전히 일본어를 열심히 배우고 있다. 주일 오후에는 자신의 일본어 선생의 도움으로 일본인들을 위한 예배를 인도하고 있다. 일본인들이 점점 이 예배에 참석하고 있다. 지난 주일 아침에는 일본인 아이들을 위한 주일학교도 시작했다. 2~3명이 올 것으로 기대했으나 10명의 어린이가 왔고, 앞으로 더 올 것이라는 약속도 있었다.

캠벨이 지난달에 말한 앞을 못 보는 소녀는 이제 평양에 있는 소경학교에 갔다. 우리는 그녀가 그곳에서 직업을 가질 수 있는 일을 배우기를 희망한다.

이달에 커를 박사는 자신의 딸 에델과 애니를 중국 제푸의 선교사 자녀학교로 데리고 갔다. 침대보나 비누 등 병원을 위한 박스가 안전하게 도착했고, 여러분들의 이 너그러운 선물에 우리가 어떻게 감사해야 할지 모르겠다. 박스 안에는 이곳에서 꼭 필요한 것들이 담겨 있다. 우리의 필요에 응답한 여선교회 각 지부 대표들에게 곧 편지를 보내도록 하겠다.

1월 30일, 진주에서

14. 시니어 여성선교사 연합회에*

여성회원 여러분, 나는 여러분의 총무 맥린들 양에게 편지를 써 왔지만, 이것이 연합회에 보내는 첫 공식 편지입니다. 여러분의 선교사로서 이 편지를 쓰는 것은 큰 기쁨입니다. 진정한 느낌으로 우리가 서로 속해있기를 희망하며, 하나님의 나라를 위하여 함께 일하기를 바랍니다. 회원 여러분도 때로 나에게 편지를 보내 고향 교회에서 어떤 일을 하는지 알려 달라고 부탁해도 될까요?

고향 교회의 사역과 해외에서의 선교는 서로 속하여 있어 따로 나눌 수 없습니다. 여러분이 한국 선교 활동의 내용을 알기를 원하는 것처럼, 우리도 호주교회의 사역에 대하여 알기를 원합니다. 그리고 만약 여러분이 나에게 편지를 쓴다면, 나의 분기 보고서를 그 서신에 대한 대답으로 도량 있게 받아주시겠습니까?

무제한의 시간이 있다면 우리의 다양한 활동 내용을 다 쓰겠지만, 나는 병원 선교에만 집중하려고 합니다. 병원 일이 내 시간을 점점 더 많이 소진하기 때문입니다.

3년여 전 한국에 처음 왔을 때, 우리에게는 병원이 없었고, 심지어 진료소를 운영할 집도 없었습니다. 커를은 마루에서 환자들을 진찰하여야 했고, 때로 많은 환자가 마당에 모여 집으로 들어가는 문을 찾지 못할 지경이었습니다. 얼마 후에 작은 진료소를 열었고, 필요하면 그곳에서 수술도 진행되었습니다.

지금은 큰 공간의 병동이 있는 아름다운 병원 건물이 있고, 50명 정도의 환자가 입원할 수 있습니다. 그리고 의사가 이제 2명이 있으므로 진료는 중단 없이 계속되고 있고, 매일 환자들이 들어오고 있습니다. 이

---

* 크로니클, 1913년 9월 1일, 8.

설비들로 인하여 우리의 사역은 점차 발전하고 있습니다. 우리처럼 가난한 한국인을 입원 환자로 받아들이는 다른 일반병원이 이 근처에는 없습니다. 우리가 제공하는 이 봉사가 크게 성공할 것임을 우리는 알고 있습니다.

우리에게 오는 대부분 환자는 가난하며, 그들이 지불하는 비용은 자신의 음식비 정도입니다. 어떤 이들은 그것도 내지 못하는데, 어떻게 해야 할지 모르겠습니다. 비용을 낼 수 있는 좀 더 부유한 사람들을 통하여 병원의 재정이 충당될 수 있기를 기대합니다. 이들은 우리의 훌륭한 건물을 보고 병원에 오고, 지금 한 사람이 치료를 받고 있습니다. 그녀는 이곳에서 가장 큰 부자로 알려져 있습니다. 그녀는 자신의 건강을 되찾을 수만 있다면 돈은 문제가 아니라고 말합니다.

우리의 가난한 환자 중 진주에서 50마일 떨어진 한 시골에서 온 여성도 있습니다. 그녀는 기독교인인데 일 년여 전 데이비스 양과 내가 그 마을을 방문했을 때 만난 적이 있습니다. 우리는 그녀의 온순한 얼굴과 단순하고 정직한 신앙에 당시 매력을 느꼈었습니다. 한동안 그녀는 몸이 좋지 않았는데, 올해 그녀가 진주를 찾아왔습니다. 우리에게 신통한 의사가 있다는 소리를 듣고 사람들은 그녀를 말에 태워 우리 병원으로 보낸 것입니다. 진주에 도착한 그녀의 병은 더 심하여졌고, 죽을 것만 같은 모습이었습니다. 그녀는 고통 속에서도 자신을 돌보는 작은 손길에 감사했습니다. 우리가 그녀를 돌보는데, 그녀는 어느 날 이렇게 말했습니다.

"제가 생각하기에 목사나 부인은 죽지 않을 것 같습니다. 그들은 지금 그대로의 육신으로 하늘나라에 가도 충분하니까요. 저는 먼저 집으로 돌아갈 수만 있다면 죽어도 상관없습니다."

그러나 말과는 달리 그녀는 회복되었습니다. 그리고 며칠 후에 그녀는 걸어서 집으로 갈 수 있었습니다. 나이 든 여성으로 놀랍게도 50마일의 길을 하루 만에 갔습니다. 고향의 친구들이 그녀를 보고 놀라는 얼굴을 상상해 보십시오.

최근 우리 환자 중 한 명은 중년 남성입니다. 오랫동안 다리의 골수염으로 고생을 한 사람입니다. 그 남성은 의사에게 듣기로 자신의 다리는 이제 치료될 희망은 없고, 절단한다면 고통은 없어질 것이라는 말을 들었습니다. 처음에 그는 그 생각 자체를 거부했습니다. 그러나 고통이 더 심화되자 그는 고통에서 벗어날 수만 있다면 하겠다고 했습니다. 그의 다리는 결국 절단되었습니다.

한동안 그와 그의 신실한 아내는 위로를 받아들이지 못했습니다. 그러나 고통이 점차 사라지고, 또 클러치를 사용하여 걸을 수 있다는 생각이 그들의 마음을 누그러트렸습니다. 그와 그의 아내는 의사의 의술을 효과적으로 홍보했고, 그들의 많은 친척과 친구들이 다양한 병을 가지고 진료소나 우리 집을 계속 찾고 있습니다. 아니면 외국인을 보려는 호기심을 충족하기 위한 목적도 있습니다. 그의 아내는 기독교인이 되려는 진정한 마음을 가지고 있고, 종종 6~7마일을 걸어 교회에 참석한다고 합니다.

우리의 선교에 대한 여러분들의 이해를 돕기 위하여 우리가 돕고 있는 사람들 몇 명에 대하여 언급을 했습니다. 우리 병원이 정식으로 개원을 하면 일이 크게 많아질 것입니다.

올해 진료소에 온 환자의 수는 작년에 비해 두 배가 되었고, 치료를 받으며 복음을 접한 사람들은 예수 그리스도의 말씀을 마음에 둘 것입니다. 그리고 인류를 향한 하나님의 큰 은혜를 더 잘 알게 될 것입니다.

우리의 선교를 통하여 하나님은 전도자와 교육가가 따를 수 있는 여러 방향의 새 문을 열고 계심을 확신하며 기도해 주시기 바랍니다. 특히

9월 초에 열릴 예정인 병원의 공식 개원을 위하여 기도해 주시겠습니까? 여러분 모두에게 안부를 전합니다. 저는 여러분의 선교사입니다.

진주, 마산포를 통하여,
1913년 5월 22일

15. 배돈병원 개원 준비*

여성회원 여러분, 마음과는 달리 한동안 편지를 쓰지 못하여 죄송합니다. 지난번 일본에 휴가를 다녀온 후 진주의 병원 준비가 얼마나 바쁜지 나에게 온 모든 편지에 답장을 못 했습니다. 우리는 계속되는 바쁜 일정 속에 한동안 매우 힘들었습니다.

이제 환자들을 입원시킬 마지막 준비가 다 되었다고 생각하는 시점에 건물의 내부를 책임 맡은 작업자가 갑자기 다른 곳으로 떠나 버렸습니다. 고향에서는 일꾼들이 자신들의 신용을 위해서도 맡은 일을 끝까지 완수하는데, 여기서는 무책임하고 믿을 수 없는 일꾼들과 일해야 한다는 것이 무슨 의미인지 여러분들은 이해 못 할 것입니다. 여기는 자신의 기분에 따라 일을 빨리하기도 천천히 하기도 합니다. 오직 감독자가 보고 있을 때만 일을 열심히 하는 모습입니다. 물론 모든 건축 일꾼들이 그러는 것은 아니지만, 많은 사람이 그러하다는 것은 공정한 평가입니다.

작은 두통거리

우리의 인내심도 도전을 받고 있습니다. 서양의 문물에 과도한 호기

---

* 크로니클, 1914년 1월 1일, 5-6.

심을 갖는 한국인들이 때로 선을 넘어 우리에게 어려움을 주기도 합니다. 창문에 맞추어 블라인드를 만들고 롤러에 달아 놓았는데, 며칠 후에 보니 그 블라인드를 너무 무리하게 잡아당겨 망가져서 바닥에 떨어져 있었습니다.

사람들은 이곳에 새로운 것이 보이면 모두 시험해보기를 원합니다. 그러나 이런 과정을 거쳐 이제는 안정적인 단계에 접어들었음을 기쁘게 보고합니다. 그리고 이러한 작은 어려움은 우리가 이 땅에서 근본적으로 만족하는 사역의 대가와 비교할 수 없고, 도움을 원하는 많은 사람을 생각하면 병원의 가치는 말로 다 할 수 없습니다.

병원 개원식

결국 우리는 9월에 병원을 개원하지 못했습니다. 많은 모임과 컨퍼런스로 올 수 없는 사람들이 많았습니다. 그러나 이달부터 우리는 입원환자를 받기 시작했고, 공식 개원은 11월 4일에 있을 것입니다. 우리 지역과 시골의 여러 교회 지도자들에게 초청장을 보내고 있습니다. 이 방법으로 우리는 병원을 홍보하고 있고, 많은 손님을 받기 위하여 준비하고 있습니다.

병원 직원들

우리 직원 중에 이제 두 명의 간호사가 있습니다. 한 명은 나이가 많아 정규 간호 과정을 다 밟을 수 없었지만, 그녀는 젊은 간호사들을 위한 선배로 매우 유용하고, 가장 믿음직스럽고 신실한 기독교인이라 가치가 있습니다.

다른 한 명은 26살의 젊은 여성으로 부산에서 니븐과 친구였던 사람입니다. 그녀는 결혼했지만, 남편의 정신이 온전치 못하여, 친정으로 돌아갔었습니다. 니븐은 그녀에게 간호 훈련을 받을 것을 제안했고, 그녀는 그 제안을 받아들였습니다. 선교사 공의회 모임 후에 그녀는 우리에게 돌아왔고, 병원의 견습생으로 들어왔습니다. 그녀는 지금까지 잘하고 있고, 병원의 일에 재능을 가지고 적응하고 있습니다. 그녀는 다른 과정을 하기 전에 산수나 쓰기 등 기초적인 교육을 받아야 하지만, 매우 지적이고 자신의 일에 열정적이어서 빠른 진보를 보일 것입니다.

몇 사례들

병원의 외래 환자 중에는 흥미로운 사례들이 많이 있습니다. 그중에서 가장 슬픈 경우는 좀 더 일찍 치료를 받았다면 시력을 잃지 않았을 환자입니다. 우리의 의사들은 눈을 치료하는데 큰 명성을 얻고 있습니다. 환자들은 자신들의 눈을 보이며 의사의 진단을 긴장하며 기다리는데, 고칠 수 없다는 말에 낙담하는 그들의 표정을 보는 것은 힘든 일입니다.

한 여성은 의사를 보기 위하여 친구의 도움을 받으며 50~60마일을 왔습니다. 수술은 성공적으로 되었고, 눈에 감긴 붕대를 풀게 되었습니다. 앞이 보이게 되자 그녀는 기쁨을 억누르지 못했습니다. 펄쩍펄쩍 뛰며 소리쳤습니다.

> "오! 부인, 보입니다. 보입니다. 부인이 입은 옷 색깔과 단추까지 볼 수 있습니다! 어떻게 이런 자비가 나에게 왔습니까."

그녀와 그녀의 친구는 '믿기로' 작정하고, 병원에서 하는 설교를 난생처음 들었습니다. 그들은 떠날 때 자신들이 듣고 경험한 것을 절대로 잊지 않겠다고 약속했습니다. 이들을 위하여 기도해 주시기 바랍니다. 이들 같은 사람을 통하여 그리스도의 사랑이 자신의 마을과 인근의 마을에 증거되길 원합니다. 여러분 모두에게 따뜻한 인사를 전합니다.

여러분의 선교사 프란시스 클라크

* 추신: 발라렛여선교회에 속한 두 소녀에게 반가운 편지를 받았습니다. 다른 분들도 나중에 시간이 나면 여러분의 사역에 관한 편지를 보내주길 바랍니다. 편지를 보낸 두 명의 소녀에게 감사 드립니다.

16. 병원 개원*

1913년 11월 4일 마가렛 여사의 조카인 데이비드 라이얼에 의하여 진주의 마가렛 화이트크로스 페이튼 기념병원이 개원했다. 일본인 주지사도 참석했다. 그다음 날에는 여학생들의 기숙사도 개소되었다.

17. 진주의 모습**

진주의 병원에서 보면 무엇이 보일까. 또 우리의 병원은 진주시와 어떤 관계가 있을까. 먼저 여러분은 이 병원 건물이 진주에서 가장 큰 건물인 것을 알기를 바란다. 건물의 남쪽 면이 진주를 바라보고 있고, 우리 선교부에서 돌을 던지면 닿을 곳에 한국인의 초가집이 옹기종기 모여 있다.

---

* 크로니클, 1914년 1월 1일, 5.

** 크로니클, 1914년 9월 1일, 13.

병원의 맞은편에는 우리 선교사들의 집과 교회, 여학교가 있다. 병원의 서쪽 앞 창문들에서는 멀리 넓고 기름진 평야가 보이며, 계절에 따라 보리, 벼, 목화, 콩 등이 열린다. 겨울에도 풍경은 아름다운데 부드러운 안개가 멀리 보이는 산에까지 피어있는 모습이다.

병원의 동쪽 끝에서도 같은 풍경을 볼 수 있다. 언덕들이 서로 만나는 곳에 그림과 같은 유교 사원이 있는데, 언덕 아래까지 자리 잡고 있다.

멀리서 보면 한국의 도시가 어떻게 보이는지 상상이 가는가? 크게 인상적이지는 못하다. 낮은 초가집들이 서로 빽빽하게 모여 있는데, 그 사이에는 공간이 없어 보인다. 그곳으로 직접 들어가면 그 추측이 틀리지 않았다고 생각되는데, '길'이 너무 좁아 두 사람이 나란히 걸어갈 수 없을 정도이다. 길을 걸으면서 두 팔을 뻗으면 양옆에 있는 집이 닿을 수 있을 정도이다. 몇 년 전만 해도 대부분 한국의 마을 길은 이와 같았지만, 최근에는 일본 정부의 계획으로 주요 도시들의 모습이 달라지고 있다.

내가 처음 진주에 왔을 때 주요 도로는 길고 구불구불하고 지저분하고 너무 좁아서 보통의 마차가 지나갈 수 없을 정도였다. 그러나 지난 몇 년 동안 그 모습이 몰라보게 바뀌고 있고, 지금은 두 대의 차가 서로 피하지 않고 지날 수 있을 정도이다. 그리고 길가에는 기와지붕의 깨끗한 상점들이 들어서고 있다. 새로 생긴 좋은 길은 진주에서 마산포나 거창 그리고 다른 도시까지 이어지는데, 우리 선교사들이 순회를 다니는 길이다.

새로운 많은 상점은 일본인들이 소유하고 있다. 그들의 숫자는 점점 많아지고 있고, 자신들의 사업을 벌이고 있다. 지금은 말린 과일, 영국 잼, 깡통 버터, 우유 그리고 심지어 용기 속의 치즈도 구입할 수 있다. 그러나 아직 우리가 입는 의류는 거의 없고, 일본인이나 한국인들의 아동을 위한 서양식 옷들이 상점에 자랑스럽게 진열되어 있다.

18. 휴가를 미치고 디시 진주로*

진주에서 다시 일을 시작하고 있다. 나의 귀환에 대하여 여러분께 조금 말하기를 원한다. 레잉이 월말 보고서를 여러분께 쓰기에 나는 더할 것이 많지는 않다. 데이비스와 내가 호주에서 돌아올 때 선교사 공의회가 부산진에서 열리게 되어 다행이라고 생각했다. 대부분의 우리 선교사를 그곳에서 다 만날 수 있었고, 회의 마지막 3일을 참석할 수 있었다.

우리가 부산항에 도착했을 때는 비가 내렸다. 그러나 날씨는 우리의 기분을 망가뜨리질 못했는데, 많은 선교사가 나와서 우리를 환영했다. 한국에 첫발을 들일 때 이들을 만나는 것은 매우 기쁜 일이다. 그중에 한국인 3명도 있었는데, 한 명은 네피어가 부산신에 올 때 휴가차 데리고 온 진주 병원의 박 간호사였다.

우리는 공의회에서 토론되는 흥미 있는 안건들을 다 들을 수 있었고, 호주로 떠나기 전의 맥라렌을 만나게 되어 반가웠다. 회의가 끝날 즈음 다른 선교부에서 온 선교사들은 떠날 준비를 했는데, 마산포, 통영, 진주에서 온 선교사들은 마산포까지 동행했다.

진주까지 가는 길은 많은 비로 인하여 홍수가 났고, 다리도 끊어져 있었다. 그래서 차로 갈 수 없었다. 우리는 진주까지 배와 인력거로 이동했고, 다음 날 낮에 도착했다.

많은 선교사와 같이 있다가 작은 인원이 진주로 돌아오니 이상했으며, 비어있는 세 채의 집을 보니 더욱 그러했다. 맥라렌 부인이 남편을 일본에서 송별하고 돌아오면 한 집은 채워질 것이다. 고향의 가족은 실망하겠지만, 맥라렌 부인이 다시 돌아오는 것은 우리에게 좋은 일이다.

---

* 크로니클, 1916년 12월 1일, 3-4.

병원의 사역

병원 간호부원장의 신실한 일에 대한 이야기를 여러분은 이미 들었을 것이다. 선교사들이 공의회로 떠나있을 때 그녀는 병원 내부의 일을 책임 맡고 있었다. 우리가 도착하는 날 아침, 그녀와 또 다른 간호사 그리고 교회의 몇 여성이 우리를 마중하러 2마일이나 나왔다.

당시 비가 많이 내리기도 하여 그들은 많이 젖어 있었다. 우리의 인력거가 나타나자 그들은 우리에게 달려왔고, 오랜 이별 후의 기쁜 만남을 가졌다. 따뜻한 마음의 이들과 함께한다는 것은 정말 특권이다.

우리의 간호부원장은 병원을 잘 운영하고 있었다. 병원 바닥이 그렇게 깨끗한 것을 본적이 없었다. 고향에서도 말이다! 내가 없는 동안 이곳에서 일한 네피어의 간호사역을 여기에서 감사하지 않을 수 없다. 자신의 사역을 잠시 멈추고 다른 사람의 일을 대신한다는 것은 결코 쉬운 일이 아니다. 그럼에도 그녀는 자기 일처럼 잘해주어 우리 모두의 깊은 감사를 받고 있다. 특히 우리의 간호사들을 위하여 그녀는 많은 도움을 주었고, 그들의 일이 진보되었다. 일 년 동안의 부재 후에 이렇게 발전된 모습을 보는 것은 기분 좋은 일이다.

10월 3일, 진주에서

19. 거창의 시골 교회에서*

거창선교부의 소식을 '크로니클' 독자들은 한동안 듣지 못했을 것이다. 지난가을, 일상의 사역이 여러 이유로 방해를 받았다. 그 이유로 나는 10월 말까지 순회 전도를 하지 못했다. 우리의 첫 순회는 짧았으나

* 크로니클, 1921년 4월 1일, 3.

매우 흥미로운 여정이었다. 거창에서 10마일 떨어진 마을에 교회가 새로 생겼는데, 우리에게 급히 방문해달라는 연락이 왔다.

이 교회는 이 땅의 다른 교회와 별반 다르지 않은 역사를 가지고 있다. 지난 수년 동안 자신의 삶과 책임을 좀 더 심각하게 생각하던 한 남성이 우리의 도움으로 교회를 시작했다.

이곳의 몇은 서울에서 공부했고, 그중 한 명은 최근의 만세운동에 관련하여 옥살이를 했다. 감옥에서 그는 기독교인을 만났고, 신앙을 받아들였다. 감옥에서 나오자마자 그는 고향으로 돌아와 친구들을 전도했다. 몇 명이 그의 전도를 받아들였는데, 그들의 첫 관심은 교회당을 세우는 것이었다.

그러나 그들의 계획은 마을 어른들에 의하여 제지를 받았는데, 그들 대부분은 양반이었다. 이들은 조선의 옛 전통과 관습에 매달려 있었고, 청년들의 부모들도 교회당을 반대하며 돈을 주지 않았다. 청년들은 우리 선교사에게 지원을 요청했다. 우리 선교사는 돈이 있다고 해도 지역 교회당 건축은 우리 선교 정책에 반하는 일이어서 지원을 해주지 않는다. 한국 교인들이 자신들의 돈으로 교회당을 세워야 한다는 정책이었다.

선교사의 마음을 움직이지 못하자 그들은 자신들의 마을 놀이방에서 예배를 드리기 시작했다. 이곳에는 간단한 마루와 방이 있었다. 남성들은 마루에 모였고, 여성들은 방에 모였다.

우리가 그곳에 도착하자 많은 여성이 예배에 참석했다. 그러나 교회당이 세워질 때까지 젊은 여성들은 예배를 나오지 못한다고 했다. 최근의 소식에 의하면 남성들은 이제 돈을 다 모아 교회당을 세울 준비가 되었다고 했다. 그렇게 되기를 우리는 희망한다.

지금까지는 자신 부모들의 반대 속에 이 일을 하고 있고, 자신의 아내나 가족도 설득하지 못하고 있다. 그러나 이제 그들은 복음을 들을 준비가 되어 있고, 얼마 후에 나와 전도부인은 그들의 집을 일일이 방문할 것이다. 이들도 예수를 알 수 있도록 기도해 달라.

시골에서의 사역은 지금 매우 흥미로운 단계에 서 있다. 예수 그리스도가 세상의 희망이라는 우리의 설교가 점차로 받아들여지고 있다. 약한 사람들의 본성을 일으켜 세우고 앞으로 나아가게 하는 힘으로 말이다. 과거의 무관심이 완전히 없어진 것은 아니다. 그러나 예전 같지는 않다. 시골에서 교육을 전혀 받지 못한 젊은 여성들도 우리에게 말한다.

"지금은 분쟁의 시기입니다. 어떤 일이 생길지 모릅니다."

이것은 우선적으로 영적인 각성인바, 남성과 여성 그리고 어린이들의 영혼이 우리의 메시지에 새 관심을 기울이고 있다. 우리의 과제는 이런 기회 속에 우리가 얼마나 빨리 그들에게 다가갈 수 있으며, 그들의 양심의 갈증에 우리가 어떻게 응답하느냐는 것이다. 우리 시골 교회의 한 여성이 나에게 말했다.

"나는 기독교인이 된 지 이제 10년이 되었습니다. 나는 하나님이 살아 계신지 알지만, 작년에서야 그분의 존재를 경험했습니다. 나는 그분이 우리 마을에서 역사하시며 자신의 능력으로 사람들의 마음을 바꾸고 있음을 압니다."

마지막으로 안 믿는 가정의 아이들을 위하여 특별히 기도해 주기를 요청한다. 이 아이들은 우리가 운영하는 주일학교에 참석하고 있다. 이 아이 중에도 귀한 복음 전파의 기회가 있다. 그러나 가르칠 수 있는 사람이 부족하다! 교회의 젊은이들을 교사로 훈련하기를 바라고 있지만, 이제 시작일 뿐이다.

이 학교를 위한 어떤 비품도 우리에게는 가치가 있다. 이 편지를 읽는 여러분 중에 혹시 카드나 그림 등을 보내줄 수 있다면 대단히 감사하겠다.

1월 10일, 거창에서

20. 슬픔과 기쁨*

우리의 친구 로란드 여사가 별세했다는 소식에 우리 모두 상심이 크다. 그녀의 개인적인 편지는 항상 우리에게 영감을 주고 격려가 되었다. 우리는 그녀가 안식에 들어갔다는 사실과 이타적인 그녀의 오랜 사역으로 풍성한 생명을 얻었다는 것으로 위로를 받는다. 그녀의 가족과 친구들을 위해 기도하며, 그녀의 일생과 헌신으로 인하여 우리는 하나님께 감사한다.

겨울과 따뜻한 옷

겨울이 왔다. 우리 선교부 중에 가장 추운 거창에는 눈이 여러 번 왔고, 한 달 동안이나 길 위에 눈이 쌓여있다. 다행히 스코트와 나는 휴가에서 돌아온 지 얼마 안 되었고, 옷장을 다 뒤져서 따뜻한 옷을 찾아 몸을 감싸고 있다. 그러나 이곳 사람들은 추위에 고생하고 있다. 다행히 곧 성탄절 미션 박스가 도착하면 이들에게도 따뜻한 옷과 목도리, 장갑, 양말 등을 나누어 줄 수 있을 것이다. 관대하게 기부한 여러분 모두에게 감사한다.

슬픔과 기쁨

여러분이 아는 대로 거창선교부는 어려움을 겪고 있다. 우리의 선교관 하나에만 지금 사람이 있다. 비어있는 다른 두 선교관을 보면 쓸쓸하고 버려진 것 같은 느낌이고, 그곳에 씨 뿌리는 자와 추수하는 자를 기

---

* 크로니클, 1923년 5월 1일, 3-4.

다리고 있다.

두 달 전에 딕슨을 우리 선교부에 맞이할 수 있어 기뻤다. 그녀는 부산진에 억류되다시피 오래 있었는데, 그곳에 디프테리아가 창궐했기 때문이다. 여러분은 맥켄지 부부의 작은 아들 짐이 사망한 소식을 들었을 것이다. 여러분의 기도와 위로가 그 부부에게 함께 할 것으로 믿는다. 우리에게 충격적인 소식이었다.

이곳의 여학교는 이제 매우 희망차 보인다. 스코트가 책임 맡고 있는데, 평균 80명의 학생이 출석하고 있다. 활기차고 큰 야간반도 있다. 이곳 주변의 마을에서도 야간학교를 열어달라는 요청이 들어오고 있다. 젊은 결혼한 여성들이 한글을 배우길 원하는 것이다. 우리의 확장된 주일학교를 통하여 어린이들에게 다가가는 것도 귀한 사역이다. 아이들은 항상 우리를 고대하고 있고, 우리는 우리가 할 수 있는 일을 다 할 것이다.

"나의 양을 먹이라."

그리스도의 분부대로 이 아이들이 먹여야 할 양이다. 내가 이번에 한국으로 돌아왔을 때, 진주 병원의 네피어 대신으로 5주간 먼저 일했다. 그녀는 연례 휴가 중이다. 그 후 나는 늦게야 거창으로 왔고, 순회전도를 많이 못 하고 있다. 내가 방문한 몇 시골 교회들은 생명과 희망이 넘치고 있고, 다른 교회들은 악한 힘에 의하여 고난을 받고 있다.

추수할 것이 많으니

우리가 만약 이 약한 지역들을 돌보고 필요로 하는 가르침과 도움을 줄 수 있다면, 많은 곳이 튼튼한 힘의 중심이 되어 주변의 지역에도 일꾼들을 보낼 수 있다. 올해 우리 공의회는 이곳 현장의 선도 필요로 인하여 고향의 교회에 재정적인 지원을 더 요청했지만, 해외선교위원회의 재정적인 어려움으로 가능치 않게 되었다는 것을 알게 되었다. 한국에 있어서 우리 사역의 성공은 많은 부분 우리들의 편지를 계속 구독하는 여러분들의 강한 열정 때문이다.

이곳의 초창기 사역부터 좋은 소식도 있고 나쁜 소식도 있는 우리의 편지를 통하여 여러분이 수고해왔고, 지금도 수고하고 있다. 그리고 그것으로 인하여 많은 열매를 맺었고, 여러분이 추수했다. 앞으로도 그 이상으로 추수할 수 있기를 바란다.

한 여성 연설자

얼마 전 한 흥미로운 여성이 우리를 방문했다. 그녀는 거창의 YMCA의 요청을 받고 왔다고 했다. 이 단체는 제법 강했는데, 전도 사업을 좀 더 공격적으로 하기 원했다. 그러나 회원들은 거의 가난하여 재정적으로 어려움에 있었다. 이들은 재정난을 타개하기 위하여 몇 가지 방법을 동원했는데, 그중 한 가지는 대구에서 이름난 한 여성 연설자를 초청하는 것이었다. 청년들은 그 여성을 초청하면 충분한 관심과 모금을 할 수 있을 것이라고 생각했다.

그 여성은 물론 기독교 여성이었고, 미국선교학교를 졸업한 여성이었다. 그녀는 27살로 결혼을 했고, 대구에서 가장 큰 기독교학교에서 가르치고 있었다. 우리도 그녀가 거창에 도착하기를 관심을 갖고 기다리고 있었다. 그녀를 보자마자 우리는 그녀의 온화하고 겸손한 태도와 조용하고 눈에 띄지 않는 옷차림에 이끌렸다.

그러나 강단에 서자 그녀는 청중을 제압했다. 우리 지역 판사와 기자들을 비롯하여 거창의 대부분 남성이 참석한 것 같다. 그녀는 지역을 발전시키기 위한 지도자들의 의무가 무엇인지 강론하지 않았다. 지역에 있는 YMCA를 지원해 줄 것을 호소했다. 그녀의 말에는 주저함이나 두려움이 없었고, 오직 예수 그리스도의 남녀 제자들만이 가장 높은 수준의 생활을 이끌 수 있다고 했다. 그리스만이 가장 높은 수준의 삶을 가르칠 수 있기 때문이라고 강연했다.

열매 맺는 땅

이 땅의 여성들로 인하여 여러분은 놀라지 않는가? 지난 수십 세기 동안 이곳의 여성들은 복종과 열등한 위치에서 살아왔다. 그러나 갑자기 변화가 찾아왔다. 철문이 열렸고 자유를 찾는 심장이 뛰고 있다. 요즈음 능력 있는 우리의 젊은 여성 중에서도 큰 목적을 가지고 자신과 타인의 삶을 위하여 준비하고 있다. 그리고 그들 중에는 예수 그리스도를 따르기로 결단하며 영적인 능력으로 지도자가 될 사람들이 있다. 우리의 가슴은 이로 인하여 감사로 차오르고 있고, 우리가 뿌린 씨앗이 이제 열매를 맺고 있는 모습이다.

1923년 2월 6일, 거창에서

21. 새로운 바람*

요즈음 순회 전도를 다니는 것은 영감적인 사역이다. 시골 지역에 큰 영적인 운동이 일어나고 있고, 많은 곳에 교회당이 세워지고 있다. 문제는 이제 기독교에 대하여 관심을 갖는 사람들을 제대로 지도할 지역 일꾼이 없다는 것이다. 내가 방문한 산청에 있는 교회가 그 한 예이

---

* 크로니클, 1923년 7월 2일, 4.

다. 이 교회는 한 10년 된 교회이나. 이곳의 교회 지도자는 이사하거나 지도력을 발휘하지 못하여 계속 바뀌어 왔다. 그럼에도 이 교회가 유지된 것은 3~4명의 신실한 여성들과 1~2명의 남성 덕분이었다. 이들로 인하여 교회가 문 닫을 위기를 몇 번 넘긴 것이다.

작년부터 이곳에 새바람이 불고 있었다. 주일예배 참석자가 70명에서 120명으로 늘었다. 교인들은 우리에게 자주 와서 성경반을 열어달라는 요청을 했다. 교회의 소년과 남성중에는 교회를 위하여 산중기도를 하기도 했고, 많은 새 신자들이 생겼다. 이런 곳에서는 최소 한 달 정도 머물러야 하는데, 며칠 정도로는 그들의 영적인 갈증을 채울 수 없기 때문이다.

딕슨은 서울의 한국어학교에서 2번째 학기를 맞고 있다. 윤 씨라는 중국인 여성은 기독교의 진리를 받아들이는 줄 알았는데, 마음속에는 아직 수용하지 못하고 있다. 그러나 선교사 부인 한 명을 가르치러 매주일 아침 교회에 나온다. 그 선교사 부인은 윤 씨에 대하여 다음과 같이 말했다.

> 주일 아침마다 만나는 윤 씨는 흥미로운 사람이다. 그녀는 그리스도인으로 산다는 것이 무엇을 의미하는지 아는 것 같다. 오늘 아침에 그녀가 말하기를 자신은 종교지도자들을 한 번도 신뢰해 본 적이 없다는 것이다. 어렸을 때 부모와 함께 절을 갔는데, 제단 앞 향로에 불을 붙이는 의식이 있었다. 당시 승려는 다 눈을 감으라고 하고, 이제 신이 직접 내려와 불을 붙일 것이라고 했다고 한다. 그러나 승려가 소매 속에 숨긴 것으로 불을 피우는 것을 어린 윤 씨는 실눈을 뜨고 보았던 것이다.
> 그녀는 이번 주 새벽마다 일어나 기도를 하는데, 지난주일 강도떼에게 잡힌 사람들을 위하여 기도했다는 것이다. 나는 그렇게 하지 못하여 자책감이 들었다.

5월 14일

22. 네피어의 휴가*

여름이 지나가고 있다. 가을의 시원하고 신선한 바람이 다시 불고 있다. 한국의 여름은 이상하게도 기력을 약화시키는데, 그런 환경하에서는 인생을 즐겁게 살며, 건강한 태도로 일하기가 매우 어렵다. 그러므로 불가피하게 여름에는 우리의 활동이 좀 느슨해진다.

그러나 병원에서는 평상시처럼 일해야 한다. 실제로 병원은 여름에 더 붐비고, 우리처럼 의료 선교사들은 돌아가며 쉴 수밖에 없다. 딕슨이 올해 8월 말에 나를 대신하여 주었고, 지난달까지 진주 병원의 어려운 환경 속에서 일했다.

우리의 공의회는 올해 진주에서 모인다. 심각한 안건들이 많이 있는데 우리의 교육과 전도사역을 더 강화하는 것과 각 선교부의 요청에 우리의 자원을 어떻게 나누는가 하는 문제들이다. 올해는 니븐과 매크레가 공의회 참석차 방문하므로 우리는 기쁨으로 기다리고 있다.

네피어 송별회

공의회가 있은 지 두 주 후인 7월 말, 네피어는 멘지스와 왓슨 부인 그리고 그녀의 세 아들과 부산을 떠나 호주로 휴가를 갔다. 병원은 네피어를 위하여 멋진 송별회를 열었다. 병원은 꽃으로 장식한 중앙의 의자에 그녀를 앉게 했고, 박 간호사는 그녀의 머리에 꽃을 올려 주었다.

네피어의 삶과 그녀가 병원에서 공헌한 일에 관한 낭독이 있었고, 간호사들은 그녀를 위하여 노래를 불렀다. 그들은 그녀에게 아름다운 놋그릇을 선물했다. 송별회는 작별의 찬송으로 끝이 났으며, 사람들은

* 크로니클, 1923년 12월 1일, 3-4.

그녀의 주변에 모여 그녀가 호수에서 행복한 휴가를 보내기를 소원했다. 그리고 다시 돌아올 것을 당부하기도 했다.

여름 내내 진주에는 장티푸스가 돌았고, 3년의 훈련과정을 거의 마치고 있는 간호사 한 명이 불행하게도 그 병에 감염되었다. 한동안 그녀는 심하게 아파서 회복하지 못할 줄 알았지만, 지금은 최악의 상황에서 벗어난 것으로 보인다.

선교사들의 도착

지금 나는 이 편지를 부산진에서 쓰고 있다. 나의 연례 휴가 마지막을 보내는 중이다. 이곳에 있으면서 호주에서 오는 새 선교사들을 맞이할 수 있어 좋았다. 그들은 한 주 전에 도착했는바, 모두 건강해 보였다. 진 데이비스 박사는 이미 진주로 갔고, 길레스피 여사는 나와 함께 곧 그곳으로 떠날 것이다. 마가렛 데이비스는 가족들과의 재회를 즐기었다.

데이비스 부부*도 만나게 되어 기뻤고, 즐거운 여정으로 그들은 좋아 보였다. 한국인 중에는 데이비스 부인이 한국에 처음 왔을 때의 만남에 대해 좋은 기억을 가지고 있다. 그리고 이번에 또다시 만나게 되어 기뻐했다. 물론 우리의 신참 선교사 던을 열렬히 환영했고, 그녀는 벌써 한국어 공부를 시작하고 있다. 한국어 선생은 장금이이다.

서울의 연합공의회 모임

지금 나는 서울에서 열린 연합공의회에 참석하고 막 돌아왔다. 그곳에서 들은 흥미로운 토론에 대한 내용을 여러분에게 하려 한다. 여러분

* 진과 마가렛의 부모인 존과 애니 _ 편저자 주

이 아는 대로 이 모임은 한국에서 일하는 개신교 선교사들의 연합모임이다. 각 선교부에서 대표가 왔고, 나도 그중의 한 명이었다.

공의회의 대부분 시간은 현재의 공의회를 대체하는 새 공의회 조직에 대한 토론이었다. 이 새 공의회는 선교사들뿐 아니라 한국교회 대표들도 참석하는 안이었고, 회의도 한국어로 진행한다는 것이다.

우리는 새 공의회 안을 따뜻하게 환영했고, 한국인 지도자들과 함께 전반적인 문제점들을 상의할 때가 왔다고 믿기 때문이다. 우리 선교사만으로는 해결할 수 없는 어려움이 있으며, 우리 외국인이 부분적으로만 이해하는 것을 한국인이 조언하고 안내도 해줄 수 있기 때문이다.

한국인 지도자와 우리 해외선교사들이 함께 할 수 있는 이러한 공의회를 설립한다는 것은 매우 격려가 되는 징조라고 생각한다. 기독교 선교의 진보에 새 장이 열리는 모임이었으며, 한국교회와 한국의 복음화를 위하여 위대한 결실을 맺을 수 있는 걸음이라고 믿는다.

우리 선교회의 발제

올해 우리 선교회는 2개의 안건을 연합공의회에 제기했다. 두 개 다 모두 사회봉사에 관한 부분이다. 하나는 한국의 생활봉급이 어떻게 구성되는지를 조사하는 특별위원회를 제안했고, 이것은 다가오는 한국의 산업화와 관련하여 사회봉사 활동을 더 늘려야 할 필요성에 관한 부분이다.

다른 하나는 이곳에서 '사회악'이라고 말하는 일들을 우리 선교회가 다루고 있는데, 우리는 이미 정부에 '구조 선교'를 등록하고 일하고 있다. 이 땅의 불행한 소녀들이 수치스러운 생활로 팔리거나, 그곳에서 도망을 치는데, 그들을 위한 사역이다. 현재 이들이 그런 곳을 피하여 머물 수 있는 피난처가 한국에는 없다. 우리의 도움 없이는 이 소녀들을 동하여 이윤을 얻는 사람들에게서 그들은 구조되지 못한다.

지난번 우리는 다른 선교회에 피난처를 세우는 데 도움을 청했다. 그 응답으로 연합공의회는 위원회를 임명했고, 위원들은 이미 서울의 구세군과 이 문제에 관하여 비공식 논의를 한 것으로 들었다. 구세군은 한국의 다른 선교회가 기금을 지원하면, 피난처에 일꾼을 파송하여 운영할 수 있다고 했다. 이것은 우리가 희망했던 아주 좋은 결과이며, 우리가 제안한 소녀들을 위한 피난처 설립이 가시화되는 것 같아 하나님께 감사드린다.

9월 25일

23. 홍 간호사*

올해 진주에서의 성탄절과 새해는 흥미로운 일들로 가득 찼다. 성탄절에 우리의 집에는 길레스피 양과 던 선교사가 머물렀으며, 이틀 후에는 데이비스 박사의 부모를 진주로 환영하는 기쁨이 있었다. 마가렛 데이비스, 위더스, 스코트 그리고 딕슨은 새해에 우리와 함께했고, 이들은 우리가 새해를 격렬한 방법으로 맞이하는 데 도움을 주었다.

존과 애니 데이비스 부부가 지금도 우리와 함께 있어 즐겁고, 이들은 맥라렌 집에 사는 진과 함께 살고 있다. 맥라렌 가족은 세브란스병원 사역으로 서울로 이사했다. 데이비스 부부가 우리와 함께 좀 더 머물기를 원하지만, 곧 부산진으로 떠날 것이다. 존 데이비스가 이곳에 있는 동안 원목으로 일하고 있고, 그러므로 우리는 주일 오후에 영어로 예배도 드리고 있다.

---

* 크로니클, 1924년 5월 1일, 3-4.

졸업식

올해 들어와 두 가지 큰 행사가 진주선교부에 있었는데, 둘 다 병원과 관계되는 것이다. 하나는 홍 간호사*의 졸업식이다. 우리의 두 번째 간호사로 우리 병원의 과정을 모두 마치고 수료증을 받았다. 첫 번째로 공부하고 졸업한 사람은 여러분이 아는 대로 박 간호사뿐이다.

몇 사람이 공부했지만, 이 둘은 공부를 마칠 때까지 간호 일도 포기하지 않았고, 세브란스병원에서의 교육도 모두 마쳤다. 강 간호사도 홍 간호사와 함께 수료증을 받아야 하지만, 불행하게도 3년 과정 필업을 한 달 앞두고 장티푸스로 사망했다. 두 명 간호사 모두 네피어의 감독하에 공부했으며, 간호사를 성공적으로 길러낸 것에 대하여 축하를 받아야 한다.

홍 간호사는 우리의 진주여학교에서 교육을 받았으며, 내 생각에는 우리 교회의 가장 촉망되는 여성이다. 그녀에게 수료증을 주는 예식은 새 여학교 큰 교실에서 열렸는데, 사람들로 붐볐다. 커와 던이 친절하게도 교실을 장식했고, 교실 뒤에는 하얀색 바탕의 빨간 십자가와 네 귀퉁이에 '배돈병원'이라고 한문으로 쓰인 우리 병원의 깃발이 걸렸다.

교회의 대표들과 남학교와 여학교 교사들로 교실은 다 찼다. 예쁜 유니폼을 입은 우리 네 명의 간호사는 앞자리에 나란히 앉았다. 테일러 박사가 사회를 보았으며, 수료증을 수여했다. 우리 교회의 좋은 김 목사**가 홍 간호사에게 권면했는데, 기독교인 간호사의 일은 결국 교회와 연결이 된다고 말했다. 그리고 환자들의 영적이고 육적인 필요를 돌보고 목회하는 특권적인 사역임을 강조했다. 그는 나아가 간호사의 직

---

* 홍경애 _ 편저자 주

** 김이제 목사 _ 편저자 주

업에는 전도의 기회가 많은데, 예수 그리스도가 준 사명의 가치를 늘 따르도록 노력하라고 했다.

정식 간호사로 임명된 홍 씨는 나이팅게일 선서를 했다. 회중 앞에서 맹세하는 홍 간호사의 얼굴은 진지했으며, 직업의 고귀한 이상에 충실할 것과 그녀에게 위탁된 의무에 신실하겠다고 약속했다. 병원 직원들은 이날을 기억하라는 의미에서 홍 씨에게 금반지를 선물했는데, 축복과 응원의 뜻도 담겨 있었다.

졸업식을 마치고 우리는 병원에서 오후 차담회를 가졌다. 모두 즐거워했다. 우리는 존 데이비스 목사 부부와 길레스피 양을 특별 손님으로 맞았는데, 선교사들 옆에 이들도 함께 앉았다. 자신의 수고와 인내의 결실인 오늘 행사에 네피어가 참석하지 못하여 우리 모두 섭섭했다.

병원의 전도회

우리 병원 안에 전도회가 조직됨을 여러분은 기뻐할 것이다. 대구의 미국선교병원을 방문했던 우리의 전도사는 열정을 가지고 복귀했다. 그는 우리도 미국선교병원과 같은 전도 방식을 도입하자고 병원 직원들에게 요청했다. 그 결과 1월의 특별기도 주간 후에 우리 병원 직원들도 전도회를 결성하기로 작정한 것이다.

각 직원은 매달 회비를 내고, 일 년 후에는 모인 돈으로 자신들의 전도사 한 명을 채용하겠다는 것이었다. 그 전도사는 병원에서 치료받으며 믿기로 작정했던 시골의 환자들을 심방하는 일을 맡을 것이다.

이외에, 병원의 개개인 직원 스스로도 전도할 것을 맹세했다. 이 일을 위하여 매달 두 번의 오후에 시간을 내어 근처의 마을을 짝을 지어 방문하고, 개인을 전도하거나 대중 앞에서 설교하거나 가능한 많은 사람에게 복음을 나누는 계획이었다. 이 일이 시작되고 얼마 안 되어 진주에서 3마일 떨어진 마을에 주일마다 학교를 운영할 수 있는 결과를 가져왔다.

진주의 테니스 코트

학교의 이번 학기는 행복하게 지나가고 있다. 새 학교에는 좋은 운동장이 있는데, 테니스 코트로 사용할 수 있다. 여학생들은 그들의 에너지를 정당한 운동을 통하여 만족하게 사용하고 있다.

순회의 어려움

요즈음 시골 순회 전도는 무한한 가능성을 보이고 있다. 그러나 일꾼이 적은 탓으로 종종 추수를 못 하고 있다. 레잉이 일 년 내내 순회 전도를 다니고 있으며, 몇 곳에서는 만족할 만한 성과를 내고 있다. 미션 박스를 통하여 병원에 아름다운 선물을 보내준 여러분 모두에게 감사한다. 우리는 곧 여선교협의회와 빅토리아여선교연합회 지부에 감사의 편지를 쓸 것이다.

1924년 3월 2일. 진주에서

24. 필요한 물품들*

경애하는 그란트 여사께,

* 크로니클, 1924년 6월 2일, 3-4.

미션 박스에 관하여 나에게 보내준 편지에 답장이 지연되어 미안합니다. 미션 박스가 도착하는 것을 기다리느라 늦어졌습니다. 그러나 미션 박스 도착이 너무 늦어져 즉시 당신에게 편지를 씁니다.

미션 박스를 받는 즐거움

이미 아시는 대로 미션 박스 도착이 지연되었지만, 한두 주 전에 마침내 우리에게 전해졌습니다. 성탄절에는 받아볼 수 없었지만, 지금이라도 받게 되어 기쁩니다. 우리 병원이 매년 이 미션 박스를 받는 것은 큰 의미가 있습니다. 고향에서 우리를 기억한다는 것에도 감사합니다.
올해 박스에는 많은 어린이옷과 멋신 목도리들이 담겨져 있습니다. 선물을 포장하고 발송하는 수고에 감사합니다. 이쪽 끝에서 선물을 받고 기뻐하는 모습을 본다면 아마 당신은 보람을 느낄 것입니다. 이곳에서 무엇이 특별히 필요한지 공의회 회의 후에 나온 소식을 당신이 들었는지 궁금합니다.

필요한 물품들

여기 위원회의 의견은 미션 박스에 가장 적절한 물품들은 목도리, 양말, 비누 그리고 학교에서 쓰는 연필과 공책이고, 병원에서는 붕산, 탈지면, 유칼립투스, 비버 오일, 소금과 바셀린입니다. 물론 병원에 필요한 물품들은 모든 선교부에 보내지 마시고 병원과 요양원 그리고 시약소가 있는 선교부에만 보내면 됩니다.
병원에서는 어떤 물품이라도 유용하게 쓸 수 있습니다. 어린이옷을 보낸 곳에는 더 많은 옥양목이나 망사 붕대를 보낸다면 좋겠습니다. 최근 우리는 붕대를 충분히 받지 못했고, 여기에서 비싼 비용을 지불하고 구입하고 있습니다. 침대보 전체나 반절도 매우 유용합니다. 필요한 목록을 보면 양말, 장갑,

비누, 수건, 베개보, 어린이 옷감, 붕소 가루, 바셀린 등이 있으며, 특히 유칼립투스는 이곳에서 구할 수 없습니다. 또한 어린이들을 위한 장남감도 이곳에서 인기가 많습니다.
통영에서는 양모 장갑은 소용이 없다고 하지만, 그곳만 그런 것 같습니다. 모든 선교부에서는 유치원 물품들을 특별히 귀하게 여기고 있습니다. 여기저기에 유치원이 생기고 있지만, 한국에서는 구하기 어려운 것들입니다. 나의 사역에 있어서는 내가 병원에서 일하던, 순회 전도를 다니던 모든 종류의 의료 약품들이 필요합니다. 또한 나는 주일학교에서도 적지 않게 일하므로 수업 시간에 쓸 수 있는 학용품도 필요합니다.
이번 편지를 급하게 쓰게 되어 미안합니다. 지금 다른 편지들도 많이 써야 합니다. 대단히 감사합니다.

1924년 2월 6일. 진주에서

25. 진주여학교*

지난 9월 네피어가 진주로 돌아왔다. 그녀는 나에게 수간호사의 역할을 물려받았고, 병원에서는 그녀를 크게 환영했다.

진주학교에서

이때부터 나는 언어 공부로 떠난 커를 대신하여 진주여학교 책임을 맡았다. 충성스러운 직원과 교사들의 도움으로 나는 내가 기대한 것보다 더 빨리 학교생활에 적응했다. 넓은 공간을 소유한 학교에서 일하는

* 크로니클, 1925년 6월 1일, 15-16.

것은 즐거운 일이고, 봄에 문제를 일으켰던 여학생들은 이제 학교를 떠났다. 전반적인 학교 분위기도 좋았고, 훈육도 잘 되고 있었다.

정 선생(정석록 — 편저자 주)이 아직 수석교사로 있어 다행이다. 그는 신실한 기독교인이고, 학교의 관심사에 많이 헌신하고 있다. 또 다른 감사의 제목은 일본인 교사 하타노로 인함이다. 그는 40세 정도로 자신이 기독교인이라는 이유로 그동안 많은 어려움을 겪어 온 남성이다. 그는 원래 진주의 관공서에서 높은 봉급을 받고 일했는데 그만두고, 일본인 교회에서 일하면서 명목상의 봉급만 받는다는 소식을 들은 우리는 그를 일본어 교사로 초청했다. 그는 동의했고, 9월부터 우리의 학교 교사가 되었다. 그가 기독교인임은 그의 가르침을 통하여 나타났고, 교사진에 그가 들어오므로 우리 학교의 기독교 영향력은 더 강하여졌다.

지난 몇 달 동안에 10명의 소녀가 자신이 기독교인이 되었다고 공개적으로 간증했음을 보고한다. 몇 명의 학습자는 이제 교회 정식 회원이 되었다. 그중 3명은 믿지 않는 가정에서 온 학생들이다.

운동장을 위한 모금

요즈음 우리 공동체에 새로운 공적인 정신이 자라고 있음이 흥미롭다. 우리의 몇몇 학생들의 부모들에 의하여 학교에 제기된 것이기도 하다. 그들은 우리 수교사를 만나 학교가 허락한다면 학부모 집들을 방문하여 학교의 운동장 발전을 위한 모금을 하겠다고 했다.

우리는 이 일을 위하여 한국인들이 부르는 대로 '아버지와 형제들' 모임을 소집했다. 약 30명이 참석했으며, 우리는 차를 마시며 그들의 의무에 대하여 논의를 했다. 그들은 학교 운동장을 위하여 헌금할 것에 기꺼이 동의했고, 10파운드가 즉시 약정되었다.

이제 우리는 16파운드를 모금했고, 돈을 낼 수 없는 가정은 운동장을 수평으로 고를 때 노동으로 돕겠다고 했다. 우리 학교의 기독교인 가정은 대부분 가난하여 대부분 돈은 비기독교인 가정에서 왔다.

지나가는 전도부인 시대

올해 레잉의 부재로 시골 교회들은 안타깝게도 어려움을 겪고 있다. 많은 교회가 우리 선교사의 방문을 재촉하고 있지만, 나는 올해 들어서 한 교회밖에 방문하지 못하고 있다. 편한 마음으로 학교와 기숙사를 떠나 시골 순회를 하기가 어렵다. 그러므로 진주 중심에서 시골 교회를 위한 지원을 할 수 있는 대로 하고 있다.

시골 전역에 교회를 향한 젊은 사람들의 운동이 계속되고 있음을 여러분께 기쁘게 보고한다. 옛 모습의 전도부인 시대는 빠르게 지나가고 있고, 이미 지나갔는지도 모른다. 그렇다면 그동안 씨를 뿌리고 사역을 감당했던 이 정직한 영혼들을 어떻게 해야 할까. 적지 않은 여성이 전도부인으로 생활을 영위해 왔기 때문이다.

나는 교회의 젊은 아이들을 위하여 주일 아침 예배를 계속 인도하고 있다. 우리는 이 예배에서 커 선교사를 그리워하고 있다. 학교의 상급반 학생들이 용감하게 나를 돕고 있고, 어린이들을 반으로 나누어 여학생들이 가르치고 있다. 나는 이 학생들을 위하여 토요일 밤 준비반도 운영하고 있다. 학생들이 이 일에 제법 관심을 가지고 있다.

26. 여학교 운동회*

우리는 현재 이 땅에서 가장 바쁜 계절을 지내고 있다. 농부들은 탈

---

* 크로니클, 1927년 4월 1일, 6-7.

곡하고 있고, 아내들은 겨울에 먹을 질임 채소*를 준비하고 있다. 우리의 이웃인 가난한 청년들은 이삭줍기와 겨울을 위한 땔감을 구하여 쌓아두고 있다.

우리 선교사들도 이 시기에 우리에게 주어진 여러 가지 일을 감당하느라 힘든 시간이다. 지난 몇 년 동안에 능력 있는 한국인 동역자들에게 우리의 일이 많이 넘어가 우리 일의 성격이 달라졌기는 하여도, 여전히 한국인들은 우리에게 많은 것을 요구하고 있다. 우리가 최선을 다하는 사역에 감사하지 못하는 모습이다.

고향의 여러분이나 이곳의 우리나 우리가 함께 뿌린 씨앗으로 인하여 열매가 넘치도록 맺고 있고, 풍성한 추수를 하고 있다. 동시에 우리가 겪는 어려움에 우리가 진실하고 두려워하지 않는 모습을 보이면, 더 풍성한 열매를 얻을 수 있을 것이다. 우리는 그것을 위하여 먼저 좀 더 조직적으로 일을 하여야 한다. 이곳의 개척교회들은 여러모로 아직 성숙하지 못했다. 그러나 볼 수 있는 눈을 가진 사람에게는 지금보다 더 큰 기회는 없을 것이다.

남선교사의 적은 수로 인하여 가장 어려움을 겪는 부분은 전도사역이다. 그럼에도 우리 선교부만 보더라도 아직 희망적인 징조가 있다. 안 믿는 어린이들을 위한 주일학교는 이웃의 많은 마을에 우리의 기지를 세울 기회를 제공하고 있다.

진주 밖의 일곱 마을에서 주일학교가 운영되고 있고, 시간이 지남에 따라 그곳에 교회가 세워질 것이다. 이 주일학교 사역을 현재 우리의 학교 여자 졸업생들에게 의지하고 있다. 그들은 주중 주일학교 준비반에 기꺼이 참석하고, 매 주일 3마일이나 떨어져 있는 마을에 가서 학교를 운영하고 있다.

---

* 김치 _ 편저자 주

우리 교회의 여교인 숫자도 점점 증가하고 있다. 여기에는 병원의 영향이 큰데 많은 가난한 여성과 그의 자녀가 병원에서 치료를 받고, 고통에서 자유롭게 하신 주님께 돌아오고 있다는 사실이다.

학교 소식

우리 학교는 현재 평화롭고 행복한 시기를 지내고 있음을 기쁘게 보고한다. 우리의 학생들도 전체적으로 공부와 놀이 모두에 열심을 다하고 있다. 이들은 자신들을 위하여 신사적으로 하는 운동도 배워가고 있고, 서로에게, 교사에게 좀 더 솔직해지는 것을 배우고 있다. 몇 년 전까지만 해도 이들에게서 이런 모습은 찾아볼 수 없었다.

교사들과 나는 종종 염려되는 순간을 대면한다. 전에는 남학교 학생들과 함께 운동회를 큰 규모로 했는데, 이번에는 남학교의 참여가 어려움이 있었고, 우리 여학교만 운동회를 열었다. 아는 체하는 사람들은 고개를 흔들며 다음과 같이 반응했다.

> "여학생들만 하루 종일 하는 운동회에 구경꾼들이 무슨 충분한 관심을 가지고 참석을 하겠습니까?"

교사의 지도하에 여학생들은 자신들의 운동을 연습하며 경기력을 키워왔다. 운동회 순서에 남학생과 유치원 학생들의 달리기 시합은 있었다. 여학교 동창생들도 참여하여 각종 시합과 게임의 심판을 본다. 우리 학교의 훌륭한 운동장은 시합을 진행하는 데 최적이며, 모든 순서가 차례로 잘 진행되었다.

학교를 둘로 나누어 한쪽은 청색, 다른 한쪽은 적색이었다. 학생들은 자기편의 색을 하얀색 블라우스 위에 입었다. 검은색 치마 가장자리에는 학교 색인 로얄 블루를 넣었다. 그리고 하얀색 신발과 스타킹으로 복장이 완성되었다. 여학생들이 유니폼을 입고 경기를 위하여 다부지게 서 있는 모습은 아름다운 그림 같았다.

많은 구경꾼이 왔는데, 여학생들이 이처럼 잘하는 모습을 보고 놀라는 것 같았다. 학부모들의 후원으로 이날의 경비는 충족되었으며, 동창생들은 모든 학생에게 저녁 식사를 제공했다.

1926년 11월. 진주에서

27. 길가에 뿌려진 씨앗*

호주 선교사 한 명과 전도부인 한 명이 시골에 흩어져있는 시골 교회를 도보로 순회하고 있었다. 그 길 중에 언덕을 가파르게 올라가는 구간이 나왔다. 무더운 날이었고, 태양으로부터 자신들을 보호할만한 그늘 한 점 없었다. 그럼에도 전도부인은 힘들어하지 않았다. 그녀는 앞장서서 걸으며 찬송을 허밍으로 불렀고, 나그네가 지나가면 나란히 걸으면서 다정하게 말을 붙였다.

한순간도 그 전도부인은 자신의 사명을 망각하지 않았다. 그녀는 하나님의 메신저였고, 그 메시지가 하나도 땅에 떨어지지 않도록 했다. 오래전 한국에 복음이 들어왔을 때 복음을 믿은 옛 학교 출신 여성이었다. 원래는 산속에서 농사를 짓는 무지한 농사꾼이었고, 거칠고 꾸미지 않은 말을 내뱉는 시골의 평범한 사람이었다.

그녀는 생존을 위하여 몸부림치고 있었고, 여성들이 시장에 내다 팔려고 큰 짐을 지고 길을 걷는 모습을 보면서, 여성들에 대한 연민을 갖

* 크로니클, 1928년 12월 1일, 8-9.

기 시작했다.

"보세요. 얼마나 큰 짐을 지고 살고 있어요. 만약 당신이 그분께로 나오면 그 짐이 가벼워질 것입니다. 그분은 당신을 사랑하니까요."

때로 그녀의 목소리는 피곤하게 들렸지만, 이 순간만큼은 그녀의 눈이 빛났다. 그러나 짐을 지고 가던 여성은 무심히 그냥 지나쳐 갔다. 한번은 전도를 받던 한 여성이 대답했다.

"나는 너무 가난하여 그런 사설을 들을 수 없습니다. 나는 일요일까지도 일을 해야 하는데, 만약 안 하면 굶을 것입니다."

전도부인은 그녀와 잠시 더 이야기를 나누었는데, 복음이야말로 가난한 사람을 위한 것이라고 말했다. 예수를 따르면 잃는 것보다 얻는 것이 더 많다는 말도 잊지 않았다. 그 여인의 정직함은 전도부인과 선교사에게 인상을 남기었고, 이들은 그녀를 위하여 진심으로 기도해 주었다.

선교사와 전도부인은 오래된 큰 나무 그늘에 앉아 잠시 쉬는데, 흘끔흘끔 쳐다보는 다른 여행자들도 앉아 있었다. 금방 생기를 되찾은 전도부인은 한 여성과 이야기를 하기 시작했다. 그 여성은 약간의 흥미를 가지고 들었고, 그녀의 집 부근에 있는 교회에 나가라고 했을 때 그녀는 좀 수상스럽게 질문을 했다.

"그곳에 가려면 얼마나 내야 합니까?"

또 길을 가는데 이번에는 무거운 짐으로 힘들게 걷고 있는 할머니를 만났다. 다음은 전도부인과 할머니의 대화이다.

"할머니, 하나님이 어떤 분인지 아십니까?"

"내가 어떻게 알아."

"그분이 할머니를 먹이고 옷을 입혀주십니다."

"응. 나도 그것은 알아."

"오, 아시네요. 그럼에도 어려움이 있을 때만 그분을 찾으십니까? 그리고 사랑하는 사람이 죽을 때만 하나님을 찾으시지요?"

"맞아요. 작년 이맘때 나는 아들을 잃어버렸는데, 그때 하나님을 불렀지. 그러나 그 이후로도 나의 마음은 더 찢어지고 슬퍼."

전도부인은 그 할머니에게 하나님의 사랑과 연민에 대하여 설교했다. 그러나 할머니는 고개를 가로저었다.

"아들이 떠난 후 나는 아무것도 생각하지 못해. 무슨 말인지 나는 잘 모르겠어."

산을 넘어 두 여성 전도자는 이제 계곡 길로 접어들고 있었다. 그리고 작은 마을이 눈에 들어오기 시작했다. 마을로 들어가는 입구에 한 남성이 서 있었다. 두 여성은 그냥 지나치는데 그가 소리쳤다.

"여기는 뭐 하러 왔어요? 약을 팔려고 합니까?"

그는 남성이었고, 또 예의가 없는 것 같아 전도부인은 그저 심부름 왔다고만 대답을 했다. 그리고 길을 계속 걸었다. 잠시 쉬고 있는데 등짐을 한 한 젊은 남성이 다가왔다. 그는 시골 교회의 집사였다. 그는 등짐으로 힘들었지만, 자신의 문제에 관하여 상의를 하는 것은 힘들어하지 않았다.

"세상은 너무 힘들어요. 사람들은 나와 같은 일꾼을 깔보고 있어요. 아무리 내가 성경 공부를 열심히 하여 다른 사른 사람을 가르치려 하여도 나를 무지한 사람으로만 여겨요."

이때 선교사는 말하기를 주님을 '목수'로만 아는 당시의 사람들도 그를 조롱하며 때렸다고 설명했다. 그 청년도 주님의 종은 자기 자신을 주님보다 더 크게 여길 수 없다고 인정했다. 전도부인이 끼어들며 당차게 말했다.

"바보같이 왜 그런 걱정을 합니까? 새 시대가 왔음을 몰라요? 일하는 사람이 가장 멋진 사람입니다. 당신의 일로 깔보는 사람들이 오히려 비천한 사람들입니다."

하루가 끝나고 있었고, 전도자들도 이제 마무리를 하고 있었다. 마지막 산봉우리를 오르면서 하루를 되돌아보았다. 오늘 하루 뿌린 씨가 얼마나 옥토에 떨어졌고, 얼마나 무지의 그늘에 묻혀버렸을까?

그 대답은 이들이 묵을 마을이 눈앞에 가까이 다가올 때쯤 왔다. 이 마을은 오랫동안 무지하고 미신이 많은 마을이었다. 한 기독교인이 어느 날 이곳을 지나면서 말씀을 전했다. 그 씨앗이 싹이 났고 열매를 맺었다. 마을에서 가장 높은 지대 어귀에 작은 교회가 있는데, 이것이 새 생명의 징조이고 전체 마을의 생활에 새로운 힘과 영향력을 끼치고 있다.

작은 기독교인 공동체가 생겼고, 수년 동안 마을 공동체의 적대감과 맞서 싸워왔다. 그들은 인내하면서 신실하고 새로운 높은 수준의 기독교 생활을 살아왔다. 지금은 40명의 승리자가 있으며, 마을의 존경을 받고 있다. 사람들은 교회에 대한 좋은 감정을 가지기 시작했고, 교인들을 마을에서 제일 깨우친 사람들로 생각하고 있다.

바쁜 농부 신자들과 자식들은 낮에 기회가 없어 공부를 못하는 아이들을 위하여 야학을 운영하고 있다. 이제 아이들은 최소한 읽기를 배울 수 있고, 성경 이야기도 들을 수 있다. 비신자 부모들은 자신의 아이들이 배우는 것을 보고 '예수 공부'를 더 이상 반대하지 않았다.

겨자씨 한 알이 뿌려졌고, 그것이 싹을 틔워 얼마나 큰 나무로 자랄지는 아무도 모른다.

28. 방학식*

올해 진주의 학교는 7월 18일까지 마치지 못했다. 우리는 방학식을 위하여 오전 9시 15분에 모였다. 방학식의 첫 순서로 나는 부모와 학생들에게 위생에 대한 당부를 했다. 아름답게 보이는 젊은 엄마들은 나의 말을 진지하게 경청했다. 요즘 우리 학교에는 새 세대의 엄마들이 있다. 그중에 많은 인원이 자신도 학교를 다닌 여성들인 것 같고, 학교에서 자식들의 지적인 진보에 관심을 가지고 있다. 또한 자식들을 가르치기 위하여 자신들도 정보를 얻으려고 노력하고 있다.

보건위생에 관한 연설 후에, 6학년 학생들은 베드로와 요한이 산헤드린에 의하여 체포되는 사도행전 이야기를 연극으로 했다. 이 연극을

---

* 크로니클, 1931년 10월 1일, 6-7.

학생들은 스스로 준비했으며, 성경의 구절을 효과적으로 잘 사용했다. 연극 마지막 부분에 요한의 역할을 맡은 열정적이고 눈에 띄는 한 여학생이 다음과 같이 말했다.

> "이제 우리 부모님들이 베드로와 요한 같이 예수님을 따르게 해 달라고 기도하겠습니다. 모두들 머리 숙여 기도하시겠습니까?"

그녀는 정직하게 기도를 했고, 모두 조용히 들었다. 기도 후에는 학교의 모든 인원이 마음을 다하여 '아멘' 하고 화답했다. 아마 여러분들에게는 이것이 좀 강압적으로 들릴지 모르겠다. 그러나 내가 생각하기에 여학생들에게는 그런 태도는 없었다. 그들은 진심으로 자신들의 부모가 예수를 믿기 바란바, 비기독교 가정에서 믿는 자로 살기가 매우 어렵기 때문이다.

방학식을 마쳤을 때 벌써 점심시간이 가까웠다. 학생들 수업료도 받아야 하고, 교사들 봉급도 줘야 하고, 자조반에서 바느질을 하여 학비를 충당하는 학생들도 파악해야 했다. 학비를 완납해야만 학생들은 성적표를 받을 수 있어서, 학기 말만 되면 그것을 맞추느라 모두 긴장하고 있었다.

이날 오후에는 동창생들의 모임이 있었다. 요즘에는 많은 인원이 참석하고 있는데, 이번에는 진주의 여자고등학교 백 교장*이 연설했다. 그는 학생들에게 자신보다 못한 환경에 처한 여성들을 위하여 큰일 하기를 주저 말라고 했고, 기회가 있을 때 한 사람씩 도우라고 했다. 그리고 도움을 줄 수 있는 구체적인 몇 방법도 제시했다.

---

* 백남훈 교장은 후에 국회부의장을 역임 _ 편저자 주

단기 강좌

방학한 지 이틀 후, 우리는 성경반 교사들을 위하여 '3일 수업 학교'를 열었다. 놀랍게도 거의 60명의 교사가 참석했다. 40명 이상이 우리 학교 여자 졸업생들이거나, 현재 6학년 학생들이다. 남교사도 6명 정도 참석했는데, 지금은 없어진 진주의 미션 남학교 졸업생들이었다. 이 학교에 참석한 학생들과 교사들의 사진을 함께 보낸다.

정부의 초등학교 교사 자격증이 있는 교회의 한 청년이 반을 대표했고, 우리의 유치원 원장은 학생들에게 성경 이야기를 가르치는 방법을 강의했다. 그리고 우리 여학교의 두 명의 교사가 찬송과 노래와 행진을 가르쳤다. 나는 성경 교육에 대한 강의를 한 강좌 했고, 매카그도 매일 학교에 나와 음악과 다른 일로 도움을 주었다.

이 학교는 열정적으로 진행되었고, 젊은 교사들은 방학 때 아이들을 가르치기 시작했다. 교육 사역이 힘 있는 전도사역이 아니라고 누가 말할 수 있을까? 이들이 아니면 우리가 어디에서 주일학교 교사들을 구할 수 있을까?

29. 빅토리아 장로교 여성친교회 회원들에게*

지난 성탄절 전에 우리는 안전하게 멜버른에 도착했음을 기쁘게 알린다. 지칠 대로 지친 지난 몇 개월 동안 다시 호주를 볼 수 있을까 하는 의문도 들었지만, 하나님이 나에게 은혜를 베푸셨다. 이제 나는 놀랍도록 회복이 되었다. 그러나 아직 약한 상태에 있으므로 편지를 길게 쓰지는 못한다. 이 편지에 나의 헌신적인 친구이자 조력자인 이삼남의 글도

* 크로니클, 1935년 3월 1일, 9-10.

같이 올린다. 여러분 중에 많은 사람은 이미 그녀를 만나 그녀가 얼마나 매력적이고 우호적인지 보았을 것이다.

멜버른의 한 석간신문은 삼남과의 인터뷰 기사를 싣고 있다. 아마 여러분은 그 기사를 보았겠지만, 그녀가 한 말이 제대로 전달되지 못했다고 말하고 싶다. 기자가 그녀에게 한 질문 중에 서양 여인들의 옷에 관한 내용이 있었는데, 삼남의 간단한 대답이 불쾌한 비교를 의도한 것은 아니었다.

인터뷰 기사 내용은 마치 삼남이 호주 여성들에게 적대적이고 우호적이 아닌 것 같은 인상을 준다. 그러나 그것은 전혀 그녀의 입장이 아니다. 인터뷰 기사가 그러한 불공정한 인상을 주고 있다는 것을 밝히고 싶다.

이삼남은 우리 여성친교회 회원들을 만나는 것을 좋아했다. 특히 여성친교회 배지를 받았을 때, 자신도 '친교회 회원'이 된 것 같이 기뻐했다.

나는 또한 삼남에 대한 여러분들의 환대에 감사를 드린다. 여러분이 그녀를 환영해 줄 것은 알았지만, 이토록 가슴으로 뜨겁게 맞이해 줄지는 몰랐다. 그녀에게는 특별한 경험이었고, 그녀의 마음 한구석에는 호주의 여러분들이 항상 남아있을 것이다. 그녀가 어디를 가든지 호주에서 만난 친구 여러분들에 관하여 말할 것이다.

그러므로 여러분들의 사랑도 많은 사람의 마음속에 퍼질 것이다. 또한 그녀를 통하여 서양의 여성들과 동양의 여성들이 그리스도의 사랑 안에서 하나가 되고, 하나님의 위대한 가족의 한 자녀로서 친밀한 관계를 이어나갈 수 있을 것이다.

이삼남은 한국으로 돌아가 고등성경학원에서 몇 년간 더 공부할 것이다. 공부를 마친 후에 그녀가 디커니스 사역을 하기를 희망하는데, 그녀가 결혼할 가능성도 있다. 어떤 일이 일어나던 우리는 그녀가 교회를 위하여 좋은 사역을 하기를 바라는바, 그녀는 신실한 그리스도의 제자이며 양을 돌보는 일을 무엇보다 사랑하기 때문이다!

앞으로 몇 주간 나는 시골에서 휴식을 취할 것이다. 그 후에 좀 더 적극적으로 다시 일을 시작할 것이다. 그때 여러분을 모두 만나길 원한다. 내가 아플 때 염려하며 기도해 준 모두에게 감사한다. 하나님은 그 기도에 풍성하게 응답하셨고, 우리의 다른 기도도 더 크게 응답하시리라 확신한다.

30. 하나님이 행하신 일*

25년 전, 내가 처음 한국에 갔을 때, 우리 선교회는 유일하게 부산진에 한 제도화된 건물을 소유하고 있었다. 그것이 선교회가 처음 시작한 학교인 일신여학교였다. 초창기에 멘지스와 무어는 고아원을 운영하고 있었는데, 여기에 학교가 붙어 있었다. 그들은 그곳에 고아나 부모에게 버려진 아이들을 수용했다.

이 아이들이 자라면서 그곳 신앙공동체에 매우 유익한 회원이 되었고, 그들이 처음으로 '현대 교육'을 받은 일꾼들이었다. 부산진의 이 고아원과 학교에서 다른 선교부의 교육적 필요를 지원했고, 우리의 진주 여학교 첫 젊은 여교사도 그곳에서 왔다. 그녀의 이름은 순복이다. 순복이는 커를 박사의 조력자 박 씨**의 아내가 되었으며, 후에 평양신학교에서 신학 공부를 마쳤다. 우리가 듣기에 그는 한 교회 이상에서 청빙을 받았는데, 그것은 바로 그의 아내의 인품과 자격 때문이라고 들었다!

25년 전, 진주의 여학교에 60명의 학생이 있었다. 이들은 12 혹은 14피트 스퀘어의 작은 방바닥에서 옹기종기 앉아 공부했다. 교사는 스

---

* 크로니클, 1935년 10월 1일, 6-8.

** 박성애 _ 편저자 주

콜스와 순복이 단 둘뿐이었다. 겨울에는 추워서 방문을 닫고 공부를 해야 했는데, 처음 그 방에 들어간 나는 뜨거운 열기와 악취에 충격을 받았고, 지금도 잊히지 않는다. 그러나 나는 환기가 안 되는 그 좁은 방에 60명이 모여 있다는 사실을 조금씩 받아들였다.

진주에는 우리의 남학교도 있다. 반은 선교회가 지원하고, 반은 교회에서 지원했다. 이 학교는 나무로 지어진 '교회당'에서 수업을 한다. 주일에는 이곳에서 예배와 주일학교가 열린다. 주일 예배 시에는 가림천으로 교회당을 둘로 나누어 남자와 여자를 구별했고, 설교자만 양쪽을 다 볼 수 있게 했다.

이런 시절로부터 우리는 먼 길을 왔다. 가림천이 사라진 지 오래다. 지금은 남녀가 한 위원회로 모이고, 토론도 자유롭게 한다. 그러나 커튼이 없음에도 예배 시에는 남자와 여자는 따로 앉는다. 이것은 동양의 공통된 미덕이라 하겠다.

오늘날 진주에 우리는 벽돌로 된 좋은 교회당을 가지고 있다. 700명이 앉을 수 있는 크기로, 교인들의 힘으로 건축했고, 빚도 없다. 우리는 300명의 소녀가 수업을 받는 여학교 건물도 있고, 60명의 어린이가 있는 유치원, 성경학원과 2동의 기숙사, 한 동의 여학교 기숙사 그리고 튼튼한 벽돌 건물의 진주 병원이 있다.

초창기 지도자와 일꾼들

처음부터 선교사들은 한국교회를 위한 지도자 훈련에 집중해야 한다는 것을 알았다. 이 시각에서 학교가 먼저 세워졌고, 진주에서는 우리가 제일 먼저 여학교를 설립하는 영광을 가졌다. 성인 훈련은 성경학원이나 성경반에서 시행되었다. 처음부터 이것은 우리 사역의 성격을 크게 규정지었다. 이러한 방법으로 각 선교부는 자신의 지도자 양성에 힘썼으며, 우리의 우수한 실비로 인하여 많은 성과를 낼 수 있었다.

초기 한국인 지도자를 돌아보면 두 가지를 언급할 수 있다. 첫째는 그들의 세속적인 면이고, 둘째는 그들의 헌신과 자기희생이다. 많은 이들이 자신의 모든 것을 버리고 그리스도를 따라야 했으며, 이것으로 때로 자신의 가족과 사회생활 기준에 반해야 했다. 이것은 전에 한 번도 도전을 받아본 적이 없는 가치들이었다.

이들은 지금의 세상보다 다가올 더 좋은 나라에 주목했으며, 그로 인하여 특히 나이 많은 교인들은 오늘 하루하루의 생활에 신앙이 어떻게 적용되는지 알지 못했다.

수년 전에 우리 선교사 한 명이 한국인 전도자와 함께 시골의 한 교회를 방문하는 길이었다. 이들은 멀리서 밭을 가는 노인 한 명을 보았다. 한국인 전도자는 선교사에게 그 노인에게 복음을 전해달라고 했다.

> "저 노인에게 전도하여 기독교인이 되게 하세요. 그의 아들은 장래가 촉망되는 우리 일꾼입니다. 그는 매달 며칠씩 시골 교회에 가 설교합니다. 그러나 아버지는 교회와 일체 상관을 안 하려고 합니다."

선교사는 그 노인에게 다가가 그의 아들에 대하여 이야기를 했다. 그리고 그도 교회에 다니지 않겠느냐고 물었다. 그 노인은 선교사를 쳐다보며 다음과 같이 대답했다.

> "나의 아들은 며칠씩이나 집을 떠나 기독교 사설을 가르치러 다닙니다. 그래서 나는 집에 남아 일을 해야 합니다. 한 집에 두 명의 기독교인이 있을 형편이 못 됩니다."

선교사는 물론 믿는다는 것이 곧 전도하러만 다니는 것은 아니라고 설명을 했다. 그리고 서로 헤어졌다. 선교사는 길을 가며 깊은 생각에 빠졌다. 어떻게 하면 젊은이들에게 기독교 신앙을 생활 전체에 적용하도록 가르칠 수 있을까. 기회만 있으면 무턱대고 전도하던 초기의 시대는 지났다. 교육적 배경이 없는 구식 전도부인과 시골의 길을 걷노라면 다음과 같은 대화를 종종 들을 수 있다.

전도부인: (무거운 짐을 이고 가는 한 노인 곁에 다가선다) 안녕하세요. 할머니. 연세가 어떻게 되세요? 이제 하늘로 갈 준비를 하셔야죠.

노인: 나이가 많아요. 이제 걷는 것도 힘들어 죽겠어요.

전도부인: 그러실 것 같아요. 머리도 백발이시고, 이빨도 없네요. 눈도 잘 안 보이시죠? 이 세상을 떠날 준비를 하셔야죠. 죽으면 어디로 가는지 아세요?

노인: 그걸 어떻게 알아. 죽은 다음에는 어떻게 되는지 아무도 몰라.

전도부인: 죽으면 가는 곳은 둘 중 하나예요, 할머니. 천당을 가든지 지옥을 가든지. 할머니도 지옥 가기 싫으면 천당 가는 법을 배워야 해요.

이쯤에서 노인은 더 이상 이야기하기를 원치 않는다. 이때 선교사가 조용히 말할 기회를 찾으며, 할머니와 이야기하기를 원한다. 그러나 할머니는 선교사가 말하는 전도에는 큰 관심을 갖지 않고, 그녀의 이상한 외모와 외국인 목소리에 더 흥미를 가지는 눈치이다.

동시에 다른 때에는 큰 논쟁이 일어나기도 한다. 전도부인의 공격적인 전도에 똑같은 강도로 반박을 하는 사람들이 있다. 그러면 전도부인은 자신의 능력을 모두 끌어모아 논쟁을 이어간다. 그러나 성공은 그녀의 논쟁에 있지 않았다. 훈련받지 못했어도 전도부인의 삶 자체 속에 위대한 성공이 있는 것이다.

남녀 영혼을 구원하고자 하는 구식 전도부인들의 노력은 지칠 줄 모큰다. 세련되지 못하고 서진 그들의 전도 방법에도 불구하고, 만나는 사람들에 대한 진실한 관심으로 사람들에게 큰 인상을 주고, 그것이 결국에는 그들로 하여금 영적으로 변화된 삶을 살도록 한다.

과거에 대한 이야기를 많이 했는데, 현재는 어떤가? 신실한 성서매서인, 전도부인 그리고 다른 전도사들이 시골 곳곳을 다니며 왕성하게 전도하여 지금은 많은 사람이 우리의 출현에 익숙해져 있다. 이들에게 교회는 더 이상 낯선 곳이 아니다. 여러 곳에 흩어져 있는 교인들은 기독교인의 삶의 모습을 보여주고 있고, 이들은 사람들이 교회로 나오게 하는 열린 문이 되었다.

그러나 오늘날 우리에게 적도 많이 있다. 젊은 사람들의 세속주의는 모든 종교를 '미신'으로 치부하며 거절하고, 그런 태도가 진보적인 것으로 스스로 여기고 있다. 반기독교적인 막스의 공산주의도 우리를 적대하는 큰 세력이다.

몇 년 전에 나는 진주에서 젊은 변호사가 하는 강연을 들은 적이 있다. 그는 청중 중에 많은 기독교인이 있음을 알았고, 공개적으로 기독교를 공격했다. 그는 기독교인들이 자신들의 구식 신앙을 포기하도록 역설했고, 그 속에서 벗어나 과학의 가르침을 따르라고 했다.

그는 또한 선교사들의 가르침을 비웃었다. 지난 30년 동안 변한 것이 하나도 없어, 이제 구식이 되었다는 논리였다. 과학의 발전 시대에 사는 사람들에게는 더 이상 맞지 않는 종교라고 강조했다.

"종교가 아닌 과학이 답입니다. 그것이 우리에게 오늘날의 문제점에 대한 답입니다."

우리 학교의 학생들도 이런 종류의 강연을 집 안이나 밖에서 접하기 쉽다. 그래서 우리의 지혜로운 성경 교사는 아이들이 생각하고 있는 바를 다 말하게 하고, 그것에 대한 토론의 기회를 주어 잘못된 정보를 불식시키려고 한다.

이 모든 상황에서 무엇을 말할 수 있을까? 과거보다 우리의 사역이 더 쉬워졌을까 아니면 어려워졌을까. 아마 둘 다일 것이다. 더 어려워졌다는 것은 과거보다 더 큰 용기와 신앙 그리고 인내가 필요하기 때문이다. 쉽고 빠른 성공은 이제 없다. 우리의 전도나 가르침이 비판 없이 받아들여지지 않을 것이다. 우리는 고향과 선교 현장 모두에서 사납게 도전하는 현실을 직시해야 한다.

동시에 우리의 선교는 두 가지 이유로 더 쉬워졌고, 희망적이다. 먼저는 우리의 헌신을 사람들이 잘 알고 감사하고 있다는 사실이다. 그리고 또 다른 이유는 우리의 동역자 한국인들이 예전보다 더 넓은 세계관을 가지고 있다는 것이다. 물론 우리 서양인들도 동양의 것들을 많이 배우고 있다. 동양의 일꾼들과 우리는 공통의 생각을 나눌 수 있게 되었고, 전보다 더 친밀하게 함께 일할 수 있다. 이렇게 자라고 있는 능력으로 우리가 서로 협력하면, 유용하고 효과적으로 미래의 사역을 나눌 수 있을 것이다.

한국에서의 가장 행복한 기억은 우리의 교사들과 함께 교직원실에서 나누던 친교의 시간이다. 우리의 대화 주제는 다양했는데, 하나님의 창조 이야기로부터 영국의 인도 통치 장단점까지 많은 의견을 주고받았다. 그리고 우리는 인생의 가장 심도 있는 질문도 공유했는데, 같은 제자도와 충성도에 관한 것이었다. 우리는 '예수 그리스도 안에 하나'였던 것이다.

매일의 학교생활에서 학생들은 이 충성도에 더 감사하고 있다. 여학생들이 학교에 있는 동안 따뜻하고 설득력 있고 영향력이 있었던 이유가 바로 여기에 있다. 그리고 학교를 떠나서도 주님께 진실하려는 욕망이 계속될 것이다.

너희를 사랑하신 것 같이 너희도 사랑 가운데서 행하라.

31. 클라크에 대한 감사(1)*

프란시스 클라크의 사표를 큰 아쉬움 속에 받는다. 빅토리아여선교연합회는 한국에서 오랫동안 신실하게 일해 온 클라크의 사역에 깊은 감사의 기록을 남긴다.

1910년 그녀는 한국에 도착하여 진주의 배돈병원이 개원될 때부터 수간호사로 일을 시작했다. 남성 의료 선교사와 함께 그녀는 직원들을 구성했고, 한국인 환자들의 신뢰를 받았다.

후에는 진주의 여학교에서 일했고, 학교를 튼튼하게 세워갔다. 주일학교에 관한 그녀의 관심은 우리 지역 너머에까지 알려졌고, 한국인들에 관한 그녀의 애정과 이해심은 그들에게 사랑을 받게 했다. 그녀의 사직은 그들에게 큰 슬픔이다.

우리가 기뻐하는 것은 클라크의 건강이 많이 회복되었고, 이곳 고향에서 활동적으로 일을 시작할 수 있다는 것이다. 그녀에게 어떤 미래가 펼쳐지던 하나님의 평화와 임재가 함께 하기를 기도한다.

32. 클라크에 대한 감사(2)**

호주 선교사 공의회는 지난 6월 부산진에서 열린 모임에서 클라크에게 감사했다.

공의회는 프란시스 클라크에 대한 사랑과 감사의 기록을 남기기를 원한다. 우리의 친구이자 동역자인 그녀는 자신의 가장 좋은 시절 25년을 우리와 한국의 그리스도 교회를 위해 보냈다. 그녀가 사표를 내야하

---

* 크로니클, 1936년 7월 1일, 9-10.

** 더 레코드, 1936년 6월, 부산진, 75.

는 필요성에 우리는 깊이 슬퍼하며, 우리 주님의 나라 확장을 위한 어떤 일을 하던 하나님의 축복이 함께 하기를 기도한다.

우리는 하나가 되어 이 기도를 드린다.

33. 프란시스 루이자 클라크 추모사*

오늘 우리가 만나는 우리의 경애하는 친구의 사역과 신앙과 영으로 인하여 하나님께 감사한다. 우리는 슬픔 중에 만나지만, 그 슬픔 중에 얼마나 많은 감사가 있는지 모른다.

프란시스 클라크는 헌신적인 기독교인 부모의 장녀였다. 그녀는 1879년 태어났고, 인도에서 토목 기사였던 클라크 씨가 그의 부친이다. 그녀는 6살 때에 부모를 따라 호주 태즈매니아로 이주했으며, 그곳에서 초등학교와 중고등학교를 나왔다.

그 후에 그녀는 호바트 일반병원에서 간호 훈련을 받았다. 그녀는 이미 간호사 자격증을 받았지만, 전형적인 열정으로 애들레이드대학의 과학 연구를 위하여 1년을 더 연수했다. 이 연구를 통하여 그녀는 세계관을 더 넓힐 수 있었다.

이때는 우리 교회와 기독 학생운동 안에 선교사 운동이 일어나고 있었던 시대였다. 멜버른 오몬드칼리지에서 열린 루스 라우즈의 여학생 대회에 참석한 클라크는 선교사가 되기로 결단했다. 그리고 얼마 후에 그녀는 멜버른으로 이사했다. 그곳에서 머독 목사의 목회로 인하여 클라크 자신의 신앙과 기독교 이해를 넓혔다. 그녀가 자신의 생에 마지막까지 그에 대해 감사했을 정도이다.

1910년 클라크는 한국으로 갔고, 그곳에서 다양하게 열매 맺는 생

---

* 크로니클, 1956년 7월, 3-4.

활을 했다. 언어 공부의 기간을 지나면서 그녀는 한국어에 점점 능통하게 되었고, 그녀의 첫 주요 사역을 시작했다. 그녀는 계획 중에 있는 그리고 아직 완성되지 않은 진주 배돈병원의 수간호사로 임명된 것이다. 시약소를 운영하고 있던 커를 박사가 그녀의 상관이었다. 후에 이 글의 필자도 그녀와 함께 일했다.

클라크가 맡은 사역은 개척적인 일이었고, 그녀는 열정적으로 일했다. 그녀의 계속되는 영향력은 실로 대단했다. 한국의 그 지역에 클라크는 전문적인 간호사 일에 기초를 놓은 것이다. 교육받은 젊은 여성이 없는 가운데 그들을 훈련하는 일은 가망이 없었다. 그러한 일이 가능할 것인지 사실 회의가 들었다.

남자 병동에는 남성 당번병이 훈련을 받았고, 클라크의 첫 세 명의 여성 간호사와 두 명의 과부 그리고 한 명의 이혼한 여성이 직원으로 등록을 했다. 그들의 훈련은 전문 간호사 훈련이었는데, 그것을 위하여 초등학교 일반 교육도 병행되어야 했다. 시간이 지남에 따라 그들의 책임은 점점 더 커졌고, 클라크는 그것으로 보람을 느꼈다.

한국인 간호사에 대한 클라크의 헌신적인 예를 알고 있다. 그녀의 야간 병동 순회는 병원에 잘 알려져 있다. 병원에서 좀 떨어진 곳에 있던 자신의 집에서 밤에 출발하여 기름 등불을 들고 병원까지 왔다. 동료 선교사들은 나이팅게일의 별명 '등불을 든 여인'을 그녀에게도 붙였다. '세계 역사의 위대한 여성'이었던 나이팅게일처럼 클라크도 '한국 땅의 위대한 여성'인 것이다.

후에 한국은 비극적인 전쟁을 치렀는데, 각 지역에 있던 클라크와 같은 초기 여성 의료 선교사들의 간호 훈련과 그 기술이 그 당시와 후에 얼마나 도움이 되었을지 상상이 간다.

클라크는 배돈병원에서 10년 동안의 수간호사 일을 마쳤고, 네피어가 그 뒤를 이었다. 클라크는 그 후 전혀 다른 사역을 시작했다. 그녀의 훈련과 관심 사항은 학교에서도 만족스럽게 사용될 수 있었다. 그녀는 진주여학교에 임명되었고, 캠벨의 뒤를 이어 교장이 되었다. 한국 여학생들의 기독교 신앙 양육과 성장을 위한 사역에 그녀는 소명을 가지고 헌신했다. 그녀는 한국인과 일본인으로 구성된 학교 직원들과도 열정적으로 소통했고, 학교는 성장하고 번영했다.

학교 일에 더하여 그녀는 주일학교에서 성경을 가르쳤으며, 성경학원에서 전도부인을 양성했다. 그리고 시골의 교회들도 그녀의 도움을 받았다.

또한 클라크는 우리 선교사 공의회 모임 계획과 토론에 특별하고 가치 있는 공헌을 했다. 그녀의 아일랜드인 기질은 대부분의 스코틀랜드인으로 구성된 우리 모임에 의식적이거나 자연스러운 기지의 유머로 활기를 주었다.

1934년까지 이러한 열매 맺는 사역이 있었지만, 한편 호주로 돌아가야만 하는 위험한 증세가 나타나고 있었다. 그러나 수술의 기술로 그녀는 완쾌되었고, 곧 활동적인 사역으로 돌아갔다.

클라크는 호주의 협동조합 운동에도 특별한 관심을 가졌고, 그 일에 뛰어들었다. 그러나 그녀의 가장 큰 사역은 역시 젊은이들에게 기독교 교육을 하는 일이었다. 그녀는 감리교 레이디스칼리지 교원으로 들어갔다. 그곳에서 그녀는 성경과 자신의 살아있는 신앙을 나누었고, 학생들과 친밀해졌다.

우리의 한 친구는 말하기를 사람에 대한 행복한 관심과 생에 대한 즐거움이 그녀의 특별한 성격을 말해준다고 했다. 인생은 좋았고, 주변의 일들에 관심을 쏟았고, 이상의 세계가 그녀로 하여금 행동하게 했다. 세상의 모든 일에 대한 그녀의 관심은 마지막까지 지속되었다. 사망하기 며칠 전까지만 해도 그녀는 세계가 어떻게 돌아가는지 알고 싶어 했고, 그것에 대하여 토론하길 원했다.

클라크의 은사 중 우정이 단연 두드러진다. 그것이 얼마나 강한지 국가의 경계, 인종, 나이, 계급 그리고 종교를 뛰어넘는다. 그녀는 많은 사람에게 관심을 가졌고, 많은 사람이 그녀에게 관심을 가졌다.

그녀는 '풍성한 삶'의 은혜를 입었다. 우리 주님은 말씀하셨다.

"내가 온 것은 양으로 생명을 얻게 하고 더 풍성히 얻게 하려는 것이라."

주님이 주신 삶으로 그녀는 이웃들과 풍성히 나누었다. 가난하고 무지하고 병들고 소외된 사람들이 그녀를 만나므로 생명의 풍성함을 알게 되었다.

그녀의 마음 깊은 곳에는 기독교 신앙이 있다. 그 신앙은 자랐고 넓어졌고 깊어졌다. 이것은 극히 중요했다. 그녀는 자신의 주님을 사랑했고, 자신의 이웃을 사랑했다.

여러분들은 그녀가 오랫동안 점점 약해졌던 기간을 기억할 것이다. 그리고 2년 전에 그녀는 가로파병원에 입원했다. 활동적이었던 사람이 병원 침대에만 있는 것은 괴로운 일이다. 고난받는 것도 하나님의 계획에 일부라는 것을 그녀는 어렵게 배웠다.

마침내 그녀는 새 환자가 되었고, 자신을 돌보던 모든 사람에게 감사했다. 사망하기 바로 전 그녀는 성찬식을 받았다. 그녀에게 큰 의미가 있는 시간이었다. 성찬 예배 후 그녀는 축복기도를 받았다.

"우리 주님의 은혜와 하나님의 사랑과 성령님의 교통하심이 자매님과 함께 하시기를 빕니다."

그때 그녀는 미소를 지으며 물었다.

"아멘. 더 이상 무엇이 필요하겠습니까?"

그녀는 축도를 반복하여 말했다.

"우리 주님의 은혜와 하나님의 사랑과 성령님의 교통하심이 여러분과 함께 하시기를 빕니다."

찰스 맥라렌 박사
1956년 5월 23일 장례예배에서

6장

거트루드 네피어

Gertrude Napier (1872~1936)

I. 호주 선교사 거트루드 네피어

거트루드 네피어(한국명: 남성진)는 빅토리아여선교연합회에 낯선 여성이었다. 그녀는 멜버른에 거주한 지 2년 만에 한국 선교사로 자원했고, 일 년 후 곧바로 한국으로 파송되었기 때문이다.

네피어는 1872년 스코틀랜드 에든버러에서 태어났다. 그녀는 일찍 모친을 잃었고, 또 후에 부친까지 잃어 가정에서의 생활을 일찍 마친 여성이었다. 그녀는 그곳의 샌 조지 훈련학교에서 중등교사로서 훈련을 받았고, 에든버러대학에서 교육학을 공부했다. 그녀는 학교에서 18개월을 가르쳤지만, 자신의 진짜 소명을 아직 찾지 못했다고 생각했다. 그래서 그녀는 1,200개의 침상이 있는 큰 병원인 에든버러 로열 병원에 들어가 간호사 훈련을 받았다.

1905년 네피어는 자신의 언니인 길리슨과 형부 길리슨 목사와 함께 호주 브리즈번으로 이주했다. 그곳에서 그녀는 한 어린이 병원에서 간호사로 2년 동안 일하기도 했지만, 1909년 멜버른으로 이사했다. 멜버른에서 네피어는 잠시 개인 간호사 업무를 보았고, 빅토리아여선교연합회가 운영하는 디커니스훈련원에서 원장 대리로 1년 동안 일할 기회를 가졌다.

이로 인하여 그녀는 여선교연합회와의 인연을 맺었고, 한국으로 갈 의료 선교사를 찾는다는 광고를 보고 지원을 한 것이다. 1911년 6월, 그녀의 신청서는 기쁘게 받아들여졌다. 그다음 해 그녀는 여성병원에서 훈련을 더 받았으며, 1912년 9월 멜버른 호쏜 지부의 후원을 받으며 한국으로 떠났다.

이때의 '크로니클' 선교지는 네피어의 사진을 게재하며, 그녀의 사역에 대하여 다음과 같이 기록하고 있다.

한국에서 그녀의 일은 단조롭지 않을 것이다. 그녀는 자신이 주재하는 곳에서 의료사역과 전도사역을 할 것으로 제안되었고, 진주 병원의 수간호사가 휴가를 떠나 있는 동안 그 자리를 대신할 것과 호주 선교사 중에 아픈 사람이 있으면 간호를 할 것이다(크로니클, 1912년 9월 2일, 2).

마산의 '의사 부인'

마산에 부임한 그녀는 한국말을 배우면서 1920년 말까지 순회 전도와 교육 활동을 하게 된다. 그리고 그녀는 그곳에서 무엇보다 '의사 부인'으로 알려지고 있었다. 당시 마산에 있던 맥피 선교사는 네피어에 대하여 다음과 같이 쓰고 있다.

네피어의 이름은 점점 '의사'로 알려지고 있다(이곳에서는 그녀를 그렇게 여기고 있다). 그녀의 첫 환자는 그녀의 돌봄으로 회복되었으며, 그 집을 방문할 때마다 우리에게 얼마나 감사하는지 모른다.

어제는 얼마 전 다리가 부러진 한 연약한 여성의 집을 방문했다. 처음에는 일본인 의사가 그녀를 치료했고, 후에는 한국인 '의사'가 치료를 했다. 그러나 그녀는 여전히 염려스러운 얼굴로 우리를 맞았다. 네피어가 그녀의 다리를 진료하자 그녀의 어머니는 근심스럽게 쳐다보며 물었다. 네피어가 곧 나아질 것이라고 대답하자 그녀는 한숨을 내쉬며 "감사합니다"를 연발했다(크로니클, 1913년 4월 1일, 5).

네피어는 마산에서 자신의 간호 기술을 실천할 기회가 많았다. 그만큼 다양한 질병이나 사고로 고생하는 사람이 많았다. 특히 한국의 한방 치료 문화 속에서 서양식 간호와 약 처방을 한다는 것은 쉬운 일이 아니었지만, 사람들은 그 의술을 점점 신뢰하기 시작했다. 그리고 자연스럽게 네피어는 모자진료소를 열어 운영하게 되었다. 엄마와 아기의 건강과 위생을 위한 다양한 교육과 치료 활동을 했다.

1915년 중순, 진주 배돈병원의 수간호사 클라크가 1년 동안의 휴가를 떠나자 그 자리에 임시로 네피어가 임명되었다. 마산의 사람들은 네피어가 진주로 떠난다는 소식에 모두 염려하고 있었다.

"의사 부인 없이 우리는 어떻게 합니까?"

네피어가 마산에 오기 전에는 그러면 어떻게 했냐고 맥피가 묻자 그들은 대답했다.

"오. 우리는 고생도 많이 하고, 죽기도 많이 죽었습니다."

더욱 재미있는 사실은 네피어가 진주로 떠나자 마산의 사람들은 맥피에게 대신 '의사 부인' 역할을 해줄 것을, 요청했다. 물론 맥피는 의료와는 전혀 상관없는 교육가였지만, 당시 서양 선교사에 대한 그들의 기대가 어떠했는지 보여주는 대목이다.

클라크가 호주에서의 휴가를 마치고 다시 진주로 돌아오자, 이번에는 네피어가 1917~1918년까지 휴가를 갖게 되었다. 호주에서의 휴가 중 첫 부분을 그녀는 병원에서 치료를 받으며 몸을 추슬렀고, 그 후에는 빅토리아 각 지부를 돌며 보고와 홍보 활동을 했다. 그리고 다시 한국으로 돌아온 후 몇 개월 동안 서울의 세브란스병원에서 일하기도 했다.

클레라와의 전쟁

네피어는 이제 마산을 떠나 진주로 영구히 이전할 준비를 하고 있었

나. 그러나 1920년 여름, 그녀에게 큰 파업이 생겼다. 마산과 통영 등지에서 호열자, 즉 콜레라가 발병하고 있었던 것이다. 이 당시 통영에 있던 왓슨 부인은 네피어가 그곳에서 한 일을 자신의 편지에 언급하고 있다.

> 네피어는 때로 우리를 방문하기도 했다. 한번은 휴가차 그녀가 우리에게 왔는데 당시 창궐하고 있던 콜레라에 대하여 장시간 강의를 했다. 또한 자기 건망증 속에 훈련도 안 된 조수 두 명을 데리고, 사람들이 죽어가고 있는 시골로 들어가기도 했다(크로니클, 1931년 11월 2일, 9).

네피어가 들어간 바로 그 시골은 통영에서 얼마 안 떨어진 곳으로, 그곳에 콜레라 환자들을 격리시키는 '피병사', 즉 임시 피난 병동이 있었던 것이다. 판자로 만들어진 긴 병동 안의 방에는 환자들이 있었다.

> 그들은 버림받은 것 같은 모습이었고, 가족이나 친구들을 목말라 기다리고 있었다. 소독약이 항상 뿌려지고 있었다. 밖에 마당에는 매일 방문하는 일본인 의사를 위한 사무실이 있었고, 한국인 조수 두 명을 위한 판잣집도 있었다(크로니클, 1921년 3월 1일, 11).

네피어는 곧 간호사 팀을 꾸려 끔찍한 콜레라를 대면하며 환자들을 돌보기 시작했다. 팀원으로는 진주 배돈병원 졸업생인 박 간호사, 한국인 목사의 딸, 젊은 전도부인 그리고 한 집사의 아내였다.

당시의 급박한 소식을 당시의 한국의 한 일간지도 기사로 싣고 있다.

> … 일반인민에게 예방주사를 실시케 하되 재래습속으로 부녀는 주사를 기피하는 이유로 야소교 신자 여자 4인을 임시 견습케 하여 일반 부녀의 주사를 담임케 하고, 피병사는 환자 수용의 난편이 유한 고로 면에서 일천 원 이

상 일천오백 원 이하의 기부를 득하여 신건축에 착수할지 … (「동아일보」, 1920년 8월 1일).

이들 여성 신자 4인은 콜레라를 치료하기 위한 도움을 얻으려고 테일러 박사의 의학 서적을 뒤져 보기도 하면서, 큰 불안 속에 그러나 강한 믿음으로 그곳 임시 병동에서 한 달 넘게 고생했다. 그뿐만 아니라 이들이 그곳에서 하는 말과 심지어는 기도문도 모두 적어 매일 통영의 일본 경찰서에 보고하여야 했다.

통영의 관계자들은 환자들을 한밤중에 병동으로 데리고 왔는데, 보통 새벽 한두 시쯤이었다고 한다. 여성 환자들은 죽거나 죽어가는 환자들 사이에서 홀로 밤을 지냈고, 간호사도 때로 환자들에게 다가가는 것이 꺼려지는 그런 상황이었다. 그러나 이들의 헌신으로 좋은 결과가 있었다.

병동에 입원한 80명의 환자 중 오직 20명만 사망했던 것이다. 또한 많은 환자가 그리스도를 주로 고백했다고 네피어는 보고하고 있다(앞의 책, 12).

이 당시 경남지방 전역에 콜레라가 발병하고 있어 진주에서도 당국이 자위단을 조직하여 방역을 실시하고 있었다. 배돈병원에서도 물론 예방주사와 방역을 주야로 하고 있었다.

운명적인 만남, 배돈기념병원

1920년 말, 네피어는 진주의 배돈기념병원 수간호사로 임명되었다. 그녀는 앞서 언급한 대로 첫 수간호사 클라크가 일 년간 휴가를 떠났을 때 마산에서 올라와 병원에서 일한 적이 있었다.

그러다가 1920년 클라크에게 신변의 변화가 있었다. 거창선교부에 일꾼이 찍어 문 닫을 위기에 처해 있을 때, 그녀가 그곳의 순회 전도자로 떠난 것이다. 그리고 진주의 배돈기념병원은 당시 마산에 있던 네피어를 그 자리로 불렀다. 그녀는 나중에야 그곳에 영구적으로 임명을 받았지만, 그녀는 그곳에서 1920~1934년까지 일했다. 그곳이 그녀 인생의 주요 사역지가 된 것이다. 이 당시 배돈병원에는 맥라렌 의사가 원장으로 있었다.

> 당시 (배돈병원에는) 병원 건물과 한 명의 직원과 병원을 신뢰하는 환자들이 있었지만, 의료 설비가 거의 없었고, 네피어가 특별히 가지고 있는 조직의 은사가 없었다. 그녀는 다른 사람에게 기대하는 것만큼 자신의 의료 수준이 매우 높았으며, 이것으로 인하여 직원들의 존경과 충성스러운 협조를 얻었다. 자신들 앞에 세워진 높은 이상을 성취하기 위하여 그들은 함께 노력했다. 의사들은 다른 염려 없이 자신의 일을 잘 수행할 수 있었는데, 네피어의 지도력하에 모든 것이 잘 돌아갈 것을 알았기 때문이다(크로니클, 1936년 12월 1월, 3).

1922년 성탄절, 네피어는 배돈병원과 진주교회에서 즐거운 시간을 보내고 있었다. 병원에 세운 성탄 트리 아래에서 병원 직원들과 환자들과 함께 성탄 예배와 선물 나누기를 했다. 당시 빅토리아여선교연합회의 지부들은 각종 선물을 박스에 담아 병원에 보내고 있었는바, 하모니카, 호루라기, 인형, 유리알 목걸이, 목도리, 장갑, 아기 모자 그리고 누구나 좋아하는 작은 북 등이 인기가 있었다고 한다.

전도회와 유아 보육회

네피어의 열정 중 하나가 유아 보육이었다. 병원에는 유아 보육회가 있어, 정기적으로 어머니들이 자신의 아기를 데려와 점검도 받고 위생 교육을 받았다.

> 이 모임은 엄마들에 의하여 크게 환영을 받고 있다. 또한 좀 큰 아이들도 좋아하는데 보육 모임이 진행되는 동안 그들은 다른 방에서 장난감을 가지고 놀 수 있기 때문이다.
> 매주 월요일 엄마들은 자신의 아기를 병원으로 데리고 와 무게를 잰다. 여기에 대하여 부모들이 점점 관심을 가졌고, 우리는 아기건강센터 카드를 발급하여 아기의 무게를 계속 기록하게 했다(크로니클, 1925년 2월 2일, 5).

날씨가 추워지자 엄마들은 따뜻한 방을 원했고, 병원의 목욕실밖에 적당한 곳이 없었다. 그리고 아기들이 목욕실에서 몸무게를 잴 때마다 씻길 수도 있게 되었다. 물을 데우는 새 히터가 큰 도움이 되었다고 네피어는 말하고 있다.

또한 배돈병원의 전체의 직원은 일주일에 한 번 기도회로 모였다. 젊은 남성들이 돌아가며 직원들 앞에서 간증했고, 찬송과 기도를 함께 했다. 기도회를 통하여 그들은 자신의 신앙을 나누고, 병동에서 서로 협력하는 분위기를 만들었고, 환자들에게도 도움이 되었다.

그러한 분위기 속에 직원들의 자치 조직인 전도회도 있었다. 병원의 전도회는 매달 첫 토요일 특별한 모임을 가졌다. 그리고 그다음 주 토요일 오후 전도하러 나갔다. 네피어는 전도회 회원들과 함께 드무실이라는 동네를 방문한 이야기를 했는데, 환등기를 가지고 갔다고 한다. 그곳 사람들은 환등기의 그림을 구경하며 즐거워했다. 그 마을은 전도하기 어려운 마을이었는데, 교회에 다니는 한 예전 환자가 이날 저녁 전도회를 초청했고, 그녀의 집에서 찬송과 기도를 드렸다.

또한 전도회는 자신들이 모은 회비로 전도 부인을 한 명 고용했고,

그녀로 하여금 배돈병원을 나너간 환사들의 집을 심방하게 했다. 그리고 교회가 없는 마을에서 주일학교를 진행하므로 마을의 아이들과 여성들에게 한글을 가르치며 전도했다.

> 전도부인과 간호사들은 이곳에서 3마일 떨어진 돗골에서 주일학교를 했습니다. 그들의 봉사는 환영받고 있고, 50명 정도의 아이들이 모였습니다. 진 데이비스 박사는 다른 한 간호사와 함께 두우개라는 마을 방문했습니다. 이곳은 캠벨에 의하여 설교 처로 발전된 곳으로, 매 주일 예배가 열리고 있습니다(크로니클, 1925년 2월 2일, 7).

네피어는 병원의 직원들이 병원 밖에서 전도하길 원할 때, 적극적으로 그 일을 조정하고 조직하여 주었다. 사람들에게 복음을 들려주려는 열망이 앞서고 있었던 것이다.

또한 당시 네피어는 진주교회 여전도회 회장을 맡아 일하고 있었다. 교회 여성들은 연속으로 네피어를 회장으로 추대했고, 그녀는 교회의 여성 주일학교와 여전도회에서 씩씩하게 일했다.

간호사 훈련

네피어의 주요한 업무 가운데 하나는 물론 지속적으로 한국인 간호사 인력을 훈련시키는 것이었다. 간호사 훈련은 클라크 때부터 병원에 있었지만 네피어는 조금 더 우선순위를 가지고 조직적으로 훈련반을 운영했다.

1930년 중반, 간호사 훈련을 마친 학생들의 수료식이 있었다. 조 간호사*와 함 간호사가 졸업하게 된 것이다. 이들은 예비간호사로 병원에서 4년 동안 함께 했는데, 일도 하고 공부도 잘했다. 졸업식은 성경학원의 큰 교실에서 열렸다. 테일러 박사, 최 박사, 이약신 목사가 강단에 앉았다. 학생들이 플로렌스 나이팅게일 선서를 한 후, 네피어가 그들에게 수료증을 수여했다. 마지막 순서는 졸업생들에게 주는 선물 전달식이었다. 이들은 많은 선물을 받았는데, 이것은 새 간호사들에 대한 높은 관심을 보여주는 증표였다.

네피어는 또한 한국의 간호사협회에도 지대한 관심을 가지고 있었다. 1933년 그녀는 대구의 미국선교회 병원에서 열린 협회의 연례 모임에 참석하면서 한국의 간호 수준 전반에 대하여 보고를 하고 있다.

먼저 그녀는 협회 모임은 한국 간호 여성들의 동지애를 보여주는 소중한 모임이고, 또 전 세계의 간호사 관계망의 한 부분이 되고자 하는 열망을 표출하고 있다고 했다. 그러면서 아직은 작은 한국간호사협회가 국제간호사협의회의 회원이 되려고 하는 모습을 가상스럽게 보고 있다. 그녀는 한국 간호의 수준이 국제적십자회 수준으로 가야 한다고 하면서, 그러기 위해서는 환자들의 권리를 좀 더 온전하게 고려해야 한다는 의견을 피력하고 있다.

> 우리는 간호사들을 위한 간호 업무 지침서가 필요하며, 그 일에 관련된 과목도 필요하다. 이곳 간호사들이 가진 것은 부분적으로만 인쇄되어 있는 책 하나가 전부이며, 마지막 장도 어서 인쇄되기를 기다린다. 이 책은 유용하나 충분치는 않다. 참고 도서가 더 필요하며, 사회 복지 등에 관한 자료도 필요하다(크로니클, 1933년 8월 1일, 10).

후에 간호사 훈련을 위한 교재가 한국어로 번역이 되었을 때 네피어가 매우 기뻐했다고 엘리자베스 캠벨은 회고했다.

---

* 조수연 간호사 _ 편저자 주

'환자들의 천당'

배돈병원의 호주 의사들과 간호사 네피어는 1927년부터 1928년까지의 일 년 보고서를 쓰고 있다.

> 올해 우리 병원에 4,294명의 새 환자가 치료를 받았다. 11,451명이 외래 환자이고, 426명이 입원 환자이다. 110명이 국부 마취로 수술을 받았고, 226명이 일반 수술이다. 외래 환자가 지급한 치료비는 총 5,029엔이고, 입원 환자의 입원비는 총 2,800엔이다(크로니클, 1928년 9월 1일, 14).

배돈병원의 서양 의술에 대한 환자들의 신뢰가 점점 높아지고 있었다. 서양인의 진단과 치료를 믿고 따르는 한국인 환자들이 증가하고 있었던 것이다. 사고당한 환자들도 들어오고 있고, 다른 경우의 환자들도 입원하여 호주 의사들은 자신의 의술을 증명할 기회가 많아졌다. 자기 자신은 죽게 될 것이라고 소리치던 한 남성이 치료를 받고 퇴원하면서, 배돈병원을 환자들의 천당이라고 말하기도 했다.

보고서에는 배돈병원의 장점을 수술이라고 적고 있다. 한국인 의사 홍 박사도 수술 능력이 있고, 그의 첫 복부 수술은 성공적이었다고 기록하고 있다. 그도 호주 의사만큼이나 사람들의 관심을 받았고, 병원도 칭찬을 많이 들었다고 한다.

또한 병원에는 병리과가 있어 실험을 통하여 환자들의 치료를 돕고 있었다. 특히 말라리아와 십이지장충 등 빈혈을 유발하고 나쁜 건강을 갖게 하는 질병에 과학적 실험을 통하여 정확한 진단을 내리는 것이 중요했다. 병원의 한국인 병리사가 이 문제를 맡아 만족스럽게 일하고 있었다.

우리의 외래 환자는 가까운 곳과 먼 곳에서 온다. 또 그들은 다양한 병을 가지고 온다. 폐결핵 환자를 보는 것은 여전히 어려운 일이다. 이들이 입원할 시설이 없으며, 추천하여 보낼 곳도 마땅치 않기 때문이다(크로니클, 1928년 9월 1일, 14).

한편 나환자들도 매주 주사를 맞으러 병원에 오고 있었다. 17명 정도였다. 그중 몇 명은 증세가 호전되고 있었다. 그런데 문제는 이들이 주사를 맞은 후, 병원 주변에 남아 구걸을 하는 바람에 근처 주민들이 싫어하고 있었다. 결국 후에 일본 관리가 배돈병원에서 나환자들에게 주사를 놓는 것을 금지하기도 했다.

네피어는 또한 병원의 자조 모임도 담당하고 있었다. 자조 모임은 환자나 교인 소녀 중에 뜨개질 등의 일을 하여 스스로 학비를 내거나 병원비를 내도록 하는 모임이었다. 그녀는 자조반의 학생 중에 특히 성숙이와 홍개순을 소개하고 있다. 성숙이는 결국 좋은 가정으로 시집을 갔고, 행복한 생활을 시작했다. 홍개순은 여전히 일하고 있고, 앞으로도 계속할 것이었다. 그녀는 일 년 이상 병원에 있었고, 당시 바느질을 전혀 하지 못했다. 그리고 의욕도 없었다. 그러나 지금은 이 일을 열심히 하고 있다고 한다.

홍개순은 다른 기독교 여성과 작은 방에서 살고 있다. 몸이 약하지만 똑똑한 기독교인이고, 지금은 학습 준비를 하고 있다. 그녀가 처음 병원에 왔을 때, 전도부인이 그녀에게 읽기를 가르쳤고, 전도했다. 그럴 때면 그녀는 미소를 지으며 대답했다.

"나는 서울 홍 씨입니다. 양반이 어떻게 그런 것을 믿어요?"

네피어는 병원에 만화경 같은 다양한 이야기가 있다고 하며, 그 모든 이들의 삶의 이야기를 다 기록하지 못하여 아쉬워했다. 그리고 그녀는 그 한국인들의 삶은 호주인들의 그것과 별반 다르지 않다고 말하고 있다. 그러면서 많은 것들이 그냥 잊히지만, 진실하고 참된 것은 영원하다면서 보고서를 맺고 있다.

그러나 1928년 초, 네피어는 몇 주 동안 앓고 있었다. 빅토리아여선교연합회는 그녀의 건강을 염려하면서, 속히 회복되기를 희망하고 있다. 그리고 그해 말, 배돈병원의 병리사 하 씨가 수술 후에 사망했다는 소식이 들렸다. 1929년 1월의 '크로니클' 선교지는 하 씨가 병원에서 수년 동안 일하여 왔으며, 동료들은 그가 의사만큼이나 좋았다고 말한 것을 기사로 싣고 있다.

병원에서 사직하다

당시 진주교회 김정수 장로는 네피어를 다음과 같이 설명하고 있다.

"일찍 조선으로 와서 마산지방에서 여러 해 선교하시다가 1919년도에 이곳으로 와서 배돈병원 간호원장으로 시무하신 중에 부인전도회 회장과 영아부장을 겸무하여 일을 보시며 본 교회에 많은 공헌을 하셔서 유익함이 많을뿐더러 남성교회에도 설립한 이래로 열심히 도우시며 그 밖에 극빈한 병자를 위하여 많은 열중에서 도와주셨도다(김정수, 1930)."

1930년대에 들어와서 배돈병원은 많이 확장되고 있었다. 테일러 박사는 1934년 보고서에 병원이 또 다른 기록을 세우고 있다고 쓰고 있다. 환자들로부터 받은 치료비가 10,000엔 이상 되었던 것이다. 그 후에도 그 숫자가 유지되고 있었다. 네피어는 주장하기를 환자의 증가는 더 큰 공간이 요청된다고 하면서, 외래 환자 병동은 본 건물의 별관으로 세워져야 한다고 했다.

당시 병원에는 윌리엄 테일러와 진 데이비스 선교사가 의사로 있어, 남녀 환자들을 잘 돌보고 있었다. 그뿐만 아니라 한국인 의사로는 이주섭이 있었다. 네피어는 이 박사를 다음과 같이 소개하고 있다.

> 이주섭 박사는 세브란스병원의 학생 시절부터 우리 병원에 왔다 … 그는 테일러의 좋은 친구이자, 그에게 도움을 많이 받는다. 또한 그는 교회의 집사이다. 우리와 함께 교회에도 5년 있었다. 병원의 특별한 전문 기술을 요구하는 일에 그가 도움이 될 것이다(크로니클, 1935년 7월 1일, 5).

네피어는 또한 당시 간호부장인 박 간호사를 칭찬하고 있다. 그녀를 천생 간호사로 태어난 사람이라고 했다. 박 간호사는 배돈병원이 개원될 때부터 함께 일하여 왔고, 공부와 실습을 통하여 병원의 귀중한 일꾼이 되었다.

네피어는 다른 두 간호사인 조 간호사와 함 간호사도 소개하고 있다. 그들은 병원에서 하는 훈련과정을 졸업했다. 이들은 병원에서 8년 일했는데, 둘 다 실력이 있다고 말하고 있다. 조 간호사는 특히 트루딩거 부인을 6개월 동안 돕고 있는데, 시골 교회의 엄마들이 그녀의 말을 잘 받아들이고 있다. 그녀의 기분 좋은 미소가 또 다른 그녀의 장점이라고 네피어는 쓰고 있다.

또 다른 3명의 간호사도 네피어는 빼놓지 않고 있다. 하 간호사, 김 간호사 그리고 서 간호사는 1933년 졸업을 했고, 그 후 병원에서 일하고 있다. 네피어는 이들을 신뢰할 수 있는 사람들이라고 말하고 있다.

그뿐만 아니라 네피어는 병리과의 김만수도 빼놓지 않고 있다. 그는 조용하면서도 엄격한 얼굴을 가졌는데, 병원의 일에 항상 같은 모습으로 꾸준하고 정확하며 믿을 수 있다고 했다. 그는 또한 진주교회의 집사이고, 주일학교 총무이다(앞의 책, 6-7).

네피어는 사실 1934년 휴가가 다가올 때 사직의 의사를 밝혔다. 많이 지쳤던 것이다. 또 한 번의 격렬한 병원 사역, 임기연장을 원하지 않았다. 그녀는 자신이 이미 소중한 일을 이루었다고 생각했고, 배돈병원을 더 가치 있게 만들었다고 느끼고 있었다.

호주 선교사 공의회는 당시 네피어의 사역에 대한 감사를 회의록에 남기고 있다. 다음이 그중 일부이다.

> 네피어는 병원의 환자들을 돌보며, 간호사들을 훈련하고 인도하며 그리고 병원을 세심하게 행정하므로 우리가 자랑스럽게 여기는 병원의 위상을 높이는데 가치 있는 공헌을 했다.
> 그녀는 치료사역을 하면서 위대한 의사인 주님을 말과 행실로 사람들로 하여금 알게 했고, 병원의 좋은 기독교적인 분위기를 조성하는 데 한몫했다.
> 그녀는 또한 여성 주일학교 지도와 여전도회에 대한 관심으로 교회의 여성들을 도왔다. 네피어가 담당한 모든 일은 효율적이고 세심하게 진행되었으며, 이것으로 인하여 많은 이의 존경을 받았다.
> 그녀가 한 모든 일로 인하여 우리는 감사하며, 휴가 중에 그리고 다시 한국에 돌아와 어떤 일을 하던 하나님의 은혜가 함께 하기를 희망하며 기도한다(더 레코드, Vol. 21, 151-152).

그리고 네피어는 그다음 해인 1935년 마지막 보고서를 쓰면서, 병원의 모든 직원을 회상하고 있었다.

> 나는 우리의 의사와 간호사와 직원 모두와 맺은 친교와 협력을 사랑스럽게 기억하고 있다. 병원이 발전하는 과정에서 함께 성취한 기쁨을 맛보았다. 이것으로 인하여 하나님께 감사드린다. 이제 에드거 양이 병원에 위탁된 사역을 하나님의 은혜로 잘 이끌리라 믿는다(크로니클, 1935년 7월 1일, 5).

또 다른 사역지 동래, 그러나 호주로 돌아온 네피어는 의외로 활기에 차 있었다. 은퇴하는 줄 알았던 네피어는 뜻밖에 임기를 연장했다. 당시 멜버른의 한 일간 신문도 다음과 같이 기사를 쓰고 있다.

> 해외 선교지에서 60세는 은퇴의 나이로 받아들여지기는 하지만, 네피어의 사역은 매우 가치가 있어 5년이 더 연장되었다(「더 아르거스」, 1936년 9월 3일, 18).

그녀는 새 임지인 동래실수학교로 부임하기 위하여 휴가 중 여러 가지 공예를 배웠다. 그러나 그녀의 의사도, 빅토리아여선교회 임원회도 그녀가 무리하고 있다는 것을 당시 깨닫지 못하고 있었다. 또한 그녀가 휴가 후 한국으로 떠나기 전 그녀의 몸에 불안한 증상이 나타났지만, 본질적인 문제는 없는 것으로 여기고 무시되었다.

그리고 네피어는 1935년 말, 부산선교부의 동래농업실수학교로 부임했다. 흥미로운 사실은 학교를 위한 그녀의 많은 화물 중에 호주 품종인 검은 닭도 포함되어 있다는 것이다.

> 호주의 품종인 검은 닭을 싣고 오는 길에 큰 어려움은 없었다. 이 닭들은 확실히 귀족 품종이다. 앞뒤로 혹은 위아래로 퍼덕이며 소란스럽게 굴지 않았다. 조용한 편이었고, 수탉은 까마귀 같은 울음소리를 내었다. 나는 여러분에게 상자 속에 담겨 운반되는 닭들의 모습이 찍힌 사진을 보낸다. 교사 한 명은 이 사진이 좋은 홍보를 할 수 있을 것이라고 한다. 운반의 책임을 맡은 나도 교사들과 함께 사진 속에 들어 있다. 이 닭들의 계란은 하나에 1엔으로 홍보되고 있다!(크로니클, 1936년 1월 1일, 5).

진주의 병원에서 그랬던 것처럼, 이제 네피어는 학교의 학생들을 위하여 몸 바칠 준비가 되어 있었다. 그녀는 학교에서 짧은 4개월 동안 학생들과 노동을 했고 학생들을 치료했고 위생에 대하여 가르쳤고 옷과 모자를 만드는 기술을 가르쳤다. 특히 학교 안에 작은 보건소를 만들기 위하여 고군분투했다. 자신의 마지막 남은 힘을 모두 소진하고 있었던 것이다.

몸에 이상을 느낀 네피어는 어쩔 수 없이 평양과 서울을 방문하며 몇 개월을 쉬었다. 7월과 8월에 금강산을 방문했다. 그곳에는 몇 명의 동료들이 휴양하고 있었고, 그녀는 동료들과 즐거운 휴식의 시간을 가졌다.

8월 말에 그녀는 그곳을 떠나 서울로 갔다. 치과 의사를 본 후 그녀는 일터로 다시 돌아가기 위하여 기차를 타고 부산으로 향했다. 그런데 문제가 있었다. 당시 홍수로 인하여 대구와 부산 사이 기찻길이 막혀있었고, 다른 곳으로 돌아가야 했다. 그녀는 다른 기차를 타기 위하여 대구에서 내려 다리를 건넜다.

이날은 무더운 날이었고, 서울에서 온 그 기차는 만원이었다. 이 상황이 네피어에게는 너무 과중했다. 심장 발작으로 그녀는 쓰러지고 말았다. 의사 두 명이 그녀의 곁에 있었지만, 병원에 도착하기 전 사망했다. 그녀의 나이 64세였다.

> 네피어의 유골은 진주의 작은 묘지에 있다. 그녀의 혈족 몇 명이 인상적이고 감동적인 장례예배에 올 수 있었다. 그녀의 많은 동료와 한국인 친구들도 참석했다. 유골이 담긴 작은 상자는 병원의 남녀 직원들이 돌아가며 운반했고, 자신의 평생 사역이었던 진주가 내려다보이는 아름다운 산에 묻혔다(크로니클, 1936년 12월 1월, 5).

동래실수학교는 그녀의 이름을 기억하며 네피어가 건립하고 있었던 보건소를 '거트루트 네피어 기념 보건소'라 명명했다.

추모의 기록

호주 선교사 공의회는 1936년 8월 30일 거트루드 네피어를 잃으면서 다음과 같은 기록을 남겼다.

> 그녀 사역의 탁월한 성격 중 하나는 그녀의 완벽함과 최상의 것이 아니면 만족하지 않는 것임을 그녀와 일한 사람들은 모두 알고 있다. 그녀의 강한 마음과 견고한 성격은 넉넉한 동정심과 합하여져 인생의 싸움에서 진 사람들에게 다가갔다. 진주 병원에서 그녀의 위대한 사역의 영향은 쉽게 없어지지 않을 것이다. 그녀에 관하여 다음과 같이 말할 수 있을 것이다.
> 네피어는 '확고하고, 변하지 않고, 주님의 일에 항상 충실했다.' 그리고 그녀의 사역은 헛되지 않았다(호주 선교사 특별 공의회, 진주, 1937년 2월).

그리고 얼마 후인 10월 19일 총회 회관에서 추모 예배가 열렸다. 이 예배에 특별히 배돈병원 설립자인 휴 커를이 참석하여 병원 초기의 네피어에 대하여 회상했고, 빅토리아여선교연합회 해외선교부 총무인 캠벨이 추모사를 했다. 그 내용이 후에 '크로니클' 선교지에 올라와 있다.

> 나는 네피어가 항상 가정을 찾고 있었다고 말하고 싶다. 어릴 적 자신의 모친을 잃었고 후에 부친을 여의고, 그녀의 가정생활은 중단되었다. 그리고 선교지에서의 많은 업무와 초청 그리고 상담으로 '여성선교관'에서 가정적인 생활을 하기는 어려웠을 것이다.
> 한국 선교 초기에 그녀는 자신감과 치료와 능력을 가지고 아픈 가정을 방문했다. 돌봄을 통하여 그녀는 가정을 느끼며 즐거워했다고 나는 생각한다.

> 어떤 사람이 다음과 같이 증언했다.
> 그녀는 항상 보기 좋았다. 어린 아기를 안고 웃는 모습, 사람들을 격려하는 편지를 쓰는 모습, 식사를 할 때나 그리고 옷을 만들 때, 혹은 가끔 책을 읽을 때와 환자들과 장난을 치는 그녀의 모습을 보는 것은 즐거움이었다(크로니클, 1936년 12월 1월, 4-5).

네피어는 외로운 여성이었다. 그녀의 모든 힘과 자립심으로 오히려 더 외로운 여성이었다고 캠벨은 생각하고 있다. 그녀는 스코틀랜드인으로 호주인을 좀 이해하기 어렵다고 생각했고, 멜버른에서 짧게 살았기에 그곳의 여선교연합회에 잘 알려지지 않은 사람이었다. 그러나 호쏜 지부가 그녀를 자신들의 선교사로 받아들였고, 후에 북멜버른노회 선교사가 되어 비로소 그녀는 그곳에 '진실로 속하여 있다'라고 느꼈을 것이다.

> 네피어는 이제 본향으로 돌아갔다. 그녀는 단순히 안식을 위하여 간 것이 아니다. 늙음과 병도 없는 곳에서 새 삶을 시작한 것이다. 자신이 사랑하던 주님을 모시는 새 기회를 가진 것이다(앞의 책, 5).

에필로그

네피어의 묘지는 진주 평거동에 있었는데, 1992년 산청군 시천면 원리로 이장되었다. 이장예배는 존 브라운 호주 선교사가 집례했다. 이곳에 건립된 묘비에는 다음과 같이 기록이 남아있다.

> 호주장로교 선교사로서 진주 배돈병원에서 사랑의 봉사를 하다가 1936년 천국에 가시어 이곳에 안장되었다.

그리고 호주 선교 120주년을 맞는 2009년, 창신대학의 강병도 총장과 경남성시화운동본부의 수고로 마산시 진동면 마산공원묘원에 한국에서 순직한 8명의 호주 선교사 묘소와 기념비를 세웠다. 그곳에 네피어의 묘가 모셔져 있다. 산청군의 묘를 이곳으로 재이장한 것이다.

필자는 그녀의 묘비 앞에 설 때마다 그녀의 강인함과 외로움을 동시에 떠올린다. 한국 땅에서 선교했던 호주 선교사 중에 고향을 그리워하며 외로워하지 않은 사람이 있었겠나만, 유독 네피어의 갑작스럽고 외로운 죽음은 여전히 필자의 마음을 아프게 한다.

〈참고 도서〉

김정수, 『진쥬면옥봉리예수교쟝로회연혁사』, 진주, 1930.

「더 아르거스」, 멜버른, 1936년 9월 3일.

「동아일보」, 서울, 1920년 8월 1일.

빅토리아여선교연합회, 「크로니클」, 멜버른, 1912-1936.

호주선교사 공의회, 「더 레코드」, Vol. 21, 서울, 1934.

II. 거트루드 네피어의 보고서

1. 콜레라와의 싸움(1)*

작년 여름에 콜레라는 한국 전 지역에서 창궐했다. 15,000명이 사는 통영항에서도 마산에서 퍼지고 있는 콜레라 소식을 듣고 있었다. 통영의 청년단은 그곳의 지도자들에게 이 질병이 통영에까지 미치기 전에 예방책을 세워달라고 탄원을 했다. 통영의 집들은 항구지역에 밀집해 있었다. 해변에서 조금 떨어져 땅이 솟아있고, 또 해안가가 계속 이어지지 못하여 마을이 밀집해 있는 것이다.

한국인들은 많은 돈을 모금했고, 일본 경찰의 허가를 받아 청년단의 방역대 (남성) 일꾼들이 예방접종을 시작했다. 부녀들은 달아났고, 집으로 숨었다. 그래서 통영에서 가장 깨어있는 기독교 여성들을 설득하여 마을 부녀들이 콜레라 예방주사를 맞는 일에 앞장서게 했다. 교회에서 6명이 자원했는데, 학교 교사들, 전도부인, 집사의 아내였고, 이들은 짝을 이루어 매일 경찰과 함께 거리로 나가 주사를 맞는 여성들에게 인증서를 나누어 주었다. 집단 면역을 위한 노력이었던 것이다.

이즈음 나는 한 통의 전보를 받았는데, 콜레라를 어떻게 다루어야 하는지 가르쳐 달라는 요청이었다. 이것이 무슨 의미인지도 모른 채 진주로 가는 길에 통영을 들렀다. 진주의 우리 병원에서 훈련받은 간호사도 한 명 도착했다. 그녀에게는 막중한 임무가 요청되었는데, 외딴곳의 임시 병동에 환자들을 격리하고, 그들을 감독하고 돌보아 달라는 것이었다. 통영의 한국인들은 돈을 더 모금하여 그 격리된 병동을 확장하길 원했다.

---

* 크로니클, 1921년 3월 1일, 11-12.

우리는 그 임시 병동을 방문했다. 그 병동은 언덕 위에 있었고, 논을 많이 가로질러 마을 끝에 자리하고 있었다. 병동 확장 공사를 위한 돌무더기가 그 앞에 있었고, 병동은 나무로 된 긴 집이었다. 한쪽은 흙바닥 위에 종이를 바른 한국식 바닥이 있었고, 다른 쪽은 나무 혹은 짚을 깐 바닥으로 일본식 다다미였다.

그리고 방 안에는 환자들이 있었다. 그들은 버림받은 것 같은 모습이었고, 가족이나 친구들을 목말라 기다리고 있었다. 소독약이 항상 뿌려지고 있었다. 밖에 마당에는 매일 방문하는 일본인 의사를 위한 사무실이 있었고, 한국인 조수 두 명을 위한 판잣집도 있었다.

간호사를 위한 공간은 병동 안의 한구석에 있었다. 이것은 매우 적절치 않음을 지적했고, 그들은 마당에 따로 임시 숙소를 마련하겠다고 약속했다. 그리고 임시 숙소가 세워졌는데, 창고 뒤편에 마련되었고, 지붕은 등유 깡통으로 만들어졌다. 비가 오거나 바람이 불면 위태할 수 있는 그런 숙소였다.

청년회와 통영의 지도자들은 미안하여 우리 간호사의 눈을 똑바로 보지 못했다. 그곳 사람들은 간호사의 도움과 역할이 얼마나 중요한지 모르는 것 같았으며, 깨달음이 필요했다. 현대식으로 훈련받은 의사가 필요하다는 것에 대하여도 그들은 듣지 않았다. 구식 한국인 의원의 지도를 받아야 한다고만 했다.

이러한 상황에 우리에게 큰 질문이 주어졌다. 효과적으로 일을 할 수 없을 바에야 이곳에서 희생하는 것이 옳은 일인가? 그러나 우리의 눈에는 환자들의 모습이 어른거렸다. 노력해 보지 않고 떠날 수는 없었다.

그들은 나와 박 간호사를 초청하여 청년단 앞에서 서양식 치료의 혜택이 무엇인지 말하여 달라고 주문했다. 온화한 젊은 과부 간호사는 그런 식의 요청을 매우 싫어했다. 그럼에도 그녀는 환자들을 치료해야 하는 사명이 있었다. 그녀는 나에게 말했다.

"신교사님이 처음에 우리 한국인들에게 간호 일을 가르쳤을 때, 어떤 느낌이었을지 이제 알겠습니다."

우리는 그들에게 무엇을 말할지 그리고 누가 말할지를 상의했다. 박 간호사가 말하는 것이 가장 적절하다고 생각했다. 우리는 큰 곡식 창고로 안내되었고, 왓슨 부인도 동행했다. 시원한 여름 저녁에 24명의 청년이 모였고, 그중에 기독교인도 있었다. 우리의 간호사는 자랑스럽게도 조용하면서도 위엄 있게 강의했다. 7년 전에 그녀는 자기 이름도 쓸 줄 몰랐고, 읽기도 거의 못 하던 소녀였다. 모인 청년들은 어떤 말을 해도 만족하지 않았고, 우리 모두 발언을 했다. 왓슨 부인은 간호사는 아니지만, 간호의 일과 가치를 설명했다.

간호사와 나는 경찰서장도 방문했고, 우리가 온 이유에 대하여 말했다. 그는 우리를 친절히 맞이하여 주었다.

며칠 후에 한국인 의사가 와서 청년회에 큰 동요를 불러일으켰다. 그는 말하기를 만약 간호사들이 함께 병동에 가지 않으면, 자신도 가지 않겠다고 했다. 그의 주변에서 사람들이 숙고 있는데 말이다. 그는 약을 주문했지만, 환자의 친구들이 그 약을 다 마셨다. 환자들은 어찌하여도 죽을 것이라고 하면서 말이다.

의사는 간호사가 제안하는 것은 다 받아들이고, 간호사의 일을 할 수 있는 대로 돕겠다고 했다. 간호사는 그가 약속을 지켰고, 그의 환자들을 지치지 않고 간호했다고 했다. 그녀는 하루에 병동을 4번씩 방문했다.

2. 콜레라와의 싸움(2)*

작은 팀이 구성되었고, 그들은 끔찍한 콜레라를 대면하며 병동을 방문했다. 팀원으로는 졸업생인 박 간호사,** 한국인 목사의 딸, 젊은 전도부인 그리고 한 집사의 아내였다. 우리는 콜레라를 치료하기 위한 도움을 얻으려고 테일러 박사의 의학 서적을 뒤져 보았다. 큰 불안 속에 그러나 강한 믿음 속에 그들은 그곳에서 한 달 넘게 수고를 했다. 이들이 그곳에서 하는 말과 심지어는 기도문도 모두 적어 매일 경찰서에 보고하여야 했다. 경찰은 그들이 헌신하는 모습을 보며 그들을 지지했다.

일본인 환자들을 위해서는 일본인 간호사가 보내어졌다. 그녀는 훈련을 다 마치지 못한 간호사였고, 자신의 환자들을 돌보기 싫어했다. 그리고 얼마 안 되어 그곳을 떠났다. 그럼에도 그들은 그 변두리의 병동에서 서로 좋은 친구가 되었다. 병동에는 점점 환자들이 많아졌는데, 특히 병세가 나아지고 있다는 소문이 돌았기 때문이었다. 병동에 입원한 환자 중에 항독소 주사를 두 번 맞은 사람이 없다는 사실은 흥미롭다.

이들 스스로가 치료 방법을 찾아내야 했다. 병동에는 환자들을 따뜻하게 해줄 어떤 설비도 되어 있지 않았다. 따뜻한 물에 의존하여야 했다. 병동 건물을 짓고 남은 나무들이 있었고, 그것으로 불을 때 마당의 솥에 물을 끓였다. 때로 한국식 온돌에 불을 때기도 했다. 이들은 환자가 병을 얻은 지 24시간 이내에 치료를 받으면, 구할 수 있다는 것을 알았다.

이들의 계획은 환자의 무감각해진 몸 부분을 뜨거운 수건으로 계속 덮어주는 것이었고, 다시 회복될 때까지 한 시간이나 한 시간 반을 반복했다. 그리고 생 쌀가루를 탄 물을 충분히 공급했다. 이 방법으로 환자

---

* 크로니클, 1921년 3월 1일, 12.

** 박덕례 간호사로 보임 – 편저자 주

들의 설사를 억제할 수 있었다. 이 단계에서 한국인 의사는 인삼으로 환자들을 치료했다. 한국에서는 이것으로 만든 약이 보편화되어 있는데, 힘을 보강하여 준다는 것이다.

환자들은 콜레라의 공격 후에도 장티푸스를 앓는 것처럼 반복하여 열이 올랐다. 그러나 이것으로 죽는 사람은 없었다. 환자들이 병동에 입원하는 것이 때로 지연되었는데, 먼저 경찰서에서 조사를 받고, 콜레라임이 확인되어야 했다. 병동에 입원한 80명의 환자 중 오직 20만 사망했다. 또한 많은 환자가 그리스도를 주로 고백했다.

관계자들은 환자들을 한밤중에 병동으로 데리고 왔는데, 보통 새벽 한두 시쯤이었다. 여성 환자들은 죽거나 죽어가는 환자들 사이에서 홀로 밤을 지냈다. 간호사도 때로 환자들에게 다가가는 것이 꺼려진다고 슬프게 고백했고, 자신을 돕는 경험 없는 조력자들은 더 말할 것도 없었다. 그 간호사는 하루에 6엔을 받았고, 한국인 간호사는 3엔을 받았다. 환자들은 테스트에서 음성이 나올 때까지 병동에 있어야 했기에, 때로 병동은 만원이었다.

환자가 병에서 회복이 되면 식욕이 많이 증가한다. 그들에게 해가 되지 않도록 음식은 선반에 넣어 열쇠로 잠가 놓는다. 간호사들의 식사가 문제였다. 그들 스스로 준비해야 했고, 한여름의 더위 속에 그들은 식사를 건너뛰기 일쑤였다. 힘들 때는 일본 과자를 사 먹었고, 외국인 집에서 감사의 표시로 빵, 과자, 차 등의 선물로 그들을 지원했다.

이런 경험의 이야기는 잘 안 하지만, 이곳 사람들을 위한 기독교의 가치를 말해주고 있다. 천한 일로 여겨지는 이러한 일을 통하여 그리스도 신앙의 진실과 사랑을 한국인들에게 보이고 그들과 관계를 맺는다. 우리의 박 간호사를 통하여 간호의 참된 정신이 이 작은 땅에 구현되고 있는 것이다.

한 달 후에 집중 치료 활동이 있었고, 휴식을 위하여 모두 병동을 떠났다. 전염병이 끝나기 전에 박 간호사와 목사의 딸은 한 번 더 짧게 병동 일을 보았다. 그 후 박 간호사는 두 달여의 출장을 마치고 진주 병원으로 돌아왔다.

통영에서 죽음과 대면하며 싸우며 승리한 이야기를 하는 박 간호사의 얼굴은 빛이 났다. 물론 돈을 위하여 일한 것은 아니었지만, 그것도 매력적인 동기였다. 그녀의 아들은 학생인데 그에게 좋은 공부를 시키길 원했다. 많은 사람이 그녀를 칭찬했고, 감사의 말을 전했다. 급여를 줄 때 다른 한국인들처럼 그녀도 적극적으로 자신의 주장을 피력하지 않았다. 몇 번의 의뢰 끝에 병원은 그녀에게 그녀가 실제로 그곳 병동에서 일한 날짜를 세어 돈을 주기로 했다. 그곳에서의 숙식이나 세탁비 등을 따로 계산하여 주지는 않았다.

우리는 우리의 간호사들과 그들을 훈련시킨 수간호사를 자랑스럽게 여긴다.

3. 병원에서의 성탄절*

이번 성탄절은 "아기 예수가 태어났다"라는 참된 의미의 성탄이었다. 이날은 처음부터 끝까지 성공적이었다고 한 형제가 말했다. 성탄절의 마지막은 성경의 이야기를 재구성한 '4번째 동방박사' 연극이었다. 4명의 동방박사는 억제된 불빛 아래 겨울옷을 입었고, 다른 이들은 옷감을 어깨에 걸치고 터번을 머리에 쓰고 맡은 배역을 잘했다.

우리 병원에서는 성탄절이 토요일에 시작되었다. 어린이들을 위하여 성탄 나무 아래 선물을 준비했다. 많은 사람이 예쁜 선물을 보며 호주의 후원자들에게 감사했다. 어린이들이 성탄 선물을 기대하며 기뻐

---

* 크로니클, 1923년 4월 2일, 3.

히는 것을 후원자들이 본다면 이미 수고스럽게 준비한 보람을 느낄 것이다.

작년의 성탄 나무 모임은 이들에게 큰 인상을 심어 줬다. 방은 곧 행복한 얼굴의 아이들로 가득 찼다. 젊은 엄마들도 자신의 자녀와 함께 기뻐했다. 30명의 젊은 사람들은 자신의 이름이 쓰여 있는 선물을 나무 아래에서 찾았다. 하모니카, 호루라기, 인형, 유리알 목걸이, 목도리, 장갑, 아기 모자 그리고 누구나 좋아하는 작은 북 등이 인기가 있었다. 그리고 참석한 모든 이에게 과자를 나누어주었다. 모두 행복하며 만족스럽게 즐겼다. 젊은 엄마들은 잘 표현하지 않는 감사를 표했다.

가난한 자들을 위한 선물

크리스마스 박스는 이곳 사람들에게 많은 기쁨을 주고 있다. 우리는 교회의 가장 가난한 사람들의 이름과 나이 든 사람들의 명단을 가지고 있다. 7명의 여성과 2명의 남성이다. 이들에게 목도리와 장갑을 선물했다. 기뻐하는 그들의 모습을 보는 것은 즐거운 일이고, 목도리와 장갑은 실제적으로 이 계절에 꼭 필요한 물품이다.

불치병에 걸린 한 남성의 가정은 매우 빈곤하고 열악한 상황에서 살고 있었는데, 맥라렌 박사가 이들을 병원으로 보냈다. 우리는 이들을 목욕시키고 따뜻한 옷과 음식을 주었다. 여러분들이 친절하게 보내준 이러한 물품들은 또한 우리 병원의 전도단이 전도를 나갈 때 사용될 것이다.

예전에는 여러분 한 명 한 명에게 감사의 편지를 썼지만, 지금은 그럴 여유가 없다. 그러므로 각 지부에서 회원 모두에게 우리의 감사를 전해주기를 바란다. 이곳 사람들을 위한 그들의 이타적인 나눔은 칭송받아야 마땅하다. 이곳 한국인들은 자신들을 위하여 멀리서 생각하고 선물을 보내준다는 것이 어떤 의미인지 이제 조금씩 아는 것 같다.

4. 유아 보육 모임*

이 사진은 장날에 찍은 것이라 유아 보육회에 보통 출석하는 회원들이 오지 못했다. 우리는 사진 촬영을 미리 말하지 않았다. 그랬다면 더 많이 모였을 것이다. 촬영을 위하여 엄마와 아기들을 빨리 한곳에 모으는 것도 쉽지 않았고, 또한 큰 아이들을 들어오지 못하게 하는 일도 어려웠다. 이 아이들은 자신도 찍겠다고 떼를 썼고, 나중에는 카메라 앞으로 뛰어다니기도 했다.

사진 중앙에 무게를 다는 저울이 보이는데 그 안에 아기의 작은 팔만 찍혔다. 그 아기의 엄마와 우리 간호사는 일부러 저울에 넣은 아기가 사진에 안 보여 실망했다.

이 모임은 엄마들에 의하여 크게 환영을 받고 있다. 또한 좀 큰 아이들도 좋아하는데 보육 모임이 진행되는 동안 그들은 다른 방에서 장난감을 가지고 놀 수 있기 때문이다.

매주 월요일 엄마들은 자신의 아기를 병원으로 데리고 와서 무게를 잰다. 여기에 대하여 점점 부모들이 관심을 가졌고, 우리는 아기건강센터 카드를 발급하여 아기의 몸무게를 계속 기록하게 했다.

영생의 강

순이 집사가 눈물을 흘리며 통영의 선교관을 찾아왔다. 그녀의 시누이가 자신의 부친 집에서 사망한 것이다. 시누이의 장례는 어떻게 치를 것인가? 교회 목사도 난감해했다. 한때 그녀의 부모는 교회의 중진이었다.

그러나 그들은 돈을 벌겠다며 술집을 열었고, 한동안 교회를 나오지

* 크로니클, 1925년 2월 2일, 5.

않았다. 그들의 아들은 믿지 않는 여성과 결혼을 했다. 그러나 세 명의 딸은 믿음을 잃지 않았다. 그리고 마을에 장티푸스가 쓸고 지나가면서 그 며느리도 데리고 간 것이다. 순이는 결혼했고, 홀로 집에 있었다. 18살인 그녀는 집에 남은 유일한 기독교인이었다. 또 다른 딸 순이는 마산의 우리 학교 기숙사에 살고 있어 집을 떠나있었다.

목사는 주저하면서 결정하기를, 이번 경우에는 기독교식 장례를 할 수 없다고 했다. 그러나 그는 교회의 여성 일꾼들이 개인적으로 그 집을 방문하여 위로하도록 하겠다고 약속했다. 교회 여성들은 긴장하며 그 집을 방문했지만, 그 집에서는 환영하며 맞이하여 주지는 않았다.

그다음 날은 주일이었고, 주일학교 후에 우리는 그 집을 방문했다. 대부분 술집은 주일에도 장사하고 있었다. 그 집도 장사를 그대로 하고 있었고 작은 방 안에 관이 놓여 있었다. 손님들은 술을 마시며 웃고 떠들고 있었다. 우리가 방에 들어가 앉자 막걸리와 김치 그리고 다른 냄새들이 코를 찔렀다. 바퀴벌레도 들끓었다. 우리는 두 줄로 조용히 앉아 조문했다.

잠시 후, 술을 팔던 순이의 모친이 우리에게 다가왔다. 우리는 일어서서 위로했다. 그녀는 우리의 방문을 감사하는 것 같았고, 전도부인의 설교를 조용히 들었다. 그리고 우리가 기도할 때 내 손을 잡았다.

한 여성이 다가와 죽은 여인을 위하여 음식을 어떻게 준비할지를 물었다.

"우리 전통은 장례식이 있기까지 망자에게도 음식을 매끼를 차려줍니다."

그때 모친이 말했다.

"그냥 두세요. 소용없는 일입니다."

옆에 있던 5개월 된 아기가 배가 고파 울었지만, 우리 중 한 명이 안아주자 조용해졌다.

두세 가지 질문이 나에게 떠올랐다. 첫째는 그 작은 방에 어떻게 관이 들어갈 수 있었으며, 어떻게 다시 나올 수 있을까. 둘째는 그동안 그들은 행복한 교회 생활을 멀리하고 무엇을 얻었을까. 셋째는 이런 세속적인 분위기 속에서 순이와 또 다른 마산의 순이는 어떻게 신앙을 지키며 교육을 받을 수 있었을까.

우리가 그 집을 나오자 뒷문으로 순이가 나와 우리에게 다가왔다.

"오셔서 감사합니다. 나의 시누이는 기독교인으로 죽었습니다. 그녀는 힘들 때 나와 자신의 유치원 딸을 위하여 기도해 달라고 했습니다. 그리고 자신이 좀 나지면 교회를 다시 다니겠다고 했습니다."

나는 그녀에게 우리도 그녀를 위하여 기도해 왔다고 했고, 마산의 순이도 편지를 쓸 때마다 기도를 요청했었다고 말해주었다.

"부인, 우리의 기도가 응답되었다고 생각되지 않으세요? 이것으로 인하여 엄마 아빠에게 설교할 기회가 생겼으니 말이에요. 아빠가 이제 다시 교회에 나가겠다고 하셨어요!"

통영에서 멀지 않은 바닷가에 샘이 솟는 곳이 있다. 만조일 때는 물에 덮이지만, 썰물 때에는 다시 샘이 솟아오른다. 여성들은 그곳에서 물을 길으려고 양동이를 들고 다닌다. 주일 오후, 어둠 속에 둘러싸여 있는 것 같은 상황에서 믿음의 샘이 다시 솟아오르는 것 같은 경험이었다.

내가 주는 물은 그 속에서 영생하도록 솟아나는 샘물이 되리라.

5. 병원의 전도회*

친구 여러분!

멀리 떨어져 있는 우리 사이에 다시 다리를 세웁시다. 내가 멜버른을 방문했을 때 여러분들에게 이곳 사람들에 대하여 이야기를 했습니다. 나는 이제 다시 그들 중으로 돌아왔습니다. 이곳 사람들은 임시적이고 또 영원한 진리를 배우는 길에 있으며, 여러분의 응원이 필요합니다.

나는 막 병원에서 돌아왔는데, 네 명의 어린이에게 성탄 찬송을 가르쳤습니다. 2명의 한국 아이 그리고 2명의 일본 아이인데 찬송 부르는 것을 아주 좋아합니다. 찬송 후에는 활동적인 일본 아이와 조용한 편인 한국 아이에게 사탕을 주니 참 기뻐했습니다. 여성들은 모두 아파서 오늘은 공부를 하지 못했습니다.

오늘 주일 아침에 작은 예배가 있었습니다. 말씀은 벳새다의 한 남자에 대한 이야기입니다. 외래 환자들 중에서도 예배에 참석했습니다. 남자 병동에는 병동에 좀 오래 있던 두 명의 청년이 찬송을 열심히 인도했습니다. 우리의 야간 당직자도 찬송을 즐겨 부르는데, 찬송 중에는 그가 좋아하는 찬송도 있었습니다.

심 장로**가 설교를 했는데, 그의 온유한 둥근 얼굴과 하얀 수염은 축복기도 자체였고, 여학교에서 그는 학생들에게 신임을 받고 있습니다.

일 년 동안의 휴가를 마치고 돌아와 보니 직원들의 은혜와 지혜가 성장하여 있어 정말 기뻤습니다. 특히 우리가 성숙한 남성 기독교인 의사를 가질 수 있게 되어 축복이고, 젊은이들에게 좋은 본을 보이고 있습니다. 병원 전체

---

* 크로니클, 1925년 2월 2일, 6-7.

** 진주교회 심영섭 장로 _ 편저자 주

의 직원은 일주일에 한 번 기도회로 모입니다. 젊은 남성들이 돌아가며 직원들 앞에서 간증을 합니다. 이 시간을 통하여 그들은 자신의 신앙을 나누고, 병동에서 서로 협력하는 분위기를 만들며, 환자들에게도 도움이 됩니다. 병원의 전도회는 매달 첫 토요일 특별한 모임을 갖습니다. 그리고 그다음 주 토요일 오후 전도하러 나갑니다. 하루는 밤에 진주에서 3마일 떨어진 드무실이라는 동네에 환등기를 가지고 갔습니다. 사람들은 조용히 환등기의 그림을 구경하며, 즐거워했습니다. 이 마을은 전도하기 어려운 마을입니다. 교회에 다니는 한 예전 환자가 이날 저녁 우리를 초청했고, 그녀의 집에서 찬송과 기도를 드렸습니다.

또 우리는 다른 마을로 전도하러 갔습니다. 우리 교회 근처에 있는 마을입니다. 진주의 새 처소의 유치원에 다니는 아이들이 있는 곳입니다. 짧은 방문이었지만, 교회에 나오겠다고 약속한 사람들을 만나 격려할 수 있었습니다. 환자들을 전도하는 것도 좋은 결과를 가지고 오고 있습니다. 이름만 기독교인이었던 사람들도 병원에서 다시 신앙의 활기를 찾습니다. 한 할머니가 손자와 함께 병원에 있었는데, 확실한 예입니다. 몇 명의 남녀 환자들도 주님을 받아들였고, 병원에 오래 입원한 4명의 청년은 자신들이 복을 받았다고 간증했습니다.

우리 의사들에 대한 환자들의 신뢰가 점점 높아지고 있고, 자신들이 받는 치료를 믿고 따르는 환자들도 증가하고 있습니다. 사고당한 환자들도 들어오고 있고, 다른 경우의 환자들도 입원하여 의사들이 자신의 의술을 증명할 수 있는 기회가 많아졌습니다. 이번 주에는 자기 자신은 죽게 될 것이라고 한 남성이 치료를 받고 퇴원을 하면서, 이곳은 환자들의 천당이라 했습니다. 전도부인과 간호사들은 이곳에서 3마일 떨어진 돗골에서 주일학교를 했습니다. 그들의 봉사는 환영받고 있고, 50명 정도의 아이들이 모였습니다. 진 데이비스 박사는 다른 한 간호사와 함께 두우개라는 마을 방문했습니다. 이곳은 캠벨에 의하여 설교 처로 발전된 곳으로, 매 주일 예배가 열리고 있습니다.

병원에서 일어나는 일들

병원에 매우 슬픈 환자가 있습니다. 20살 된 여성으로 스콜스가 교장일 때 그 학교를 다니던 학생이었습니다. 그녀의 식도는 거의 닫혀 있는 상태였고, 죽어가고 있었습니다. 그녀의 부모는 그녀를 서울의 사람에게 60파운드를 주고 팔았었습니다. 그녀는 자신의 처지를 비관하여 독한 세척 소다를 마셨습니다. 데이비스가 그녀의 식도를 조금 열었지만, 그 여성은 의식을 잃었습니다. 그리고 며칠 후에 사망했습니다.

현재 6명의 젊은 여성이 바느질감을 원하고 있습니다. 나는 할 수 있는 대로 그들에게 일감을 주고 있습니다. 어떤 이는 가능하다면 통영의 자조반으로 가기를 원하고 있습니다. 이들이 처한 환경은 그들에게 매우 가혹합니다.

어느 날 주일 저녁, 한 여성이 병원 뒤의 계단에 누워있는 것을 발견했습니다. 그녀는 간질병 환자로 때로 정신도 온전치 못한데, 이전에 병원에 입원하여 있는 동안 우리 간호사들에게 피해를 입힌 여성입니다. 그런데 그녀는 발목에서 무릎까지 화상을 입고 있었습니다. 우리는 어쩔 수 없이 다시 그녀를 입원시켰습니다. 그리고 열흘 후에 그녀는 딸을 출산했지만, 그 아기는 일주일 만에 사망했습니다. 이 여성이 처음 병원에 왔을 때는 과부였습니다. 그 후 그녀는 떠돌아다니다가 어느 남성을 만나게 된 것입니다. 우리는 이 여성을 어떻게 해야 할지 모르고 있었는데, 옷을 잘 입은 한 남성이 그녀를 찾았습니다.

우리는 그가 왜 이 여성을 원하는지 물었고, 그는 이 여성을 자신을 위해 밥을 해주는 자신의 아내로 맞겠다고 했습니다. 그는 마을에서 존경받는 사업가라고 우리는 들었습니다. 그녀도 그와 함께 가기를 원했습니다. 최근에 그가 그녀를 특별한 치료를 받을 수 있는 어느 산으로 데리고 간다는 소식을 들었습니다.

이곳 유아 사역이 본격적으로 시작되고 있습니다. 매달 모이는 유아 보육회 엄마들은 클라크를 좋아하고 있습니다. 그녀는 엄마들에게 유아 보육에 관한 유용한 정보를 주고 있고, 두 명의 간호졸업생과 한 명의 전도부인도 함께하고 있습니다. 우리는 엄마들에게 매주 아기를 병원에 데리고 와 몸무게를 재도록 격려하고 있습니다. 날씨가 추워지자 그들은 따뜻한 방을 원했고, 목욕실밖에 적당한 곳이 없었습니다. 그래서 아기들이 몸무게를 잴 때마다 씻길 수도 있게 되었습니다. 물을 데우는 새 히터가 큰 도움이 되고 있습니다. 엄마들은 아기를 씻길 수 있는 따뜻한 물이 많아 만족합니다. 수간호사와 나는 현재 호주의 아기 보육 홍보지를 번역하고 있습니다. 그녀는 이 일에 매우 적극적이고, 홍보지에 나오는 기본 보육 내용을 엄마들이 다 알기를 원했습니다. 곧 결혼하는 우리의 간호졸업생 두 명도 자신의 마을에서 이 일을 잘하기 희망합니다.

내가 가지고 온 기구들도 잘 사용되고 있습니다. 소각로는 더러운 붕대들을 잘 처리하고 있고, 목욕탕 히터도 위층과 아래층에 유용하게 쓰이고 있습니다. 에나멜 상자는 우리에게 기쁨의 원천입니다. 바퀴 달린 두 개의 트롤리로 우리는 무거운 기구들을 쉽게 옮기고 있고, 큰 살균기도 준비되어 곧 쓰이게 될 것입니다. 우리는 이것을 고베에서 구입했습니다. 병원의 일에 꼭 필요한 것들입니다. 한국인들도 매우 자랑스럽게 생각하고 있습니다.

다방면에서 우리의 일이 요구되고 있습니다. 밤낮 구별 없이 멈추지를 않습니다. 누가 이곳으로 파송되어 올 것이며, 누가 그들을 보낼 것입니까?

내가 호주에서 휴가를 보낼 동안 만난 따뜻한 여러분 모두를 기억합니다.

1924년 12월 7일, 진주에서

거트루드 네피어

6. 만화경 같은 진수 배돈병원*

올해 우리 병원에 4,294명의 새 환자가 치료를 받았다. 11,451명이 외래 환자이고, 426명이 입원 환자이다. 110명이 국부 마취로 수술을 받았고, 226명이 일반 수술이다. 외래 환자가 지급한 치료비는 총 5,029엔이고, 입원 환자의 입원비는 총 2,800엔이다.

이 통합된 숫자는 병원과 사람들이 주고받는 이점과 고통을 치료하고 예방하는 큰 기회를 말해주고 있다. 또한 이것은 병을 치료하는 의료 선교에 대한 각성과 인류를 위하여 일할 수 있는 위대한 사역을 세속적인 동기의 의술과 비교할 수 있게 한다. 우리의 기독교적 선언과 원칙적인 가치는 증명되었고, 서양 의술을 단순히 상부 구조로 여기는 사람들보다 성공적인 결과를 가져오고 있다.

올해 서울에서 열린 의료 모임에 장래의 미션 병원에 대한 토론이 있었다. 미국의 한 형제 선교사는 선교 병원의 영향과 유용성이 한국에서 점차로 사라지고 있다는 어두운 전망을 하였다. 그리고 그 끝이 거의 보인다고 했다.

여기에 대한 대답으로 세브란스대학의 학과장 오 박사는 한 이야기를 들려주었다. 기나라에 풍년이 들어 사람들은 잘살았다고 했다. 그러나 그들에게 항상 걱정이 있었는네, 하늘이 곧 자신들의 머리 위로 무너질 것이라는 염려였다. 그는 의료 선교회 회원들에게 염려하지 말라고 조언했고, 한국에는 의료 선교사들의 도움이 요청되고 있고, 그들의 가르침에 감사하고 있고, 그들이 필요하다고 했다.

우리의 외래 환자는 가까운 곳과 먼 곳에서 온다. 또 그들은 다양한 병을 가지고 있다. 폐결핵 환자를 보는 것은 여전히 어려운 일이다. 이

---

* 크로니클, 1928년 9월 1일, 14-15.

들이 입원할 시설이 없으며, 추천하여 보낼 곳도 마땅치 않기 때문이다.

나환자 17명 정도가 매주 주사를 맞으러 오고 있고, 어떤 이는 증세가 호전되고 있다. 이들은 주사를 맞고 병원 주변에 남아 구걸을 하기에 근처 주민들이 싫어한다.

우리 병원은 수술이 장점이다. 홍 박사도 수술 능력이 있고, 그의 첫 복부 수술은 성공적이었다. 이것으로 그는 사람들의 관심을 받았고, 병원도 칭찬을 많이 들었다.

말라리아와 십이지장충은 빈혈을 유발하고 나쁜 건강을 갖게 한다. 병원의 병리사가 이 문제를 맡고 있어 우리는 만족스럽다. 병리과의 실험을 통하여 이 문제에 정확한 진단을 내리는 것이 매우 중요하다.

우리의 무료 환자는 주로 뼈와 관련되거나 만성 질환을 가진 사람들이다. 또한 어린이 중에 골반이나 척추에 문제가 있는 아이들에게 무료 혜택을 주고 있다. 여성 중에는 질병으로 인하여 집에서 쫓겨난 불쌍한 경우도 있는데, 음식을 구걸하다가 죽기 직전 병원에 입원되는 경우도 있다.

봄 초에 이곳 정부의 사람들이 병원을 방문하여 우리를 칭송했다. 홍 박사가 그들에게 보고를 했다. 그들은 어떤 치료가 진행되고 있으며 또 재정이 어떻게 충당되는지에 대하여 지대한 관심을 가졌다. 한 장로도 보고했는데 대기실에서 기다리는 환자들이 예전보다 전도를 더 잘 받아들이고 있다고 했다.

주일 오후에는 강사를 초청하여 예배를 진행하는데, 아래층의 한 방에서 열리고 있다. 그리고 박 간호사는 위층에서 어린이들에게 성경 이야기를 가르치며 찬송을 많이 부른다. 많은 사람이 말씀을 접하고 있고, 그것이 옥토에 떨어지기를 바란다.

한 여성은 병원에서 치료를 받으며 복음을 들었는데, 많은 시간이 지나서 열매를 맺었다고 했다. 그녀는 진주를 떠나 다른 곳의 교회에 다니기 시작했다. 그리고 다시 진주로 돌아와 성결교회를 다니고 있다. 의령 지역의 하양면에서도 우리의 옛 환자가 교회를 시작했는데, 지금은 50명 정도가 모이고 있다고 한다. 다리를 저는 한 남성도 전체 가족과 함께 믿기 시작했고, 4년 동안 교회를 안 나갔던 여성은 치료 후에 다시 즐겁게 교회를 다니기 시작했다.

신실하고 능률적인 전도부인은 올해 병원에서 믿기로 작정한 환자 중에 17명이 계속 신앙생활을 하고 있다고 보고했다. 지난주일 새 교회공동체를 방문했던 그녀는 그곳에서 우리의 옛 환자 3명을 만났다고 했다.

한국인 의사의 아내는 전에 신앙을 접할 기회가 없었다. 그러나 지금 그녀는 신앙을 가지고 '학습' 공부를 하고 있다. 폐결핵이 있는 아이의 엄마도 주일학교에서 열심히 공부하고 있고, 자신의 작은 아이가 당한 시험을 잘 극복하고 있다.

병원의 전도회는 매주 수요일 오전에 모이고 있다. 모임 시에 우리 직원들은 돌아가며 간증을 하며 찬송과 기도를 하는데, 이 모임을 통하여 기독교 사역의 원칙과 이상을 강화할 수 있다. 우리는 여전히 전도부인 한 명을 고용하고 있으며, 진주에서 3마일 떨어진 두 개의 마을에서 주일학교를 운영하고 있다. 그중 한 마을에서 주일학교에 참석하는 13명의 여성이 진주교회에 참석하고 있다.

그곳에 지도자가 필요하다. 옛날 스타일의 한국인 교사도 그 일을 잘 할 수 있겠지만, 지금은 그에게 불리하다. 그는 자신의 자부심으로 교사 말고는 다른 일을 하지 않을 것이다. 그의 신앙은 아직 그의 삶 전체를 지배하지 못하고 있다. 그래서 우리는 기다리고 있다.

다른 마을에 있는 여성들은 매우 부지런하다. 진주 시장에서 팔 물건이 있으면 모두 가지고 온다. 그중 한 여인은 말한다.

"우리는 기독교인이 될 수 없어요. 기독교인 되면 거짓말을 할 수 없으니까요."

그 뜨거운 여름과 추운 겨울에 전도부인과 함께 가르쳤고, 홍 간호사가 주일학교에서 힘쓴 것을 생각하면, 좀 실망스러운 반응이다. 이 사람들을 위하여 기도해 주기 바란다. 빛이 비칠 것으로 우리는 믿는다. 옛 관습을 타파하기가 참 어렵다.

자조 모임은 또 네피어가 담당하고 있다. 성숙이와 홍개순이 이 일을 위하여 일하여 왔다. 두 주 전에 성숙이는 좋은 가정으로 시집을 갔고, 행복한 생활을 시작했다. 홍개순은 여전히 일하고 있고, 앞으로도 계속할 것이다. 그녀는 일 년 이상 병원에 있었고, 당시 바느질을 전혀 하지 못했다. 그리고 의욕도 없었다. 그러나 지금은 이 일을 열심히 하고 있다.

홍개순은 다른 기독교 여성과 작은 방에서 살고 있다. 몸이 약하지만 똑똑한 기독교인이고, 지금은 '학습' 준비를 하고 있다. 그녀가 처음 병원에 왔을 때, 전도부인이 그녀에게 읽기를 가르치며 전도했다. 그럴 때면 그녀는 미소를 지으며 대답했다.

"나는 서울 홍 씨입니다. 양반이 어떻게 그런 것을 믿어요?"

만화경 같은 다양한 이야기가 있는 병원의 일로 인하여 이들의 삶의 이야기를 다 기록하지 못하여 아쉽다. 우리의 삶과 별반 다르지 않다. 많은 것들이 그냥 잊히지만, 진실하고 참된 것은 영원하다는 것을 안다.

> 그런즉 이와 같이 심는 자나 물주는 자는 아무것도 아니로되 자라나게 하시는 이는 하나님뿐이니라(고전 3:1).

7. 왜?*

찬 바람이 부는 11월의 어느 날, 온유한 마음의 한국인 총무가 진주의 한 중심 거리를 걷고 있었다. 그리고 어디에선가 들려오는 이상한 신음을 들었다. 그는 둘러보았지만 아무도 없었다. 혹시 저 건초더미에서 나는 소리인가? 신음이 또 들렸다. 설마 그 속에 아이가 있는 것은 아니겠지.

그러나 그의 짐작대로였다. 건초더미 속에 아이가 웅크리고 누워 소리를 내고 있었다. 그는 근처의 식당에서 국을 좀 사다가 연약한 아이에게 먹여주었다. 그리고 사마리아인처럼 그는 식당 아주머니에게 돈을 좀 주고 그 아이를 돌보아 달라고 부탁했다.

후에 그는 자꾸 생각나는 그 아이로 인하여 그 거리를 다시 찾았다. 건초더미는 없어졌고, 8살 정도 되는 여자아이가 외국인의 웃옷을 둘둘 말아 입고 있었다.

이렇게 신순이는 병원에 오게 되었다. 그리고 한동안 딕슨이 그녀를 돌보아 주었다. 처음에 그 아이는 자신이 어디에 있는 줄도 몰랐지만, 조금씩 자신의 환경을 이해했다. 그러나 10개월이 되도록 그녀는 정상적인 아이가 아니었다. 조용하고 얌전한 아이였지만 그녀는 말을 분명하게 못 했고, 다른 아이들의 놀림감이었다.

병원은 이제 더 이상 그 아이에게 적당한 곳이 못 되었다. 커가 그녀를 데리고 통영의 기숙사로 갔다. 그녀는 그곳에서 친구들을 사귀었고, 집 안에서 하는 일을 배웠다. 그러나 장티푸스가 발병했다. 테일러 박사는 간호사 한 명과 순이를 위하여 통영으로 갔다. 그 아이는 귀에 있는 병으로 인하여 오래 앓아 지쳐있었고, 다시 우리 병원으로 돌아왔다. 아

* 크로니클, 1931년 4월 1일, 7.

직 죽지 않은 것이 신기할 정도였다.

순이는 다시 투병했고, 이제는 정상이 될 정도로 많이 나아있다. 이전보다 더 강하고 지적이 되었다. 그녀는 우리와 일 년 10개월을 함께 보내고 있다.

하루는 양복을 입은 한 남성이 조용한 모습으로 병원을 찾았다. 그는 버려진 한국인 소녀를 찾고 있었다. 그와 순이가 대면하자 서로가 즉시 알아보았다. 그는 그녀의 오빠였던 것이다.

순이의 오빠는 일 년 넘게 자신의 동생을 찾았고, 경찰도 도왔지만 죽은 줄만 알고 있었다고 한다. 그러다 우리 병원에서 퇴원한 환자 한 명을 만나 순이의 소식을 들은 것이다.

그는 순이의 진짜 이름이 김기례라고 했다. 그녀의 엄마가 함안에서 그녀를 진주로 데리고 왔는데, 지고 가는 물건이 하도 많아 아이에게 한 곳에서 기다리라고 했다. 엄마가 다시 그곳으로 왔을 때는 이미 그 아이는 없어졌던 것이다. 그래서 아이를 잃어버린 채 집으로 돌아갔다고 했다.

기례의 오빠는 천주교 신자였다. 그는 십자가가 있는 은반지를 끼고 있었다. 다음 날, 그는 옷을 사다가 동생에게 입혔고, 기뻐하며 함께 집으로 돌아갔다. 우리가 후에 듣기론 그녀는 엄마와 함께 마산에 있으며, 잘 지낸다고 했다.

예수께서 대답하시되 이 사람이나 그 부모가 죄를 범한 것이 아니라 그에게서 하나님의 하시는 일을 나타내고자 하심이니라(요 9:3).

순이는(기례는) 많은 이에게 놀라움을 주었고, 하나님께 영광을 돌렸다.

8. 열쇠를 가진 부인*

플로렌스 나이팅게일은 '등불을 든 여인'으로 알려져 있다. 진주 병원의 수간호사 네피어는 그녀를 신뢰하는 우리에게 '열쇠를 가진 부인'으로 알려져 있다. 그녀는 열쇠를 지니고 다님으로 언제든지 위급한 상황에 효율적으로 대처할 수 있다.

네피어는 나를 몇 번 간호해 준 적이 있다. 그녀는 자신이 아플 적에도 병상에서 일어나 할 일을 하고, 다시 침대에 누워 휴식을 취하기도 했다. 그녀는 '자기 건망증'이 있는 것 같다.

한국인들이 말하는 대로 그녀는 항상 '보기 좋소'였다. 아기를 보고 좋아하는 모습을 보거나 사람들에게 격려의 편지를 쓰거나 음식을 주문하거나 옷을 만들거나 책을 읽거나 환자들과 노는 모습을 보면 정말 보기 좋았다(여기에서 제안하기를 좋은 책 한 권을 그녀에게 보내주자).

네피어는 얼마나 철저하고 게으른 것을 싫어했던가. 그러나 그녀는 동정심이 깊었다!

"얼마나 힘드세요?"

그녀는 항상 환자들 입장에서 말했다.

"이 일을 위해 당신은 꼭 적합한 사람입니다." 혹은 "일을 참 잘했어요." 그녀는 한국인 간호사들에게도 용기를 주었다.

다른 사람들에 관하여는 이렇게 말하곤 했다.

---

* 크로니클, 1931년 11월 2일, 9.

"그녀는 정치를 잘해요."

"그는 계속 일을 하고 있어요."

스코틀랜드인으로 그녀의 악센트는 스코틀랜드인이 아닌 우리에게도 매력이 있었다. 그녀와 함께 웃는 것은 얼마나 즐거운 일이었던가. 자기 자신에 관하여 웃어넘길 때도 말이다.

네피어는 때로 우리를 방문하기도 했다. 한번은 휴가차 그녀가 우리에게 왔는데 당시 창궐하고 있던 콜레라에 대하여 장시간 강의를 했다. 또한 자기 건망증 속에 훈련도 안 된 조수 두 명을 데리고 사람들이 죽어가고 있는 시골로 들어가기도 했다. 그중에 한 조수는 그녀에 대하여 다음과 같이 말했다.

"그녀는 남자와 같아요. 정말 일을 잘해요."

물론 칭찬이었다. 사실 그녀는 진주 병원에서 일을 가장 잘했다. 매달 천 명의 환자들을 돌보는데, 그중에는 말도 할 수 없이 불쾌한 사람들도 있다. 물론 그녀는 그들 모두를 상대할 수는 없지만 가능한 한 최선을 다하고 있다. 그녀는 자신의 간호사들을 통하여 주로 일을 했고, 간호사 훈련에 큰 관심을 가졌다! 그녀는 그들을 자랑스럽게 여겼다. 건강한 영으로 일을 잘하니 말이다.

네피어는 병원의 전도부인에 특히 관심을 갖고 있었다. 전도부인은 주사를 놓기도 했는데 네피어는 그녀에 대하여 다음과 같이 말하기도 했다.

"달구 엄마는 잘하고 있어요. 그녀의 마음이 넓어졌고, 자신만 옳다고 하는 고집이 없어지고 있어요. 유아 보건에 관하여 관심을 갖는 한 마을의 어머니들과 이번 목요일 대화를 나누기로 했대요."

네피어는 많은 일을 감당하고 있었는데, 자신이 스스로 자처한 것도 있다. 그러나 이렇게 큰 병원에서는 할 일이 많은 것이 사실이다. 많은 경우 비극적이거나 슬픈 일이 병원에서 일어난다. 그녀는 말하곤 했다.

"의사들은 자신들의 정신이 어디에 있는지 잘 모른다. 선교사들도 같은 모습인데, 간호사들은 더욱 그렇다."

그러나 네피어의 최고 장점은 능률은 아니었다. 사람을 위로하는 자신만의 방법이었다.

"당신의 고통에는 의미가 있습니다. 특별한 일을 위하여 당신은 단련을 받고 있는 것입니다."

그녀는 우리에게 위로의 아들, 바나바를 생각나게 한다.

요즈음 염려되는 시간을 지내고 있는 호주 선교사 중 그녀는 훌륭한 선교사이다. 그녀는 동료 선교사들에게 다음과 같이 쓰고 있다.

"그들은 나에게 군인을 생각나게 한다. 맹공격을 하고 있는바, 자신들의 대장, 즉 주님을 신뢰하고 기다리고 있기 때문이다."

한국인들을 위하여 고귀하고 열매 맺는 그들의 사역을 우리가 돕고, 지금 어렵다고 그들을 현장에서 철수시키지 말아야 하지 않겠는가?

왓슨 부인

9. 하나님의 열매 — 경상남도 여전도회*

만약 여러분이 한 나라의 발전상을 보기 원한다면 그곳의 여성들을 보라.

이번 주 경상남도 여전도회 총회가 열리는 것을 우리는 사랑과 자랑스러움으로 보았다. 조용한 위엄과 명철한 생각 그리고 예리한 토론으로 모든 안건이 처리되었으며, 우리 모두에게 기쁨과 확신을 주었다.

여전도회는 총회와 노회의 권위하에 있으며, 일 년에 한 번 모인다. 이들의 사역은 아직 복음이 전해지지 않은 곳에 복음을 전하는 일이다. 이들은 5개 지역을 복음화했고, 5개의 교회를 세웠다. 아주 신실한 젊은 남성과 그의 아내가 이들의 선교사이다. 현재 이들은 우리 지역에서 일하고 있다. 여전도회는 중국 산동에 파송된 첫 독신 여성 선교사의 봉급을 지원하고 있다. 이곳은 총회가 3명의 선교사와 그들의 아내가 일하고 있는 곳이다.

우리 지역의 여전도회는 현재 40명을 위한 숙소를 찾는 일로 분주하다. 10명의 임원 중 8명과 14명의 대표가 다른 교회에서 온 것이다. 그들 개개인을 보는 것은 흥미롭다. 회장은 40살 정도 되는 아름다운 여성인데, 회의 사회를 잘 보았다. 마산 주 목사의 아내**이다. 그녀는 우리의 성경학원을 졸업했다. 부회장은 현재 진주교회 윤 목사의 아내***이다. 그녀는 매우 총명한 젊은 여성이며, 교사와 미국선교회에서 일을 한 경험이 있다.

우리의 멘지스가 훈련을 잘 시킨 문복숙 총무이다. 그녀는 어릴 적에 부산진의 선교관을 왔다 갔다 하며 심부름을 하던 아이이다. 그녀의

---

* 크로니클, 1932년 7월 1일, 6-7.

** 주기철 목사의 아내 오정모 _ 편저자 주

*** 윤인구 목사의 아내 방덕수 _ 편저자 주

조력자 성삼색은 진주 사람이다. 그녀는 맥라렌의 한국 딸 중 한 명이다. 지금은 동래의 미션스쿨 교사이다. 그녀는 결혼하기 전, 자신을 위하여 쓰인 학비를 돌려주었다. 결혼하기 전 거창에서 학교 교사를 지낸 한 여성도 대표로 왔다. 대표 중 또한 2~3명은 우리 성경학원 출신이고, 지금은 자신의 지역에서 교회를 돕고 있다.

마지막으로 한 씨*는 잘 알려진 여성인데, 우리 선교회의 첫 회심자 중 한 명이다. 전에 그녀는 무희였다. 이제 그녀는 김만일 목사의 아내이다. 그녀의 얼굴은 빛이 났고, 만족스러운 모습이었다. 전도회의 사역에 대하여 그녀가 이야기했다. 그녀는 초기에 여선교사들과 함께 지낸 이야기를 했는데, 선교사들의 열정적인 전도와 비가 줄줄 새는 방에서 밤을 지낸 일을 포함하여 모든 환경에서 찬양한 이야기를 나누었다. 순회를 하던 중에 경찰을 만났던 일과 그들과 어떻게 친구가 되었는지에 대한 이야기도 빠지지 않았다.

여전도회는 이런 일들을 잘 지원해 왔다. 이들은 회원을 늘리기 위하여 최선을 다했고, 회원들은 1파운드를 회비로 내었다. 물론 회비를 나누어 내는 회원들도 있었다. 새 회원들에게 일 년 동안은 1실링을 내도록 했으며, 이들에게는 투표권이 없었다. 올해 여전도회의 재정은 많이 나아졌고, 이월금이 50파운드가 되었다.

여선교회의 새 사역지는 만다리이다. 이곳은 매우 사악한 곳으로 알고 있다. 진주남학교의 교사였던 한 선생은 그곳에서 몇 개월 동안 작업을 하고 있다. 그는 그곳에서의 일이 얼마나 어려운지 우리에게 말해주었다. 그는 매일같이 산에서 기도했고, 사람들은 그의 전도를 듣기 시작했다. 그는 사람들이 반 정도의 결단으로 신앙인이 되는 것을 원치 않았고, 진실로 회개하고 돌아오기를 바랐다.

---

* 한동년 _ 편저자 주

몇 명의 진정한 구도자들이 한 선생의 말에 귀를 기울이기 시작했다. 죄악의 마음이 그들을 죄로 물들게 했다. 그는 그곳에 처소를 세우길 원했고, 여성들은 그를 지원했다.

여전도회 손님들이 진주에서 머문 3일은 매우 짧았다. 사회적인 교제를 위한 시간이 거의 없었다. 밤 10시에 마치는 모임에서만 그들과 즐거운 시간을 가질 수 있었다. 우리가 부자로 부르는 서은보 부인은 대표들을 저녁 식사에 초대했다. 그녀는 항상 교회에 무슨 일이 있을 때, 여성들을 돕기 원했다. 그녀는 글을 모르지만, 그 큰 집안의 경제를 다 외우고 있었다.

여전도회 회원들은 자신의 몫을 다할 수 있어 행복하고 자랑스러워했다. 열매 맺는 것은 하나님께 맡기고, 우리는 그저 가서 전도하고 설교하면 되지 않는가? 하나님을 찬양한다.

진주에서

10. 한국 간호 업무의 전망*

올해 대구에서 모인 연례 조선간호협회 모임에서 전문직으로서의 우리 직업 발전이 다시 확인되었다. 이들의 모임은 한국 간호 여성들의 동지애를 보여주고, 또 전 세계의 간호 직무에 한 부분이 되고자 하는 열망을 표출했다.

이 작은 협회가 국제간호사협회의 회원이 되려고 하는 모습이 가상스럽다. 자신들의 높은 수준을 유지하는 그 단체는 우리에게 동정심을 보였다. 우리 간호사협회는 이 땅에서 진행되고 있는 적십자회 수준으

* 크로니클, 1933년 8월 1일, 9-10.

로 가야 한다. 그러기 위해서는 환자들의 권리를 좀 더 온전하게 고려해야 한다.

국제간호사협회는 올해 파리와 브뤼셀에서 열린다. 두 명의 미국인 간호사가 휴가를 가는 길에 그 모임에 참석할 것이다. 일본도 대표를 보낸다고 하니 우리는 반갑다. 우리의 한국인 간호사 대표를 파송하는 것은 재정이 문제이다. 2년 전에는 두 명의 한국인 간호사가 우리의 회장인 쉬핑 양과 함께 캐나다 모임에 참가했었다. 그중 한 명은 사회 복지 과정을 공부할 수 있었고, 수료증을 받았다.

올해 우리 협회의 성격 중 하나는 한국에서 간호사 훈련을 시작한 커틀러 박사의 강연이었다. 그는 한국에서 40년을 일했고, 지금은 이동 보건소를 가지고 전국을 다니고 있다. 한국에 첫 간호사 해리슨을 데리고 온 사람이 그녀이며, 그녀는 현재 결혼을 했다.

첫 간호사복을 입은 커틀러 박사는 기이하게 보였다. 지금은 그 모습이 패션의 한 부분이 되었다. 단추가 달린 긴 소매는 윗부분이 부풀린 모습이고, 너풀거리는 긴 치마는 바닥에 닿을 듯했다. 모든 간호 업무는 한국식 바닥에서 이루어졌으며, 간호 일을 배우는 강한 마음을 가진 한국인 여성들은 이상하게 여겨졌다.

간호 훈련의 세 번째 반 졸업생 중의 한 명이 커틀러 박사와 함께 우리 모임에 왔다. 다소곳한 얼굴의 작은 여성은 머리가 회색이었다. 변덕스러운 결혼 생활을 다 지낸 그녀는 간호 업무를 다시 시작했다. 커틀러는 초기 자신이 미국에 보냈던 보고서 일부를 우리에게 읽어주었다. 그 내용이 너무 기이하고 생생하여 우리는 웃음을 참을 수 없었다. 통역을 들은 한국인 간호사들은 그것이 웃기지 않다고 생각했다. 그 보고서 내용과 대조되는 모습으로 우리는 지금 한국에서 가장 새것이고 최신인 병원에서 모임을 하고 있다.

플레처 박사는 지난 18년 동안 모금을 해 오면서 자신의 계획을 세밀하게 준비했다. 그 결과로 세워진 이 병원을 보는 것은 즐거움이다. 한 가지 비판이 있다면 건물의 길이이다. 한쪽 끝에 병동이 있고, 다른 쪽 끝에 행정부가 있다. 그사이에 넓은 복도가 있다. 바닥은 잘 닦인 단단한 콘크리트이고, 빨간색이 엷게 가미되었다. 모든 문에서는 소년들이 방문자들에게 신발주머니를 나누어 주었다.

병원 전체에 일본에서 수입한 최신의 의료와 전기 기구가 설치되었는데, 이것은 몇 년 전만 해도 불가능한 것이었다. 소독, 엑스레이, 요리, 세탁 등 모든 것이 전기로 되었다. 환자가 간호사를 호출하려면 머리 위에 있는 단추만 누르면 되었다. 그러면 침상 위에 있는 전구와 복도에 있는 간호사 사무실에 빨간 불이 들어온다. 이 두 방은 서로 연결되어 있다.

수술실은 예쁘고 작은 초록색 타일로 되어 있고, 그 안에는 대기실도 있어 허락된 사람은 유리창을 통하여 수술실을 들여다볼 수도 있다.

수술실 위에는 교회 의자가 놓여 있는 아름답고 작은 채플이 있다. 나무 벽에는 십자가가 있고, 그 아래 '내 집은 만민이 기도하는 집이라'라고 쓰여 있다. 한글과 한문으로도 번역되어 있다. 창문은 불투명하게 되어 있어 집중하도록 돕고 있다.

6명의 한국인 의사가 있고, 한국인과 일본인이 함께 일했다. 플레처의 아침 회진은 매우 인상적이었는데, 4명의 의사와 한 명의 간호사가 동행했다.

병동에는 무료 환자를 위하여 남녀 각각 6개의 침상이 있었다. 일반 환자들은 치료와 음식을 포함한 입원비를 내야하고, 전체 60개의 침상이 있었다. 비용은 8천 파운드가 들었다고 한다.

미국인 의사가 우리에게 병원의 공기 순환, 공간 그리고 높은 수준의 위생을 어떻게 유지하는지 보여주어 감사했다. 이들이 앞으로 성공적으로 의료 선교를 시행하기를 기도한다.

우리 간호협회는 현재 압박을 받는 어려운 시기를 지나고 있다. 우리는 우리가 부름을 받은 일을 하기 위하여 자치를 지키길 원하며, 그 균형을 지속하길 원한다. 우리의 미래는 여기에 달려있다.

우리는 간호사들을 위한 간호 업무 지침서가 필요하며, 그 일에 관련된 과목도 필요하다. 이곳 간호사들이 가진 것은 부분적으로만 인쇄된 책 하나가 전부이며, 마지막 장도 어서 나오기를 기다린다. 이 책은 유용하나 충분치는 않다. 참고 도서가 더 필요하며, 사회 복지 등에 관한 자료도 요구된다.

누구든지 이러한 자료를 준비하고 출판하는 것을 돕기 원한다면, 우리는 매우 반가울 것이다. 이 작업은 비용이 많이 들기 때문이다.

11. 병원에 필요한 물품들*

여러분이 보낸 다섯 개의 박스가 병원에 안전하게 도착했다. 그 속의 물품들로 인하여 우리는 매우 기쁘다. 유아 내의는 많은 어린 생명을 구한다. 이 옷을 우리는 병원에서 사용하는데, 갓 아기를 낳았지만, 돈이 없는 엄마들에게 선물로 준다. 양모 목도리, 장갑, 양말, 침대보, 46개의 베개보, 15개의 수건, 잡화 그리고 비누와 옷감 등 우리에게 모두 요긴한 물품들이다.

호주의 많은 손가락이 수개월을 바쁘게 움직이며 준비한 이것들을 보노라면 여러분의 노고에 감사하지 않을 수 없다. 이곳의 추운 겨울을 환자들이 좀 더 따뜻하게 지낼 수 있을 것이다. 찬 바람이 불면 이들은 호주의 여러분을 생각할 것이다.

지금까지는 이곳의 미군들에게 온 군용물품을 선교 병원에도 나누

---

* 크로니클, 1934년 4월 2일, 4-5.

어 주었다. 그러나 지금은 그것이 끝나고 있고, 이제 그것들을 구입하려면 적지 않은 재정이 소요된다. 이번 겨울에 여러분들이 어떤 일을 우선할지 결정할 때 이곳의 이러한 상황을 고려해 주기를 바란다. 밤에 입는 가운과 파자마는 우리에게 꼭 필요하다. 여러분이 옷감을 보내주면, 우리의 전도부인이 아마 만들 수도 있다.

우리의 담요는 짙은 회색 면이나 전쟁 시 사용하는 거친 양모로 만들어진 것이다. 여섯 개의 질 좋은 가정용은 환자 중 구입하려는 사람을 위하여 남겨두었다. 여러분 중에 이런 것에 익숙하지 않은 사람이 있다면, 병원에서의 일에 동참하기 어렵다. 다음에 내가 휴가를 가면 그때 자세히 설명을 할 수 있기를 희망한다.

이곳의 한국인 자매들을 대신하여, 사랑으로 수고한 여러분 모두에게 감사를 전한다.

1934년 2월 10일, 진주에서

12. 감사의 기록*

호주 선교사 공의회는 수년 동안 진주 배돈기념병원의 수간호사로 사역한 네피어에 대한 깊은 감사를 기록으로 남기길 원한다.

네피어는 병원의 환자들을 돌보며, 간호사들을 훈련하고 인도했고 세심한 행정으로 우리가 자랑스럽게 여기는 병원의 위상을 높이는 데 가치 있는 공헌을 했다.

그녀는 의료 사역을 하면서 위대한 의사인 주님을 말과 행실로 사람들로 하여금 알게 했고, 병원의 기독교적인 좋은 분위기를 조성하는 데

* 더 레코드, Vol. 21, 151-152.

한몫했다.

그녀는 또한 여성 주일학교 지도와 여전도회에 대한 관심으로 교회의 여성들을 도왔다.

네피어가 담당한 모든 일은 효율적이고 세심하게 진행되었으며, 이것으로 인하여 많은 이의 존경을 받았다.

그녀가 한 모든 일로 인하여 우리는 감사하며, 휴가 중에 그리고 다시 한국에 돌아와 어떤 일을 하던 하나님의 은혜가 함께 하기를 희망하며 기도한다.

호주 선교사 공의회

마산, 1934년 6월

13. 병원의 아이들(1)*

아기를 좋아하지 않는 사람이 어디 있을까? 어머니들은 자신의 아기를 안락한 집에서 키우기를 원한다. … 우리는 유아복지회에 나오는 아기들로 인하여 감사하다. 엄마는 그들을 매일 목욕시키고, 옷을 갈아입히고 빨래를 한다. 아기가 두른 천이나 입은 옷을 보면 그들의 자부심과 돌봄을 느낄 수 있으며, 종종 서양의 영향을 받은 일본 아기의 치장된 옷을 입히기도 한다. 병원에 오는 이 아기들은 질병이 적은 편이지만, 그래도 폐렴, 홍역, 디프테리아 등이 생명을 빼앗아 가기도 한다.

더군다나 스스로가 자신의 몸과 마음을 거의 돌보지 못하는 엄마의 아이들은 어떤가? 그들은 일이 없어 구걸해야 한다. 또한 산에 있는 움막에서 마른 나무와 풀을 때며 살아야 한다. 그러한 환경에 처한 아이를

---

* 크로니클, 1934년 7월 2일, 10-11.

보아 달라고 청함을 받은 적이 있다. 뜨거운 방바닥에 그냥 방치되어 등에 화상을 입은 아기였다. 그 아이는 아직 사망하지 않았다.

많은 아이가 머리와 몸 전체에 상처가 나 있다. 한 가난한 여성 나병 환자가 주사를 맞으러 병원에 오는데, 작은 아기를 안고 온다. 그녀는 아기를 지극히 대하는데, 기침약을 청했다. 아기가 감기에 걸렸던 것이다. 감기약을 주어 나아지는 것 같았다. 그러나 4주 후에 그녀는 아기 없이 병원에 왔다. 아기가 죽은 것이다.

고향 친구들의 친절한 생각과 바느질로 만든 따뜻한 옷으로 이곳 가난한 아이들에게 입혔고, 이것은 때로 이 아이들의 생명을 살리기도 한다. 이 작은 아이들의 몸에 얇은 한국식 옷 한 벌만 걸치고, 엄마 뒤에 천으로 된 포대기로 묶어 다닌다. 그리고 아기가 배고파 보채면 치마를 들어 올리고 가리면서 젖을 물린다. 우리는 가장 열악하게 사는 사람들에게 기저귀 겉감 3개, 비누, 빨래비누와 가루, 탈지면, 묶는 끈, 내의 등을 선물로 주었다.

이달에는 우리의 온유한 마음의 총무가 자신의 고향에서 아이 한 명을 병원에 데리고 왔다. 9살이나 10살 된 소녀로 온몸은 재와 흙으로 덮여 있었는데, 수년간 집에 있는 아궁이 곁에서 잔 결과였다. 이 아이는 등과 팔뚝과 다리에 화상이 있었고, 두 귀에 있는 상처에서도 피가 났다. 머리 뒤에도 베인 상처가 있었다. 몸 전체가 기생충의 소굴이었다.

이 아이는 온몸을 긁으면서도 "밥 주세요"라고 말하며 계속 울었다. 반성에서 이 아이는 잘 알려져 있는데, 자비심 없는 소년들이 이 아이를 향하여 돌을 던지기도 했다. 그녀는 무서워서 누가 다가오기만 하면 덮고 있는 천 밑으로 숨곤 했다. 우리가 이 소녀를 씻기고 상처에 약을 바르는 중에도 몸을 가만히 있지 않았다.

이 아이의 이름은 달탄이이다. 나중에 이 아이에 대해 또 말하도록 하겠지만, 지금 이 아이는 조금씩 제정신을 차리고 있다. 그러나 삶에 필요한 것에 대해서는 완전 무지한 아이임은 틀림없다. 이 아이의 울부짖음에 간호사의 기독교적 사랑이 응답했다. 좀 더 아이가 정상이 되면 우리는 집도 찾아줄 수 있다. 그러나 달탄이가 거부하면 어떻게 될까?

14. 병원의 아이들(2)*

한국의 아기들이 위험에 처하고 온갖 질병에 노출되는 이유 중의 하나는 엄마 젖의 영양이 충분하지 않은 때이다. 그 아기는 아직 보통의 한국 음식도 섭취하지 못하는 단계이다. 이 시기 아기들의 소화기는 부적절한 음식에 적응하느라 시달리고, 또 충분한 영양을 흡수하지도 못한다. 한국인 중에 이러한 만성 소화불량에 고통을 받는 사람이 적지 않고, 그로 인하여 금욕적인 인내를 견디기도 한다.

지난주에 12개월 된 예쁜 아기가 위급한 상태에서 병원에 들어왔다. 그 전날 이 아이의 부모는 결혼 잔치에 갔었는데, 그곳에서 아기가 무엇을 잘못 먹은 것이다. 아마 이 아기는 이미 소화기관에 문제가 있었을 것이다.

한국의 많은 미국선교병원과 복지센터에서 간호사들이 이 악과 싸우려고 노력하고 있다. 또한 모유에 충분한 영양분이 공급되도록 호주에서처럼 아기 보건소를 운영하고 있다. 엄마와 아기는 정기적으로 의사를 만나며, 모유가 부족할 때는 쇠나 나무로 된 상자에 우유도 공급받는다.

네덜란드 간호사인 보딩 양은 한 걸음 더 나아갔다. 아기 보건소를 운영하면서 그녀는 일본 정부 시험을 통하여 의사가 되었고, 보육원을 시작했다. 부모는 아침 9시에 아기를 데리고 와 보육원에 맡겼고, 오후

---

* 크로니클, 1934년 8월 1일, 7.

5시에 데리고 갔다. 일요일만 제외하고 말이다. 내가 방문했을 때는 9명의 아기가 있었다. 그들은 모두 건강하고 행복했고, 정상적인 생활을 하고 있었다. 이 방법으로 엄마들이 실행하지 못하는 것을 아기들을 위하여 봉사할 수 있었다.

보딩 양은 또한 졸업한 간호사들을 4개월 동안 학생으로 받았고, 교육받지 못하거나 중간에 포기했던 여성들도 일 년 동안 훈련했다. 그녀의 10년의 경험을 한국 상황에 맞게 적용하고 있었다. 엄격한 과학적 원칙을 가지고 말이다. 일본인들이 특히 그녀의 일을 칭찬하고 있다.

평양의 한 엄마는 말했다.

"아기를 먹이는 것에는 우리가 할 말이 별로 없다고 생각했습니다. 그러나 이제는 많은 것을 말할 수 있습니다."

이것이 우리의 목표인바, 부모들이 자신의 아기를 구식 한국인 의사에게 맡기기보다, 아기 예수가 자신들의 삶 속에 들어와 하나님을 찬양하고 그들 삶의 많은 아픔을 치유 받도록 말이다.

15. 병원에서는 무슨 일이…*

병원은 얼마나 축복된 곳인가? 집에서 질병으로 인한 어두운 날을 지내다가 병원 문을 들어설 때는 희망에 차 있다. 아름다운 세인트앤드류병원에는 그곳의 사랑스러운 돌봄과 편안함으로 환자들이 편한 마음과 몸으로 만족하고 있다.

한국의 수천 명의 사람에게는 진주에 있는 배돈기념병원이 유일한

---

* 크로니클, 1935년 7월 1일, 5-7.

교회의 병원이다. 비록 최상의 병원은 아니지만 많은 환자에게 귀한 안식처이다.

때로 몸을 혹사하고 고문하기도 하고 병을 방치하기도 하여 호주에서는 볼 수 없는 모습으로, 그들은 우리 의사와 간호사의 기술을 시험한다. 건강을 회복한다는 것은 인생의 가장 큰 일이다. 몸이 회복되면 평화가 찾아오고, 영이 복음의 빛 아래로 나오면, 비로소 완전한 고침을 받았다고 할 수 있다.

한 작은 엄마는 짜증을 잘 내는 아기를 돌보느라 심신이 지쳐있었다. 아기는 백일해나 홍역의 공격으로 기관지 폐렴을 앓고 있었다. 공기가 잘 통하는 큰 병동과 간호사의 돌봄으로 그 아이는 회복되었고, 엄마는 아기를 데리고 집으로 돌아가 다시 집안일을 할 수 있었다. 이 여성은 인생의 길목에서 힘든 고통을 받았지만, 아이가 수술을 받고 나음으로 그 인생의 짐을 가볍게 했다. 그리고 삶에 새 희망과 용기를 가지게 된 것이다.

다리를 저는 사람이 얼마나 적어졌던가! 그들이 병원에 오면 친절한 의사가 자리를 펴서 그들의 불편한 다리의 엑스레이를 찍는다. 치료가 오래 걸리고 완전히 나아지지는 못하여도, 수족을 회복한다는 것은 얼마나 좋은 일인가. 보통 그들이 병원에 오래 머무르면 머무를수록 길이요 진리이신 주님을 받아들일 확률이 높다.

병원의 대기실에는 전체 전도와 개인전도 활동이 있다. 이런 방법으로 전도부인은 여성들을 자신의 주일학교에 오게 하고, 그곳에서 교회로 나아가게 한다.

여러분에게 우리 병원의 직원들을 소개한다. 이들 모두 흥미롭다. 성숙한 남녀로 자신의 전문 직업을 갖기까지 이들은 여러 굴곡진 길을 걸어왔다.

이주섭 박사는 세브란스병원의 학생 시절부터 우리 병원에 왔다. 남자아이 다섯과 아기를 가진 그의 아내는 자신의 부모와 시골에서 살았다. 그러다가 이들이 병원의 사택에 함께 살기 시작하면서 행복한 가정이 되었다. 이 부인은 우리에게 올 때 기독교인이 아니었고, 그것을 받아들이는 것도 시간이 걸렸다. 그녀는 자신의 아이들을 키우는 것에만 관심이 있었는데, 쉽지 않았다. 지금은 전도부인에게 읽기를 배우고 있고, 전도회의 열심 있는 회원이다.

이 박사는 테일러의 좋은 친구이자, 그에게 도움을 많이 받는다. 또한 그는 교회의 집사이다. 우리와 함께 교회에도 5년 있었다. 병원의 특별한 전문 기술을 요구하는 일에 그가 도움이 될 것이다.

일본인들은 자신들의 병원에 많은 부서가 있다. 그리고 부서마다 의사가 있다. 세브란스병원의 학장 오 박사는 병원이 특화되어야 한다고 나에게 말했다. 환자들은 자신의 병을 전문적으로 치료하는 의사를 기대하고 있으며, 모든 병을 다 진단하는 의사를 신뢰하지 않았다.

이 박사는 귀, 코, 목 그리고 눈에 특별한 관심을 가지고 있고, 이 과목에 대하여 일본에서 두 개의 대학원 과정을 밟았다. 그는 현재 병원에 자신만의 진료실이 있다.

진 데이비스 박사가 여성과 어린이 부에서 바쁠 때, 테일러 박사는 자신의 병을 알리길 원치 않는 남녀 환자들의 특별한 경우를 돌보고 엑스레이를 찍는다. 조 의사는 남성 환자를 보고 있어 일이 잘 구분되어 있다.

테일러 박사는 1934년 병원이 또 다른 기록을 세우고 있다고 쓰고 있으며, 10,000엔 이상의 치료비를 환자들로부터 받았다고 한다. 이때부터 이 숫자가 유지되고 있다. 환자의 증가는 더 큰 공간을 요청한다. 외래 환자 동은 본 건물의 별관으로 세워져야 한다.

우리의 총회장이 병원을 방문했을 때, 딱 한 가지 단점을 지적했다. 병원 내부가 어둡다는 것이다. 건물 두 개의 벽 중에 있던 창문 하나를 약국으로 나누었고, 또 하나는 병동을 위한 방으로 막은 것이 빛이 차단된 이유이다. 이것은 문을 유리로 만들고 하얀색으로 벽을 꾸미면 어느 정도 해소될 것이다.

3년 전 병원 뒤에 있는 창고를 가난한 남성을 위한 무료 입원 방으로 만들었다. 자신의 유료 환자 친구들이 돈을 못 내는 자신을 보는 것을 꺼렸기 때문이다. 이런 방법으로 병원의 비워진 한 방을 여성 환자들을 위한 무료 입원 방으로 운영했다.

한국간호사협회는 한국의 간호 수준을 높이기 위하여 많은 노력을 하고 있다. 여성이 자기 가족 외에 누구를 간호한다는 것은 동양의 전통에 역행하는 것이었다. 다른 사람의 가족사에 끼어드는 것을 본능적으로 회피하는 문화가 우리 병동에도 영향을 끼치고 있다. 우리 간호사들은 마침내 자신들이 하는 일을 전문적인 태도로 임하고 있다.

우리의 간호부장인 박 간호사는 간호사로 태어났다고 할 수 있을 정도이다. 그녀는 병원이 개원될 때부터 우리와 함께 일하여 왔고, 공부와 실습을 통하여 우리에게 귀중한 일꾼이 되었다.

다른 두 간호사인 조 간호사와 함 간호사는 우리가 하는 훈련과정을 졸업했다. 한 명은 과부이고, 다른 한 명은 버려진 아내이다. 둘 다 일본에 있었기 때문에 일본어도 할 줄 안다. 우리와 함께 8년을 일했는데, 둘 다 실력이 있다. 조 간호사는 트루딩거 부인을 6개월 동안 돕고 있는데, 시골 교회의 엄마들이 그녀의 말을 잘 받아들이고 있다. 그녀의 기분 좋은 미소가 또 다른 그녀의 장점이다.

하 간호사, 김 간호사 그리고 서 간호사는 1933년 졸업을 했다. 이들은 여전히 병원에서 일하고 있고, 신뢰할 수 있는 사람들이다. 하 간호사는 아이가 5명인 과부로 어려운 시기를 지냈다. 소녀일 때 그녀는 자신의 무희 언니의 길을 거부했고, 기독교인과 결혼하기를 원했다. 그러나 재정적인 어려움이 그녀를 힘든 인생을 살게 했다.

김 간호사는 버려진 과부이다. 그녀는 산업학교에서 공부하기 위하여 일했고, 훈련받기 위하여 병원으로 왔다. 그리고 지금 그녀는 존경받는 간호사가 되었고, 그녀와 조 간호사는 편안한 집에서 함께 살고 있다.

서 간호사는 진주의 우리 학교 출신이다. 그리고 독신이다. 작년에 그녀는 일본 정부의 간호사 시험에 합격했다. 함 간호사도 그때 시험을 보았는데, 학교 교육 배경이 없어 실패했다. 최근 그녀의 편지에는 또다시 시험을 준비하고 있다고 했다.

지면이 부족하여 우리의 좋은 전도부인과 한국인 대모 복희 고모에 관하여 쓸 수가 없다. 이들은 오랫동안 우리 병원과 선교사들에게 충성하여왔다.

또한 남성 직원들에 관해서도 여러분은 관심이 많을 것이다. 먼저 병리과 김만수를 소개한다. 그는 조용하면서도 엄격한 얼굴을 가졌다. 그의 부친은 빚을 많이 지고 사망했고, 모친과 자매 넷과 형제 한 명을 남겼다. 자기 자신의 아내와 두 명의 자식도 물론 있었다. 김 씨는 자신의 형편에 대하여 불평하거나 동정을 원치 않았고, 꾸준한 생활을 유지했다. 빚은 이제 다 갚았고, 세 명의 자매는 결혼했고, 모친은 암으로 일 년 동안 앓다가 사망했다. 그는 병원의 일에 항상 같은 모습인바, 꾸준하고 정확하며 믿을 수 있다. 그의 신앙생활도 깊어져 교회의 집사이고, 주일학교 총무이다.

나는 우리의 의사와 간호사와 직원 모두와 맺은 친교와 협력을 사랑스럽게 기억하고 있다. 병원이 발전하는 과정에서 함께 성취한 기쁨을 맛보았다. 이것으로 인하여 하나님께 감사드린다. 이제 에드거 양이 병원에 위탁된 사역을 하나님의 은혜로 잘 이끌리라 믿는다.

16. 동래실수여학교*

커 선교사가 세운 농장과 건물은 기쁨이고, 그녀의 공적이다. 주변의 아름답고 큰 나무들 사이에 학교가 있다. 가축의 우리도 튼튼해 보이고, 여학생들이 일을 남자같이 한다. 내가 왔을 때 학생들은 작업을 하고 있었다.

커는 전국공의회 모임 차 떠나있고, 올해 그녀는 공의회 대표이다. 그녀는 서울과 부산항에 여행자 지원회 설립의 필요성에 대하여 안건을 제기하고 있다.

나는 부산에서 우리의 짐이 도착했다는 연락이 온 10월 4일까지 기다렸다. 두 번의 태풍으로 화물 도착이 연기되었다. 위더스의 피아노가 세금 없이 잘 통과되었음을 여러분은 기뻐할 것이다.

진주로 와서 선교관에서 내 짐을 정리하느라 동래실수여학교의 짐은 어떻게 되었는지 듣지 못했다. 여러 해 동안 쌓인 물건을 정리하는 작업은 작은 일이 아니었다. 농장을 위하여 쓸 것들만 챙겼다.

나에게 배당된 교사의 집은 이번에 새롭게 지어진 곳이다. 두 개의 한국식 방이 있고, 중간에 가림막이 있다. 그리고 뒤에 있는 방은 부엌과 연결되고, 부엌은 조금 낮게 자리를 잡고 있다. 방바닥으로 열기를 불어 넣는 온돌의 역할도 있기 때문이다. 그 뒤에는 판잣집이 서 있는데, 그곳에 물이 연결되어 있어 목욕을 할 수 있다.

이 집은 토끼가 있는 토끼장 끝에 자리를 잡고 있다. 토끼들은 새끼를 많이 낳았고, 학생들이 먹이를 주고 털을 다듬는 모습은 보기가 좋다. 그러나 털을 깎을 때는 보기 좋은 모습은 아니다.

호주의 품종인 검은 닭을 싣고 오는 길에 큰 어려움은 없었다. 이 닭

* 크로니클, 1936년 1월 1일, 4-5.

들은 확실히 귀족 품종이다. 앞뒤로 혹은 위아래로 퍼덕이며 소란스럽게 굴지 않았다. 조용한 편이었고, 수탉은 까마귀 같은 울음소리를 내었다. 나는 여러분에게 상자 속에 담겨 운반되는 닭들의 모습이 찍힌 사진을 보낸다. 교사 한 명은 이 사진이 좋은 홍보를 할 수 있을 것이라고 한다. 운반의 책임을 맡은 나도 교사들과 함께 사진 속에 들어 있다. 이 닭들의 달걀은 하나에 1엔으로 홍보되고 있다!

이 아름다운 집은 우리 박 교사의 미국 학생들이 그녀에게 보내준 돈으로 세워졌다. 내가 떠나기 전에 학생들 사이에 뭔가 문제가 있었는데 이제 다 해결이 되었다. 남은 돈으로 나는 약을 보관할 수 있는 장을 만들었다. 위와 아래 장 사이에 선반이 있어 나는 그 위에서 위생적으로 약을 제조할 수 있다.

학교 교실 창가를 따라 의자가 있고, 그 아래 무엇을 담을 수 있는 공간이 있다. 공부 후에 환자들을 진료하고 돌볼 수 있도록 잘 되어 있다. 학생들은 보기 좋았고 열심히 했으며 자신들의 유니폼을 좋아했다. 이 학생들 사진도 곧 촬영해 보내도록 하겠다. 학교 앞에서 커와 학생들과 돼지, 염소, 토끼, 닭 등도 다 나오게 말이다.

1935년 10월 13일, 진주에서

17. 거트루드 네피어 양의 죽음*

멜버른의 호주해외선교부는 거트루드 네피어 양이 한국 대구에서 8월 29일 사망했다는 보고를 받았다. 이것은 빅토리아장로교회 전체에 진심으로 애석한 일이다. 네피어는 한국의 장로교 선교를 위하여 24년

* 「더 아르거스」, 1936년 9월 3일, 18.

간 헌신했고, 진주의 배돈기념병원에는 1920년부터 1934년까지 수간호사로 재직했다. 이 방면에 그녀의 사역에 대한 기록은 한국 장로교 선교 역사에 한 훌륭한 장을 남기고 있다.

해외 선교지에서 60세는 은퇴의 나이로 받아들여지기는 하지만, 네피어의 사역은 매우 가치가 있어 5년이 더 연장되었다. 그러나 진주의 병원에서 고된 일을 계속하는 것은 무리였고, 작년에 그녀는 휴가차 멜버른에 왔을 때 에밀리 맥퍼슨칼리지에서 의상 제작과 다른 가사 일을 공부했다. 그녀는 한국으로 돌아가 동래의 농업학교에서 학생들을 가르칠 준비를 하고 있었던 것이다.

그녀는 8월 한 달을 (한국의) 산에서 지냈고, 동래로 돌아오는 길에 병으로 아팠을 것으로 이곳 사무실은 생각하고 있다. 그리고 대구에 왔을 때 그녀는 사망했다. 그녀의 사망 소식은 9월 2일까지 멜버른에 전해지지 않았는바, 진주를 강타한 태풍이 대구와의 소통을 끊었기 때문이라고 추측되었다.

네피어는 큐의 카슨 가의 길리슨 부인 자매였고, 길리슨은 앤드류 길리슨의 목사의 미망인이다. 그는 갈리폴리 전투에서 사망했다. 네피어는 에든버러에서 간호사로 훈련을 받았고, 그녀의 자매 부부가 호주로 왔을 때 동행했으며, 퀸즐랜드에서 먼저 살다가 멜버른으로 왔다. 그녀는 디커니스 훈련원 직원으로 합류를 했고, 그곳의 원장이었다. 그러나 한국에 훈련된 간호사가 필요하다는 부름이 오자, 그녀는 자원하여 1912년 그곳으로 떠났다.

진주에서의 그녀의 사역은 주목할 만큼 성공적이었다. 그녀는 자신의 일에 대한 헌신과 매달 평균 천 명이 되는 환자들에 대한 관심은 어떤 칭송도 모자랄 정도이다.

18. 네피어를 추모하며*

우리에게 잘 알려지고 영예로운 거트루드 네피어 선교사의 사망 소식은 우리 모두에게 충격이다. 특히 북멜버른노회는 우리 교회를 위하여 24년 동안 선교사의 직을 수행한 그녀를 잃음으로 애통해하고 있다.

네피어는 한국에서의 일을 위하여 다양하고 철저한 준비를 했다. 그녀는 에든버러에서 태어나고 그곳에서 교육을 받았다. 샌 조지 훈련학교와 대학에서 중등교사가 되기 위한 과정을 마치고, 18개월을 그곳에서 가르쳤다. 그리고 그녀는 에든버러 로열 병원에서 간호사 훈련을 받았다.

1905년 네피어는 호주로 왔다. 그녀는 브리즈번 어린이 병원에서 2년 동안 간호 일을 했고, 후에 멜버른으로 와서 3년을 살았다. 그동안 그녀는 여성병원에서 조산학 과정을 밟았다. 그리고 일 년 동안 그녀는 선교사와 디커니스 훈련원에서 원장 대리를 했다.

1912년 네피어는 빅토리아여선교연합회 선교사로 한국에 파송되었다. 그녀는 호쏜 지부의 지원을 받는 특별 선교사였고, 서로 가까운 관계를 유지했다. 후에는 북멜버른여성연합회도 후원에 동참했다.

네피어의 첫 부임지는 마산이었다. 그곳에서 그녀는 복음을 전하며 간호 사역도 했다.

1920년 네피어는 진주의 배돈기념병원 수간호사로 임명되었다. 그리고 1934년 휴가를 떠나면서 사표를 낼 때까지 그녀는 그곳에서 일했다. 그 후 그녀는 휴가 중 새 사역을 시작하기 위한 준비를 했고, 커 선교사가 일하는 동래실수여학교로 부임했다.

이곳에서 네피어의 건강이 악화되었다. 그리고 몇 달간 자신의 선교

* 크로니클, 1936년 10월 1일, 3-4.

부를 떠나 온전히 쉬어야 했다. 그녀의 마지막 편지는 그녀가 가을에는 사역지로 돌아가 일을 할 수 있기를 기대하고 있었다. 그리고 8월 29일 그녀가 심장마비로 사망했다는 전보가 날아들었다.

오랜 시간 한국에서 일하는 동안 네피어는 그곳 사람들에게 사랑과 신임을 받았다. 호주 선교사들에게뿐만 아니라, 특히 한국인 동료들과 훈련생들에게도 말이다. 마산에서도 그녀는 따뜻한 친구들을 많이 사귀었지만, 진주 병원의 수간호사로 일하면서 그녀는 많은 엄마와 아기들에게 신속하고 효과 있는 치료를 하여 생명을 살린 사람으로 기억되고 있다. 이것이 선교사로 일하는 동안 그녀의 가장 뛰어난 업적이라 말할 수 있다.

네피어를 아는 모든 사람은 그녀의 세심함과 뛰어난 조직 능력에 깊은 인상을 받았을 것이다. 그녀의 일에는 '깔끔하지 않은 마무리'는 없었다. 그녀가 하는 모든 일에는 좋은 마무리가 뒤따랐다. 일이 잘 끝나지 않는 것은 그녀의 성격과 맞지 않았다. 전도부인, 간호사, 심지어 자신에게 훈련받고 다른 병원에서 일하는 간호사까지 최선을 다하지 않는다면 그녀는 만족하지 않았다.

자신이 가르친 간호사 개인의 과실과 실패에 그녀는 성실하게 대처했지만, 그들이 처해 있는 불공평한 환경을 이해하고, 그들에게 여러 방법으로 안타까움을 보였다. 그러므로 네피어는 그들의 존경은 물론, 따뜻한 사랑까지도 받았다. 그녀는 진정한 선교사의 마음과 개인에 대한 관심이 있었다.

병원에서 그녀의 조직과 행정 업무는 말로 다 할 수 없이 훌륭했다. 1934년의 한국의 공의회 모임에서 이 분야에 관한 그녀의 공헌을 기록으로 남겼다. 1920년 그녀가 병원에 부임했을 때, 병원은 실제적인 일꾼이 필요했는데, 그녀가 그 일을 잘 감당했다. 그녀만이 공헌할 수 있는 일이었다. 호주 동료나 한국 동료 그리고 환자들까지 이구동성으로 동의하는 것은 '그녀에게 마음을 안전하게 맡길 수 있었다'는 것이다. 이들의 가슴 속에 그녀는 신실한 하나님의 종으로 남을 것이다.

네피어가 돌본 사람 중에 동료 선교사가 있었는데, 그녀가 다음과 같이 쓰고 있다.

> 그러나 네피어의 최고 장점은 능률은 아니었다. 사람을 위로하는 자신만의 방법이었다. '당신의 고통에는 의미가 있습니다. 특별한 일을 위하여 당신은 단련을 받고 있는 것입니다.' 그녀는 우리에게 위로의 아들, 바나바를 생각나게 한다.

네피어는 자기 자신을 병원의 물질적인 필요에만 관심을 두지 않았다. 그녀는 영적인 생활에도 열정적인 관심을 가졌고, 병원 직원들도 영적으로 깨어있도록 도왔다. 병원의 전도회는 자신의 전도부인을 지원하여 진주 근방의 교회를 돌보게 했다. 네피어는 이 일에도 열정을 가졌고, 다른 사람들에게 영감이 되었다. 그녀는 또한 진주교회의 사역에도 동참했는바, 특히 여성 주일학교와 여전도회이다.

네피어의 삶과 본에 대하여 우리는 하나님께 감사드린다. 그녀가 돕고 사랑하며 영감을 주었던 사람들의 마음속에 그녀의 영은 살아있다. 그녀는 자신의 구원자이자 주님인 예수 그리스도를 온 마음을 다하여 섬기었다.

19. 네피어의 생애와 사역*

나는 우리의 친구이자 동료인 거트루드 네피어의 '생애와 사역'에 대

---

* 크로니클, 1936년 12월 1일, 3-5.

한 추모사를 부탁받았나. 여기에 내하여 최고의 표현을 하려면 먼저 빅토리아여선교연합회에 감사해야 한다.

네피어는 에든버러에서 출생했다. 그녀는 샌 조지 훈련학교에서 중등교사 교사로서 훈련을 받았고, 에든버러대학에서는 교육학을 공부했다. 그리고 그곳에서 그녀는 18개월을 가르쳤지만, 그녀는 자신의 소명을 아직 찾지 못했다고 느끼고 있었다. 그래서 그녀는 에든버러 로열병원(1,200개의 침상이 있는 병원)에 들어가 간호사로서 훈련을 받았다.

1905년 네피어는 자신의 언니 길리슨 부인과 브리즈번으로 이주했으며, 그곳의 어린이 병원에서 간호사로 2년 동안 일했다. 그리고 1909년 멜버른으로 왔다. 이곳에서 그녀는 개인 간호사 일을 잠시 했고, 디커니스훈련원 원장 대리로 1년 동안 섬겼다.

1909년부터 1912년까지는 빅토리아교회와 한국 선교에 위대한 해였다. 새롭고 젊은 남녀선교사들이 한국으로 향했고, 1910년에는 페이튼 목사를 단장으로 한 방문단이 한국을 방문했다. 그들은 그곳에서 선교사들이 하는 일을 보며 비전을 나누었고, 호주로 돌아와서는 교회를 격려하여 전진운동을 시작했다.

교회가 그 도전을 어떻게 받아들였고, 경상남도가 어떻게 우리 교회의 책임이 되었는지 이 시간에 다 말하기는 너무 긴 이야기이다. 당시 우리 빅토리아여선교연합회에 주어진 과제 중 하나는 두 번째 간호사를 파송하는 일이었다(클라크는 1910년 초에 이미 파송되었었다).

훈련원에 있던 네피어가 그때 그 부름을 들었다. 자신이 헌신하길 원하는 사역을 찾았고, 위원회에 한국 선교사를 신청했다. 1911년 6월, 그녀의 신청서는 기쁘게 받아들여졌다. 1912년 그녀는 여성병원에서 훈련을 더 받았으며, 그해 9월 한국으로 떠났다.

1912년 크로니클은 다음과 같이 기록하고 있다.

한국에서 그녀의 일은 단조롭지 않을 것이다. 그녀는 자신이 주재하는 곳에서 의료 사역과 전도 사역을 할 것으로 제안되었고, 진주 병원의 수간호사가 휴가를 떠나있는 동안 그 자리를 대신할 것과 호주 선교사 중에 아픈 사람이 있으면 간호를 할 것이다.

네피어는 마산으로 배정되었다. 그녀는 한국어를 배우기도 전에 집에 있는 한국인 여성들과 친구가 되었고, 그녀의 간호 실력은 그들과 사귀는데 길잡이가 되었다. 그녀의 첫 '치료'는 매우 성공적이어서, 그녀와 맥피가 가는 곳마다 사람들의 칭송이 자자했다.

마산에서 그녀는 1920년 말까지 순회 전도, 교육, 치료 활동을 계속했는데, 그 기간 중 1916년에는 진주 병원의 수간호사 일을 맡아 했다. 그리고 1917~1918년까지 휴가를 가졌다. 그 후 몇 개월 동안 서울의 세브란스병원에서 일하기도 했다. 그녀는 휴가 중 첫 부분은 병원에서 치료를 받았고, 그 후에는 회복되어 각 지부를 돌며 보고와 홍보 활동을 했다.

1920년 거창선교부에 일꾼이 적어 문 닫을 위기에 처해 있을 때, 클라크가 그곳의 순회 전도자로 떠났다. 이때 진주의 배돈기념병원은 마산에 있던 네피어를 수간호사로 불렀다. 그녀는 나중에야 그곳에 영구적으로 임명을 받았지만, 그녀는 그곳에서 1920~1934년까지 일했다. 그곳이 그녀 인생의 주요 사역지가 된 것이다.

당시 배돈병원에는 병원 건물과 한 명의 직원과 병원을 신뢰하는 환자들이 있었지만, 의료 설비가 거의 없었고, 네피어가 특별히 가지고 있는 조직의 은사가 없었다. 그녀는 다른 사람에게 기대하는 것만큼 자신의 의료 수준이 매우 높았으며, 이것으로 인하여 직원들의 존경과 충성스러운 협조를 얻었다. 자신들 앞에 세워진 높은 이상을 성취하기 위하여 그들은 함께 노력했다. 의사들은 다른 염려 없이 자신의 일을 잘 수행할 수 있었는데, 네피어의 지도력 하에 모든 것이 잘 돌아갈 것을 알았기 때문이다.

네피어는 지속적으로 간호사 인력을 훈련했고, 남녀 직원을 지도하는 일에 시간을 많이 헌신했다. 간호사 훈련을 위한 교재가 한국어로 번역이 되었을 때 그녀가 얼마나 기뻐했는지 나는 기억한다. 그녀는 유아 보육 사역에 지대한 관심을 가졌고, 그녀와 그녀의 훈련생들은 몇 곳에서 그 일을 수행했다.

그러나 네피어의 훈련과 지도력은 의료 사역의 직원들에게만 국한되지 않았다. 진주 병원의 직원들은 개인 전도를 위한 매개체이며, 전도부인은 마을 단위를 책임 맡았다. 그녀는 이 일에도 크고 생생한 흥미를 가졌다. 병원의 직원들은 진주교회의 중심이 되었고, 많은 변화 중에도 신실하게 남아있었다. 네피어는 교회에서도 열정적으로 함께했는바, 특히 여성 주일학교와 여전도회에 적극 참여했다.

주일 오후에는 진주 시내 밖으로 나가 병원 직원들은 전도했고, 그곳에서 마을 주일학교를 운영하기도 했다. 또한 전도부인의 봉급을 주어 그 일을 지속하여 진행하도록 하도록 했다. 병원의 업무를 아는 사람은 병원의 직원들이 병원 밖에서 다른 일을 하는 것이, 얼마나 무리인줄 알 것이다. 네피어는 병원의 직원들이 병원 밖에서 전도하길 원할 때, 적극적으로 그 일을 조정하고 조직하여 주었다. 사람들에게 복음을 들려주려는 열망이 우선적이었던 것이다.

병원 안에서는 전도사와 전도부인을 통하여 환자들에게 그리스도에 관한 이야기를 전했다. 그리고 그 환자들을 통하여 시골 마을에 복음이 전해지고, 교회가 세워졌다는 소식은 네피어에게 가장 기쁜 소식이었다. 매년 병원의 일이 증대되었고, 직원들도 능숙해졌고, 한국인 의사들이 전문 진찰을 보기 시작했으며, 새 설비도 보강되었다.

1934년 휴가가 다가오자 네피어는 또 한 번의 격렬한 병원 사역의 임기를 연장하지 않으려 했다. 그녀는 자신이 이미 소중한 일을 이루었다고 생각했고, 병원설립에 영감을 준 주님의 귀한 사역인 진주 병원을 더 가치 있게 만들었다고 느꼈다. 공의회는 그녀의 업적을 회의록에 적절하게 남기었고, 연합회도 동의했다.

네피어는 그녀의 모든 힘과 자립심으로 오히려 외로운 여성이었다고 생각한다. 그녀는 스코틀랜드인으로 우리 호주인을 좀 이해하기 어렵다고 생각했다. 그녀는 한국을 가기 전 멜버른에 짧게 있었기에, 우리에게 잘 알려지지 않은 사람이었다. 호쏜 지부가 그녀를 자신들의 선교사로 받아들이고, 연대의 모임을 형성한 것은 축복된 일이었다. 후에 그녀가 북멜버른노회 선교사가 되었을 때도 이 관계는 끊어지지 않고 계속되었다. 그리고 그녀가 두 번, 세 번, 네 번의 휴가를 갖는 동안 다른 지부에서도 그녀를 응원하는 후원자가 늘어났다. 초기 그녀는 호쏜 지부의 친구들에게 받은 편지를 통하여, 그녀는 그곳에 '진실로 속하여 있다'라고 느꼈을 것이다.

나는 네피어가 항상 가정을 찾고 있었다고 말하고 싶다. 어릴 적 자신의 모친을 잃었고 후에 부친을 여의고, 그녀의 가정생활은 중단되었다. 그리고 선교지에서의 많은 업무와 초청 그리고 상담으로 '여성 선교관'에서 가정적인 생활을 하기는 어려웠을 것이다.

한국 선교 초기에 그녀는 자신감과 치료와 능력을 가지고 아픈 가정을 방문했다. 돌봄을 통하여 그녀는 가정을 느끼며 즐거워했다고 생각한다. 어떤 사람이 다음과 같이 증언했다.

> 그녀는 항상 보기 좋았다. 어린 아기를 안고 웃는 모습, 사람들을 격려하는 편지를 쓰는 모습, 식사를 할 때나 그리고 옷을 만들 때, 혹은 가끔 책을 읽을 때와 환자들과 장난을 치는 그녀의 모습을 보는 것은 즐거움이었다.

한 가지 위안은 네피어가 자신의 마지막 시간을 자신의 가족들과 많은 시간을 보냈다는 것이다. 목단과 멜버른에 있는 그녀의 언니와 여동생, 중국에 있는 남동생과 시간을 보냈으며, 물론 조카들과도 즐거운 시간을 가졌다.

올해 1월 네피어가 심장의 문제로 쓰러진 후, 엥겔 부부의 집과 맥라렌의 집에서 그녀는 휴식을 취했다. 이들의 친절에 대하여 그녀는 후에 편지에 쓰고 있다. 그녀는 마음속의 부드러움을 숨기는 사람이었다. 밖으로는 씩씩하고 굽힐 줄 모르는 여성이었지만, 그녀는 자신이 쓸모없이 되는 것을 두려워하며 정진했다.

뒤돌아보니 그녀의 세 번째 휴가인 1928~1929년에 그녀는 매우 지쳐있었다. 회의에서 발언하는 것도 어려워했고, 다시 일을 시작하는 것도 두려워했다. 1933년에는 심하게 앓기도 했다. 그러나 이 모든 것을 그녀는 가볍게 여겼고, 1934년 말 클라크와 호주로 왔다. 당시 그녀는 활기차서 젊게 보였고, 동래실수학교로 부임하기 위하여 여러 가지 공예를 열심히 배웠다. 우리는 그때 그녀가 무리하고 있다는 것을 깨닫지 못했다.

그녀가 호주를 떠나기 전 불안한 증상이 나타났다. 그러나 이곳의 의사와 나중에 한국의 의사도 본질적인 문제는 없는 것으로 보았다. 그리고 4개월 동안 그녀는 동래에서 노동을 했고, 학생들을 치료했고, 위생에 대하여 가르쳤고, 옷과 모자를 만드는 기술을 가르쳤다. 그리고 학생들을 위한 바느질감을 준비하기까지 자신의 힘을 모두 소진했다.

아마 여러분 중에 그녀의 마지막이 어떠했는지 듣지 못한 사람이 있을 것이다. 평양과 서울에서 몇 개월을 쉰 후에, 7월과 8월에 금강산을 방문했다. 그곳에는 몇 명의 동료가 휴양하고 있었다. 그녀는 그곳에서 동료들과 유익한 휴식의 시간을 가졌다.

8월 말에 그녀는 그곳을 떠나 서울로 갔다. 치과 의사를 본 후 그녀는 기차를 탔는데, 기차 창문에서 찍은 사진에서 즐겁게 웃는 모습을 볼 수 있다. 8월 20일 서울을 떠나 부산으로 향한 것이다. 그때 대구와 부산 기찻길이 홍수로 막혀있었는데, 다른 곳으로 돌아가야 하는 길만 열려 있었다고 한다. 그 기차를 타기 위하여 그녀는 대구에서 다리를 건넜다.

이날은 무더운 날이었고, 서울에서 온 그 기차는 만원이었다. 이 상황이 그녀에게는 너무 과중했다. 그녀는 쓰러지고 말았다. 의사 두 명이 그녀를 보았지만, 병원에 도착하기 전 그녀는 사망했다.

네피어의 유골은 진주의 작은 묘지에 있다. 그녀의 혈족 몇 명이 인상적이고 감동적인 장례예배에 올 수 있었다. 그녀의 많은 동료와 한국인 친구들도 참석했다. 유골이 담긴 작은 상자는 병원의 남녀 직원들이 돌아가며 운반했고, 자신의 평생 사역이었던 진주가 내려다보이는 아름다운 산에 묻혔다.

네피어는 이제 본향으로 돌아갔다. 그녀는 단순히 안식을 위하여 간 것이 아니다. 늙음과 병도 없는 곳에서 새 삶을 시작한 것이다. 자신이 사랑하던 주님을 모시는 새 기회를 가진 것이다.

빅토리아 시대에 시인들이 작별할 때 부르는 시가 있다. 브라우닝의 시인데 네피어에게도 맞는 것 같다. 그녀는 "절대 돌아서지 않고 앞으로 전진하며, 구름이 흩어질 것이라고 절대 믿지 않으며, 정의가 바닥에 떨어졌더라도 부정의가 승리할 것이라 절대 꿈꾸지 않고, 일어서기 위하여 넘어졌고, 더 잘 싸우기 위하여 실패했고, 깨어나기 위하여 잠에 들었다. (그녀를 불쌍하게 여겨야 할까?) 아니다. 오후의 바쁜 시간에 보이지 않는 것을, 기쁨으로 인사하라! 그녀를 앞장세워라. '싸우고 번성하여라!', '속도를 내어 영원히 투쟁하여라!'

추모 예배에서 엘리자베스 캠벨

20. 네피어에 관한 추모 기록*

호주 선교사 공의회는 1936년 8월 30일 우리의 친구이자 동료인 거트루드 네피어를 잃으면서 다음과 같은 기록을 남기기를 원한다.

네피어는 마산에서 몇 년 동안의 전도 사역을 마친 후, 24년 동안의 한국 선교 활동 중 가장 보람된 진주 병원의 수간호사의 일을 맡아 헌신했다.

그녀의 탁월한 성격 중 하나는 완벽함과 최상의 것이 아니면 만족하지 않음을 함께 일한 사람들은 모두 알고 있다. 그녀의 강한 마음과 견고한 성격은 넉넉한 동정심과 합하여 인생의 싸움에서 패배한 사람들에게 다가갔다. 진주 병원에서 그녀의 위대한 사역의 영향은 쉽게 없어지지 않을 것이다. 그녀에 관하여 다음과 같이 말할 수 있을 것이다.

네피어는 "변하지 않는 확고함으로 주님의 일에 항상 충성했다." 그리고 그녀의 사역은 헛되지 않았다.

호주 선교사 특별공의회

진주, 1937년 2월

---

* 크로니클, 1936년 10월 1일, 3-4.

7장

에셀 딕슨

Ethel Dixon (1889~1975)

I. 호주 선교사 에셀 딕슨

한국을 위한 간호사 모집.

빅토리아여선교연합회 위원회는 한국에서 일할 인원의 지원서를 접수하기로 했다. 완전히 훈련된 간호사가 필요하다. 합격된 간호사는 3월에 선교사 훈련원에 입학해야 한다. 지원서는 즉시 제출되어야 한다. 코필드 이스트, 베잇 가의 롤란드 여사가 자세한 내용을 제공할 것이다(1921년 2월 1일, 2).

에셀 딕슨(한국명: 덕순이)의 파송 예배가 1922년 8월 1일 화요일 저녁에 열렸다. 장소는 멜버른의 빅토리아장로교 총회 회관이었다. 그리고 그달 중순, 그녀는 한국으로 출발했다.

딕슨은 1889년 멜버른에서 태어났다. 그녀는 기독교 가정에서 자랐고, 멜버른의 한 지역에서 학교를 다녔다. 그리고 오스틴병원과 여성병원에서 훈련을 받고 간호사가 되었다. 딕슨을 아는 사람들은 그녀를 겸소하며 지혜롭고 강하다고 했고, 신앙 안에서 자란 그녀는 이제 그 기쁨을 다른 사람들과 나누기를 원한다고 했다.

딕슨은 칼톤의 어스킨교회 빅토리아여선교연합회 지부 총무로 일했기에 장로교여선교연합회 회원들은 그녀를 알고 있었고, 재정적으로 후원하게 되었다.

이달 그녀가 클라크와 함께 한국으로 떠날 때 하나님의 축복이 함께 하기를 바라며, 그들의 몸이 고향 땅에서는 이제 부재하지만, 그들을 사랑하는 이곳 사람들의 마음에서는 절대로 떠나지 않을 것이다(크로니클, 1922년 8월 1일, 5).

거창으로 부임하다

딕슨은 1922년 9월 한국 부산에 도착했다. 그러나 즉시 거창으로 부임하지 못했다. 부산선교부에 디프테리아가 발병하고 있었기 때문이다.

> 두 달 전에 딕슨을 우리 선교부에 맞이할 수 있어 기뻤다. 그녀는 부산진에 억류되다시피 오래 있었는데, 그곳에 디프테리아가 창궐했기 때문이다. 여러분은 맥켄지 부부의 작은 아들 짐이 사망한 소식을 들었을 것이다. 여러분의 기도와 위로가 그 부부에게 함께 할 것으로 믿는다. 우리에게 충격적인 소식이었다(크로니클, 1923년 5월 1일, 3).

1923년 초에서야 딕슨은 거창으로 갈 수 있었다. 당시 거창선교부에는 선교사 3명의 이름이 올라 있었다. 스코트와 클라크 그리고 딕슨이 전부였다. 거창선교부는 아직 연약한 상태에 있었고, 특히 남성 선교사가 절실히 필요했다. 얼마 후에는 클라크도 거창선교부를 떠나므로 두 명의 여성 선교사만 그곳에 남게 된다. 거창선교부를 폐쇄해야 한다는 의견도 대두되고 있는 상황이었다.

그뿐만 아니라 거창에서의 딕슨의 사역도 뜻대로 되지 않았다. 다른 일들이 계속하여 딕슨의 간호 기술이 필요하였기 때문이다.

> 맥켄지 목사 부인이 딸 쉴라를 출산한 직후 그리고 아들 지미가 죽기 전후에 그들을 간호하라는 초청을 받아 딕슨은 부산으로 갔고, 그 바람에 한국어 공부는 중단되었다. 또한 멘지스가 가벼운 디프테리아에 걸렸을 때도 간호했고, 서울의 맥라렌 부인이 몇 번의 심장 발작에서 회복되었을 때도 1925년 6월부터 수개월 간 그녀를 간호했다(브라운, 146).

호주 선교사 공의회 회원들의 긴급한 요청들 사이에서 딕슨은 거창에서 자신의 사역에 매진할 기회를 갖지 못했다. 그럼에도 불구하고 그녀는 당시 거창에서 진행되고 있는 유아복지 사역의 정착을 위하여 힘썼으며, 어머니와 아기의 보건과 육아를 위하여 일했다. 그러나 그녀는 1926년 중반부터 이미 진주선교부에 이름을 올리고 있었다. 그리고 1927년 중반 휴가차 호주로 떠나게 되었다.

진주 배돈기념병원으로

딕슨은 시드니를 거쳐 멜버른에 도착하여 자신을 후원하는 칼톤의 어스킨교회 여성 회원들에게 큰 환영을 받았다. 그녀는 휴가 중에 유아복지 과정에 등록하여 공부했고, 또한 장로교여선교연합회 지부 등을 방문하며 한국 선교에 대하여 보고하며 홍보했다.

딕슨은 휴가 중 빅토리아여선교연합회 총회에서 강연을 했다. 당시 호주는 백호주의로 인하여 아시아 사람들을 열등하게 여기며 이민을 받아주지 않고 있었는데, 그녀는 인종차별을 멈추자고 호소하고 있다.

> 아시아 사람들과 비교하여 서양의 우수한 힘은 비교적 오늘날에 생긴 일이다. 16세기 초부터 서양이 앞지르기 시작한 것이다. 현재의 백인 우월주의는 꼭 영원한 것은 아니다. 계속 지속되지 않을 수 있다. 동양에 우리의 기초를 놓은 것을 우리는 잊지 말아야 한다. 거창에서 80마일 정도 떨어진 곳에 해인사라는 오래된 절이 있는데, 그곳 도서관에는 615년에 사용한 인쇄 목판이 있다. 이것은 9천 개의 독특한 목판본을 찍어낼 수 있는 원형 목판이다. 같은 시대 우리의 선조들과 비교하면, 당시의 한국인들은 비단옷을 입고 인쇄된 서적을 읽고 있었다는 것이다(크로니클, 1928년 6월 1일, 19-20).

그런데 1928년 6월 '크로니클' 선교지에 딕슨에 관한 뜻밖의 소식이 올라오고 있다. 선교사직에서 사표를 내었다는 소식이었다. 그리고 그 다음 해 결혼하기 위하여 약혼을 했다는 것이 그 이유였다. 그리고 그녀는 만약 교회가 원한다면 네피어가 휴가를 갖는 동안 일 년 더 한국에서 일할 수 있다고 말했다.

호주 선교사 공의회와 여선교연합회는 딕슨이 일 년 더 일할 수 있다는 그 제안을 받아들였다. 그리고 즉시 6월 말 그녀는 한국 진주의 배돈병원 수간호사로 떠나게 된다. 다음은 빅토리아여선교연합회 캠벨의 증언이다.

> 딕슨은 갑작스러운 요청에 군인과 같이 반응했다. 그녀가 보여준 용기에 나는 존경의 마음을 표현한다. 우리는 또한 장로교여선교연합회가 딕슨을 재정 후원하며, 나란히 함께 사역하는 것에 대하여 깊은 감사를 표한다 (박수) (빅토리아여선교연합회 정례회의, 스코트교회 회관, 1928년 6월 19일).

빅토리아여선교연합회는 딕슨의 사표를 1929년 10월부터 유효한 것으로 처리했고, 앞날에 축복이 있기를 기원했다. 동시에 여선교연합회는 일 년 후에 배돈병원에서 일할 수 있는 간호사를 찾아 훈련할 것을 의결하고 있다.

한국 진주로 돌아온 딕슨은 일 년여 동안 병원에서 어떤 일을 했는지 잘 드러나 있지 않다. 그녀의 편지나 보고서가 '크로니클' 선교지에 거의 실리지 않고 있었다. 네피어가 휴가를 마치고 진주로 복귀하자 딕슨은 그곳에서의 일을 정리하고 호주로 돌아왔다.

당시 진주교회 김정수 장로는 딕슨에 관하여 다음과 같이 쓰고 있다.

> 양은 주님의 온유하심을 본받아 겸손함이 많고 온인한 인내성으로 자기 책

임을 봉행하여 환자를 간호하며 위안을 주었도다. 그 심지 행동에 주를 나타내니 또한 그 고상한 신앙을 알겠더라(김정수, 1930).

다시 부름을 받다

1932년 6월, 호주 선교사 공의회 연례회의가 진주에서 열렸다. 그리고 이 회의에서 뜻밖에 딕슨에 관한 안건이 하나 통과되고 있다.

> 딕슨 양이 다시 선교지로 돌아올 수 있는지 그 가능성을 데이비스 부인에게 요청하여 확인하도록 한다. 그 경우 공의회의 만장일치 요청을 빅토리아여선교연합회가 그녀에게 전달하도록 한다. 동의 제청되어 승인되다(더 레코드, 1932, 20).

거창에서 딕슨의 유아복지 사업이 그만큼 필요했던 것이다. 그리고 일 년이 지나서 그녀는 그 초청을 수락할 의사를 비쳤다. 다음은 당시 빅토리아여선교연합회 모임에서 결정된 내용이다.

> 작년에 딕슨은 공의회로부터 다시 돌아오라는 요청을 받았다. 이제 그녀는 그 제안을 받아들일 수 있는 길이 열렸다고 한다. 선교사후보위원회의 자문에 따라 본 임원회는 그녀가 8월부터 한국에 재임명되도록 추천했다(크로니클, 1933년 7월 1일, 10).

이번에 딕슨을 재정 후원할 단체는 장로교 레이디스칼리지였다. 핸더슨 회장은 그녀의 재임명을 인준했고, 임원회는 그녀가 필요한 것을 준비했다. 그녀를 위한 보험납부도 이제는 빅토리아여선교연합회로 넘어왔다. 그리고 7월 26일 열린 파송 예배에서 딕슨은 한국으로 다시 돌아가는 심경을 다음과 같이 밝혔다.

왜 또 내가 가야 할까? 다른 사람들은 이곳에서 사랑하는 가족들과 함께 사는데 말이다.

그때 그녀는 예수의 음성을 들었다고 한다.
네게 무슨 상관이냐. 너는 나를 따르라.

그리고 딕슨의 이름이 8월 거창선교부 명단에 올라왔다. 그녀는 거창에 거주하면서 진주를 오가며 간호 사역을 하도록 배정된 것이다. 당시 거창은 여전히 연약한 선교부로 남성 선교사 없이 스코트와 던이 지키고 있었다.

거창에 도착한 딕슨은 거창선교부를 지지하며, 즉시 유아복지 보건소를 재개했다. 초창기의 보건소는 거창에서 사역했던 프레더릭 토마스(한국명: 도별익)의 사택에서 이루어졌다. 스코트는 휴가를 떠났고, 던은 시골 지역으로 순회 전도를 다니고 있었으며, 그녀도 곧 휴가를 떠나야 했다. 딕슨은 당시의 상황을 다음과 같이 설명하고 있다.

박필윤 양을 조력자로 얻을 수 있어 행운이다. 그녀는 마산의 여학교 출신으로 그곳에서 데이비스를 대신하여 한동안 가르치기도 했다. 그녀는 여동생 부부와 함께 상해로 갔다가 미국으로 건너갔었다. 그리고 그곳에서 문학 학사 학위를 받았다. 그러나 그녀는 일본어를 잊어버려 이곳 학교에서 일을 얻지 못하고 있다 … 그녀의 영어 실력은 이곳에서 나에게 도움이 된다. 던은 많은 시간 시골로 나가 있다(크로니클, 1934년 2월 1일, 3).

딕슨의 보건소는 사람들로 붐볐고, 그만큼 거창의 사람들이 혜택을 보고 있었다. 그녀는 또한 호주 선교사 공의회의 병원위원회 위원으로 진주의 배돈병원을 포함하여 한국인 직원들의 봉급 등 병원 운영에 관계되는 모든 업무에 참여했다.

1934년 6월, 마산에서 열린 공의회 모임에서 병원위원회는 한국인을 위원으로 초청할 것인가에 대한 토론이 있었다. 이 토론에서 딕슨과 테일러는 그 안에 대하여 반대를 했고, 맥켄지도 그들에 동의하므로 그 안은 부결되었다.

딕슨의 반대 이유는 다음과 같았다. 한국인들은 서양 병원의 운영과 체계에 대하여 모르며, 그들이 스스로 자신의 봉급을 결정하지 말아야 하며, 한국인 목사가 위원으로 들어오기 시작하면 병원은 노회의 감독을 받게 될 것이라는 이유였다.

테일러의 반대 논점은 주로 재정적인 이유였다. 병원은 전체적으로 선교회의 재정으로 운영되며, 다른 기관과는 달리 한국교회가 병원을 이어받아 운영할 가능성은 없으며, 한국인 위원이 들어오면 그만큼 자신들의 권리를 주장하게 되므로 재정적인 증가가 있을 수 있다는 것이었다(더 레코드, Vol. 21, 152-153).

이해 10월, 딕슨은 진주의 테일러 부인을 돌보고 있었다. 테일러 부인은 장티푸스에 걸렸고, 딕슨에게 간호를 부탁했던 것이다.

> 테일러 부인이 장티푸스로 앓고 있다는 소식을 들었습니까? 지난 목요일 나에게 전보가 왔고, 얼마나 내가 진주에 있어야 할지 모르겠습니다. 다행히 관공서는 그녀가 집에서 치료를 받도록 허락을 했고, 나중에 소독을 하겠다고 했습니다!(크로니클, 1934년 12월 1일, 2).

당시 이 전염병으로 인하여 진주선교부에 부임한 새 가정들도 모두 예방접종을 받아야 했고, 딕슨은 다행히 호주를 떠나기 전 접종을 했었다.

마지막 여정

1935년 호주 선교사 공의회에서 유아 보건에 관한 좋은 소식이 들려왔다. 보건소를 위한 단독 건물을 지을 것을 허락했고, 그 일을 위하여 딕슨이 모금 활동을 하도록 허락했던 것이다(더 레코드, Vol 23, 73).

무엇보다도 발전하고 있는 보건소를 정부에 등록하려면 시설이 겸비된 건물이 필요했기에 보건소 건축은 시급했던 것이다. 1934년 한 해 동안에 3,437명이 치료를 받기 위하여 이곳 보건 활동에 참여했다고 하니 보건소는 발전하고 있었다(크로니클, 1936년 4월 1일, 3).

보건소 건축을 위한 모금에 긍정적인 신호가 왔다. 딕슨의 한 친구가 거창의 어린이 보건소 건물을 위하여 50파운드를 기증한다는 것이다. 한 가지 조건은 50파운드씩 기증할 수 있는 또 다른 5명을 찾아 보건소 건축 비용 300파운드를 모으자는 제안이었다.

1936년 배돈기념병원 수간호사 에드거가 휴가를 떠나게 되었다. 딕슨은 그 자리에 임시 책임자로 임명되어 진주로 이사했다. 그녀는 배돈병원에서 일하면서 자신이 운영하는 거창의 유아 보건소를 정기적으로 방문하며 감독했다.

1938년 3월 에드거가 진주로 복귀했을 때, 이번에는 딕슨의 차례가 되어 호주로 휴가를 떠나게 되었다. 그녀는 지쳐있었고, 의사는 그녀에게 3개월의 휴식을 명했다. 그리고 그녀는 곧 다시 유아 보건소 건물을 위한 모금 활동에 들어갔다.

딕슨은 1939년 2월 초 호주를 떠나 3월에 다시 거창으로 돌아왔다. 이때는 일제의 신사참배 강요가 극에 달하여 있었고, 해외선교사들이 자신의 나라로 돌아가는 것을 심각하게 고려하고 있는 시기였다. 호주 장로교 총회와 빅토리아여선교연합회도 한국에서의 엄중한 상황을 지켜보면서 한국에 진상조사 대표단을 보내고 있었던 때였다.

1938년 1월 부산진에서 열린 선교사 공의회 임원회에서 거창의 보건소 건립에 관한 실제적인 진전이 있었다. 딕슨은 그동안의 모금상황과 건물 안을 보고했다. 임원회는 그 계획을 승인했고, 건물 건립 견적서를 요청했다. 그리고 건물 건립비용 외에 시설비용으로 500엔이 들 것이고, 연 예산 1,100엔이 소요될 것이라고 보고하고 있다(더 레코드, Vol 25, 195).

그리고 거창보건소 건립은 그 후 잘 진행되고 있었다. 원래 설계도에는 온수, 온수 수도관, 펌프 등이 포함되지 않아 임원회는 필요한 설비를 위하여 천 엔을 추가 승인했다. 총 건립비용은 9,246엔으로 보고되고 있다.

배돈병원의 지부, 거창의 유아 보건소

1940년 초, 마침내 거창의 유아 보건소 건물이 완공되었다. 단층의 완공된 보건소의 사진이 '크로니클' 선교지에 실렸고, 딕슨은 다음과 같이 말하고 있다.

> 가뭄으로 인하여 벼농사가 흉작이라는 소식을 여러분은 아마 들었을 것입니다. 거창에도 봄에 보리 수확이 현저히 감소되었습니다. 콩 농사도 잘 안되었습니다. 만주로부터 오는 선박을 통하여 콩을 구입하기를 희망하고 있습니다. 그때까지 콩우유를 만들지 못할 것입니다. 건강진료소는 부엌의 스토브와 온수기를 제외하고는 완공이 되었습니다(크로니클, 1940년 3월 1일, 19).

모유가 없어 고생하는 엄마와 유아들을 위하여 딕슨은 콩우유를 만들어 보급하고 있었던 것이다. 한국 땅에서 곧 철수해야 하는 상황에서도 호주선교회는 최선을 다하고 있었다.

보건소 개소식에는 거창과 그 지역 교회 지도자들이 오전에 열린 봉납 예배에 참석했고, 오후에는 정부 관리들이 참석한 행사가 별개로 진행되었다. 개소식 다음 날에는 '유아 우량아대회'가 열렸고, 큰 관심을 불러일으키었다. 그리고 셋째 날에는 진주 배돈병원의 맥라렌 의사가 와서 70명의 환자를 진료했다. 그는 두 주에 한 번씩 거창으로 왕진을 오기로 했는데, 그것은 거창의 보건소가 배돈병원의 지부로 등록되었기 때문이다.

딕슨은 또한 유아 보건소 건물 평면도와 그 자세한 모습을 호주교회에 알리고 있다. 보건소는 작은 지하실이 있는 단층으로 50피트에 28피트 반의 크기이고, 지하실은 10피트에 22피트 정도였다.

> 여기가 입구이다. 들어오시라. 이곳 바닥은 작은 타일로 되어 있는데, 한국의 관습대로 안에서는 모두 신발을 벗어야 한다. 여기는 우리 보육회의 회원들이 대기하는 곳이다. 회원들은 먼저 오른쪽에 있는 창구에 진찰 표를 내어야 한다. '밀크 룸'의 콩우유나 깡통 우유도 이 창구를 통하여 내어준다.
> 우리 왼쪽에 있는 이 문은 아이들의 목욕탕이다. 오른쪽의 문 안에는 아이들의 몸무게를 재는 방이 있다. 여기에서 우리는 아기나 어린이의 무게를 재고, 키와 몸 둘레를 잰다. 또한 아이들의 식단과 질병이 있는지도 어머니들과 상담을 한다(크로니클, 1940년 5월 1일, 6).

딕슨은 편지의 마지막 부분에 이 일로 인하여 주님께 감사드리며, 거창보건소를 위하여 기도한다고 했다. 그리고 보건소 사역이 많은 어린이가 행복하고 건강한 어린 시절을 가질 수 있도록 도울 뿐 아니라, 그들과 그들 부모가 신앙과 사랑으로 하나님 나라의 일꾼이 되기를 기도하고 있다.

딕슨은 보건소에 한국인 여의사는 확보하지 못했지만, 간호사 한 명이 필요했다. 그러나 그것도 뜻대로 안 되고 있었다. 그녀가 여기저기 방문도 하고 편지를 보내기도 했지만, 반응이 신통치 않았던 것이다.

> "거창이 어디 있어요?"
> 대부분 사람들의 반응이었다. 이들에게는 아마 거창에 오는 것이 퇴보한다는 의미인 것 같았다. 그리고 이곳에 합류하길 원치 않는 다른 이유가 항상 있었다. 주님이 모든 것이 준비되었을 때 일꾼을 보내주실 것을 믿는다(크로니클, 1940년 9월 2일, 5).

딕슨의 기도대로 얼마 안 되어 자격증 있는 간호사 한 명이 거창으로 부임하게 되었다. 김 간호사는 보건소에서 일한 경험도 있고, 조산사 자격증도 있었다! 결혼한 지 얼마 안 된 여성이었고, 한국인뿐만 아니라 일본인 엄마와 유아들을 위하여도 일할 수 있는 사람이었다.

그러나 시간은 딕슨 편이 아니었다. 거창의 스코트 선교사가 호주에서의 휴가를 마치고 돌아오는 길에 한국 입국을 포기하고 호주로 돌아가는 일이 발생했다. 거창에는 딕슨과 던만 남았지만, 이들도 이제 떠나야 하는 상황에 놓인 것이다.

빅토리아여선교연합회 홈즈 회장은 1941년 4월 16일 한국에 남은 여선교사들에게 귀국을 요청하는 전보를 보냈고, 5월 호 '크로니클' 선교지 1면에도 그들의 귀국을 독려하는 메시지를 1면에 싣고 있었다. 전보를 통한 회장의 요청대로 딕슨은 에드거, 아우만, 레게트, 리체, 왓킨스 등과 함께 한국을 떠나 7월에 호주에 도착했다.

에필로그

딕슨은 거창에 제일 마지막까지 남아있던 호주 선교사이다. 호주에 돌아온 그녀는 한동안 자신의 전문직인 유아 보건 사역을 계속했다. 그리고 수십 년이 지난 1975년 9월 '크로니클' 선교지의 부고란에 그녀의 이름이 올라왔다.

1975년에는 딕슨이 일했던 진주의 배돈기념병원이나 거창의 유아 보건소는 더 이상 없었다. 그러나 호주선교회는 포기하지 않고 부산에 부산일신병원을 설립하고 왕성하게 확장, 발전시키는 중이었다. 헬렌 맥케지, 캐시 맥켄지, 바바라 마틴 등이 배돈기념병원 호주 의료 선교사들의 뒤를 잇고 있었던 것이다.

〈참고 도서〉

김정수,『진쥬면옥봉리예수교쟝로회연혁사』, 진주, 1930.

빅토리아여선교연합회,「더 크로니클」, 멜버른, 1921-1975.

호주선교사 공의회,「더 레코드」, 한국, Vol. 21, 23.

존 브라운, 정병준 역,『은혜의 증인들』, 한장사, 2009.

II. 에셀 딕슨의 보고서

1. 연합의 영*

우리는 때로 선교에 관하여 질문하는 사람들을 만난다. 자기 자신의 종교가 있는 사람들에게 복음을 전하기 위하여 빚까지 지며 스스로 짐을 지는 이유가 무엇이냐는 것이다.

그러나 복음은 영어를 쓰는 종족만 혹은 서양의 사람들만 소유할 수 있는 것이 아니다. 모든 사람이 그 안에서 생명을 얻으라고 그리스도가 오신 것이다.

'모든 길은 로마로 통한다'라는 뜻은 로마의 세상이란 의미이다. 그러나 지금은 현대적 발명으로 인하여 전 세계는 더욱 가까워졌다. 우리 조부모가 6개월 걸려서 여행했던 길을 지금은 16일이면 마칠 수 있다. 그리고 대영제국이라는 넓은 영토 안에서도 7명 중 6명은 유색인종이다. 3억 명의 인구가 있는 인도를 오늘날 동양의 전형적인 모습이라고 말할 수 있다. 구시대의 생각들은 먼지 속의 길 위에서 천천히 사라지고 있다.

오늘날에는 인도도 거대한 통신망의 하나로 이어지고 있다. 예전에는 영국의 결정이 인도까지 전해지기 위하여서는 선박으로 3~4개월 걸려야 했다. 식민지의 수상이 한번은 다음과 같이 말했다.

> 대영제국이 스스로 세워야 할 이상은 인종과 색깔과 그리고 신조의 경계가 없는 국가이다. 국민이 원하는 곳이라면 어느 곳에도 살 수 있어야 한다.

---

* 크로니클, 1928년 6월 1일, 19-20.

그다음 날 우리는 인도의 대학에서 6만 명의 학생들이 이 선언에 대한 토론이 있었다고 들었다. 그리고 24시간 안에 백여 개의 방언으로 된 신문에 그 기사가 실려 수백만 명의 사람들이 그 내용을 읽었고, 그들은 또한 글을 읽지 못하는 다른 수백만 명의 사람들에게 그 내용을 전했다. 동양과 서양은 이렇게 서로 연결되어 있다. 우리는 같은 생명의 묶음으로 점점 더 가까워지고 있는 것이다.

동시에 본능적인 인종 반발 이론도 있다. 그러나 이 이론은 사실이 아니다. 과학적이지 못하다. 그런 이론은 제안과 교육으로 제기된 것이다. 어린이들은 인종 색을 구별하지 않는다. 우리 선교부의 어린이들은 한국 어린이와 노는 것과 그들의 언어를 자신들의 언어로 배우는 것을 좋아한다. 호주 선교사와 한국인들 간에 개인적인 우정도 존재한다.

아시아 사람들과 비교하여 서양의 우수한 힘은 비교적 오늘날에 생긴 일이다. 16세기 초부터 서양이 앞지르기 시작한 것이다. 현재의 백인 우월주의가 꼭 영원한 것은 아니다. 계속 지속되지 않을 수 있다. 동양에 우리의 기초를 놓은 것을 우리는 잊지 말아야 한다. 거창에서 80마일 정도 떨어진 곳에 해인사라는 오래된 절이 있는데, 그곳 도서관에는 615년에 사용한 인쇄 목판이 있다. 이것은 9천 개의 독특한 목판본을 찍어낼 수 있는 원형 목판이다. 같은 시대 우리의 선조들과 비교하면, 당시의 한국인들은 비단옷을 입고 인쇄된 서적을 읽고 있었다는 것이다.

현대 세상에 백인들의 지도력, 특히 영국의 권위는 세상의 정치적 지형의 우위를 점하고 있다. 우리는 그것을 당연한 것으로 여긴다. 그러나 우리가 긴 역사를 뒤돌아보면 이것은 현대의 현상일 뿐이다.

모든 인종의 학생들이 북경에서 학술대회로 모였고, 열정적인 토론 후에 그들은 하나의 신념으로 다름과 같이 선언했다.

세상의 모든 기독 학생들을 대표하여 우리는 모든 인종과 국가의 근본적인 평등을 믿으며, 우리의 모든 관계 속에 이것을 현실적으로 구현하는 것이 우리의 사명이라고 생각한다.

평등은 평등한 달성과 평등한 정치적 위치를 포함하지 않는다. 그러나 그것은 세상에서 자유롭게 성장하려는 권리의 평등이다. 형제애는 인종 간의 결혼을 의미하지는 않는다. 하나님은 왜 서로 다른 인종을 창조하셨을까? 일률적인 것만큼 단조로운 것은 없다. 반복적인 것은 피곤하게 한다. 음악에 완전한 깊이와 조화를 이루는 길은 하나밖에 없다. 여러 음조가 다양하게 섞여야 한다. 색깔의 일률화가 아니라 서로 보충하고 비교되는 다양성이 필요하다.

사도 바울이 이 진리에 대하여 완전한 비유를 했다. 하나의 몸과 지체의 다양성이다. 몸의 지체가 모두 하모니를 이룰 때 비로소 그 사람은 건강한 사람이라 말할 수 있다. 인종이 다양한 것처럼 몸에도 다른 지체가 있다. 지체가 서로 잘 연결되어 몸이 움직이는 것처럼 인종 관계도 마찬가지이다.

만일 다 한 지체뿐이면 몸은 어디이며, 또 지체는 많으나 몸은 하나라고 바울은 말한다. 만약 우리가 다 한 인종이라면 무슨 연합이 필요하며, 각기 다른 인종이기에 생명의 영에 각각 특별한 공헌을 할 수 있다. 이것이 우리로 하여금 짐승이 아니라 인간이 되게 하는 것이 아닌가. 이것이 하나님이 자신의 형상대로 만든 모습이고, 각자에서 생명의 영을 불어넣어 주신 것이 아닌가.

우리는 모두가 개척자로 혹은 선교사로 부름을 받은 것은 아니다. 그러나 모두 각자의 중요한 역할과 일이 있다. 우리는 하모니를 이루어 함께 일해야 하며, 한 가지 영광스러운 목표를 위하여 합심해야 한다. 이것은 개인을 위해서도 나라를 위해서도 아니고, 우리를 이처럼 사랑하사 독생자까지 내어주신 하나님을 위해서이다. 그분은 우리에게 생명을 주시고자 죽었다가 부활하신 분이다.

빅토리아여선교연합회 정기총회에서
한국 진주의 에셀 딕슨

2. 거창선교부*

몇 개월 전에 한 친구가 거창의 어린이 보건소 건물을 위하여 50파운드를 기증했다. 한 가지 조건은 50파운드씩 기증할 수 있는 또 다른 5명을 찾아 보건소 건물 건축 비용 300파운드를 모으자는 것이었다.

1922년 프레더릭 토마스 목사가 호주로 돌아간 후, 거창선교부에는 남성 선교사가 없다. 그런데 올해 9월 남성 목사가 이곳으로 임명될 가능성이 있다.

어린이 보건 사역은 그동안 토마스의 사택 방 두 개에서 진행되었는데, 이제 새 사람이 오면 그 집을 수리하여 사용할 수 있도록 하여야 한다. 또 다른 집이 있기는 하지만 지난 15년 동안 사람이 살지 않아 누가 거주하려면 큰 공사가 필요하다.

지금 보건소로 운영되는 방 두 개는 당시 가장 적합한 공간이었으나, 보건소 목적을 충족하기에는 많이 부족한 곳이다. 아프거나 건강한 아이들이 같은 대기실을 사용하여야 하고, 상처를 치료를 받는 공간에서 그들의 음식도 만들어지고 있다.

그뿐만 아니라 진주 배돈병원에서 방문하는 우리 의사들도 그 공간에서 수술을 집행할 때가 있다. 슬프게도 멜버른과 같은 그런 완벽한 수술 환경이 아니다. 모든 소독과 세탁은 우리 집에서 하고 있다.

---

* 크로니클, 1936년 4월 1일, 3.

더군다나 적합한 건물을 소유하기 전에는 정부에 보건소를 '등록'할 수 없다. 이것으로 인하여 우리는 관리들의 원치 않는 주목을 받고 있다. 테일러 박사가 진주의 관공서에 거창보건소를 배돈병원의 지부로 등록할 방안을 문의했다. 자신이 매달 진주에서 거창을 방문하여 진료를 하겠다는 제안이었는데, 관공서는 그냥 조용히 보건 활동을 하라는 대답이었다. 정식으로 등록하려면 여러 가지 조건을 충족해야 했고, 그중 가장 중요한 것이 단독 건물이었다.

우리는 거창에 병원을 세울 계획은 없었다. 다만 가난하고 병든 자들을 치료해주고, 위생에 대하여 가르치고, 엄마와 아기가 10년 동안 건강한 생활을 할 수 있도록 도울 수 있는 장소를 원할 뿐이었다. 한국에서 출생하는 70%의 아이들이 10살이 되기 전에 사망하고 있다고 최근의 홍보지에 공개되고 있다.

1934년 한 해에만 우리 보건소에서 3,437명이 치료를 받았고, 그중 1,046명이 개인이었다. 우리의 일지에 나타난 숫자이다. 그러나 아이 한 명에 보통 엄마가 동행하거나 아니면 할머니, 이모, 혹은 이웃까지 동행하는데 그들에게 끼치는 기독교의 선한 영향력은 이루 다 말할 수 없다.

주일 오후에는 엄마들을 위한 반이 열려 읽기와 쓰기를 가르치는데, '그리스도의 생애'와 찬송가를 교과서로 사용하고 있다. 이곳의 비참하게 가난한 어린이들을 위하여 주님은 여러분을 청지기로 사용하고 있고, 그 사역을 통하여 주님의 이름이 이곳에 높이 드러나고 있다.

3. 방랑자 아이*

성탄 열흘 전에 미션 박스가 진주에 도착했다. 테일러 부인, 데이비

* 크로니클, 1937년 3월 1일, 8-9.

스 박사 그리고 나는 병원에서 내용물을 확인하고 선물을 구별하는 즐거운 시간을 가졌다.

우리는 선물을 개인과 필요한 가정, 시골의 여러 마을 주일학교 학생들, 자신의 집을 설교처로 내어 준 가정 그리고 마지막으로 병원의 환자들에 따라서 다시 포장했다. 작지 않은 작업이었다.

시간과 재능을 내어 이 좋은 선물을 준비한 여러분 모두에게 우리는 감사한다. 이 선물을 받는 사람들의 표정과 감사의 표현을 여러분이 보고 들을 수 있다면 충분한 대가를 느낄 수 있을 것으로 확신한다. 어떤 이들은 이렇게 말한다.

> "우리를 한 번도 보지 못한 사람들이 우리를 이토록 사랑하다니, 믿을 수 없습니다."

병원을 위한 수건과 침대보 등은 가장 유용하다. 병원에는 항상 천이 부족하다. 테일러 부인은 표백하지 않은 옥양목을 잘 준비하여 서랍에 넣어 병동에서 즉시 사용할 수 있도록 수고했다.

우리는 항상 하는 대로 병원 직원과 어린이들을 위한 성탄절 파티를 했다. 병동 하나를 비워 장식했고, 남성 간호사 중 한 명이 산타클로스로 분장했다.

두 주 전쯤에 누가 여학교 기숙사 마당에 4살 정도 된 소년을 버려두었다. 아무도 그를 찾지 않으므로, 우리는 그 아이를 병원에 입원시키고 상처와 독을 치료해주었다. 그 후 상처는 많이 나아졌다. 한국인들은 그를 '무명아'라 불렀다. 우리는 그 아이를 '방랑자'라고 불렀다.

성탄 파티를 위하여 간호사 중 한 명이 그 아이에게 멋진 옷을 입혔다. 그리고 그 소년을 가장 앞에 앉혔다. 산타클로스가 등장하기까지 모든 것이 잘 진행되었다. 그런데 '방랑자'에게는 그것이 너무 새로운 경험이었다. 그 아이가 병원에 와서 처음 보는 여러 이상한 경험을 소리 없이 잘 참아왔는데, 이 산타클로스가 그의 한계였던 것이다 ….

그 아이는 침대에 누워 옷으로 얼굴을 감싸고 울며 잠이 들었다. 장난감 트럼펫이 그에게 위로가 되었다. 후에 병원의 전도사가 시골의 아이 없는 부부에게 그 아이를 입양할 것을 설득했다. 관심과 사랑으로 그는 선량한 시민이 될 수 있을 것이다.

나는 특별히 빅토리아 메리보로우 유아 보건소 위원회의 여성들에게 감사한다. 그들은 아기의 배를 감쌀 수 있는 벨트를 뜨개질하여 보냈다. 나는 또 개인들과 지부에 다 답장을 쓸 계획에 있다. 동시에 여러분들의 친절하고 너그러운 선물로 인하여 감사하는 나의 마음을 받아주길 바란다.

지극히 작은 자 하나에게 한 것이 곧 내게 한 것이니라.

4. 미션 박스의 선물*

경애하는 친구들에게,

미션 박스가 일본에 일찍 도착했지만, 그곳에서 한국행 화물선으로 환적하는 데 시간이 걸렸다. 마침내 12월 28일 진주에 도착했고, 우리의 큰 환영을 받았다.

병원의 전도회는 전도부인 한 명을 채용하고 있는데, 그녀는 다른 일과 더불어 시골의 주일학교를 책임 맡았다. 병원과 연관되어 다른 몇 개의 마을 주일학교도 운영되고 있다. 이 학교들은 병원의 직원들이 가르치고 지도하고

* 크로니클, 1938년 3월 1일, 6-7.

있다. 각 학교는 성탄을 준비하기 위하여 특별 찬송과 성경 암송 등을 배웠다. 이 학교들이 한 곳에서 성탄 행사를 할 수 없었고, 미션 박스가 도착하기 전 나는 97개의 선물을 각 행사에 나누어 주었다.

테일러 부인과 데이비스 박사 그리고 나는 박스에서 개인적으로 선물할 몇 개의 물건을 샀다. 그리고 그 돈으로 병원 직원들의 아이들과 병원에 있던 아이들 성탄 파티 경비로 썼다. 우리는 병동의 방 하나를 비우고, 매트를 바닥에 깔았다. 성탄 장식과 성탄 나무를 세웠고, 짧은 순서가 진행되었다. 아이들의 즉흥적인 순서도 있었다.

그리고 산타클로스가 등장했다. 그는 성탄 나무 아래 있던 인형과 천으로 된 선물을 참석한 46명의 아이 모두에게 나누어 주었다. 그리고 우리는 차와 과자 그리고 귤을 먹었고, 모두 만족하며 집으로 돌아갔다. 무료병동에 있던 환자들도 남은 것을 즐겁게 소비했다.

미션 박스에 물품을 기증한 여러분 모두에게 감사한다. 침대보, 베게보, 수건, 양말, 가운, 파자마, 비누 등 모두 병원에서 매우 유용한 것들이다. 양모로 된 담요와 침대보는 특별히 가치가 있다.

전도부인에게는 따뜻한 옷을 주어 우리가 모르는 필요한 사람들에게 나누어 주도록 했다. 보낸 헌 옷감들은 개봉하여 먼저 세탁을 하는데, 호주를 떠나 열대바다 위를 지나오면서 혹시 오염이 되었을 수도 있기 때문이다. 이번 겨울이 매우 추우므로 따뜻한 것은 모든 환영이다. 어떤 내의와 어린이옷들은 너무 예쁘고 좋아 입힐 수 없을 것 같다!

한국 아이들에 대한 여러분의 실제적인 관심과 봉사에 감사한다. 이곳 아이들도 주님 안에서 우리의 작은 형제들이다.

주님의 은혜와 친교 안에서.

한국 진주 배돈병원

에셀 딕슨

* 추신: 또 다른 미션 박스가 내 이름으로 거창으로 갔는데, 편지와 보낸 사람의 이름이 없어졌다. 거창의 어린이와 여성들을 위하여 관대하게 베풀고 실질적으로 도운 여러분이 이 편지를 본다면 나의 진실한 감사를 받아주길 바란다.

5. 거창 유아 건강 보건소 소개*

여기가 입구이다. 들어오시라. 이곳 바닥은 작은 타일로 되어 있는데, 한국의 관습대로 안에서는 모두 신발을 벗어야 한다. 여기는 우리 보육회의 회원들이 대기하는 곳이다. 회원들은 먼저 오른쪽에 있는 창구에 진찰 표를 내어야 한다. '밀크 룸'의 콩우유나 깡통 우유도 이 창구를 통하여 내어준다.

우리 왼쪽에 있는 이 문은 아이들의 목욕탕이다. 오른쪽의 문 안에는 아이들의 몸무게를 재는 방이 있다. 여기에서 우리는 아기나 어린이의 무게를 재고, 키와 몸 둘레를 잰다. 또한 아이들의 식단과 질병이 있는지도 어머니들과 상담을 한다.

저 나무판자 뒤에는 진료대가 있고, 그곳에서 아이들을 치료하기도 한다. 이 문을 통과하여 나가면, 아픈 아이들이 진료를 받기 위하여 대기하는 곳이다. 이 방은 밖에서 들어 올 수 있는 별도의 문이 있다.

이 좁은 시약소의 창구를 통하여 간단한 약이나 연고를 대기실로 보내기도 한다. 몸무게를 재는 이 방의 옆은 부엌이다. 이 계단을 통하여 지하실로 내려갈 수 있다.

저기 긴 나무로 된 것이 무엇인지 궁금하지 않은가? 물 펌프의 손잡이로, 밖에 있는 땅속의 물탱크에서 건물 안 천장의 물탱크로 물을 끌어 올린다. 이것이 매일 우리에게 물을 공급한다. 천장 위의 물이 싱크대나

---

* 크로니클, 1940년 5월 1일, 6-7.

목욕탕으로 내려오도록 한 것이다. 겨울밤에는 천장의 물탱크를 다 비우고 집으로 가야 한다. 그렇지 않으면 아침에 꽁꽁 얼어 있을 것이다.

불행하게도 최근 하룻밤에 모든 방의 수도꼭지를 열어 놓았는데, 시약소의 것만 잊어버리고 그대로 두었었다. 그다음 날 아침 그 방의 물파이프가 모두 얼어 있었다!

부엌 옆의 이 작은 방이 '밀크 룸', 즉 우유 보급방이다. 이 포대 자루 안에는 콩, 보리, 밀가루가 있는데, 콩우유를 만들기 위한 재료들이다. 선반에는 우유병이 있고, 한국식으로 콩을 가는 맷돌 그리고 타일로 된 싱크대가 있다.

아직 준비가 안 된 다음 방에는 아기 침대를 채비하여 낮에는 이곳에서 먹이고 가르치고, 밤에는 집으로 돌아가는 그런 곳으로 만들기를 희망하고 있다. 작은 방이지만 5~6명의 아기를 맡을 수 있다. 이것은 한국에서 아직 시험단계에 있다. 미국 선교사들이 운영하는 보건소에서는 이미 시행하고 있지만 말이다.

이 문을 열고 들어가면 목욕탕이다. 두 명의 아이가 들어갈 수 있는 정도의 욕조와 페인트칠을 한 깡통 욕조가 하나 있다. 이 히터는 내가 호주에서 휴가를 마치고 올 때 가지고 왔다. 우리가 경애하는 대처 회장의 선물이다. 이 에나멜 대야와 주전자도 주셨다.

부엌의 용품들을 아직 다 풀지 않았는데, 브라이언트 양의 선물이다. 아픈 아이들의 대기실 벽에 두른 위생적인 징두리 판벽은 우동가와 메리버로우에서 준 선물이다. 바닥의 쇠창살은 지하의 스토브로부터 뜨거운 바람이 나오는 곳으로, 방 전체를 따뜻하게 한다.

이곳은 이제 모두 보았으니 이제 지하로 내려가 보자. 이것이 난방기구이다. 이것이 있기에 각 방에 석탄 난로나 아궁이에 땔감을 피워야 하는 수고를 덜 수 있다.

로얄 오크 스토브 주위를 감싸는 아연 철판 칸막이는 맥라렌 박사 부부가 선물한 것이다. 그리고 스토브에서 뻗어나가는 아연 철판 파이프는 각 방으로 연결되어 뜨거운 공기를 주입할 수 있다. 이 파이프는 새끼줄로 동여매어 있고, 시멘트가 들어간 회반죽으로 마무리되었다. 건축가 김봉득은 다른 재료를 쓰자고 했지만, 그냥 그대로 쓸 만한 것 같다. 진짜 재료보다는 오래가지 못할 것이지만 말이다.

다음은 빨래방이다. 여물통 같이 된 이 빨래대는 쓰던 벽돌을 놓고 그 위에 시멘트로 덮은 곳에 자리 잡고 있다. 한동안 이곳에 구리 절도가 성행했는데, 이것은 진주의 테일러 박사 부부의 집에서 '빌려 온' 것이다.

이렇게 설명을 하니 이 보건소 건물이 마치 대단한 모습으로 보일 수 있다. 그러나 실제로는 작고 꽉 차 있다. 50피트에 28피트 반이고, 지하는 10피트에 22피트이다.

빅토리아여선교연합회 건물 기금에 후원한 여러분 모두에게 우리는 큰 감사를 전한다. 먼저 당시 건물 비용이 300파운드로 산정되었을 때, 50파운드를 내겠다고 선뜻 제안한 친구가 있다. 다섯 명만 더 후원하면 되었던 것이다. 우리 여선교연합회 회원들의 지지로 그 돈은 문제없이 모였다.

그러나 그 후, 전쟁과 제한적인 요소로 인하여 6년 동안 시행되지 못했고, 비용은 만 엔으로 크게 올랐다. 기다려도 비용은 내려가지 않을 것이므로 우리는 규모를 대폭 축소하여 작은 지하실이 달린 50피트에 28피트 크기의 보건소를 건축하기로 했다.

감사하게도 이름을 밝히길 원치 않는 한 친구가 거의 3천 엔을 기부했고, 보건소 예산으로 남은 1,500엔 그리고 원래 모금한 재정을 더하여 비용을 맞출 수가 있었다. 설비 등을 위한 다른 비용은 긴급 계정에서 지출했다.

우리는 이 일로 인하여 주님께 감사드리며, 거창보건소를 위하여 기노한다. 많은 어린이가 행복하고 건강한 어린 시절을 가질 수 있도록 도울 뿐 아니라, 그들과 그들 부모가 신앙과 사랑으로 하나님 나라의 일꾼이 되기를 기도한다.

6. 어린이 우량아 선발대회*

오랫동안 기다렸던 거창 유아 보건소가 마침내 공식적으로 개소하게 되었다. 보건소의 일은 제한적이지만, 우리는 보건소의 가치를 공표할 '개소식'이 3일 동안의 바쁜 일정으로 곧 열릴 것이다. 며칠 전에 우리는 우리 보건소가 진주 배돈병원의 지부가 되어야 한다는 소식을 지방 정부로부터 들었다. 보건소에 여자 의사를 확보하지 못했기 때문이다.

그 후 우리는 진주의 맥라렌 박사와 전보를 주고받았다. 그러나 지방 정부의 허가서는 개소식 날에도 도착하지 않았다. 우리는 우량아 선발대회와 맥라렌 박사의 방문도 이미 공지했다.

오전 10시 30분 교회의 목사와 지도자들이 모여 먼저 간단히 예배를 드렸다. 다른 교회의 지도자들도 참석했고, 예배를 마친 후 우리는 아침 다과회를 했다. 지방 관리들과 그들의 아내는 오후에 초청되었으며, 그들과도 오후 다과를 가졌다. 그들은 보건소 곳곳을 둘러보았다. 아침에 참석한 사람이 오후 행사에 참석하기도 했다.

우량아 선발대회

주 간호사는 결혼하기 전 나와 함께 일하던 간호사인데, 부모님을 방문하던 중이었다. 그녀도 선발대회 심사위원으로 함께 했다. 함 간호

---

* 크로니클, 1940년 12월 2일, 5-6.

사는 마산에서 왔고, 전에 진주 병원의 간호사였다. 이 둘이서 한 살부터 두 살 그리고 두 살부터 다섯 살까지의 아이들 심사를 보았다.

에드거와 황 간호사는 한 달에서 여섯 달 그리고 여섯 달에서 한 살까지의 어린이를 심사했다.

이번 행사는 오전 10시부터 오후 4시까지 예정되어 있었다. 그러나 첫 참가자들이 아침 7시부터 와 있었다! 굉장한 기대로 기다리고 있었고, 모두 서로 잘 교제했다! 아기의 몸무게를 재고, 키를 재는 모습을 보며 참여자 모두 즐거워했다. 웃고, 떠들고, 소리를 지르기까지 했다.

각 연령대의 남녀 어린이 우승자를 위한 16개의 상품도 준비되어 있었다. 그러나 서로 점수 차이가 거의 없었다. 5시에 열리는 시상식에 모두 초대되었다. 아침에 참석한 사람들은 많이 오지 않았다. 한두 가정만 점심을 가지고 와서 소풍처럼 시간을 보냈다.

오후 5시에 모인 사람들은 함께 사진을 찍었고, 상품도 받았고, 우승자들은 또다시 사진을 찍었다. 흥미로운 것은 우승자들 가운데 한 가정만 제외하고 모두 기독교 가정의 아이들이었다. 기독교 가정이 아닌 아이의 아버지는 정부 학교의 교사였다. 상품 중 하나는 '어린이 육아 정원'에 일 년 동안 들어 올 수 있는 표였다. 그러므로 그 아이들은 우리의 보건소에서 보게 될 것이다. '잘 키우면, 아이는 잘 클 것이다'라는 표어는 영어로는 훌륭한 표현인데, 한국어로는 번역도 잘 안 되고, 실천도 잘 안 된다.

맥라렌 박사는 오후에 도착했고, 우량아 선발대회를 흥미롭게 지켜보았다. 그는 또한 공식 방문자들을 맞이했다. 던 선교사는 보건소에서 일하는 직원들을 위하여 오후 다과를 준비했다. 나는 특별한 역할을 맡지는 않았지만, 쉴 틈이 없었다. 모두 '매우 재미있었다'고 동의했다.

의사의 날

아침 일찍부터 사람들이 왔다. 먼 마을에서부터 가까운 곳까지 말이다. 다리를 저는 사람, 앞이 안 보이는 사람 등을 포함해서 말이다. 어떤 사람은 이미 늦어서 아무 치료를 할 수 없었다. 다른 사람은 배돈병원에서 수술을 받도록 추천했다. 고쳐질 수 있는 사람에게는 약을 처방하고 제조해 주었다. 이날 모두 68명의 환자가 다녀갔다.

우리는 각 환자에게 20센을 받았고, 그러면 환자들은 6개월간 의사가 올 때마다 진찰을 받을 수 있었다. 진찰 표에 이름과 주소를 쓰고, 의사와 환자를 보조하고, 약을 제조하고, 질문에 답하는 이 모든 것이 황 간호사와 나에게 너무 힘들었다. 에드거가 자발적으로 도와주어서 참 감사하다. 그녀는 휴식을 위하여 하루 더 묵었다!

사건 사고

보건소 봉납 예배 도중에 한 남자가 부엌의 주전자를 보기 위하여 일어나 나갔다. 나는 사회를 보고 있어 부엌에서 무슨 일이 일어나고 있는지 알지 못했다. 그 남성이 불에 장작을 너무 많이 넣어 천정에 있는 온수통의 물이 끓어 넘쳤다. 그는 그 통의 뚜껑을 열어 김을 빼는 방법을 모르고 있었던 것이었다. 그러다 펌프가 터지고 파이프가 터졌다. 우리는 손님들이 우산을 쓰고 지하로 내려가도록 안내했다! 우리는 아직 그것을 고치지 못하고 있지만, 곧 어떤 해결 방법이 나올 것이다.

사랑하고 관대한 마음으로 후원한 이 보건소 건물과 이곳에서 되어지는 일들이 이 지역의 많은 어머니와 이이들에게 큰 축복이 되기를 우리는 기도한다.

7. 유치원의 성탄 선물*

우리는 화요일에 유치원 학부형회로 모였다. 나는 유치원 학생들에게 매일 따뜻한 콩우유를 먹일 계획을 제안했다. 학생들은 자신의 컵을 가져와야 하고, 비용은 하루에 1센트였다. 몇 가정은 그 비용이 없을 것이다. 그러나 대부분의 어머니들은 유치원에서 수지맞았다고 생각할 것이다.

크리스마스 선물의 일환으로 우리는 콩우유와 과자를 주었다. 몇 엄마들도 과자를 가지고 왔고, 어린이들은 즐거워했다. 엄마들도 한 컵의 우유와 과자를 받았고, 모두 좋아했다. 학부형회의에서 어린이들에게 콩우유를 제공하는 것에 동의했다. 엄마들은 자신들의 기금에서 과자를 제공하겠다고 했고, 유치원에서는 일주일에 한 번씩 아이들에게 음식 예절을 가르치기로 했다.

어제는 '마을에서 온 어린이들' 모임이 있었다. 호주에서 미션 박스가 아직 도착하지 않아서 그들과 다른 학교 학생들에게 선물을 다 주는 것은 어려웠다. 미션 박스는 1월에야 도착했고, 겨울용품은 즉시 나누어 주었다. 그 외의 용품은 아직 가지고 있다. 공책과 연필 등은 아주 잘 활용하고 있다. 우리는 과자와 땅콩을 사서 일일이 봉지에 담았다. 나와 아우만 그리고 3명의 교사가 저녁 내내 이 일을 했다. 376명의 마을 어린이가 왔고, 모두 선물을 좋아했다.

보통 그런 것처럼 유치원에서 주는 선물은 인기가 많았다. 각 마을에서 직접 아이들이 오기도 하고, 우리가 전달하기도 한다. 유치원을 찾은 한 단체의 소녀가 반짝이는 성탄절 트리를 보고 신기해했다. 그 아이는 내내 성탄 나무에 시선을 빼앗기고 있었다. 같이 온 학생들은 노래를

---

* 크로니클, 1941년 3월 1일, 14.

부르고 놀았지만, 그 아이는 그들을 등지고 서서 성탄 나무만 올려보았다. 아이들이 떠날 때가 되어서야 그 소녀는 허리 숙여 성탄 나무에 큰 인사를 했다. 그리고 주저하며 집으로 돌아갔다.

1940년 12월 21일

8장

엘스베스 에드거

Elsbeth Edgar (1905~1985)

I. 호주 선교사 엘스베스 에드거

엘스베스 에드거(한국명: 엽덕애)는 거창과 진주에 있던 간호사 딕슨의 후임으로 임명되었다. 그녀는 장로교여성연합회 선교사로 1930년 10월 6일 총회 회관에서 열린 빅토리아여선교연합회 모임에서 환영을 받았다. 이제 그녀는 디커니스 훈련원에서 선교사 훈련을 1931년 8월까지 받을 계획이었다.

에드거는 사실 중국에서 태어났다. 그녀의 가문은 모라비안 배경을 가지고 있었고, 해외 선교에 열정을 쏟고 있었다. 그녀의 부모도 중국 티베트 선교사였고, 한국에 파송되어 있던 마틴 트루딩거가 그녀의 삼촌이었다. 그녀는 체푸에서 중국내지선교회 학교를 다녔고, 그 후 호주로 건너가 남호주 애들레이드에서 간호 훈련을 받고 간호사가 되었다. 그리고 그녀는 호주내지선교회 일꾼으로 남호주 북동쪽에 있는 이나밍카의 병원에서 일했다. 그녀는 한국 선교사로 갈 수 있는지 의향을 타진받았지만, 그곳의 의무를 다할 때까지는 자유롭지 못했다.

에드거는 마침내 그곳에서의 일을 마무리했고, 멜버른으로 와서 선교사 훈련을 받게 된 것이다. 그녀는 이때 유아 보건 디플로마 과정도 마쳤다. 그리고 그녀는 엘리스와 테잇과 함께 1931년 8월 초 '샌 알반스' 호를 타고 멜버른을 출발했고, 그다음 달 9월 7일 한국에 도착했다.

문화 충격과 그 극복

에드거의 이름은 이때부터 통영선교부에 명단이 올라가고 있다. 이 당시 배돈병원에는 네피어와 클라크가 번갈아 가며 수간호사로 있었다. 호주 선교사 공의회는 에드거를 바로 진주에 투입하지 않고, 우선 통영에 거주하게 하면서 서울에 올라가 한국 언어와 문화를 배우게 했다.

1933년 9월, 에드거는 마침내 통영에서 진주로 이전했고, 그녀의 이름이 진주선교부에 올라오고 있다. 그리고 그녀를 위한 보험도 호주에서 가입 완료를 했다. 당시 호주의 보험은 호주 내에서만 적용이 되었기에, 한국에서 일하는 호주 선교사들은 특별한 조건을 충족시킬 때만 보험 가입이 승인되었으므로 시간이 좀 걸렸다. 만약의 사태를 대비하여 빅토리아여선교연합회는 자신들이 보내는 여선교사들을 보험에 가입하게 했다.

에드거를 포함한 호주 여선교사들은 멜버른이나 빅토리아에서 주로 백인들과 관계를 맺다가, 한국에 와서 처음으로 한국인을 알아가며 관계를 맺었다. 그들이 경험하는 문화 충격은 상당했을 것이고, 자신의 문화를 돌아보며 많은 선입견과 편견과 싸워야 했다. 에드거는 진주에서의 한 해를 다음과 같이 성찰하고 있다.

> 지난 한 해를 돌아보면, 주로 나에게는 관찰하고 배우는 해였다. 이곳 병원과 생활의 환경에 적응하려고 노력했고, 때로는 처음 이곳에 도착했을 때 빠르게 형성한 나의 편견을 통째로 다 던져버려야 했다. 나의 시야가 넓어지면서 당면한 어려움을 극복할 수 있어 감사한 마음이 든다(크로니클, 1934년 11월 1일, 3).

수간호사 에드거는 1936년 말, 호주로 휴가를 떠났다. 배돈병원에는 휴가를 마치고 돌아온 딕슨이 그녀를 대신하여 일했다. 그리고 1938년 2월 8일, 에드거를 다시 한국으로 파송하는 예배가 총회 회관에서 열렸다. 두 번째 임기가 시작되는 것이었다. 총회장 대리 하랜드 목사가 사회를 보았고, 마틴 양이 보내는 말을 했다.

마틴 양은 에드거가 휴가를 갖는 동안 여러 지부를 다니며 영감 있는 선교 보고를 했다고 하면서, 이 위험한 시기에 한국으로 다시 떠나는 것은 호주의 청년들에게도 도전이 되는 용기라고 말했다. 에드거는 자신을 후원하는 회원들에게 감사를 표했고, 하나님의 축복을 간구했다.

배돈기념병원

1937년부터 1938년의 연례보고서를 보면 당시 배돈병원에는 테일러 박사와 데이비스 박사를 포함하여 김 박사와 이 박사가 있었다. 수간호사는 에드거였고, 한국인 직원이 모두 33명이었다. 원목으로는 제임스 스터키(한국명: 서덕기) 목사가 있었다. 일 년 동안 새 환자가 6,996명이었고, 20,453명이 진료를 받았다. 수술을 통한 수입이 13,769엔, 입원 환자를 통한 수입이 11,208엔이었다. 399명은 지역에서 온 환자였고, 360명은 일반 환자, 45명은 척추 수술 그리고 805명이 입원 환자였다(크로니클, 1938년 11월 1일, 14).

일 년 전에 비하여 새 환자와 진료 환자의 수가 줄었지만, 수입은 늘어난 숫자이다. 에드거는 복귀하자마자 수간호사로 일에 몰입하기 시작했다. 당시 한국인 간호사로는 정부에 등록한 세브란스병원 출신 2명이 있었고, 배돈병원에서 졸업한 4명 그리고 7명의 훈련생이 있었다. 그녀는 병원행정을 발전시키며, 간호사들을 훈련시키는 일에 많은 힘을 쏟았다.

병원은 집을 하나 세내어 간호사들이 거주하도록 했고, 이것이 기숙사로 발전되었다. 7명의 훈련생은 모두 소녀들이었다. 간호사들은 이제 문화의 장벽을 깨고 남성 병동에도 들어가 간호 업무를 봤다.

또한 병원에서는 일꾼을 잃는 슬픔도 있었다. 병원에서 16년 사역한 전도부인이 1938년 4월에 사임했고, 9월에는 뜻밖에 테일러 박사의 사망 소식이 전해졌다.

1939년에는 해외선교사들이 한국에서 철수해야 하는 불확실한 상황이 계속 이어지고 있었다. 그럼에도 불구하고 에드거는 빅토리아여선교연합회에 한 가지 요청을 하고 있었다.

> 에드거 양은 배돈병원에 간호사 기숙사가 시급히 필요하다고 우리에게 전언했다. 그러므로 임원회는 병원의 부엌 공사 계획을 취소하고, 간호사 기숙사를 먼저 세울 것을 추천한다. 승인되다(빅토리아여선교연합회 정기모임, 총회 회관, 1939년 6월 20일).

병원의 발전을 위해서는 좋은 간호사 확보가 시급하다는 것을 에드거는 알고 있었다. 그동안 병원은 간호사들에게 자신의 거주지는 자신이 책임지는 것으로 했는데, 그로 인하여 우수한 간호사 인력을 확보하지 못하고 있었다. 그러므로 에드거는 간호사 기숙사를 강력하게 요청하고 있었던 것이다.

그뿐만 아니라 빅토리아여선교연합회는 테일러 박사를 기념하며 배돈병원의 외래병동 건축을 추진하고 있었다. 새 건물과 간호사 기숙사까지 포함한 총비용을 5천 파운드로 잡고 있었으며, 진 데이비스가 호주에서 휴가를 갖는 동안 대대적인 모금 활동을 하고 있었다.

1940년에 들어서 빅토리아여선교연합회는 한국 선교사들의 생활상을 알리고 있다. 매일의 생필품이 부족하여 어려움을 겪고 있으며, 쌀은 보리와 함께 사야 한다는 조건 속에 제한된 양만 구입할 수 있고, 어떤 물품들은 배급을 받고 있다고 했다. 심지어 겨울에 병원에서 필요한 석탄 같은 품목 확보에도 어려움을 겪고 있었다. 버터 같은 것은 아예 구입이 불가했고, 성냥도 한 갑씩만 구입할 수 있는 상황이었다. 호주 선교사들은 물론 굶거나 불평을 하지는 않지만, 이 상황은 극동에서의 전쟁 상황을 알리고 있었고, 그곳에 사는 누구도 예외 없이 영향을 받고 있었던 것이다.

1940년 8월의 '크로니클' 선교지는 당시 진주의 상황을 다음과 같이 보고하고 있다.

> 진주에서는 진 데이비스 박사와 에드거 수간호사의 사역을 익히 잘 알고 있다. 매카그는 사회 복지 사역을 하고 있고, 아우만은 아직 언어 공부를 하고 있지만, 곧 전도사역을 시작할 것이다. 진주는 병자들이 고침을 받는 의료 사역과 전도사역의 중심부이다. 우리 빅토리아여선교연합회 여선교사들 외에 그곳에는 총회 해외선교부 선교사도 있는데 커닝햄 부부와 스터키 부부가 그들이다.
>
> 병원의 여성 직원들을 우리가 책임 맡고 있다. 11명의 간호사, 8명의 훈련생, 요리사와 보조, 3명의 빨래하는 여성, 한 명의 청소부, 한 명의 바느질 여성이다. 이들의 봉급을 다 합하면 연 600파운드가 된다(크로니클, 1940년 8월 1일, 12).

그리고 1941년 4월, 총회 해외선교위원회와 빅토리아여선교연합회 임원들의 연합회의가 긴장 속에 열렸다. 이 회의에서 한국의 여선교사들을 모두 호주로 철수시킬 것을 결정했고, 홈즈 회장의 명의로 한국에 전보를 보내기로 한 것이다.

진주의 배돈병원은 김준기 박사에게 명목상의 세만 받고 책임지도록 했다. 김 박사는 병원을 기독교 병원으로 계속 운영하기를 바랐다.

한신광 그리고 손옥순과 이영복

여기서 언급되어야 할 세 명의 여성 간호사이자 여성 지도자가 있다. 먼저 한신광이다. 한신광은 경남 진주에서 1902년 출생했다. 그녀는 호주빅토리아여선교연합회가 설립한 시원여학교 보통과와 고등과를 졸입하여 성규 교육과정을 마친 신여성이었다. 진주 유치원에서 1년 그리고 보통과에서 2년 교편을 잡았다.

그뿐만 아니라 한신광은 1919년 진주의 만세운동에도 가담했다.

> 1919년 경성에서 삼일운동이 일어나자 진주에서 애국청년 당원으로 활동하고 있던 오빠 한규상과 광림여학교 선생이던 올케 박덕실의 지도를 받아 진주에서도 만세운동이 일어나도록 사람에게 태극기를 나누어주고 설득하는 역할을 했다(이꽃메, 108).

이들은 일경에 의하여 진주경찰서에 구금되었고, 한신광은 2개월 만에 풀려났지만, 오빠 한규상과 박덕실은 3년형을 받고 복역했다. 한규상도 호주 선교사가 세운 광림남학교 출신으로 후에 의사가 되었고, 한국전쟁 후 진주의 복음병원에서 원장을 했다.

출소 후에 한신광은 서울의 동대문부인병원에서 간호교육을 받았고, 후에 산파 면허를 취득하여 보건의료인이 되었다. 그녀는 특별히 모자보건사업에 힘을 쏟으면서, 전문직 단체 결성에 눈을 돌려 활동했다. 그리고 한신광은 1924년 조선간호부협회를 창립하고 초대 회장으로 취임했다. 조선간호부협회는 후에 대한간호협회로 발전되는데, 다음 두 명의 여성은 그 단체와 관계되는 인물들이다.

1937년에 들어와 두 명의 한국인 간호사가 연수차 호주로 간다는 소식이 전해졌다. 손옥순(혹은 홍옥순)은 개성의 호수돈여고를 졸업하고, 1936년 세브란스 간호부 양성소를 졸업했고, 이영복은 이화여고를 졸업하고 1937년 같은 세브란스를 졸업했다. 이 연수는 찰스 맥라렌 박사가 주선했고, 빅토리아여선교연합회의 초청으로 성사된 것이었다.

당시 한국의 한 일간지는 이 두 여성의 호주 유학 소식을 전하며, 이들의 사진까지 게재하고 있다.

'로열 병원'은 호주에서 가장 크고 완벽에 가까운 과학시설로 이름난 병원인데 그들은 이곳에서 주로 임상간호학을 연구하게 되리라 하여 이곳에서 연찬의 길을 마친 다음 다시 조선에 돌아와 모교의 일을 보게 될 것으로 의료기관이 빈약한 조선에 한 폭의 명량보를 던지고 있다 … 이 두 사람의 유학생을 선정함에 있어 세브란스 당국으로서는 후보자의 학업성적은 물론 풍토 관계로 엄밀한 신체검사를 하여 가장 우수한 학생을 뽑은 것이라고 한다(「조선일보」, 1937년 5월 13일).

빅토리아여선교연합회는 이들의 호주 방문 목적을 다음과 같이 쓰고 있다.

연수 후에 한국에 돌아가 간호사를 배양하는 것이다. 이들에게 이 기회를 주는 것은 우리가 한국의 전문 간호직을 발전시키는 데 큰 공헌이 될 것으로 믿는다(크로니클, 1937년 7월 1일, 2).

이 해 초에 손옥순과 이영복은 이미 거창의 코트렐 부인 집에 거하며 영어를 배우고 있었고, 동래의 학교도 방문했다. 이들은 곧 멜버른을 향하여 떠났고, 그곳에서 따뜻한 환영을 받는다. 8월 31일 총회 회관에서 열린 환영회에 배돈병원 창시자이자 의료 선교 개척자인 휴 커를도 참석하여 다음과 같이 격려하고 있다.

이 두 명의 간호사는 앞으로 놀라운 일을 할 것이다. 이들은 이미 한국에서 간호사 과정을 다 마치었는데, 이곳의 병원과 간호 방법 그리고 치료에 대한 새로운 시각을 보기를 원하고 있다. 이들에게 우리 간호사들도 배울 것이 있다고 나는 생각한다. 한국에서는 의사와 간호사가 육체의 치료를 영의 치료와 병행하고 있기 때문이다. 그리고 그들이 보이는 믿음의 본보기로 많은 사탐을 기독교 신앙으로 이끌고 있다(「더 아르거스」, 1937년 9월 1일, 20).

손옥순과 이영복은 한복을 입고 이 모임에 참석했으며, 막힘없는 영어로 자신들을 소개했다고 한다. 그리고 그들은 곧 샌 앤드류스 병원에서 연수를 시작했다. 1938년 1월부터는 로열 멜버른 병원으로 옮겨 훈련을 받았다. 이영복은 다리에 염증이 생겨 거의 두 달 동안 침대에 누워 치료를 받기도 했다. 이들은 여선교연합회가 특별히 모금한 기금과 병원에서 주는 수고비로 학비와 생활비를 충당했다.

이들은 원래 1년 비자를 받고 호주에 입국했지만, 1년을 더 연장했다. 이후 이들은 여선교연합회 지부와 교회를 방문하며 회원들과 친교를 나누기도 했고, 11월부터는 한 유아원에서 연수하여 수료증을 받기도 했다. 다음 해인 1939년 초에는 정형외과 병원, 여성 병원, 이비인후과 병원 등에서 연수했다. 여선교연합회는 이들이 5월에 한국으로 귀국하는 것에 동의했다.

1939년 중순에 '크로니클' 선교지는 손옥순과 이영복이 5월에 호주를 떠났다고 보고하면서, 그들의 사진을 또 게재하고 있다.

> 이들이 이곳을 방문한 것은 모든 방면에서 성공적이다. 이곳 교회에 깊은 인상을 남겼으며, 자신들의 간호 업무를 위한 소중한 경험을 했다. 우리는 이들이 한국에 돌아가 어떤 일을 하게 될지 기대가 되며, 한국에 하나님 나라를 위한 일에 유망한 미래가 있음을 확신한다(크로니클, 1939년 6월 1일, 3).

한국으로 돌아온 손옥순은 세브란스병원에서 일을 시작했고, 이영복은 배돈병원에서 예비간호사들을 가르치며 수간호사를 맡을 준비를 했다. 이 두 명은 곧 한국 간호사 사회에 두각을 나타내기 시작했다.

해방 후 손옥순은 1946년부터 1949년까지 초대 대한간호협회 회장으로 공헌했고, 후에 6~7대 회장직도 연임했다. 그녀는 보건간호과, 기관간호과, 조산 사업과 체제를 갖추고 간호 사업의 틀을 잡아 나갔다. 또한 지방 각 도에서 간호사업계 체계를 정비했고, 간호교육, 행정 등 간호 사업의 중요성을 인식시켜 나갔다.

한편, 이영복은 1948년 간호사 교장제가 실시됨에 따라 세브란스병원은 그녀를 간호사 교장으로 임명했다. 그리고 한국전쟁 후에 그녀는 이화여자대학교 의과대학 간호학과 초대학장을 지내기도 했다. 뿐만 아니라 그녀도 대한간호협회 8~9대 회장으로 1962년부터 1964년까지 봉사했다.

빅토리아여선교연합회가 희망한 대로 손옥순과 이영복은 한국의 간호 사업을 전문직으로 발전시키는 데 큰 공헌을 했다.

마지막 행적

에드거는 병원의 행정을 모두 한국인에게 넘기고, 1941년 레게트, 리체, 왓킨스 등과 함께 호주로 철수했다. 빅토리아여선교연합회는 돌아온 여선교사들을 위하여 기도해 달라고 전 지부의 회원들에게 요청하고 있다. 그리고 에드거는 돌아온 지 얼마 안 되어 뉴헤브리데스 포트빌라에 있는 배돈기념병원의 도움 요청을 받고 그곳으로 건너갔다.

빌라에서 잠시 일한 후 다시 호주로 돌아온 에드거는 자신의 모친이 있는 애들레이드로 갔다. 그곳에서 그녀는 간호 활동을 이어갔다. 1947년 빌라의 배돈기념병원은 그녀를 다시 요청했고, 그녀는 또다시 남태평양의 나라로 향했다. 그곳에서 그녀는 1972년까지 일했다.

그 후 호주로 돌아온 에드거는 원주민 선교회에서 단기간 일하며 마지막 여생을 보내었다. 1985년 10월, 에드거는 80세의 나이로 하나님의 부름을 받았다.

에필로그

에드거의 선교와 일생을 돌아보면 한 가지 아쉬운 점이 있다. 그녀의 보고서나 편지가 많지 않다는 것이다. 원래 활동 보고서를 정기적으로 썼는데, 「크로니클」 선교지에 실리지 않은 것인지, 혹은 다른 곳에 보관되어 있는 것인지, 아니면 편지나 보고서 자체를 거의 쓰지 않은 것인지는 알 수 없다.

그녀가 배돈병원을 떠난 지 80여 년 된 지금, 선교사들이나 역사가들은 당시 배돈병원의 모습을 더 소상히 알기 원한다. 단지 학문적인 흥미로서만이 아니라, 배돈병원을 통하여 당시 하나님이 어떤 일을 하셨는지 알기를 원하고, 현재와 미래의 교회와 선교사들에게 그 연속성과 방향을 제시해 주고자 하는 열망이 있기 때문이다. 선교사에게는 선교 행위 자체도 중요하지만, 그 내용의 성패를 가감 없이 기록하여 후세에게 남기는 작업도 더할 나위 없이 중요한 일이라 하겠다.

〈참고 도서〉

「더 아르거스」, 멜버른, 1937년 9월 1일.

빅토리아여선교연합회, 「더 크로니클」, 멜버른, 1930-1939.

「조선일보」, 서울, 1937년 5월 13일.

양명득, 『호주와 한국: 120년의 역사』, 연세대출판사, 2009.

이꽃메, '한신광—한국 근대의 산파이자 간호부로서의 삶', 「의사학」, 제15권 제1호(통권 제28호) 2006년 6월.

II. 엘스베스 에드거 보고서

1. 배돈병원에서의 첫해*

작년 한 해 나에게 주어진 일은 언어 공부와 병원에서의 사역이다. 나는 한국어 교사를 통영에서 진주로 데리고 왔고, 그녀는 한국어뿐만 아니라 많은 경우 나를 크게 도와주고 있다.

우리는 병원에서 아이들을 가르치는 데 시간을 좀 쓰기로 했고, 무료병동에는 보통 몇 명의 아이들이 만성 질병으로 입원을 하고 있었다. 우리는 그 아이들을 일주일에 세 번 오후 시간에 모아, 성경, 찬송, 게임, 읽기, 쓰기 등을 가르치고 있다.

처음에는 아이들이 병중에 있어서 그런지 매우 느리거나 아니면 반응이 거의 없었다. 그러나 성탄절쯤에 이르자 그들은 제법 활기찼고, 잘 따라 부르는 찬송가도 생기어 성탄절 프로그램에 발표도 할 수 있었다.

병원의 새 간호훈련생들을 위하여 생리학 강의를 하는데 내 언어 교사가 나를 도왔다. 그러나 그는 얼마 안 되어 가정의 일로 떠날 수밖에 없었고, 나의 아마추어 강의는 그렇게 끝나고 말았다. 그의 자리를 대신한 한 청년이 일주일에 두 번 영어반을 했는데, 간호사 일을 하는 데 약간의 영어가 필요하기 때문이다.

이곳에서 때로 외국인을 간호해야 하는 경우가 있다. 홉스 부인이 세브란스병원에서 사망하기 전, 나는 그녀를 두 주 간호할 수 있는 특권을 가졌다. 나는 또한 세브란스병원에서 일할 기회가 있어서 감사하고, 그 병원 초기부터 일해 온 쉴즈 양과 함께 지낼 수 있어서 좋았다. 그녀는 한국의 간호 수준을 크게 향상시킨 인물이다. 5월에 나는 서울에서

---

* 크로니클, 1934년 11월 1일, 2-3.

열린 간호사협회 총회에 참석했다.

올해 진주의 유아복지 사역이 나에게 넘어왔다. 한 달에 한 번씩 엄마와 아기들은 유치원에서 모임을 갖는다. 먼저 아기의 몸무게를 재고, 병원의 전도부인이 간단한 예배를 인도한다. 그리고 간호사 한 명이 유아복지에 관한 강의를 한다. 성경학원이 열리는 두 달 동안 몇 학생들은 이 모임에 참석했고, 많은 질문을 하며 유아복지에 관심을 보였다.

나는 네피어와 번갈아 가며 저녁의 병원 일과 주일 사역을 보고 있다. 또한 네피어가 부재할 때 나는 그녀의 일을 대신하고 있고, 어떨 때는 아침에도 병원에 나가 일을 보고 있다.

지난 한 해를 돌아보면, 주로 나에게는 관찰하고 배우는 해였다. 이곳 병원과 생활의 환경에 적응하려고 노력했고, 때로는 처음 이곳에 도착했을 때 빠르게 형성한 나의 편견을 통째로 다 던져버려야 했다. 나의 시야가 넓어지면서 당면한 어려움을 극복할 수 있어 감사한 마음이 든다. 각 선교부가 이미 성취한 업적을 보노라면 놀라움마저 든다. 이로 인하여 나는 새해를 주저함과 동시에 열망함으로 기다리고 있다.

2. 배돈병원의 성탄절*

공식적인 달력에는 성탄절이 단 하루로 표기되어 있다. 그러나 배돈병원에서는 달력을 한 달 전부터 벽에 붙여 놓아 일정을 잡으며 준비를 한다.

첫 행사는 병원에서 주관하는 중요한 예배이다. 정해진 하루의 오후인데, 이날은 수술이 잡혀서도 안 되고, 토요일이나 일요일이어도 안 된다. 다른 일정도 다 세심하게 보고 나서 한 날짜를 잡는다. 그러면 병원

---

* 크로니클, 1937년 12월 1일, 11-12.

의 전도회는 우리의 전도부인이 일하는 신당리, 충철리 그리고 다른 마을에서의 성탄절 행사 날짜를 선택한다. 이렇게 모두 정하고 나면 우리 달력 위의 성탄절은 거의 12일 정도가 된다!

또한 우리는 호주에서 온 미션 박스 안의 여러 선물, 목도리나 장갑, 양말 등을 하얀색 포장지로 개별 포장한다. 그리고 성탄절에 기억해야 할 사람들을 세어보며, 선물을 한 곳에 모두 담아 놓는다.

그리고는 매일같이 병원의 대표들이 따뜻하게 차려입고 병원차를 이용하여 시골을 방문한다. 차가 갈 수 있는 데까지는 차를 타고 가고, 그곳부터는 작고 구부러진 논두렁길을 걸어서 우리의 마을로 간다. 몇 명의 소녀들이 우리를 마중 나왔고, "오셨어요?", "안녕하세요?" 하고 허리를 숙여 인사를 한다. 그리고는 앞장을 서서 단발머리나 길게 딴 머리를 흔들며 마을로 달려 들어간다. 아이들의 엄마도 우리를 만나기 위하여 나와 있다가, 우리를 교회나 약속한 마당으로 안내한다.

인내심 있는 전도부인은 흥분하여 모인 주민들을 조용히 시키고, 우리 중 누군가 한 명이 기도로 개회를 한다. 그리고 우리 병원의 대표가 환영의 인사를 하고, 행사가 진행이 된다. 작은 순이에게는 사람들 앞에서 처음 하는 발표였고, 어린 만수도 자신의 차례가 되자 마을의 어른들 앞에서 자신이 준비한 우스운 이야기를 발표했다. 작년과 같이 율동과 요리문답 대화와 성경 구절 암송 등이 있었지만, 모두 흥미로웠고 귀했다.

작은 아이가 머리를 뒤로하고, 눈은 천정을 보며, 몸을 흔들며 자신의 노래를 하는 모습을 상상해 보라.

하나님이 세상을 이처럼 사랑하사 독생자를 주셨으니….

병원 안에서 하는 행사는 아마도 좀 다르고 세련된 것일 수 있다. 이것은 병원의 직원들과 직원들의 아이들을 위한 것이다. 행사 하루나 이틀 전 병원 내에서는 긴장감이 흐르고, 행사 전에 갑자기 환자들이 더 들어오면, 우리는 병동 하나를 다 비워 행사를 준비한다.

한 일꾼이 산에 들어가 소나무 한 그루를 찾아 벤 다음, 그것을 지고 병원으로 돌아온다. 성탄 트리로 장식할 나무인 것이다. 작년에 쓰고 넣어둔 성탄 장식품과 산타클로스 복장 등을 다 꺼내어 아침 내내 장식한다.

오후 2시가 되기도 전에 아이들이 복도에 모이기 시작한다. 의사의 아내와 아이 셋, 하 간호사의 작은 소년, 시약소 보조의 어린 아기, 빨래방의 두 아이, 어디에나 모습을 나타내는 병리사의 아들들 등이다. 어린이의 나이 제한은 10살이다. 작년에 이미 10살이 지났다고 기억되는 아이들도 몇 명 보였다.

그러나 세세한 것에 신경 쓸 시간은 없다. 대부분 유치원이나 학교에 다니고 있었고, 또 그들 대부분 성탄 노래를 알고 있었다. 풍금 반주자가 아이들의 노래를 따라 풍금을 쳤고, 또 즉석 찬송도 있었다. 아픈 아이들도 발표를 했다. 아픈 팔과 다리 혹은 몸이 불편함에도 그들은 다른 쪽 팔과 다리로 율동을 했다.

산타클로스 할아버지의 등장은 항상 흥미로운 장면이다. 의사의 작은 아들은 그 모습에 놀라 비명을 질렀지만, 대부분 용감했고, 또 그가 누군지 알아채는 아이들도 있었다. 산타클로스는 아이의 나이에 맞는 선물을 골라 각각의 아이에게 주었는데, 장난감, 인형, 목도리, 양말 등이었다. 그것을 보는 우리는 저 멀리 남쪽 호주에 있는 우리의 친구들을 생각했고, 자신들이 한 번도 보지 못한 아이들에게 보내준 관대한 선물에 감사했다.

우리의 생각은 무엇보다도 구유에 누인 아기에게 가 있었고, 그를 통하여 세상에 평화와 축복이 오기를 간구했다. 이번 성탄절에 우리 모두에게 평화가 함께하기를 기도한다!

후기

배돈기념병원 그 이후

| 조헌국 |

(『호주 선교사 커를과 그의 동료들』, 『진주에 뿌려진 복음』 저자)

우리나라를 빼앗은 일본은 조선총독부를 통해 식민 통치를 강화하여 가는 가운데 1937년 중일전쟁을 일으켰다. 또한 1941년에는 하와이 진주만을 폭격하면서 태평양전쟁을 일으켜 우리나라에 있는 외국인 추방령을 내려 대부분에 외국인들이 철수했다.

이 무렵 진주에 있는 호주 선교사들이 설립 운영하던 배돈기념병원에 한국인이 원장을 맡아야 한다는 당국의 강요에 의해 1941년에 4대 원장이던 진 데이비스가 그만두고 떠났으며 1937년에 배돈기념병원 외과과장으로 온 김준기 의사가 제5대 원장을 맡았다. 그의 부인 김을경은 치과 의사로 배돈기념병원 옆에 개업하고 있었다(김준기 자서전『의학의 길목에서』, 1994). 당시 배돈기념병원에는 한국인 의사와 직원들도 근무하고 있었다. 이주섭 의사, 약제사 정성도와 그의 조수 김만수, 총무 강문서 간호사 조수연, 박덕례 등 이들 대부분은 호주 선교사들이 설립한 광림학교 출신으로 진주교회에 출석하고 있었다. 정성도와 강문서, 김주학은 나중에 진주교회 장로가 되었고 조수연, 박덕례는 권사가 되었다.

배돈기념병원에는 복음 전도를 위하여 원목실이 운영되었는데 여기에 볼란드 선교사와 스터키 선교사가 번갈아 맡았으며 한국인 전도인으로 김정수, 이현속, 황철도 등이 같이 활동했다. 이들이 신사참배를 거부하여 경찰에 체포되어 이현속은 평양 감옥에서 옥사하고, 황철도(황원택의 다른 이름인 듯함)은 보석으로 출감하여 광복 후 출옥 성도가 되었다.

맥라렌 선교사는 1938년 테일러 원장이 갑자기 소천하신 후 서울 세브란스병원에서 진주로 돌아와 배돈기념병원에 근무하면서 호주선교회 진주지부를 맡고 있었다. 1941년 12월 8일 일본이 진주만을 폭격한, 그날 저녁때 진주경찰서에 불려가서 구금되어 11주간을 지내다가 이듬해 2월 23일 풀려나 부산에서 남아있던 다른 선교사와 연금 생활을 하다가 5월 말에 호주로 돌아갔다. 그때 김준기 원장도 연합국 간첩 혐의를 받아 경찰서에 불려가 한국인 경찰 김을도 등에 의해 치안유지법 위반죄로 3년 8개월 간혀 있다가 8.15광복 후 출옥하였다. 광복 후에 김준기 의사는 진주에서 개인 병원을 운영하다가 1950년에 일본으로 유학을 떠났다가 1953년에 돌아와 부산에서 개업하였고 1986년에 은퇴를 하였다. 6.25전쟁 당시 진주가 공산군의 치하에 들어가 전란에 의해 시가지가 거의 피해를 입어 교회와 병원 등의 건물도 파괴되었다.

광복 후에 한국 장로교 총회가 복구되었으나 교권 문제로 분열되었다. 특히 경남노회가 맨 처음 복구되고 나서 양분되어 총회에서 인정하는 총회 측 경남노회와 법통 경남노회로 나누어졌는데 진주의 교회들은 법통 경남노회를 지지하여 1952년 출범한 고신교단 소속이 되었다.

호주선교회의 진주에 있던 재산인 진주시 봉래동 37번지 배돈기념병원과 시원여학교 성경학원, 선교사 사택 등은 6.25전쟁 때 폭격으로 파괴되고 부지만 남아 장로교 총회 측 경남노회 유지재단에 양여되었다. 총회 측 경남노회를 지지하는 진주교회 일부 교인들이 교회에서 나와 따로 예배를 드렸다. 이들이 경남노회 유지재단 양성봉 이사장에게 간청하여 진주의 호주선교회 재산을 넘겨받아 매도하여 총회 측 진주교회와 대광교회, 성서학원, 진주노회 회관을 마련하는 데 사용했다. 양쪽의 경남노회는 1956년에 부산, 경남, 진주노회로 3분되었다(통합 측 진주노회 발간 『진주노회 50년사 1956-2006』 참조).

진주교회가 중심이 되어 6.25전쟁 이후에 배돈기념병원의 맥을 잇기 위하여 복음병원을 재개원하기로 했다. 진주교회는 고신 측 진주노회 직영으로 복음병원을 운영해주기를 청원하여 진주노회가 이사회를 구성하여 1956년부터 진주복음병원을 운영했다. 복음병원이라는 이름은 1951년 전쟁 중에 부산에 설립 개원한 부산 복음병원의 이름을 따라서 하고 원장은 부산 복음병원 내과 과장을 하고 있던 한규상 의사를 청빙했다. 그는 진주광림학교 출신으로 서울보성학교를 졸업하고 진주에 와서 선교사들의 어학 교사를 하다가 의사 면허를 취득했다. 그의 부인 박덕실은 시원여학교 교사로서 부부가 진주의 기미년 독립만세 3.1운동에 참여하여 정부에서 훈포장을 받았다(한규상 자서전 『나의 조국 나의 교회』(1980), 한원주 『백세 현역이 어찌 꿈이랴』(2019) 참조).

한규상 원장이 1959년에 일신상의 이유로 사임했다. 그 후임으로 부산 복음병원 황영갑 의사가 원장으로 취임했다. 그의 부인 차봉덕도 의사로 부부 의사였다. 차 의사는 서울여자의과대학(고려대 의대 전신)을 졸업하고 6.25전쟁 때 부산 복음병원을 처음 시작했다가 결혼하여 부부가 진주에 왔다. 부산 복음병원장 장기려 원장과 외과 의사가 매월 정기적으로 와서 진료와 수술을 하기도 했다. 진주노회는 1961년 재정적 어려움 등으로 복음병원을 황영갑 원장에게 인수하게 했고 부인 차봉덕 의사와 병원을 운영하다가 1972년 병원을 정리하고 서울로 떠나갔다(황영갑 자서전 『작은 불꽃』(1983) 참조).

호주선교부의 의료 선교사 커를이 1905년 진주에 와서 처음 교회를 세우고 시료소에서 의료행위를 하면서 남녀학교 문을 열었다. 많은 남녀선교사들이 진주에서 교회와 학교, 병원에서 봉사하여 인재를 길러내고 지역을 근대화하는 데 이바지했다. 그들은 가난과 무지와 미신으로 열악한 환경에서 지내고 있는 진주지방 사람들에게 그리스도의 사랑으로 활동하여 이제 교회들이 많이 설립되고 진주가 교육 도시로 병원 도시로 발전하게 되는데 크게 영향을 주었다. 호주 빅토리아 장로교

선교사들의 수고와 헌신과 그 역할에 대해서는 졸저 『진주에 뿌려진 복음』(2015)과 『호주 선교사 커를과 그의 동료들』(2019)을 참고해 주기 바란다.

아직도 진주에는 배돈기념병원에서 근무했거나 치료를 받았던 분들의 후손들이 살고 있으면서 배돈기념병원의 고마움을 잊지 못하고 있다. 6.25전쟁의 피해로 진주 시내가 폐허가 되어 배돈기념병원의 재개원이 되지 못했다. 거기에 한국 장로교단 분열로 인하여 호주선교회 재산들이 총회 측에 양여되어 양여 받은 재산을 매도하여 교회 설립 등에 사용했다. 이 바람에 진주에서의 호주 선교사들의 활동의 맥을 이어 병원과 학교를 복구할 터전을 잃어 안타깝게 되었다. 지금은 진주교회 호주 선교사 기념관에 사진 등이 자료로 전시되어 감사한 마음을 담고 있을 뿐이다.

진주에 배돈기념병원의 숭고한 박애 정신과 복음 전도를 이어갈 기독교병원이 단절된 아쉬움이 있던 중, 1990년 경상대학교 의과대학 김석희 교수와 사업가 정지영님이 원장과 사무국장을 맡아 복음 선교에 힘쓰는 병원으로 진주복음의원을 개원했다. 1994년 의료법인 '복음의료재단'을 설립하여 1996년에 신안동에 진주복음병원으로 확장 이전했다.

진주복음병원에서는 호주 선교사들이 진주에 와서 베풀었던 의술에 감사하는 뜻에서 1993년 최원석 의사 가정을 네팔에 4년간 파송한 것을 시작으로 하여 그 이후 아시아와 아프리카에 의사와 간호사를 일정 기간 계속 파송하여 봉사하며 선교의 빚을 갚고 있다. 정극진 이사장이 새로 취임한 이후 현재 진주복음병원은 15명의 전문의와 180여명의 직원들에 의해 관절, 척추, 전립선과 내시경 분야에 특화된 병원으로 성장하고 있으며, 하동 우리들병원과 산청 복음요양원을 함께 운영하면서 배돈기념병원의 정신을 이어가고 있다.

의료법인 진주복음병원
A MEDICAL CORPORATION JINJUGOSPEL HOSPITAL
척추 · 관절 · 내시경 · 전립선
믿을수 있는 복음병원이 함께합니다.
우수 인공신장실
우수내시경실
주요 진료센터 및 진료안내
내시경 센터
우수내시경실 2회연속 인증획득!
위 · 대장치료 내시경 15만례 돌파!
척추센터
뇌·척추질환 전문 의학박사 조현원 센터장
부산대 의과대학 졸업 / 전)광양서울병원 병원장
UCLA, San Diego 척추센터 연수 / 대한 신경외과학회 종신회원
척추질환 (척추디스크질환, 척추협착증, 척추골절)
뇌 질 환 (뇌출혈, 뇌경색, 두부외상 등)
관절센터
무릎 · 어깨 관절경 4,000례 돌파!
각종관절, 골절, 류마티스대사질환
전립선센터
유로리프트 및 홀렙수술 1,000례 돌파!
대상포진, 요로결석
신 경 과
뇌혈관 질환검사, 치매검사, 신경생리검사, 어지럼증
외 과
복강경수술(맹장, 탈장, 담낭결석)치질, 하지정맥류
인공신장센터
고효율필터, 최첨단 정수시설 우수 인공신장실 인증 획득!
도수재활치료센터
척추교정, 슬링운동, 충격파치료, 관절재활, 도수치료
무균수술실
청정무균 수술실 완비!
VIP건강증진센터
일반건강검진, 암검진, 생애전환검진, 공단검진
*응급의료기관 24시간 진료 (365일 연중무휴)
무균수술실
도수치료센터
64채널CT
MRI
내시경센터
인공신장센터
조현원 센터장
척추센터
종합검진센터
강상재
전립선센터
전립선 센터
유로리프트 및 홀렙수술
1,000례 돌파!!
진료과목
내 과 1·2·3
정형외과 1·2
신경외과
영상의학과
피부 비뇨의학과1·2
가정의학과
외 과
마취통증의학과
신 경 과
응급의학과 1·2
부설과목
내시경센터
MRI실
관절센터
인공신장센터
척추센터
도수 재활치료센터
전립선센터
충격파쇄석실
건강증진센터
진단검사실
VIP건강증진센터
초음파실
MDCT(64채널)
진료시간
월요일 - 오전 9:00~오후6:00
화~금 - 오전 9:00~오후5:00
토요일 - 오전 9:00~오후1:00
점심시간 - 오후 12:30~오후1:30
종합검진
월~금 - 오전 9:00~오후2:00
토요일 - 오전 9:00~오후1:00
협력병원 및 기관
의료법인 진주복음병원
52695 경남 진주시 진양호로 370(신안동)
TEL055-743-2580(代) FAX055-743-0838
SNUH 서울대학교병원
경상대학교병원
원자력병원
하동우리들병원
산청복음전문요양원
산청복음실버타운
산청복음노인복지센터